한 번에 합격,
자격증은 이기적

이렇게
기막힌
적중률

KB192020

자격증 독학, 어렵지 않다!
수험생 합격 전담마크

이기적 스터디 카페

스터디 만들어 함께 공부

전문가와 1:1 질문답변

프리미엄 구매인증 자료

365일 진행되는 이벤트

이기적 스터디 카페

인증만 하면, **고퀄리티 강의가 무료!**

100% 무료 강의

STEP **1**
이기적
홈페이지
접속하기

>

STEP **2**
무료동영상
게시판에서
과목 선택하기

>

STEP **3**
ISBN 코드
입력 & 단어
인증하기

>

STEP **4**
이기적이 준비한
명품 강의로
본격 학습하기

영진닷컴 이기적 🔍

1년 365일 이기적이 쏜다!

365일 진행되는 이벤트에 참여하고 다양한 혜택을 누리세요.

EVENT ❶ 기출문제 복원

- 이기적 독자 수험생 대상
- 응시일로부터 7일 이내 시험만 가능
- 스터디 카페의 링크 클릭하여 제보

이벤트 자세히 보기 ▶

EVENT ❷ 합격 후기 작성

- 이기적 스터디 카페의 가이드 준수
- 네이버 카페 또는 개인 SNS에 등록 후 이기적 스터디 카페에 인증

이벤트 자세히 보기 ▶

EVENT ❸ 온라인 서점 리뷰

- 온라인 서점 구매자 대상
- 한줄평 또는 텍스트 & 포토리뷰 작성 후 이기적 스터디 카페에 인증

이벤트 자세히 보기 ▶

EVENT ❹ 정오표 제보

- 이름, 연락처 필수 기재
- 도서명, 페이지, 수정사항 작성
- book2@youngjin.com으로 제보

이벤트 자세히 보기 ▶

N Pay
네이버페이
포인트 쿠폰
20,000원

영진닷컴 쇼핑몰
30,000원

- N페이 포인트 5,000~20,000원 지급
- 영진닷컴 쇼핑몰 30,000원 적립
- 30,000원 미만의 영진닷컴 도서 증정

※ 이벤트별 혜택은 변경될 수 있으므로 자세한 내용은 해당 QR을 참고하세요.

이기적 크루를 찾습니다!

WANTED

저자 · 강사 · 감수자 · 베타테스터 상시 모집

저자 · 강사

- **분야** 수험서 전 분야
  수험서 집필 혹은 동영상 강의 촬영
- **요건** 관련 강사, 유튜버, 블로거 우대
- **혜택** 이기적 수험서 저자 · 강사 자격
  집필 경력 증명서 발급

감수자

- **분야** 수험서 전 분야
- **요건** 관련 전문 지식 보유자
- **혜택** 소정의 감수료
  도서 내 감수자 이름 기재
  저자 모집 시 우대(우수 감수자)

베타테스터

- **분야** 수험서 전 분야
- **요건** 관련 수험생, 전공자, 교사/강사
- **혜택** 활동 인증서 & 참여 도서 1권
  영진닷컴 쇼핑몰 30,000원 적립
  스타벅스 기프티콘(우수 활동자)
  백화점 상품권 100,000원(우수 테스터)

◀ 모집 공고 자세히 보기

이메일 문의하기 ✉ book2@youngjin.com

기억나는 문제 제보하고 N페이 포인트 받자!
기출 복원 EVENT

성명	이기적	수험번호	2 0 2 4 1 1 1 3

Q. 응시한 시험 문제를 기억나는 대로 적어주세요!

① 365일 진행되는 이벤트   ② 참여자 100% 당첨   ③ 우수 참여자는 N페이 포인트까지

영진닷컴 쇼핑몰

30,000원

N Pay

네이버페이
포인트 쿠폰   **20,000원**

적중률 100% 도서를 만들어주신 여러분을 위한 감사의 선물을 준비했어요.

신청자격 이기적 수험서로 공부하고 시험에 응시한 모든 독자님

참여방법 이기적 스터디 카페의 이벤트 페이지를 통해 문제를 제보해 주세요.
　　　　　　 ※ 응시일로부터 7일 이내의 시험 복원만 인정됩니다.

유의사항 중복, 누락, 허위 문제를 제보한 경우 이벤트 대상에서 제외됩니다.

참여혜택 영진닷컴 쇼핑몰 30,000원 적립
　　　　　　 정성껏 제보해 주신 분께 N페이 포인트 5,000~20,000원 차등 지급

이벤트 페이지 확인하기 ▶

이기적이
다 드립니다

여러분은 합격만 하세요! 이기적 합격 성공세트 BIG 4

저자가 직접 알려주는, 무료 동영상 강의

시험 문항별 필요한 기능에 대한 설명부터 기출 유형 문제까지!
이기적이 떠먹여 주는 무료 동영상 강의를 참고해 보세요.

책과 함께 실제 문제를 풀어볼 수 있는, 부록 자료

이 책의 문제에 사용되는 이미지 및 완성(정답) 파일을 받으실 수 있습니다.
파일을 바탕으로 실제 문제를 풀어보고 답을 맞혀 보세요.

무엇이든 물어보세요, 1:1 질문답변

인디자인에 대한 궁금증, 모두 풀어드려요.
이기적 스터디 카페를 통해 어떤 질문이든 올려주세요.

시험 방식을 연습할 수 있는, 답안 전송 프로그램

시험장 환경을 체험해 볼 수 있다면?
연습용 답안 전송 프로그램으로 미리 체험해 보세요.

〈이기적 GTQ 인디자인 1급(ver.CC)〉를 구매하고 인증한 독자에게만 드리는 자료입니다.

이 모든 혜택 한 번에 보기 ▶

누구나 작성만 하면 100% 포인트 지급
합격 후기 EVENT

이기적과 함께 합격했다면,
합격썰 풀고 네이버페이 포인트 받아가자!

합격 후기
작성 시
100%
지급

네이버페이
포인트 쿠폰

25,000원

 카페 합격 후기 이벤트

이기적 스터디 카페에
합격 후기 작성하고 5,000원 받기!

5,000원
네이버 포인트 지급

▲ 자세히 보기

 블로그 합격 후기 이벤트

개인 블로그에
합격 후기 작성하고 20,000원 받기!

20,000원
네이버 포인트 지급

▲ 자세히 보기

- 자세한 참여 방법은 QR코드 또는 이기적 스터디 카페 '합격 후기 이벤트' 게시판을 확인해 주세요.
- 이벤트에 참여한 후기는 추후 마케팅 용도로 활용될 수 있습니다.
- 이벤트 혜택은 추후 변동될 수 있습니다.

이기적 스터디 카페   🔍

이렇게 기막힌 적중률

GTQ 인디자인 ver.CC 1급

"이" 한 권으로 합격의 "기적"을 경험하세요!

YoungJin.com Y.
영진닷컴

차례

▶ 표시된 부분은 동영상 강의가 제공됩니다.
이기적 홈페이지(license.youngjin.com)에 접속하여 시청하세요.

▶ 제공하는 동영상은 1판 1쇄 기준 2년간 유효합니다.
단, 출제기준안에 따라 동영상 내용은 변경될 수 있습니다.

GTQ 부록 자료

GTQid 실습용
압축 파일

답안 전송
프로그램

※ **부록 자료 다운로드 방법**
이기적 홈페이지(license.youngjin.com) 접속 → [자료실]–[GTQ] 클릭
→ 도서 이름으로 게시물 찾기 → 첨부파일 다운로드 후 압축 해제

실습 파일 사용 방법

01 실습 파일 다운로드하기

① 이기적 영진닷컴 홈페이지(license.youngjin.com)에 접속하세요.

② [자료실]-[GTQ] 게시판으로 들어가세요.

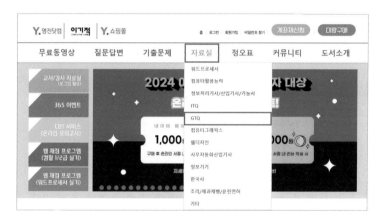

③ '[6789] 이기적 GTQ 인디자인(Ver.CC)_부록 자료' 게시글을 클릭하여 첨부파일을 다운로드하세요.

02 실습 파일 사용하기

① 다운로드받은 '6789' 압축 파일에서 마우스 오른쪽 버튼을 눌러 '6789'에 압축풀기를 눌러 압축을 풀어주세요.

② 압축이 완전히 풀린 후에 '6789' 폴더를 더블 클릭하세요.

③ 압축이 제대로 풀렸는지 확인하세요. 아래의 그림대로 파일이 들어있어야 합니다. 그림의 파일과 다르다면 압축 프로그램이 제대로 설치되어 있는지 확인해 주세요.

STEP 01 인디자인 핵심 기능 학습

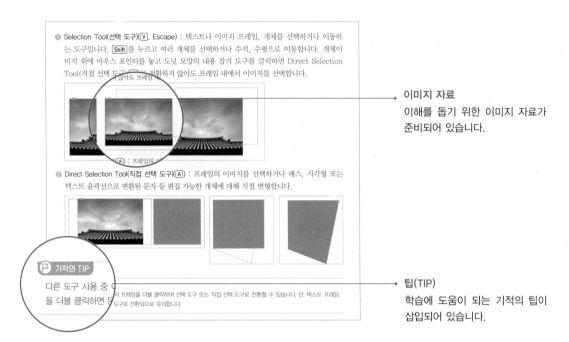

❶ Selection Tool(선택 도구)([V], Escape) : 텍스트나 이미지 프레임, 개체를 선택하거나 이동하는 도구입니다. [Shift]를 누르고 여러 개체를 선택하거나 수직, 수평으로 이동합니다. 개체이미지 위에 마우스 포인터를 놓고 도넛 모양의 내용 잡기 도구를 클릭하면 Direct Selection Tool(직접 선택 도구)( )로 전환하지 않아도 프레임 내에서 이미지를 선택합니다.

([A]) : 프레임의

❷ Direct Selection Tool(직접 선택 도구)([A]) : 프레임의 이미지를 선택하거나 패스, 사각형 또는 텍스트 윤곽선으로 변환된 문자 등 편집 가능한 개체에 대해 직접 변형합니다.

기적의 TIP

다른 도구 사용 중 이미지 프레임을 더블 클릭하여 선택 도구 또는 직접 선택 도구로 전환할 수 있습니다. 단, 텍스트 프레임 을 더블 클릭하면 문자 도구로 전환되므로 유의합니다.

이미지 자료
이해를 돕기 위한 이미지 자료가 준비되어 있습니다.

팁(TIP)
학습에 도움이 되는 기적의 팁이 삽입되어 있습니다.

 STEP 02 시험 문항별 기능을 확인하고 내용 파악

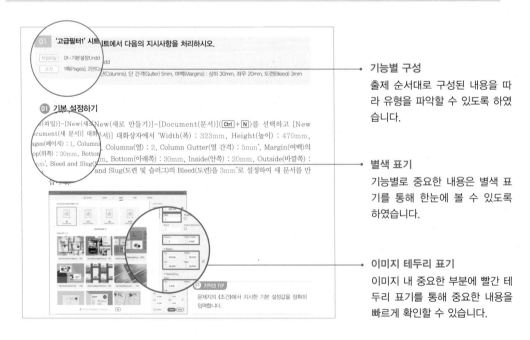

01 '고급필터' 시트에서 다음의 지시사항을 처리하시오.

작업파일 01-기본설정.Undd
조건 1쪽(Pages), 2단(Columns), 단 간격(Gutter) 5mm, 여백(Margins) : 상하 30mm, 좌우 20mm, 도련(Bleed) 3mm

01 기본 설정하기

[파일)]-[New(새로New(새로 만들기)]-[Document(문서)]([Ctrl]+[N])를 선택하고 [New Document(새 문서)] 대화상자에서 'Width(폭) : 323mm, Height(높이) : 470mm, Pages(페이지) : 1, Columns Columns(열) : 2, Column Gutter(열 간격) : 5mm', Margin(여백)의 Top(위쪽) : 30mm, Bottom Bottom(아래쪽) : 30mm, Inside(안쪽) : 20mm, Outside(바깥쪽) : mm', Bleed and Slug and Slug(도련 및 슬러그)의 Bleed(도련)을 3mm'로 설정하여 새 문서를 만

기적의 TIP
문제지의 〈조건〉에서 지시한 기본 설정값을 정확히 입력합니다.

기능별 구성
출제 순서대로 구성된 내용을 따라 유형을 파악할 수 있도록 하였습니다.

별색 표기
기능별로 중요한 내용은 별색 표기를 통해 한눈에 볼 수 있도록 하였습니다.

이미지 테두리 표기
이미지 내 중요한 부분에 빨간 테두리 표기를 통해 중요한 내용을 빠르게 확인할 수 있습니다.

문제 1 [기능평가] 신문 제작   25점

다음의 《조건》에 따라 아래의 《출력형태》와 같이 작업하시오.

조건

첨부파일	GTQ₩Image₩1급-1.ai, 1급-2.jpg, 1급-3.jpg, 1급-4.psd, 1급-5.txt	
파일저장규칙	크기 동일	323×470mm
	indd	파일명	GTQ₩수험번호-성명-1.indd
	pdf	파일명	GTQ₩수험번호-성명-1.pdf

1. 기본 설정
① 1쪽(Pages), 3단(Columns), 단 간격(Gutter) 5mm, 여백(Margins) : 상좌우 20mm, 하 30mm, 도련(Bleed) 3mm
② PDF 내보내기 : 모든 프린터 표시(All Printer's Marks)

2. 작업 방법
① 1급-1.ai : 클리핑 패스(Clipping Path) – 가장자리 감지(Detect Edge), 텍스트 감싸기(Text Wrap) 7mm
② 1급-2.psd : 효과(Effects) – 그림자(Drop Shadow)
③ 1급-3.jpg : 클리핑 패스(Clipping Path) – 포토샵 패스(Photoshop Path)
④ 1급-4.jpg : M30Y100, 클리핑 패스(Clipping Path) – 가장자리 감지(Detect Edge), 내부 그림자(Inner Shadow)
⑤ 획 : 190mm, 10pt, 물결형(Wavy), C40M100Y100
⑥ 도형 : 다각형(70×70mm, Y50, C50Y50, C50, M50, C60M100), 효과(Effects) – 그레이디언트 페더(Gradient Feather)

3. 문자 효과
① 세계 최고 품질의 우리나라(굴림, 36pt, C40M100Y100)
② 우리나라의 지역 명물(돋움, 25pt, C100M50, 기울기(Skew) 적용)
③ 한우, 사과, 마늘, 한라봉(궁서, 20pt, M50Y100, C70Y100, C100, C60M100)
④ 1급-5.txt : 단락 스타일 설정
 • 본문1(바탕, 14pt, 행간 20pt, 자간 –50, K100)
 • 본문2(굴림, 16pt, 행간 24pt, 자간 –80, C30M30Y100K30)
 • 소제목(굴림, 20pt, 행간 24pt, 자간 –30, C40M100Y100, 이후 공백(Space After) 4mm)

기출 유형 문제
실제 출제 경향을 반영한 문제를 실전처럼 풀어보고 감각을 키워 보세요.

기출 유형 문제 1회 해설

문제 1 [기능평가] 신문 제작

작업과정 새 문서 만들기 및 임시 파일 저장하기 ▶ 이미지 프레임 효과 및 클리핑 패스 적용 ▶ 선과 도형 편집 ▶ 문자 효과 적용 ▶ 단락 스타일 설정 ▶ PDF 내보내기와 답안 파일 저장

완성이미지 수험번호-성명-1.INDD, 수험번호-성명-1.pdf
1급-101.jpg

01 새 문서 만들기 및 임시 파일 저장하기

01 [File(파일)]-[New(새로 만들기)]-[Document(문서)]([Ctrl]+[N])를 선택하고 [New Document(새 문서)] 대화상자에서 'Width(폭) : 323mm, Height(높이) : 470mm, Pages(페이지) : 1, Columns(열) : 3, Column Gutter(열 간격) : 5mm', Margin(여백)의 'Top(위쪽) : 20mm, Bottom(아래쪽) : 30mm, Inside(안쪽) : 20mm, Outside(바깥쪽) : 20mm', Bleed and Slug(도련 및 슬러그)의 Bleed(도련)을 3mm'로 설정하여 새 문서를 만듭니다.

02 자주 사용하는 패널 영역을 [Window(창)]-[Workspace(작업 영역)]-[Typography(입력 체제)]로 설정하여 답안 작성 시간을 절약합니다.

03 [View(보기)]-[Grids & Guides(격자 및 안내선)]-[Show Guides(안내선 표시)]([Ctrl]+[;])를 선택하여 안내선을 표시합니다.

04 [File(파일)]-[Save(저장하기)]([Ctrl]+[S])를 선택하고 '저장 위치 : 내 PC₩문서₩GTQ, 파일 이름 : 수험번호-성명-1, 파일 형식 : InDesign CC document'로 설정한 후 저장합니다. INDD 답안 파일을 수시로 저장([Ctrl]+[S])하는 습관이 중요합니다.

02 이미지 프레임 효과 및 클리핑 패스 적용

01 내 PC₩문서₩GTQ₩Output 폴더의 1급-101.jpg와 문제지의 《출력형태》에서 이미지 프레임의 레이아웃과 레이어 순서를 확인합니다.

02 [File(파일)]-[Place(가져오기)]([Ctrl]+[D])를 선택하여 내 PC₩문서₩GTQ₩Image 폴더에서 1급-1.ai를 선택한 후 드래그합니다. 1급-1.ai 프레임을 선택하고 [Object(개체)]-[Clipping Path(클리핑 패스)]-[Options(옵션)]([Alt]+[Shift]+[Ctrl]+[K])를 선택합니다. [Clipping Path(클리핑 패스)] 대화상자에서 'Type(유형) : Detect Edge(가장자리 감지)'를 선택합니다.

정답 및 해설
문제 풀이에 대한 자세한 해설이 준비되어 있습니다.

STEP 01 GTQid 응시 자격 조건

제한 없음

STEP 02 원서 접수하기

- http://license.kpc.or.kr에서 접수
- 인터넷 홈페이지를 통해 접수한 후 수험표를 인쇄하여 직접 선택한 고사장, 날짜, 시험시간 확인(방문 접수 가능)

STEP 03 시험 응시

- 90분 안에 컴퓨터로 답안 파일 작성
- 네트워크로 연결된 감독위원 PC로 답안 전송

STEP 04 합격자 발표

https://license.kpc.or.kr에서 성적 확인 후 자격증 발급 신청

01 GTQid 시험 과목

자격 종목	등급	S/W Version	접수 방법
인디자인 (GTQid)	1급	Adobe InDesign CS6, CC(한글, 영문)	온라인/전화
	2급		

- 시험 접수 기간에 고사장별로 응시 가능한 S/W 버전을 확인하실 수 있습니다.
- GTQ(그래픽기술자격) 3급과 GTQid(인디자인) 2급은 동시에 신청이 불가합니다.
- 그 외 최신 공지사항은 KPC자격 홈페이지를 자주 확인하시기 바랍니다.

02 시험 방법 및 시험 시간

시험 방법	시험 시간
3문항 실무작업형 실기시험	90분

03 합격 기준

등급	합격 기준
1급	100점 만점 70점 이상
2급	100점 만점 60점 이상

04 응시료(1급 기준)

- 일반접수 : 32,000원(수수료 포함)
- 군장병접수 : 26,000원(수수료 포함)

05 그래픽 Master 소개

한국 생산성 본부는 그래픽 디자인 업계의 주요 프로그램인 포토샵, 일러스트레이터, 인디자인 활용 능력을 인증하는 GTQ, GTQi, GTQid 자격 제도를 운영하고 있습니다. 그래픽과 디자인 분야의 전문가로 성장하기를 원하는 분들이라면 해당 산업에서 필요한 융복합적 역량을 인증할 수 있습니다.

- 그래픽 Master 신청 요건
  - 신청 요건 : GTQ, GTQi, GTQid 3과목 모두 취득해야 함
  - 급수 기준 : 과목에 관계없이 1급 2과목, 2급 1과목 이상이면 신청 가능

- 그래픽 Master 신청 방법
[https://license.kpc.or.kr] - [합격확인/자격증 확인] - [그래픽 Master] 게시판에서 맨 아래 '신청하기' 버튼을 눌러 신청합니다.

- 그래픽 Master 처리 기간
그래픽 마스터 신청 후 2주가 소요됩니다.

- 그래픽 Master 발급 비용
발급 비용 : 11,000원(수수료 포함)

답안 전송 프로그램 설치법

답안 전송 프로그램이란?

GTQid 시험은 답안 작성을 마친 후 저장한 답안 파일을 감독위원 PC로 전송하여 제출해야 합니다.
시험장에서 당황하는 일이 없도록 답안 전송 프로그램으로 미리 연습해 보세요.

※ 도서의 답안을 작성 후 실제 감독 PC로 저장되지 않고 채점이 되지 않는 연습 프로그램입니다.

다운로드 및 설치법

01 이기적 홈페이지(license.youngjin.com)에 접속한 후 상단에 있는 [자료실]–[GTQ]를 클릭한다. '[6789] 이기적 GTQ 인디자인 1급(ver.CC)'를 클릭하고 첨부 파일을 다운로드 받아 압축을 해제한다.

02 다음과 같은 폴더가 열리면 '답안전송프로그램.setup'을 더블 클릭하여 프로그램을 실행시킨다.

※ 운영체제가 Windows 7 이상인 경우는 마우스 오른쪽 버튼을 클릭해 '관리자 권한으로 실행'을 선택하여 실행시킨다.

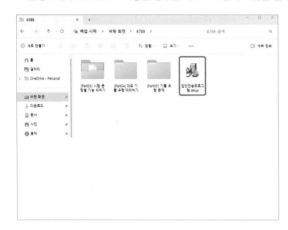

03 다음과 같이 설치 화면이 나오면 [다음]을 클릭하고 설치를 진행한다.

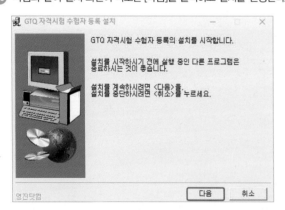

04 설치 진행이 완료되면 'GTQ 수험자용' 아이콘을 더블 클릭하여 프로그램을 실행한다.

답안 전송 프로그램 사용법

시험 진행 순서

본인 좌석
확인 후 착석 ▶ 수험자
정보 확인 ▶ 화면 안내에
따라 진행 ▶ 검토 후
최종 답안 제출 ▶ 퇴실

---

01 수험자 수험번호 등록

① 바탕화면에서 'GTQ 수험자용' 아이콘을 실행한다. [수험자 등록] 화면에 수험번호를 입력한 후 [확인]을 클릭한다.

※ 실제 시험장에서는 본인의 수험번호를 찾아 입력합니다.

② 수험번호가 화면과 같으면 [예]를 클릭한다. 다음 화면에서 수험번호, 성명, 수험과목, 좌석번호를 확인한다.

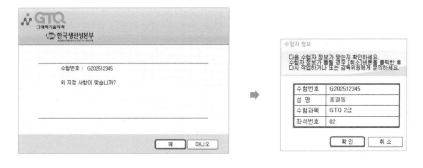

③ 다음과 같은 출력화면 확인 후 감독위원의 지시를 기다린다.

① 인디자인 프로그램을 실행한 후 답안 파일을 작성한다.

① 답안 파일은 '내 PC₩문서₩GTQ' 폴더에 저장한다.
② 답안 파일명은 '수험번호–성명'으로 저장해야 한다.

① 바탕화면의 실행 화면에서 [답안 전송]을 클릭한 후, 작성한 답안 파일을 감독 PC로 전송한다. 화면에서 작성한 답안 파일의
존재유무(파일이 '내 PC₩문서₩GTQ' 폴더에 있을 경우 '있음'으로 표시됨)를 확인 후 [답안 전송]을 클릭한다.

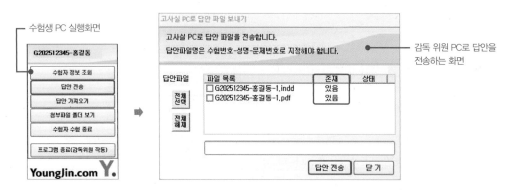

② 전송이 성공적으로 끝나면 상태 부분에 '성공'이라 표시된다.

※ 연습 채점 프로그램이므로 실제 감독 PC에는 전송되지 않습니다.

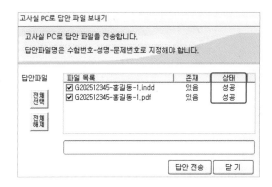

05 시험 종료

① 수험자 PC화면에서 [수험자 수험 종료]를 클릭한 후 감독위원의 지시를 기다린다.

② 감독위원의 퇴실 지시에 따라 퇴실한다.

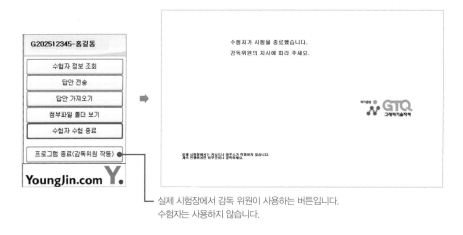

실제 시험장에서 감독 위원이 사용하는 버튼입니다.
수험자는 사용하지 않습니다.

답안 전송 프로그램 안내

• 프로그램을 설치했는데 '339 런타임 오류가 발생하였습니다.'라는 오류 메시지가 나타나는 경우

프로그램 설치 시 마우스 오른쪽 버튼을 클릭하여 '관리자 권한으로 실행'을 선택하여 설치하고, 설치 후 실행 시에도 '관리자 권한으로 실행'을 선택해 주세요.

GTQ 인디자인 준비하기

01 수험자 유의사항 및 답안작성요령

수험자 유의사항

- 수험자는 문제지를 받는 즉시 응시하고자 하는 과목 및 급수가 맞는지 확인한 후 수험번호와 성명을 작성합니다.
- ❶ 파일명은 본인의 "수험번호–성명–문제번호"로 공백 없이 정확히 입력하고 답안 폴더(내 PC₩문서₩GTQ)에 파일저장규칙으로 저장해야 하며, '다른 파일 형식과 버전으로 저장하였을 경우', '패키지로 저장할 경우' 0점 처리됩니다. 답안문서 파일명이 "수험번호–성명–문제번호"와 일치하지 않거나, 답안 파일을 전송하지 않아 미제출로 처리될 경우 불합격 처리됩니다.
- 수험자 정보와 저장한 파일명, 저장 위치가 다를 경우 전송이 되지 않으므로, 주의하시기 바랍니다.
- 답안 작성 중에도 주기적으로 '저장'과 '답안 전송'을 이용하여 감독관 PC로 답안을 전송하셔야 합니다.
 (※ 작성한 내용을 저장하지 않고 전송할 경우 이전의 저장 내용이 전송되오니 이 점 반드시 유념하시기 바랍니다.)
- 답안문서는 지정된 경로 외의 다른 보조기억장치에 저장하는 행위, 지정된 시험 시간 외에 작성된 파일을 활용한 행위, 기타 허용되지 않은 프로그램(이메일, 메신저, 게임, 네트워크 등)을 이용 시 부정행위로 간주되어 자격기본법 제32조에 의거 본 시험 및 국가공인 자격시험을 2년간 응시할 수 없습니다.
- 시험 중 부주의 또는 고의로 시스템을 파손한 경우와 〈수험자 유의사항〉에 기재된 방법대로 이행하지 않아 생기는 불이익은 수험자의 책임임을 알려 드립니다.
- ❷ 시험을 완료한 수험자는 최종적으로 저장한 답안 파일이 전송되었는지 확인한 후 감독위원의 지시에 따라 문제지를 제출하고 퇴실합니다.

❶ 답안 파일 저장 시 반드시 "수험번호–성명–문제번호" 형식으로 저장되어야 하고 '내 PC₩문서₩GTQ' 폴더에 필수 답안(INDD, PDF, EPUB) 파일을 저장하여 제출합니다. 예를 들어 '수험번호 : G123456789, 성명 : 이영진'이라고 가정하였을 때 제출되어야 할 1급 답안 파일명과 포맷 형식은 다음과 같습니다.

문항	제출 답안 파일명과 확장자
1번	G123456789–이영진–1.INDD G123456789–이영진–1.PDF
2번	G123456789–이영진–2.INDD G123456789–이영진–2.EPUB
3번	G123456789–이영진–3.INDD
답안 개수	5개

❷ 90분 안에 답안 파일 작성 및 저장, 감독관 서버로 최종 답안 전송하여 제출합니다. 시험 종료 1분 전까지 완성된 답안 파일을 재점검할 수 있으며 오류를 발견한 경우 INDD 파일 수정, 문항별 PDF와 EPUB 내보내기를 한 후 답안을 다시 전송합니다.

답안작성요령

- 온라인 답안 작성 절차

  수험자 등록 ⇒ 시험 시작 ⇒ 답안 파일 저장 ⇒ 답안 전송 ⇒ 시험 종료
- 내 PC\문서\GTQImage 폴더의 첨부파일을 사용하여 답안을 작성하시고 최종답안을 답안 폴더(내 PC\문서\GTQ)에 저장하여 답안을 전송하시고, 이미지의 크기가 다른 경우 감점 처리됩니다.
- 배점은 총 100점으로 이루어지며, 점수는 각 문제별로 차등 배분됩니다.

❶ 각 문제지의 기본 단위는 'mm(밀리미터)'이며 지시조건에 맞게 답안을 작성하셔야 합니다.

❷ 그 외 지시되지 않는 조건(레이아웃, 색상, 문자, 규격 등)은 《결과파일》, 《출력형태》를 참고하여 첨부파일을 활용하여 작성하십시오. 위 언급한 내용을 충족하지 못했을 경우에는 0점 또는 감점 처리됩니다.

  (※《결과파일》은 내 PC\문서\GTQ\Output 폴더에서 확인)

❸ 문제 조건에 서체의 지정이 없을 경우 한글은 굴림, 돋움, 영문은 Arial로 작성하십시오. 임의 서체로 작성할 경우 감점될 수 있으니 유의하시기 바랍니다.

- 문제 조건에 형태(크기, 색상, 선 굵기 등)에 대한 지정이 없을 경우 《결과파일》, 《출력형태》를 참고하여 작업해 주시기 바랍니다.

❹ Color Mode(색상 모드)는 별도의 처리조건이 없을 경우에는 CMYK로 작성하십시오.

❺ 조건에서 제시한 기능의 속성을 해지할 경우 해당 요소는 0점 처리됩니다.

한 국 생 산 성 본 부

❶ [View(보기)]-[Show Rulers(눈금자 표시)]([Ctrl]+[R])를 선택하여 눈금자를 표시하고 각각 수직, 수평 눈금자 위에 마우스 커서를 놓고 컨텍스트 메뉴(마우스 오른쪽 버튼)를 선택하여 단위를 'Millimeters'로 설정합니다.

❷ 지시 조건은 빠짐없이 적용하고 지시되지 않은 경우 《결과파일》과 《출력형태》를 참고하여 첨부파일을 활용하여 작성합니다.

❸ 서체가 조건으로 지시되지 않은 경우 한글은 굴림, 돋움, 영문은 Arial로 작성하고 속성을 기본값으로 처리합니다. 만약 수험자가 임의의 서체와 속성을 변경한 경우 감점 처리됩니다.

❹ Color mode(색상 모드)는 별도의 처리조건이 없을 경우에는 CMYK를 기본 설정한 후 답안을 작성합니다.

❺ 마스터 페이지에 작성해야 할 페이지 번호, 면주, 삼각버튼을 작업 영역에 작성할 경우, 조건에서 제시한 기능의 속성을 해지할 경우는 해당 요소가 0점 처리됩니다.

다음의 《조건》에 따라 아래의 《출력형태》와 같이 작업하시오.

조건

첨부파일		GTQ\Image\1급-1.ai, 1급-2.jpg, 1급-3.jpg, 1급-4.psd, 1급-5.txt
파일저장규칙	크기 동일	323×470mm
	indd 파일명	GTQ\수험번호-성명-1.indd
	pdf 파일명	GTQ\수험번호-성명-1.pdf

1. 기본 설정
① 1쪽(Pages), 2단(Columns), 단 간격(Gutter) 5mm, 여백(Margins) : 위 · 아래쪽 30mm, 왼 · 오른쪽 20mm, 도련(Bleed) 3mm
② PDF 내보내기 : 모든 프린터 표시(All Printer's Marks)

2. 작업 방법
① 1급-1.ai : 효과(Effects) - 내부 그림자(Inner Shadow)
② 1급-2.jpg : 효과(Effects) - 그레이디언트 페더(Gradient Feather)
③ 1급-3.jpg : 획(2pt, C50K20), 패스파인더(Pathfinder) 활용, 텍스트 감싸기(Text Wrap) 3mm
④ 1급-4.psd : 효과(Effects) - 외부 광선(Outer Glow), 내부 그림자(Inner Shadow)
⑤ 획 : 수직 빗금선(Straight Hash)(8pt, 283mm, C70M100)
⑥ 도형 : 사각형(300×30mm, C50M10Y30, 모퉁이 옵션 : 돌림무늬(Fancy), 불투명도(Opacity)(70%), 효과(Effects) - 내부 그림자(Inner Shadow))

3. 문자 효과
① HAEUNDAE SAND FESTIVAL(Arial, Bold, 30pt, 자간 300, C70M100, 모든 줄 균등 배치)
② Hero, 모래로 만난다(궁서, 32pt, C0M0Y0K0, 효과(Effects) - 그림자(Drop Shadow))
③ SUN&FUN HAEUNDAE(Times New Roman, Bold Italic, 36pt, C60M100K30 → C100)
④ 1급-5.txt : 단락 스타일 설정
  • 본문1(굴림, 20pt, 행간 36pt, 자간 -30, C10M90Y10, 밑줄 1pt)
  • 본문2(바탕, 16pt, 행간 24pt, 자간 -50, C100M70), 캡션(돋움, 20pt, 자간 -50, C70M100)

출력형태

★ 자세한 지시사항은 **기출 유형 문제 03회**를 참고하세요.

01 평가 기능

❶ 문서 기본 설정과 레이아웃 이해, 이미지 활용, 획과 도형 편집, 문자와 단락 스타일 설정, PDF 내보내기

02 주요 포인트

❶ 문제지의 파일저장규칙과 기본 설정 조건을 정확히 적용하고 《결과파일》, 《출력형태》를 참고하여 프레임의 크기를 변형하여 배치합니다.

❷ 내 PC₩문서₩GTQ₩Image 폴더의 첨부파일을 활용하여 작성합니다.

❸ 《결과파일》은 내 PC₩문서₩GTQ₩Output 폴더에서 확인하고 필요시 확대/축소가 가능합니다.

❹ 단락 스타일 설정은 문제지의 지시조건과 같이 Style Name(스타일 이름)과 옵션값을 정확히 입력하고 《출력형태》를 참고하여 PDF 내보내기 옵션에서 모든 프린터 표시(All Printer's Marks)를 설정합니다.

❺ 문제지의 지시되지 않는 조건(레이아웃, 색상, 문자, 규격 등)은 《결과파일》, 《출력형태》를 참고하여 작성합니다.

❻ 최종답안을 답안 폴더(내 PC₩문서₩GTQ)에 저장하여 답안을 전송합니다.

다음의 《조건》에 따라 아래의 《출력형태》와 같이 작업하시오.

조건

첨부파일		GTQ₩Image₩1급-6.ai, 1급-7.jpg, 1급-8.jpg, 1급-9.jpg, 1급-10.png, 1급-11.jpg, 1급-12.jpg, 1급-13.txt
파일저장규칙	크기 동일	160×195mm
	indd 파일명	GTQ₩수험번호-성명-2.indd
	epub 파일명	GTQ₩수험번호-성명-2.epub

1. 기본 설정

① 6쪽(Pages), 2단(Columns), 단 간격(Gutter) 4mm, 여백(Margins) : 상하좌우 20mm, 도련(Bleed) 3mm

② EPUB 고정 레이아웃(Fixed Layout) 내보내기 : 첫 페이지 래스터화(Rasterize First Page)

2. 작업 방법

① 1급-7.jpg, 1급-9.jpg, 1급-12.jpg : 응용 및 배치

② 1급-6.ai : 효과(Effects) - 그림자(Drop Shadow), 1급-8.jpg : 클리핑 패스(Clipping Path) - 포토샵 패스(Photoshop Path)

③ 1급-10.png, 1급-11.jpg : 클리핑 패스(Clipping Path) - 가장자리 감지(Detect Edge), 텍스트 감싸기(Text Wrap) 4mm

④ 도형 : 원1(100×100mm, C40Y20, 불투명도(Opacity) 70%), 원2(58×58mm, C50Y80, M30Y80), 사각형(18×201mm, M30Y80, C40Y10), 삼각버튼(7×7mm, C100M50)

⑤ 마스터 페이지 설정 : 페이지 번호 설정, 짝수 페이지 삼각버튼 배치

⑥ 상호작용(Interactive) 설정 : 하이퍼링크(license. kpc.or.kr로 페이지 이동, 새 창으로), 이전과 다음 페이지로 이동(삼각버튼)

3. 문자 효과

① license.kpc.or.kr, '페이지 번호'(Arial, Bold, 9pt, C50Y80)

② 안동국제, 페스티벌(궁서, 35pt, 자간 -80, K100)

③ 01. 개최배경 ~(돋움, 15pt, 행간 20pt, 자간 -25, C90Y40, K100)

④ 1급-13.txt : 단락 스타일 설정
- 소제목(굴림, 12pt, C50M100Y90)
- 본문1(돋움, 9pt, 행간 11pt, K100)
- 본문2(돋움, 9pt, 행간 13pt, C100M50K50, 단락 시작표시문자 2줄)

출력형태

★ 자세한 지시사항은 **기출 유형 문제 03회**를 참고하세요.

01 평가 기능

❶ 문서 기본 설정과 레이아웃 이해, 마스터 페이지 설정, 이미지 활용, 도형 편집 및 상호작용 설정, 문자와 단락 스타일 설정, EPUB 내보내기

02 주요 포인트

❶ 문제지의 파일저장규칙과 기본 설정 조건을 정확히 적용하고 《결과파일》, 《출력형태》를 참고하여 프레임의 크기를 변형하여 배치합니다.

❷ 문제지의 지시조건과 같이 페이지 번호, 삼각버튼 배치는 작업이 이뤄지는 문서화면이 아닌 반드시 마스터 페이지에 설정합니다. 내 PC₩문서₩GTQ₩Image 폴더의 첨부파일을 활용하여 작성합니다.

❸ 《결과파일》은 내 PC₩문서₩GTQ₩Output 폴더에서 확인하고 필요시 확대/축소가 가능합니다.

❹ 단락 스타일 설정은 문제지의 지시조건과 같이 Style Name(스타일 이름)과 옵션값을 정확히 입력하고 하이퍼링크, 삼각버튼의 페이지 이동의 상호작용(Interactive) 설정하여 EPUB 내보내기 옵션을 설정합니다.

❺ 문제지의 지시되지 않는 조건(레이아웃, 색상, 문자, 규격 등)은 《결과파일》, 《출력형태》를 참고하여 작성합니다.

❻ 최종답안을 답안 폴더(내 PC₩문서₩GTQ)에 저장하여 답안을 전송합니다.

다음의 《조건》에 따라 아래의 《출력형태》와 같이 작업하시오.

조건

첨부파일		GTQ₩Image₩1급-14.ai, 1급-15.jpg, 1급-16.psd, 1급-17.psd, 1급-18.jpg, 1급-19.psd, 1급-20.txt
파일저장규칙	크기 동일	210×280mm
	indd 파일명	GTQ₩수험번호-성명-3.indd

1. 기본 설정
① 2쪽(Pages), 3단(Columns), 단 간격(Gutter) 5mm, 여백(Margins) : 위쪽 20mm, 아래쪽 20mm, 안 · 바깥쪽 10mm, 도련(Bleed) 3mm

2. 작업 방법
① 1급-14.ai, 1급-19.psd : 응용 및 배치
② 1급-15.jpg : 효과(Effects) – 기본 페더(Basic Feather), 1급-16.psd : 불투명도(Opacity) 50%
③ 1급-17.psd : 클리핑 패스(Clipping Path) – 포토샵 패스(Photoshop Path), 텍스트 감싸기(Text Wrap) 5mm,
   효과(Effects) – 그림자(Drop Shadow),
   1급-18.jpg : 텍스트 감싸기(Text Wrap) 5mm
④ 도형 : 사각형(93×10mm, M30Y100K10, 모퉁이 둥글게(Rounded) 5mm)
⑤ 마스터 페이지 설정 : B-Master Page 추가, 페이지 번호 설정, 면주 설정(1 페이지 "Korea village", 2 페이지 "Naju")

3. 문자 효과
① 대한민국 정보화마을(돋움, 16pt, C60M80Y100K50)
② '페이지 번호'(Arial, Bold, 12pt, M50Y100)
③ '면주'(Arial, Bold, 12pt, C100Y100K40)
④ 1급-20.txt : 단락 스타일 설정
   • 중제목(돋움, 13pt, 자간 -25, C0M0Y0K0)
   • 소제목(돋움, 10pt, 행간 18pt, 자간 -25, C100Y100K40, 단락 시작표시문자 2줄)
   • 본문1(굴림, 9pt, 행간 15pt, C50Y100K40, 왼쪽 균등 배치, 첫줄 들여쓰기 4mm)
   • 본문2(바탕, 9pt, 행간 16pt, 자간 -30, K100)

출력형태

★ 자세한 지시사항은 **기출 유형 문제 03회**를 참고하세요.

01 평가 기능

❶ 문서 기본 설정과 레이아웃 이해, 마스터 페이지 설정, 이미지 활용 및 도형 편집, 문자와 단락 스타일 설정

02 주요 포인트

❶ 문제지의 파일저장규칙과 기본 설정 조건을 정확히 적용하고 《결과파일》, 《출력형태》를 참고하여 프레임의 크기를 변형하여 배치합니다.

❷ 'B-마스터 페이지'를 추가한 후 문제지의 지시조건과 같이 페이지 번호, 삼각버튼 배치는 작업이 이뤄지는 문서화면이 아닌 반드시 마스터 페이지에 설정합니다. 내 PC₩문서₩GTQ₩Image 폴더의 첨부파일을 활용하여 작성합니다. CC 2022 버전부터 Pages(페이지)(F12) 패널의 Master(마스터)가 Parent(상위)로 명칭이 변경됩니다. 기존 New Master(새 마스터)를 New Parent(새 상위)로 이해합니다.

❸ 《결과파일》은 내 PC₩문서₩GTQ₩Output 폴더에서 확인하고 필요시 확대/축소가 가능합니다.

❹ 단락 스타일 설정은 문제지의 지시조건과 같이 Style Name(스타일 이름)과 옵션값을 정확히 입력합니다.

❺ 문제지의 지시되지 않는 조건(레이아웃, 색상, 문자, 규격 등)은 《결과파일》, 《출력형태》를 참고하여 작성합니다.

❻ 최종답안을 답안 폴더(내 PC₩문서₩GTQ)에 저장하여 답안을 전송합니다.

01 답안 파일 저장규칙

❶ '수험번호–성명–문제번호' 답안 파일명 형식으로 총 5개 답안 파일을 저장합니다.

❷ 예를 들어 '수험번호 : G123456789, 성명 : 이영진'이라고 가정하였을 때 제출되어야 할 1급 답안 파일명과 포맷 형식은 다음과 같습니다.

문항	답안 파일명과 확장자
1번	G123456789–이영진–1.INDD G123456789–이영진–1.PDF
2번	G123456789–이영진–2.INDD G123456789–이영진–2.EPUB
3번	G123456789–이영진–3.INDD
답안 개수	5개

02 온라인 답안 작성 절차

❶ 수험자 등록 → 시험 시작 → 수시로 답안 파일 저장(Ctrl+S) → 답안 전송 → 시험 종료

❷ 모든 작업을 완성했는데 전체가 0점 처리되는 경우

• 최종 작업에서 저장하지 않고 답안 전송 프로그램으로 전송했을 경우에 해당됩니다. 반드시 수시로 저장한 후 전송하고, 최종 파일 전송 전에 다시 한 번 저장한 후 전송합니다.

❸ 해당 문제 0점 또는 일부 감점 처리되는 경우

• 파일명이 "수험번호–성명–문제번호"와 일치하지 않는 경우

• 저장 형식 및 지시 조건이 맞지 않을 경우

• INDD와 PDF 또는 EPUB의 내용이 상이한 경우

03 색상 모드 설정

❶ 문제지의 답안 작성요령에 다음과 같은 내용이 있습니다.

• Color Mode(색상 모드)는 별도의 처리조건이 없을 경우에는 CMYK로 작성하십시오.

  – Color Mode(색상 모드)는 별도의 처리조건이 없을 경우에는 CMYK 색상을 기본 설정한 후 답안을 작성합니다.

04 이미지 크기

❶ 문제지의 조건에는 다음과 같은 내용이 있습니다.

문제 1	**[기능평가] 신문 제작**	25점

다음의 《조건》에 따라 아래의 《출력형태》와 같이 작업하시오.

조건

첨부파일			GTQ₩Image₩1급-1.ai, 1급-2.jpg, 1급-3.jpg, 1급-4.psd, 1급-5.txt
파일저장규칙	크기 동일		323×470mm
	indd	파일명	GTQ₩수험번호-성명-1.indd
	pdf	파일명	GTQ₩수험번호-성명-1.pdf

문제 2	**[실무응용] 전자책/브랜드북**	35점

다음의 《조건》에 따라 아래의 《출력형태》와 같이 작업하시오.

조건

첨부파일			GTQ₩Image₩1급-6.ai, 1급-7.jpg, 1급-8.jpg, 1급-9.jpg, 1급-10.png, 1급-11.jpg, 1급-12.jpg, 1급-13.txt
파일저장규칙	크기 동일		160×195mm
	indd	파일명	GTQ₩수험번호-성명-2.indd
	epub	파일명	GTQ₩수험번호-성명-2.epub

문제 3	**[실무응용] 단행본/매거진**	40점

다음의 《조건》에 따라 아래의 《출력형태》와 같이 작업하시오.

조건

첨부파일			GTQ₩Image₩1급-14.ai, 1급-15.jpg, 1급-16.psd, 1급-17.psd, 1급-18.jpg, 1급-19.psd, 1급-20.txt
파일저장규칙	크기 동일		210×280mm
	indd	파일명	GTQ₩수험번호-성명-3.indd

❷ 문제별 최종 답안의 파일 저장규칙(포맷 형식과 개수, 크기)에 맞게 제출하는 것이 중요합니다.

❸ 1급은 제출해야 할 답안이 INDD 3개, PDF 1개, EPUB 1개 총 5개의 답안을 제출합니다.

❹ 각 문제지의 INDD 파일과 해당 PDF나 EPUB의 답안 내용이 상이할 경우 감점될 수 있습니다.

❺ 작성이 완료된 최종 INDD를 기준으로 PDF, EPUB를 내보내기를 하여 파일을 저장한 후 답안을 전송합니다.

05 레이아웃 배치

❶ 문제지의 파일저장규칙과 기본 설정 조건을 정확히 적용하고 《결과파일》, 《출력형태》를 참고하여 프레임의 크기를 변형하여 배치합니다.

❷ 《출력형태》는 상하좌우 여백이 포함된 문서화면이며 도련은 인쇄물 재단 시 오차를 막기 위한 문서화면의 바깥쪽 여백으로 감안하여 배치합니다.

❸ 안내선 표시(Ctrl+;), 격자 표시(Ctrl+')를 적용하고 문제지의 《출력형태》를 기준으로 안내선을 활용하고 환경설정의 문서격자 옵션에서 '가로 : 350mm, 세로 : 350mm' 간격으로 격자를 설정한 후 배치합니다.

❹ 배치가 문제지의 《출력형태》와 다르면 감점됩니다.

출력형태	감점 처리

문제지의 《출력형태》에 눈금자와 펜을 이용하여 격자를 표시합니다.	프레임과 이미지 위치가 맞지 않아 일부 가려진 이미지가 배치되었고 도형에 적용된 다른 이미지는 아래 단락 스타일 영역에 배치된 정도가 《출력형태》와 다르므로 감점됩니다.

06 이미지 효과 옵션

이미지 효과 옵션이 문제지의 《출력형태》와 지시조건이 다르면 감점됩니다.

출력형태	감점 처리

	제목 이미지에 외부 광선 효과가 적용되지 않았고 중간 도형에 그림자 효과가 《출력형태》와 다르므로 감점됩니다.

07 클리핑 패스 옵션

클리핑 패스 옵션이 문제지의 《출력형태》와 지시조건이 다르면 감점됩니다.

출력형태	감점 처리
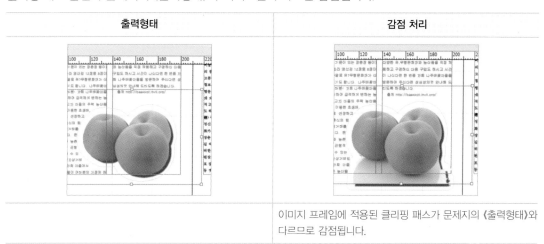	
	이미지 프레임에 적용된 클리핑 패스가 문제지의 《출력형태》와 다르므로 감점됩니다.

08 텍스트 감싸기 설정

텍스트 감싸기 설정 옵션이 문제지의 《출력형태》와 지시조건이 다르면 감점됩니다.

출력형태	감점 처리
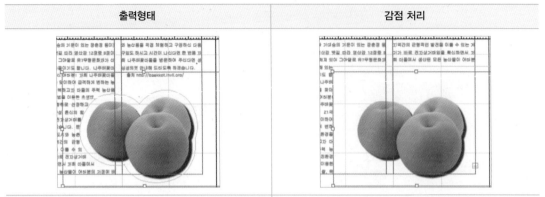	이미지 프레임에 적용된 텍스트 감싸기 옵션이 문제지의 《출력형태》와 다르므로 감점됩니다.

09 CMYK 색상 값

CMYK 색상이 문제지의 《출력형태》와 지시조건이 다르거나 RGB 색상으로 적용되면 감점됩니다.

출력형태	감점 처리
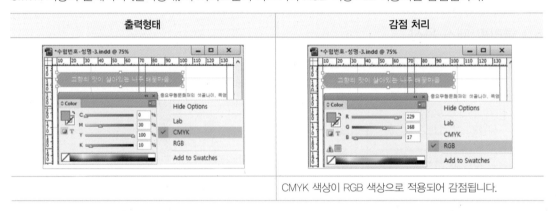	CMYK 색상이 RGB 색상으로 적용되어 감점됩니다.

10 문자 속성의 기본 값

❶ 문제지의 답안작성요령에는 다음과 같은 내용이 있습니다.

- 문제 조건에 서체의 지정이 없을 경우 한글은 굴림, 돋움, 영문은 Arial로 작성하십시오. 임의 서체로 작성할 경우 감점될 수 있으니 유의하시기 바랍니다.

❷ 문제지에 지시되지 않은 조건이라면 문자의 속성은 기본값(돋움, 9pt, 행간 11pt, 자간 0)으로 설정합니다.

⑪ 도형과 획 형태

❶ 도형과 획 형태가 문제지의 《출력형태》와 지시조건이 다르면 감점됩니다.

출력형태	감점 처리

	다각형 도형이 문제지의 《출력형태》와 다르므로 감점됩니다.

❷ 문제지의 답안작성요령에는 다음과 같은 내용이 있습니다.

- 문제 조건에 형태(크기, 색상, 획 굵기 등)에 대한 지정이 없을 경우 《결과파일》을 참고하여 면 또는 획으로 작성하십시오.

출력형태	감점 처리
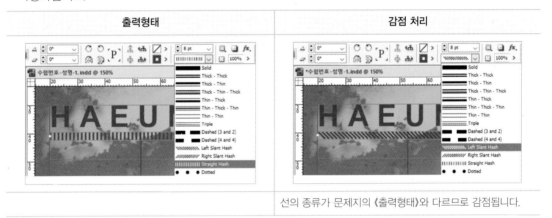	
	선의 종류가 문제지의 《출력형태》와 다르므로 감점됩니다.

⑫ 상호작용 설정

❶ INDD 답안 파일의 하이퍼링크, 삼각버튼 이전과 다음 페이지로 이동을 적용하지 않으면 감점됩니다.

• 하이퍼링크(license.kpc.or.kr로 페이지 이동, 새 창으로)

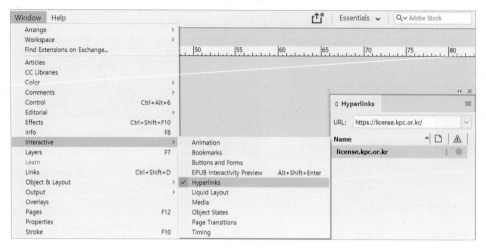

• 이전과 다음 페이지로 이동(삼각버튼)

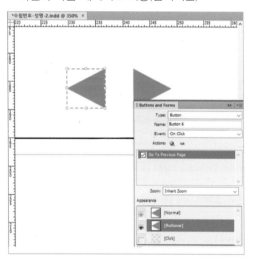
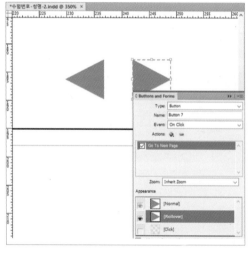

13 마스터 페이지 설정

❶ 마스터 페이지에 페이지 번호, 면주, 삼각버튼을 작성합니다. 작업이 이뤄지는 문서화면에 작성하면 감점됩니다.

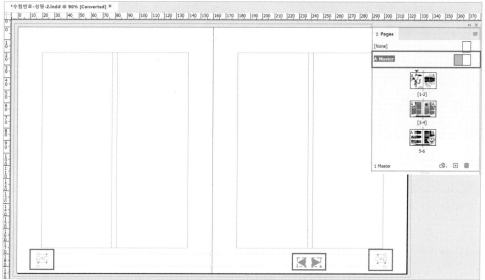

CC 2022 버전부터 Pages(페이지)(F12) 패널의 Master(마스터)가 Parent(상위)로 명칭이 변경됩니다. 기존 New Master(새 마스터)를 New Parent(새 상위)로 이해합니다.

⑭ 단락 스타일 설정

❶ 단락 스타일을 설정할 때 스타일명 '본문 1'을 입력하지 않으면 감점됩니다.

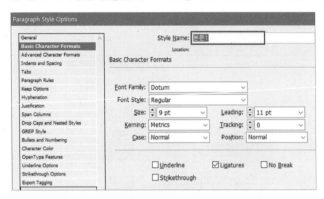

❷ 첨부파일로 배포된 TXT 파일의 내용을 활용하고 누락되거나 중복으로 복사되지 않도록 단락 스타일을 설정합니다.

❸ 문제지의 《출력형태》를 확인하여 텍스트 프레임의 단과 단 간격을 설정하여 편집합니다.

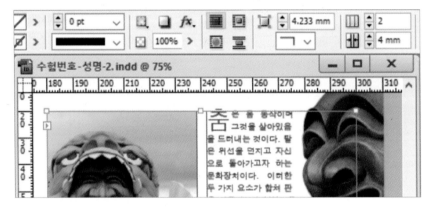

🅱 기적의 TIP

단락 스타일 설정할 때 문제지의 조건으로 지시된 단락 스타일명을 반드시 입력해야 합니다. 단락 스타일의 옵션을 맞게 적용했더라도 스타일명이 다르거나 정확하지 않으면 감점됩니다.

Q&A

Q 새 문서를 만들 때 주의할 점이 있나요?

인디자인 문제의 기본 단위는 'mm(밀리미터)'입니다. 시험 고사장에 설치된 인디자인 환경설정 단위가 기본값 'picas (파이카)'로 된 경우 'mm(밀리미터)'로 변경한 후 답안을 작성합니다. 단위가 다르면 실격 처리됩니다.

Q 《출력형태》와 같이 레이아웃을 배치하려면 어떻게 해야 하나요?

문제지의 조건으로 지시된 문서의 기본설정, 도형이나 선 등의 크기를 정확히 입력하여 배치한 후 지시되지 않은 이 미지와 텍스트 프레임 순으로 배치합니다.

격자는 [Preferences(환경설정)]([Ctrl]+[K]) 대화상자에서 [Grids(격자)]–[Document Grid(문서격자)]에서 Horizontal (가로), Vertical(세로) 간격은 0.353mm ~ 352.778mm 범위 내에서 이미지의 크기와 배치에 따라 지정합니다.

Q 마스터 페이지를 설정할 때 주의할 점이 있나요?

문제 2번에서는 A–마스터 페이지를 활용하고 문제 3번에서는 B–마스터 페이지를 추가로 생성해야 합니다. 문제지의 지시조건과 같이 페이지 번호, 삼각버튼 배치는 작업이 이뤄지는 문서화면이 아닌 반드시 마스터 페이지에 설정합 니다. CC 2022 버전부터 Pages(페이지)([F12]) 패널의 Master(마스터)가 Parent(상위)로 명칭이 변경됩니다. 기존 New Master(새 마스터)를 New Parent(새 상위)로 이해합니다.

Q PDF 답안 파일을 내보내기할 때 주의할 점이 있나요?

'파일 형식 : Adobe PDF (Print) (*.pdf)'로 설정한 후 저장합니다. PDF 내보내기 옵션에서 모든 프린터 표시(All Printer's Marks)를 설정합니다. [Export Adobe PDF(PDF 내보내기)]–[Marks and Bleeds(표시 및 도련)]에서 [Bleed and Slug(도련 및 슬러그)]–[Use Document Bleed Settings(문서 도련 설정 사용)]가 해제되어야 합니다. 체 크되면 재단선이 이중으로 표시됩니다. 문제지의 《출력형태》를 참고합니다.

Q 상호작용을 설정할 때 주의할 점이 있나요?

지시된 조건과 같이 INDD 답안 파일의 하이퍼링크는 license.kpc.or.kr 문자에 URL "http://license.or.kr" 페이지가 새창 으로 이동하도록 설정합니다. 삼각버튼은 Buttons and Forms Panel(단추 및 양식 패널)에서 '이전과 다음 페이지로 이 동'으로 설정합니다.

Q EPUB 답안 파일을 내보내기할 때 주의할 점이 있나요?

INDD 답안 작성을 마친 후 EPUB 내보내기를 합니다. 백지 상태로 EPUB 파일만 내보내기 할 경우 감점될 수 있으니 주의합니다. EPUB 내보내기 파일 형식을 'EPUB (Fixed Layout) (*.epub)'으로 설정한 후 저장합니다. [EPUB Export Option(EPUB 내보내기)] 대화상자의 [General(일반)] 탭에서 'Version(버전) : EPUB 3.0, Cover(표지) : Rasterize First Page(첫 페이지 레스터화)'로 설정한 후 Export(내보내기)를 선택합니다.

인디자인
핵심 기능 익히기

인디자인 기본 화면 구성

01 인디자인 화면 구성

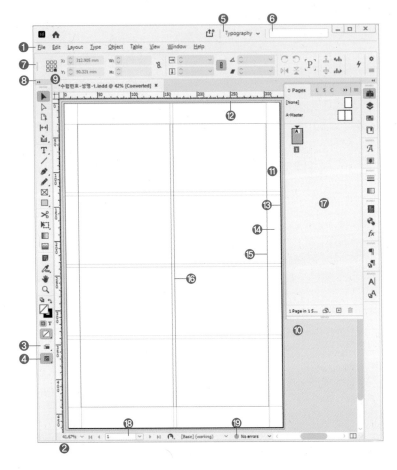

❶ **메뉴 표시줄**: 인디자인의 전반적인 메뉴들을 표시합니다.

❷ **확대/축소 레벨** : 문서 화면의 비율(%)을 확대하거나 축소합니다.

❸ **보기 옵션** : 프레임 가장자리, 눈금자, 안내선, 격자의 보기 옵션을 설정합니다.

❹ **화면 모드** : 표준, 미리보기, 도련, 슬러그, 프레젠테이션 화면 모드 옵션을 선택합니다.

❺ **작업 영역 설정** : 패널(메인 패널 도크)의 작업 영역을 설정하고 활용합니다.

❻ **도움말 검색** : 기능과 메뉴 사용 방법을 온라인 도움말로 검색합니다.

❼ **컨트롤 패널** : 자주 사용하는 패널로 사용자 정의가 가능하며 메뉴나 도구 패널의 옵션값을 바로 적용할 수 있습니다.

⑧ **도구(도구 패널 도크)** : 레이아웃 편집을 위한 기본 도구들을 모아둔 곳으로 프레임 생성, 크기 조정, 변형도구와 색상 지정, 화면 표시 선택 도구로 구성됩니다.

⑨ **문서이름** : 작업 중인 문서 이름을 나타내며 이름 앞에 '*' 표시는 저장하면 사라집니다.

⑩ **대지영역** : 페이지(문서)를 제외한 인쇄가 되지 않는 영역입니다.

⑪ **슬러그** : 인쇄 작업 시 필요한 전달사항 등을 기재하는 영역입니다.

⑫ **도련** : 페이지(문서)의 재단선 오차를 줄이기 위한 공간으로 아트웍의 가장자리를 도련 안내선에 배치합니다.

⑬ **페이지(문서)** : 아트웍이 배치되는 곳으로 인쇄가 되는 영역입니다.

⑭ **여백** : 페이지(문서)의 상하좌우 빈 공간을 설정합니다.

⑮ **단** : 페이지(문서) 내에 텍스트나 이미지 프레임을 정렬하여 배치하는 선으로, 'Grid(그리드)'라고도 합니다.

⑯ **단 간격** : 단과 단 사이의 간격을 말합니다.

⑰ **패널(메인 패널 도크)** : 자주 사용하는 [Window(창)] 메뉴를 패널 도크에 배치할 수 있습니다.

⑱ **페이지 이동** : 원하는 페이지를 입력하거나 선택하면 이동합니다.

⑲ **프리플라이트** : 문서의 오류를 실시간 검색하여 이상이 없으면 녹색으로, 오류가 있으면 빨간색으로 표시합니다.

⑫ 작업환경 설정하기

❶ [Edit(편집)]─[Preferences(환경설정)]([Ctrl]+[N])를 선택하고 Units & Increments(단위 및 증감)에서 Ruler Units(눈금자 단위)의 Horizontal(가로), Vertical(세로)를 Millimeters(밀리미터)로 설정합니다.

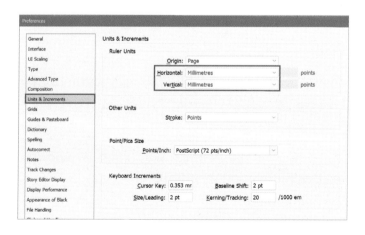

❷ [Layout(레이아웃)]-[Create Guides(안내선 만들기)] 대화상자에서 Rows(행)과 Columns (열)의 개수와 간격을 입력하고 Options(옵션)에서 Fit Guides to(다음에 안내선 맞추기) : Margins(여백) 또는 Page(페이지)를 설정합니다.

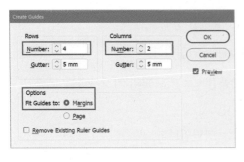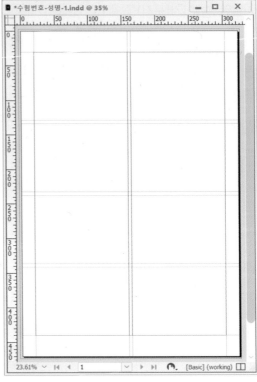

🅱 기적의 TIP

안내선을 마우스로 선택하고 작업 영역의 위/아래 쪽 또는 왼쪽/오른쪽으로 드래그하면 삭제됩니다.

❸ [Create Guides(안내선 만들기)]를 반복 적용하면 불필요한 안내선이 추가로 생성되므로 유의 하여 안내선을 만듭니다. 안내선 표시는 감점되지 않으니 답안 작성 시 레이아웃 배치에 활용 합니다.

🅱 기적의 TIP

학습 방법에 따라 [View(보기)]-[Grids & Guides(격자 및 안내선)]-[Show Guides(안내선 표시)]([Ctrl]+[;]) 또는 [Smart Guides(고급 안내선)]([Ctrl]+[U]) 표시, [Show Baseline Grids(기준선 격자 표시)]([Ctrl]+[Alt]+[']) 표시/숨기기를 답안 작성 시 활용합니다.

❹ 자주 사용하는 패널 영역을 [Window(창)]-[Workspace(작업 영역)]-[Typography(입력 체 계)]로 설정합니다. 기본 설정 값이 나타나지 않을 경우 [Reset Typography(입력 체계 재설 정)] 메뉴를 선택합니다.

❺ 하이퍼링크, 페이지 이동 등 상호작용 설정 시 자주 사용하는 패널 영역을 [Window(창)]- [Workspace(작업 영역)]-[Interactive for PDF(대화형 PDF)]로 설정합니다.

새 문서 만들기 및 파일 저장하기

01 새 문서 만들기

❶ 인디자인을 실행하여 Create New(새로 만들기) 또는 New file(새 파일)을 클릭합니다.

❷ [File(파일)]–[New(새로 만들기)](Ctrl + N)를 선택하고 [New Document(새 문서)] 대화상자에서 'Width(폭) : 323mm, Height(높이) : 470mm, Pages(페이지) : 1, Columns(열) : 2, Column Gutter(열 간격) : 5mm', Margin(여백)의 'Top(위쪽) : 30mm, Bottom(아래쪽) : 30mm, Inside(안쪽) : 20mm, Outside(바깥쪽) : 20mm', Bleed and Slug(도련 및 슬러그)의 Bleed(도련)을 3mm'로 설정하여 새 문서를 만듭니다. 《출력형태》와 같은 답안 작성을 위해 《조건》의 기본 설정값을 정확히 입력합니다.

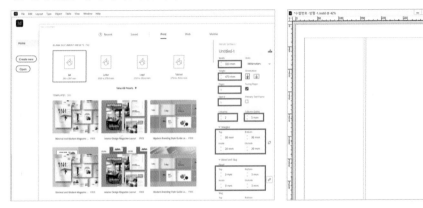

기적의 TIP

- [New Document(새문서)] 대화상자의 Margins(여백)에서 문제의 조건에 여백이 상하좌우 20mm로 동일한 경우 '모든 설정 동일하게 만들기' 버튼을 체크하여 활용합니다.

- [File(파일)]–[Document Setup(문서 설정)]([Ctrl]+[Alt]+[P]) 대화상자에서 문서의 페이지 수, 크기, 방향 등을 변경할 수 있고 [Layout(레이아웃)]–[Margins and Columns(여백 및 단)] 메뉴를 선택하여 문서의 여백과 단을 변경할 수 있습니다.

02 이미지 프레임 만들기

❶ [File(파일)]–[Place(가져오기)]([Ctrl]+[D])를 클릭하여 내 PC₩문서₩GTQ₩Image 폴더에서 이미지를 가져옵니다.

❷ 문제지의 《출력형태》와 내 PC₩문서₩GTQ₩Output 폴더의 《결과파일》을 참고하여 프레임을 더블 클릭하거나 Direct Selection Tool(직접 선택 도구)([A])을 클릭하여 프레임 내 이미지의 위치나 크기를 변형하고 배치하여 완성합니다.

- 문제지 《출력형태》와 같이 이미지 프레임 크기를 조절한 후 프레임의 마우스 오른쪽 버튼을 클릭하여 [Fitting(맞춤)]-[Fill Frame Proportionally(비율에 맞게 프레임 채우기)]([Ctrl]+[Alt]+[Shift]+[C])]을 선택합니다.
- [Fitting(맞춤)] 단축키를 자주 사용하여 익혀둡니다.
  - [Fill Frame Proportionally(비율에 맞게 프레임 채우기)]([Ctrl]+[Alt]+[Shift]+[C])
  - [Fill Content Proportionally(비율에 맞게 내용 채우기)]([Ctrl]+[Alt]+[Shift]+[E])
  - [Content-Aware Fit(내용 인식 맞춤)]([Ctrl]+[Alt]+[X])
  - [Fit Frame to Content(내용에 프레임 맞추기)]([Ctrl]+[Alt]+[C])
  - [Fit Content to Frame(프레임에 내용 맞추기)]([Ctrl]+[Alt]+[E])
  - [Center Content(내용 가운데 배치)]([Ctrl]+[Shift]+[E])

03 제출용 답안 파일 INDD 저장하기

❶ 완성된 INDD 답안 파일을 문제지의 《조건》과 《출력형태》를 기준으로 최종 점검하여 [File(파일)]-[Save(저장하기)]([Ctrl]+[S])로 저장합니다. '저장 위치 : 내 PC\문서\GTQ, 파일 이름 : 수험번호-성명-1, 파일 형식 : InDesign "CC" 또는 "2021" document (*indd)'로 설정한 후 저장합니다.

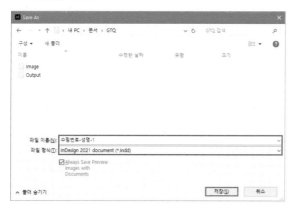

INDD 답안 파일을 수시로 저장([Ctrl]+[S])한 후 최종 저장한 내용으로 PDF/EPUB 파일로 내보내기합니다. 문제별 INDD와 PDF 또는 EPUB 파일의 답안 내용이 다를 경우 '0'점 처리될 수 있으니 유의합니다.

04 제출용 답안 파일 PDF/EPUB 내보내기

❶ 최종 저장된 INDD 답안 파일을 기준으로 [File(파일)]-[Export(내보내기)]([Ctrl]+[E])를 선택하고 '저장 위치 : 내 PC₩문서₩GTQ'로 설정한 후 '파일 이름 : 수험번호-성명-1'을 입력하고 '파일 형식 : Adobe PDF (Print) (*.pdf)'로 설정한 후 저장합니다.

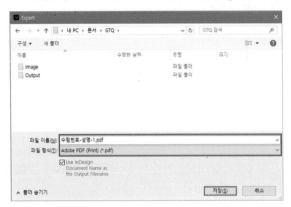

❷ [Export Adobe PDF(Adobe PDF 내보내기)] 대화상자의 [General(일반)] 탭에서 'Adobe PDF Preset(사전 설정) : High Quality Print(고품질 인쇄)'를 선택하고 [Marks and Bleeds(표시 및 도련)]에서 [All Printer's Marks(모든 프린터 표시)]로 설정하고 문제지의 《출력형태》를 참고하여 설정한 후 Export(내보내기)를 선택합니다.

❸ [File(파일)]–[Export(내보내기)]([Ctrl]+[E])를 선택하고 '저장 위치 : 내 PC₩문서₩GTQ, 파일 이름 : 수험번호–성명–2, 파일 형식 : EPUB Fixed Layout(고정 레이아웃) (*.epub)'으로 설정한 후 저장합니다.

❹ [EPUB Export Option(EPUB 내보내기)] 대화상자의 [General(일반)] 탭에서 'Cover(표지) : Rasterize First Page(첫 페이지 레스터화)'로 설정한 후 [OK]를 선택합니다.

❺ 답안 파일 저장이 완료되면 [File(파일)]–[Close(닫기)]([Ctrl]+[W])를 선택하고 수험자 답안 전송 프로그램의 [답안 전송]을 클릭하여 최종 INDD, EPUB 파일을 감독관 컴퓨터로 제출합니다.

03 Tool Panel(도구 패널)

01 Tool Panel(도구 패널) 정의

[Window(창)]-[Tools(도구)]를 선택하여 Tools(도구) 패널을 표시합니다.

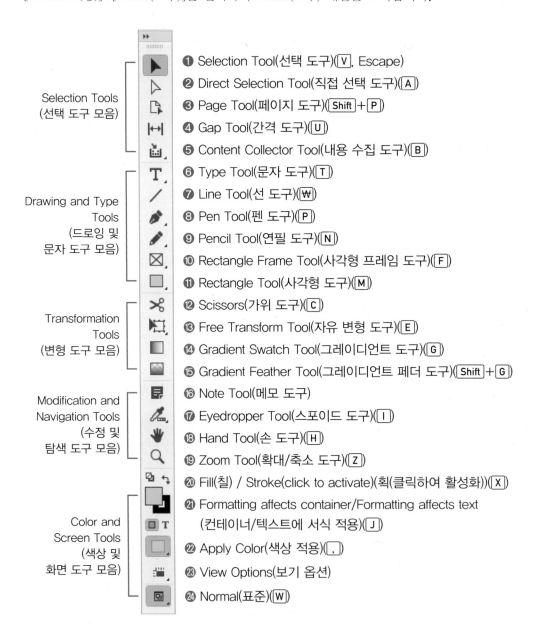

Selection Tools
(선택 도구 모음)

❶ Selection Tool(선택 도구)([V], Escape)

❷ Direct Selection Tool(직접 선택 도구)([A])

❸ Page Tool(페이지 도구)([Shift]+[P])

❹ Gap Tool(간격 도구)([U])

❺ Content Collector Tool(내용 수집 도구)([B])

Drawing and Type
Tools
(드로잉 및
문자 도구 모음)

❻ Type Tool(문자 도구)([T])

❼ Line Tool(선 도구)([₩])

❽ Pen Tool(펜 도구)([P])

❾ Pencil Tool(연필 도구)([N])

❿ Rectangle Frame Tool(사각형 프레임 도구)([F])

⓫ Rectangle Tool(사각형 도구)([M])

Transformation
Tools
(변형 도구 모음)

⓬ Scissors(가위 도구)([C])

⓭ Free Transform Tool(자유 변형 도구)([E])

⓮ Gradient Swatch Tool(그레이디언트 도구)([G])

⓯ Gradient Feather Tool(그레이디언트 페더 도구)([Shift]+[G])

Modification and
Navigation Tools
(수정 및
탐색 도구 모음)

⓰ Note Tool(메모 도구)

⓱ Eyedropper Tool(스포이드 도구)([I])

⓲ Hand Tool(손 도구)([H])

⓳ Zoom Tool(확대/축소 도구)([Z])

⓴ Fill(칠) / Stroke(click to activate)(획(클릭하여 활성화))([X])

Color and
Screen Tools
(색상 및
화면 도구 모음)

㉑ Formatting affects container/Formatting affects text
(컨테이너/텍스트에 서식 적용)([J])

㉒ Apply Color(색상 적용)([.])

㉓ View Options(보기 옵션)

㉔ Normal(표준)([W])

❶ Selection Tool(선택 도구)(V, Escape) : 텍스트나 이미지 프레임, 개체를 선택하거나 이동하는 도구입니다. Shift를 누르고 여러 개체를 선택하거나 수직, 수평으로 이동합니다. 개체이미지 위에 마우스 포인터를 놓고 도넛 모양의 내용 잡기 도구를 클릭하면 Direct Selection Tool(직접 선택 도구)(A)로 전환하지 않아도 프레임 내에서 이미지를 선택합니다.

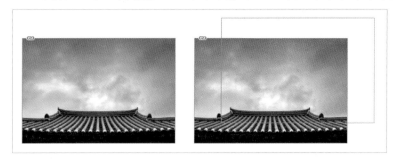

❷ Direct Selection Tool(직접 선택 도구)(A) : 프레임의 이미지를 선택하거나 패스, 사각형 또는 텍스트 윤곽선으로 변환된 문자 등 편집 가능한 개체에 대해 직접 변형합니다.

🅵 기적의 TIP

다른 도구 사용 중 이미지 프레임을 더블 클릭하여 선택 도구 또는 직접 선택 도구로 전환할 수 있습니다. 단, 텍스트 프레임을 더블 클릭하면 문자 도구로 전환되므로 유의합니다.

❸ Page Tool(페이지 도구)(Shift+P) : 페이지의 크기(판형)를 변경할 때 사용합니다. 페이지 도구를 선택하여 페이지 패널에서 크기(판형)를 변경할 페이지를 선택하고 컨트롤 패널에서 변경할 크기(판형)를 입력합니다. Alt를 누르고 페이지 조절점을 드래그하여 크기를 조절합니다.

🅵 기적의 TIP

인쇄를 위해 크기(판형)를 변경할 때는 드래그로 조절하는 것보다 정확한 수치를 입력하여 사용합니다.

❹ Gap Tool(간격 도구)([U]) : 페이지(문서)에 여러 개체의 간격을 드래그하여 배치하여 조절합니다.

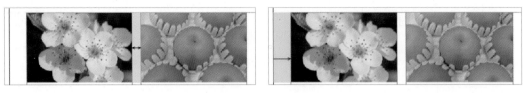

정렬 패널은 개체 사이의 간격을 조절하는 방식이고 간격 도구는 개체 사이의 간격을 고정한 후 개체 크기를 변경하는 방식입니다. 개체가 하나일 때는 도련을 기준으로 간격을 드래그하여 조절합니다.

❺ 내용 수집 도구

- Content Collector Tool(내용 수집 도구) : 페이지(문서)에 여러 개체를 내용 컨베이어 상자에 추가합니다. 수집된 개체는 내용 컨베이어 상자에 표시되고 여러 개체와 텍스트를 여러 페이지(문서)에서 반복 사용이 가능합니다.
- Content Placer Tool(내용 배치 도구) : 내용 컨베이어 상자의 페이지(문서)에 여러 개체를 가져옵니다. 내용 배치 도구를 선택하면 마우스 포인터가 주입 도구로 바뀝니다.

주입 도구는 개체가 주입될 때 마우스 포인터에 이미지나 텍스트 개체가 표시된 상태입니다.

❻ 문자 도구

- Type Tool(문자 도구)([T]) : 텍스트 프레임, 패스 또는 표에서 텍스트를 입력하거나 선택합니다.
- Type on a Path Tool(패스에 입력 도구)([Shift]+[T]) : 패스 형태를 따라 텍스트를 입력합니다.
- 세로 문자 도구 : 세로쓰기하여 텍스트를 입력합니다.
- 패스에 세로로 입력 도구 : 패스 형태를 따라 세로쓰기하여 텍스트를 입력합니다.

한글 버전에는 세로 문자 도구, 패스에 세로로 입력 도구를 선택할 수 있습니다.

❼ Line Tool(선 도구)([W]) : 선을 그릴 수 있는 도구로, [Shift]를 누르고 드래그하면 수직, 수평, 45°로 선을 그릴 수 있습니다. 선 종류와 굵기, 길이, 색상을 변형합니다.

❽ 펜 도구

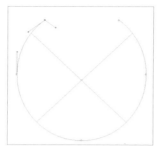

- Pen Tool(펜 도구)(P) : 직선 또는 곡선을 패스로 그리는 도구입니다. 패스 형태는 벡터 방식 의 개체입니다.
- Add Anchor Point Tool(기준점 추가 도구)(=) : 패스 형태의 기준점을 추가하는 도구입니다.
- Delete Anchor Point Tool(기준점 삭제 도구)(-) : 패스 형태의 기준점을 삭제하는 도구입니다.
- Convert Direction Point Tool(방향점 변환 도구)(Shift+C) : 패스 형태의 기준점을 방향점으 로 변환하는 도구로 모퉁이 점이나 곡선점으로 변환할 때 사용합니다.

❾ 연필 도구

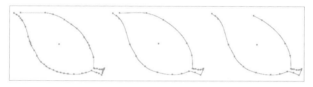

- Pencil Tool(연필 도구)(N) : 연필을 사용하듯 자유로운 패스 형태를 드로잉합니다.
- Smooth Tool(매끄럽게 도구) : 거친 선의 왜곡된 각도를 제거하여 매끄러운 형태로 변경합 니다.
- Erase Tool(지우개 도구) : 드래그하며 패스 형태를 자유롭게 지웁니다.

❿ 사각형 프레임 도구

- Rectangle Frame Tool(사각형 프레임 도구)(F) : 정사각 또는 직사각 형태의 빈 프레임을 만 듭니다. 프레임 안에 이미지나 텍스트를 가져와 편집할 수 있습니다.
- Ellipse Frame Tool(타원 프레임 도구) : 원 또는 타원 형태의 빈 프레임을 만듭니다.
- Polygon Frame Tool(다각형 프레임 도구) : 다각 형태의 빈 프레임을 만듭니다.

⑪ 사각형 도구

- Rectangle Tool(사각형 도구)(M) : 정사각 또는 직사각 형태의 도형을 만듭니다. 도형 안에 이미지나 텍스트를 가져와 편집할 수 있습니다.
- Ellipse Tool(타원 도구)(L) : 원 또는 타원 형태의 도형을 만듭니다.
- Polygon Tool(다각형 도구) : 다각 형태의 도형을 만듭니다.

⑫ Scissors(가위 도구)(C) : 패스의 두 개 기준점을 지정하여 패스의 형태를 분리합니다.

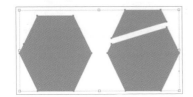

⑬ 자유 변형 도구

- Free Transform Tool(자유 변형 도구)(E) : 개체를 확대/축소하거나 회전, 크기 조정, 기울기를 변형합니다. Ctrl을 누르고 조절점을 드래그하여 형태를 자유롭게 변형합니다.
- Rotate Tool(회전 도구)(R) : 개체를 회전하여 변형합니다.
- Scale Tool(크기 조정 도구)(S) : 개체의 크기를 조정하여 변형합니다.
- Shear Tool(기울이기 도구)(O) : 개체의 기울기를 변형합니다.

⑭ Gradient Swatch Tool(그레이디언트 도구)(G) : 그레이디언트 시작색과 끝색, 방향, 각도를 개체에 적용하거나 변경합니다.

⑮ Gradient Feather Tool(그레이디언트 페더 도구)(Shift+G) : 개체의 배경을 점진적으로 투명하게 적용하여 개체 사이를 자연스럽게 합성합니다.

⑯ Note Tool(메모 도구) : 텍스트 프레임에 메모(주석)를 추가합니다.

🅑 기적의 TIP

메모가 있는 프레임에 주황색 리본이 표시됩니다.

⑰ 스포이드 도구

- Color Theme Tool(색상 테마 도구)([Shift]+[I]) : CC 라이브러리에 등록된 색상 테마를 적용합니다.
- Eyedropper Tool(스포이드 도구)([I]) : 선, 색상, 문자, 단락 스타일, 불투명도 등 개체의 속성을 다른 개체를 클릭 또는 드래그하면 복사하여 적용됩니다.
- Measure Tool(측정 도구)([K]) : 개체의 크기와 각도 속성을 표시합니다.

⑱ Hand Tool(손 도구)([H]) : 현재 작업 영역(화면)을 이동합니다. 다른 도구를 사용하는 도중에 [Space Bar]를 누른 상태를 유지하면 화면이 쉽게 이동됩니다. 텍스트를 입력하는 도중에는 [Alt]를 누른 상태를 유지하면 화면이 쉽게 이동됩니다.

⑲ Zoom Tool(확대/축소 도구)([Z]) : 페이지(문서)의 비율을 확대하거나 축소합니다. 확대 도구가 기본값이며 [Alt]를 누르면 축소 도구로 변경됩니다.

기적의 TIP

페이지(문서) 화면 비율을 표시하는 단축키

- [Ctrl]+[0] : 한 페이지를 한 화면에 표시
- [Ctrl]+[Alt]+[0] : 양쪽 페이지를 한 화면에 표시
- [Ctrl]+[1] : 100% 크기를 화면에 표시
- [Ctrl]+[2] : 200% 크기를 화면에 표시
- [Ctrl]+[-] : 화면 축소 표시
- [Ctrl]+[+] : 화면 확대 표시
- 단축키를 사용하지 않고 메뉴 라인의 화면 표시 비율을 직접 입력하여 조절할 수 있습니다.

⑳ 칠 / 획

- Fill(칠) / Stroke(click to activate)(획(클릭하여 활성화))([X]) : 개체의 칠(면)과 획(선) 색상을 설정합니다. [Shift]+[X]를 누르면 칠과 획 색상이 교차됩니다.
- Default Fill and Stroke(기본 칠 및 획)([D]) : 칠(면)은 None(색 없음), 획(선)은 Black(검정)으로 기본 설정됩니다.

㉑ Formatting affects container/Formatting affects text(컨테이너/텍스트에 서식 적용)([J]) : 최근 개체가 컨테이너 서식 적용인지 텍스트 서식 적용인지 확인할 수 있습니다.

㉒ 색상 적용

- Apply Color(색상 적용)(⟮.⟯) : 개체에 단색을 적용합니다.
- Apply Gradient(그레이디언트 적용)(⟮.⟯) : 개체에 그레이디언트 시작색과 끝색을 적용합니다.
- Apply None(적용 안 함)(⟮Num /⟯, ⟮/⟯) : 개체에 색을 적용하지 않습니다.

㉓ 보기 옵션
- Frame Edges(⟮Ctrl⟯+⟮H⟯) : 프레임 가장자리를 표시합니다.
- Rulers(⟮Ctrl⟯+⟮R⟯) : 눈금자를 표시합니다.
- Guides(⟮Ctrl⟯+⟮;⟯) : 안내선을 표시합니다.
- Smart Guides(⟮Ctrl⟯+⟮U⟯) : 스마트 안내선을 표시합니다.
- Baseline Grid(⟮Ctrl⟯+⟮Alt⟯+⟮'⟯) : 기준 격자를 표시합니다.
- Hidden Characters(⟮Ctrl⟯+⟮Alt⟯+⟮I⟯) : 숨은 문자를 표시합니다.

㉔ 화면 모드

- Normal(표준)(⟮W⟯) : 작업 영역의 화면 모드를 표준으로 표시합니다.
- Preview(미리보기) : 작업 영역의 화면 모드를 미리보기로 표시합니다.
- Bleed(도련) : 작업 영역의 화면 모드를 도련으로 표시합니다.
- Slug(슬러그) : 작업 영역의 화면 모드를 슬러그로 표시합니다.
- Presentation(프레젠테이션) : 작업 영역의 화면 모드를 프레젠테이션으로 표시합니다.

01 Control Panel(컨트롤 패널)

[Window(창)]-[Control(컨트롤)]([Ctrl]+[Alt]+[6])을 선택하여 Control(컨트롤) 패널을 표시합니다. Tool(도구) 선택에 따라 메뉴 아래에 나타나는 패널로 자주 사용하는 작업의 상세 옵션을 바로 적용할 수 있습니다. 텍스트 프레임을 선택하면 문자 또는 단락 서식 컨트롤 패널이, 개체가 선택되면 개체 서식 컨트롤 패널이 나타납니다.

❶ 문자 서식 컨트롤 패널 : 문자 도구를 선택하고 문서 서식 컨트롤 아이콘을 선택하면 나타나고 글꼴, 문자 크기, 행간, 자간 등 문자 관련 상세 옵션을 적용합니다.

❷ 단락 서식 컨트롤 패널 : 문자 도구를 선택하고 단락 서식 컨트롤 아이콘을 선택하면 나타나고 정렬, 들여쓰기, 내어쓰기, 시작 표시 등 단락 관련 상세 옵션을 적용합니다.

❸ 표 서식 컨트롤 패널 : 문자 도구를 선택하고 텍스트 프레임의 표를 선택하면 나타나고 표 안에 글꼴, 문자 크기, 표의 행과 열, 선 굵기 등 표 관련 상세 옵션을 적용합니다.

❹ 개체 서식 컨트롤 패널 : 개체 또는 프레임, 선을 선택하면 나타나고 개체의 폭과 높이, X/Y 비율, 각도, 회전, 뒤집기 등 개체 관련 상세 옵션을 적용합니다.

❺ 페이지 서식 컨트롤 패널 : 페이지 도구를 선택하면 나타나고 페이지의 폭과 높이, 규격, 가로/세로 방향 등 페이지 관련 상세 옵션을 적용합니다.

🅑 기적의 TIP

상세 옵션에 수치를 입력할 때 사칙 연산자를 사용할 수 있습니다. 예를 들어 개체의 폭에 '10+15+25'를 입력하면 '50'이 적용됩니다.

⑥ 컨트롤 패널 메뉴 설정 : 컨트롤 패널의 오른쪽 확장 아이콘을 선택한 후 [사용자 정의]−[제어판 사용자 정의] 대화상자에서 원하는 패널을 선택/해제하여 표시할 수 있습니다.

시험을 준비할 경우 되도록 사용자 정의를 사용하지 않으며 기본 설정값은 미리 알아두면 좋습니다.

02 Color Panel(색상 패널)

[Window(창)]−[Color(색상)]−[Color(색상)]([F6])를 선택하여 패널을 표시합니다. 색상 모드 (Lab, CMYK, RGB)를 지정하여 문자 및 개체의 칠(면)과 획(선) 색상값을 설정합니다.

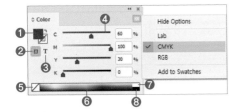

❶ 칠/획 : 면/선 색상을 지정합니다.

❷ 컨테이너 서식 적용 : 프레임에 색을 지정합니다.

❸ 텍스트 서식 적용 : 프레임의 텍스트 색을 지정합니다.

❹ CMYK 색상값 : CMYK에 각각 색상값을 입력하여 색을 지정합니다.

❺ 없음 : 색이 지정되지 않은 상태입니다.

❻ CMYK 스펙트럼 : 스펙트럼의 색 지점을 선택합니다.

❼ 흰색 : C0M0Y0K0 용지(흰)색을 지정합니다.

❽ 검정 : K100(검정) 색을 지정합니다.

03 Gradient Panel(그레이디언트 패널)

[Window(창)]–[Color(색상)]–[Gradient(그레이디언트)]를 선택하여 패널을 표시합니다. Gradient(그레이디언트)의 시작과 끝 색상과 방향을 설정합니다.

❶ 유형 : 그레이디언트 유형의 선형 또는 방사형을 지정합니다.

❷ 위치 : 앵커 사이 간격을 비율로 입력하거나 간격 조절 앵커를 드래그합니다.

❸ 반전 : 그레이디언트 지정 방향을 반전합니다.

❹ 각도 : 그레이디언트 각도를 지정합니다.

❺ 색상 혼합 간격 조절 핸들 : 클릭하면 앵커가 추가되고 양쪽 끝까지 드래그하면 삭제됩니다.

❻ 색상 견본 추가 : 그레이디언트 색상 썸네일에서 컨텍스트 메뉴(마우스 오른쪽 버튼)를 선택하여 사용자가 설정한 그레이디언트 색상을 견본으로 추가합니다.

04 Swatches Panel(색상 견본 패널)

[Window(창)]–[Color(색상)]–[Swatches(색상 견본)]([F5])를 선택하여 패널을 표시합니다. 색상 또는 그레이디언트 색상을 등록합니다. 임의 색상을 등록하거나 기존 색상 목록을 가져옵니다.

❶ 칠/획 : 면/선 색상을 지정합니다.

❷ 컨테이너 서식 적용 : 프레임에 색을 지정합니다.

❸ 텍스트 서식 적용 : 텍스트에 색을 지정합니다.

❹ 색조 : 색의 색조를 지정합니다.

⑤ **편집 금지** : 사용자 임의의 색 편집을 할 수 없도록 설정합니다.

⑥ **없음** : 색이 지정되지 않은 상태입니다.

⑦ **맞춰 찍기** : 맞춰 찍기 적용 색상은 CMYK 4색 분판입니다.

⑧ **원색** : CMYK 4색 분판입니다.

⑨ **별색** : CMYK 4색 외 별도 색상판입니다.

⑩ **CMYK** : CMYK 색상모드 색상입니다.

⑪ **RGB** : RGB 색상모드 색상입니다.

⑫ **Lab** : Lab 색상모드 색상입니다.

⑬ **모든 색상 견본 표시** : 등록된 모든 색상 견본을 표시합니다.

⑭ **색상 견본 표시** : 색상 견본을 표시합니다.

⑮ **새 색상 그룹** : 새 색상 그룹을 만듭니다.

⑯ **새 색상 견본** : 새 색상 견본을 추가합니다.

⑰ **색상 견본 삭제** : 선택한 색상 견본을 삭제합니다.

05 Effects Panel(효과 패널)

[Window(창)]−[Effects(효과)]([Ctrl]+[Shift]+[F10])를 선택하여 패널을 표시합니다. 개체의 그림자/내부 그림자, 내/외부 광선, 경사와 엠보스, 새틴, 기본/방향/그레이디언트 페더 효과를 적용합니다.

❶ **불투명도(Opacity)** : 기본 혼합 모드 선택 및 Opacity(불투명도) 비율(%)을 입력합니다.

❷ **그림자/내부 그림자(Inner/Outer Shadow)** : 혼합 모드를 곱하기로 적용한 후 그림자 또는 내부 그림자를 지정합니다. 거리, 각도를 설정합니다.

❸ **내/외부 광선(Inner/Outer Glow)** : 개체와 유사한 색을 지정한 후 내부 또는 외부 광선을 지정합니다.

❹ **경사와 엠보스(Bevel and Emboss)** : 입체적인 효과를 지정합니다.

❺ **새틴(Satin)** : 매끄러운 음영 효과를 지정합니다.

❻ **기본/방향/그레이디언트 페더(Basic/Directional/Gradient Feather)** : 개체의 외곽선에 적용되는 기본 페더와 특정 방향을 지정하는 방향 페더, 그레이디언트 페더를 선택하여 효과를 지정합니다.

개체가 둘 이상 겹칠 경우 효과 패널에서 [Blending Mode(혼합 모드)]와 [Effects(효과)]를 함께 적용할 수 있습니다.

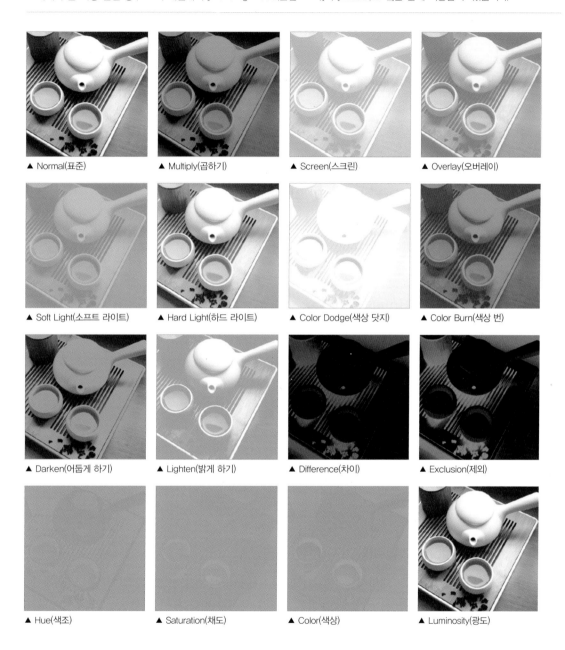

▲ Normal(표준)　　　　▲ Multiply(곱하기)　　　　▲ Screen(스크린)　　　　▲ Overlay(오버레이)

▲ Soft Light(소프트 라이트)　　▲ Hard Light(하드 라이트)　　▲ Color Dodge(색상 닷지)　　▲ Color Burn(색상 번)

▲ Darken(어둡게 하기)　　▲ Lighten(밝게 하기)　　▲ Difference(차이)　　▲ Exclusion(제외)

▲ Hue(색조)　　　　▲ Saturation(채도)　　　　▲ Color(색상)　　　　▲ Luminosity(광도)

06 Bookmarks Panel(책갈피 패널)

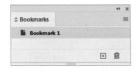

[Window(창)]-[Interactive(대화형)]-[Bookmarks(책갈피)]를 선택하여 패널을 표시합니다.

기적의 TIP

PDF 내보내기에서 책갈피 내용이 포함됩니다.

07 Buttons and Forms Panel(단추 및 양식 패널)

[Window(창)]-[Interactive(대화형)]-[Buttons and Forms(단추 및 양식)]를 선택하여 패널을 표시합니다. 대화형 PDF나 EPUB 파일 내보내기를 위한 실행 버튼을 만듭니다.

08 Hyperlinks Panel(하이퍼링크 패널)

[Window(창)]-[Interactive(대화형)]-[Hyperlinks(하이퍼링크)]를 선택하여 패널을 표시합니다. 웹 주소나 페이지 정보 등을 하이퍼링크로 설정합니다.

09 Liquid Layout Panel(유동적 레이아웃 패널)

[Window(창)]-[Interactive(대화형)]-[Liquid Layout(유동적 레이아웃)]을 선택하여 패널을 표시합니다. 페이지 크기, 여백 및 단 너비에 따른 개체의 크기를 유동적으로 조절하여 다른 페이지에 동시 적용합니다.

10 Page Transitions Panel(페이지 전환 패널)

[Window(창)]-[Interactive(대화형)]-[Page Transitions(페이지 전환)]를 선택하여 패널을 표시합니다. 대화형 PDF나 EPUB 파일 내보내기를 위한 페이지 전환 옵션을 설정합니다.

⓫ Layer Panel(레이어 패널)

[Window(창)]-[Layer(레이어)]([F7])를 선택하여 패널을 표시합니다. 개체를 여러 레이어로 분리하여 활용합니다.

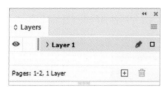

⓬ Links Panel(링크 패널)

[Window(창)]-[Links(링크)]([Ctrl]+[Shift]+[D])를 선택하여 패널을 표시합니다. 답안 파일에 활용되는 이미지의 경로나 정보를 나타내고 이미지 파일이 변경된 경우 표시하여 적용할지 여부를 결정합니다.

❶ 링크 정보 : 파일명, 형식 페이지, 색상 공간 등 이미지 정보를 표시합니다.

❷ 페이지 정보 : 가져온 이미지가 있는 페이지를 표시합니다.

❸ 누락된 링크 표시 : 경로가 정확하지 않은 이미지를 표시합니다.

❹ 변경된 링크 표시 : 가져온 이미지의 변경 여부를 표시합니다.

❺ 다시 연결 : 변경되거나 누락된 링크를 다시 연결합니다.

❻ 링크 이동 : 원하는 링크로 이동합니다.

❼ 링크 업데이트 : 링크를 업데이트합니다.

❽ 원본 편집 : [Alt]를 누르고 이미지 프레임을 더블 클릭하면 원본 이미지 편집을 위해 포토샵 또는 일러스트 형식에 맞게 실행시켜 파일을 열어 편집할 수 있게 됩니다.

13 Mini Bridge Panel(미니 브릿지 패널)

[Window(창)]-[Mini Bridge Penel(미니 브릿지 패널)]을 선택하여 패널을 표시합니다.

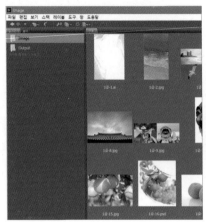

▲ Image 폴더   ▲ Output 폴더

14 Align Panel(정렬 패널)

[Window(창)]-[Object & Layout(개체 및 레이아웃)]-[Align(정렬)]([Shift]+[F7])을 선택하여 패널을 표시합니다. 개체를 가운데, 좌우로 일정한 간격으로 정렬합니다. 메뉴 선택 후 컨트롤 패널 옵션에서도 적용할 수 있습니다.

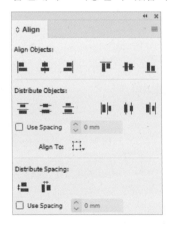

⑮ Pathfinder Panel(패스파인더 패널)

[Window(창)]-[Object & Layout(개체 및 레이아웃)]-[Pathfinder(패스파인더)]를 선택하여 패널을 표시합니다. 두 개 이상의 개체(도형)를 겹치게 배치하여 패스 형태를 변형합니다.

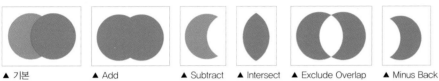

| ▲ 기본 | ▲ Add | ▲ Subtract | ▲ Intersect | ▲ Exclude Overlap | ▲ Minus Back |

❶ Add(더하기) : 두 개체를 하나로 합친 패스입니다.

❷ Subtract(빼기) : 뒤에 위치한 개체에서 앞에 위치한 개체를 뺀 패스입니다.

❸ Intersect(교차) : 두 개체의 겹친 부분만 남긴 패스입니다.

❹ Exclude Overlap(오버랩 제외) : 두 개체의 겹치지 않은 부분만 남긴 패스입니다.

❺ Minus Back(이면 개체 제외) : 앞에 위치한 개체에서 뒤에 위치한 개체를 뺀 패스입니다.

⑯ Transform Panel(변형 패널)

[Window(창)]-[Object & Layout(개체 및 레이아웃)]-[Transform(변형)]을 선택하여 패널을 표시합니다. 메뉴 선택 후 컨트롤 패널 옵션에서도 적용할 수 있습니다.

⑰ Pages Panel(페이지 패널)

[Window(창)]-[Pages(페이지)]((F12))를 선택하여 패널을 표시합니다. 문서에 페이지를 추가, 이동, 삭제하거나 마스터 페이지를 적용합니다.

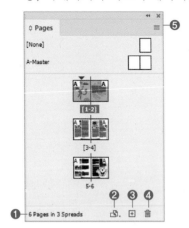

❶ 페이지 정보 : 작업 중인 페이지 정보입니다.

❷ 페이지 크기 편집 : 저장된 파일 포맷을 활용하거나 용도에 맞게 페이지 크기를 편집합니다.

❸ 새 페이지 만들기 : 새 페이지를 만듭니다.

❹ 선택한 페이지 삭제 : 선택한 페이지를 삭제합니다.

❺ 페이지 패널 옵션 : 페이지의 썸네일 보기와 옵션을 설정합니다.

⑱ Stroke Panel(획 패널)

[Window(창)]-[Stroke(획)]((F10))를 선택하여 패널을 표시합니다. 획의 두께, 정렬, 유형 등을 설정합니다. 메뉴 선택 후 컨트롤 패널 옵션에서도 적용할 수 있습니다.

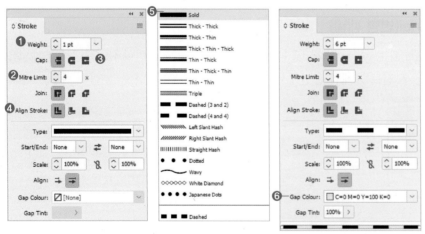

❶ 두께 : 획 두께를 설정합니다.

❷ 마이터 제한 : 획 두께와 길이를 마이터 제한하여 모퉁이를 연결합니다.

❸ 모퉁이 모양 : 도형 모퉁이는 절단형, 원형, 돌출 사각형으로 끝점 연결은 마이터, 원형, 경사 연결로 설정합니다.

❹ 획(선) 정렬 : 프레임 기준의 획 위치를 가운데, 앞, 바깥으로 설정합니다.

❺ 획(선) 유형 : 획 종류와 시작과 끝의 유형을 설정합니다.

❻ 간격 색상 : 안전선처럼 점선의 빈 구간에 색상을 설정합니다.

⑲ Character Styles Panel(문자 스타일 패널)

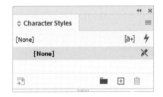

[Window(창)]-[Styles(스타일)]-[Character Styles(문자 스타일)]([Shift]+[F11])를 선택하여 패널을 표시합니다. 자주 사용되는 문자 속성을 스타일로 설정합니다.

기적의 TIP

시험 문제지의 단락 스타일과 구분하여 활용합니다.

⑳ Paragraph Styles Panel(단락 스타일 패널)

[Window(창)]-[Styles(스타일)]-[Paragraph Styles(단락 스타일)]([F11])를 선택하여 패널을 표시합니다. 자주 사용되는 단락 속성을 스타일로 설정합니다.

기적의 TIP

텍스트 프레임 내에 여러 단락 스타일을 중첩하여 적용할 수 있습니다.

㉑ Table Styles Panel(표 스타일 패널)

[Window(창)]−[Styles(스타일)]−[Table Styles(표 스타일)](⎇Shift+⎇F11)를 선택하여 패널을 표시합니다. 자주 사용되는 표 속성을 스타일로 설정합니다.

㉒ Text Wrap Panel(텍스트 감싸기 패널)

[Window(창)]−[Text Wrap(텍스트 감싸기)](⎇Ctrl+⎇Alt+⎇W)을 선택하여 패널을 표시합니다. 페이지에 텍스트와 개체를 배치할 때 개체 주변에 텍스트를 감싸기 한 후 배치합니다.

❶ 텍스트 감싸기 없음 : 텍스트와 개체가 겹친 상태로 배치됩니다.

❷ 테두리 상자 감싸기 : 개체 프레임의 테두리 상자 형태로 텍스트 감싸기가 적용됩니다.

❸ 개체 모양 감싸기 : 개체의 패스 형태로 텍스트 감싸기가 적용됩니다.

❹ 개체 건너뛰기 : 개체가 배치된 행을 건너뛰기하여 적용됩니다.

❺ 다음 단으로 이동 : 개체가 배치된 아래는 비워두고 다음 단으로 이동하여 적용됩니다.

❻ 반전 : 개체 형태의 안쪽에 텍스트가 배치됩니다.

❼ 오프셋 : 텍스트와 개체 사이 간격이 적용됩니다.

❽ 감싸기 옵션 : 테두리 상자 감싸기, 개체 모양 감싸기를 선택할 때 개체의 주위에 텍스트가 배치될 곳을 설정합니다.

❾ 윤곽선 옵션 : 개체 모양 감싸기를 선택할 때 윤곽선을 설정합니다.

23 Character Panel(문자 패널)

[Window(창)]-[Type & Tables(문자 및 표)]-[Character(문자)]([Ctrl]+[T])를 선택하여 패널을 표시합니다. 문자의 크기, 행간, 자간, 비율을 설정합니다. 메뉴 선택 후 컨트롤 패널 옵션에서도 적용할 수 있습니다.

1 글꼴 : 문자의 글꼴을 설정합니다.

2 글꼴 크기([Ctrl]+[Shift]+[⟩]/[⟨]) : 문자의 크기를 설정합니다.

3 행간([Alt]+[↑]/[↓]) : 문장과 문장 사이의 간격을 설정합니다.

4 커닝([Alt]+[←]/[→]) : 글꼴과 간격이 일정하여도 시각적인 차이가 나타나므로 자간 비율을 유동적으로 보완합니다.

5 자간([Alt]+[←]/[→]) : 문자와 문자 사이의 간격을 설정합니다.

6 글꼴 비율 : 문자의 세로와 가로 비율을 설정합니다.

7 기준선 이동([Alt]+[Shift]+[↑]/[↓]) : 문자나 단어의 높이를 강조하기 위해 설정합니다.

8 기울기 : 지정한 문자의 기울기를 설정합니다.

24 Glyphs Panel(글리프 패널)

[Window(창)]-[Type & Tables(문자 및 표)]-[Glyphs(글리프)]([Alt]+[Shift]+[F11])를 선택하여 패널을 표시합니다. 글리프는 폰트의 낱자로 등록된 특수문자를 입력하거나 텍스트 프레임에 특수문자([ㅁ]+[한자])를 입력하여 등록한 후 활용합니다.

㉕ Paragraph Panel(단락 패널)

[Window(창)]-[Type & Tables(문자 및 표)]-[Paragraph(단락)]([Ctrl]+[Alt]+[T])를 선택하여 패널을 표시합니다. 단락의 정렬, 여백을 설정합니다. 메뉴 선택 후 컨트롤 패널 옵션에서도 적용할 수 있습니다.

❶ **단락 정렬** : 왼쪽/오른쪽/가운데/양끝([Ctrl]+[Shift]+[L]/[R]/[C]/[F]), 균등 배치 등을 정렬합니다.

❷ **왼쪽/오른쪽 들여쓰기** : 단락의 왼쪽/오른쪽, 첫/끝 행 등에 들여쓰기를 설정합니다.

❸ **내어쓰기** : 단락이나 첫 줄에 내어쓰기를 설정합니다.

❹ **단락 전후공백** : 단락의 이전공백/이후공백 설정합니다.

❺ **단락 시작표시문자 높이(줄 수)/ 문자 수** : 단락 시작을 표시하는 문자의 높이(줄 수)와 문자 수를 설정합니다.

㉖ Table Panel(표 패널)

[Window(창)]-[Type & Tables(문자 및 표)]-[Table(표)]([Shift]+[F9])을 선택하여 패널을 표시합니다. 표의 행, 열, 너비, 높이, 쓰기 방향을 설정합니다. 메뉴 선택 후 컨트롤 패널 옵션에서도 적용할 수 있습니다.

> **기적의 TIP**
>
> 자주 사용하는 패널을 표시하면 시간을 절약할 수 있지만 많은 패널 표시는 작업 영역이 줄어들어 불편할 수 있으니 유의합니다.

Menu(메뉴)

① File(파일) 메뉴

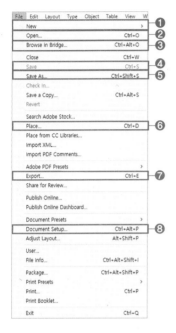

❶ [New(새로 만들기)]–[Document(문서)]([Ctrl]+[N]) : 새 문서를 만듭니다.

❷ [Open(열기)]([Ctrl]+[O]) : 저장된 문서를 찾아 불러옵니다.

❸ [Browse in Bridge(Bridge에서 찾아보기)]([Ctrl]+[Alt]+[O]) : Bridge에서 저장된 문서를 찾아 불러옵니다.

❹ [Save(저장)]([Ctrl]+[S]) : 문서를 저장합니다.

❺ [Save As(다른 이름으로 저장)]([Ctrl]+[Shift]+[S]) : 문서를 다른 이름으로 저장합니다.

❻ [Place(가져오기)]([Ctrl]+[D]) : 이미지, 텍스트 개체를 한 개 이상 가져옵니다.

기적의 TIP

[Shift] 또는 [Ctrl]을 누른 후 여러 개체를 선택하여 가져올 수 있습니다.

❼ [Export(내보내기)]([Ctrl]+[E]) : PDF, EPUB, IDML 등 다른 포맷 형식으로 내보내기합니다.

❽ [Document Setup(문서 설정)]([Ctrl]+[Alt]+[P]) : 문서 페이지 수, 시작 페이지 번호, 페이지 크기, 도련 및 슬러그 값을 입력하거나 수정합니다.

02 Edit(편집) 메뉴

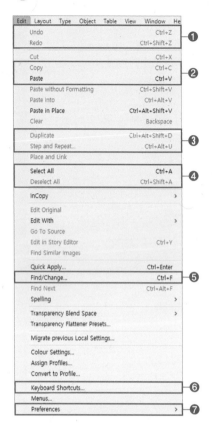

❶ [Undo/Redo(실행 취소/다시 실행)]([Ctrl]+[Z]/[Ctrl]+[Shift]+[Z]) : 작성 중인 문서의 실행 취소 또는 다시 실행을 합니다.

❷ [Copy/Paste(복사/붙이기)]([Ctrl]+[C]/[Ctrl]+[V]) : 개체를 복사 또는 붙이기합니다.

❸ [Duplicate/Step and Repeat(복제/단계 및 반복)]([Ctrl]+[Alt]+[Shift]+[D]/[Ctrl]+[Alt]+[U]) : 최근 복제된 개체의 방향과 간격으로 1회 복제하거나 입력한 반복 횟수만큼 복제합니다.

❹ [Select All/Deselect All(모두 선택/모두 선택 해제)]([Ctrl]+[A]/[Ctrl]+[Shift]+[A]) : 모든 개체를 선택하거나 선택을 해제합니다.

❺ [Find/Change(찾아 바꾸기)]([Ctrl]+[F]) : 수정 전/후 문자를 입력하여 찾아 바꿉니다.

❻ [Keyboard Shortcuts(단축키)] : 새 단축키를 설정합니다.

❼ [Preferences(환경 설정)]-[General(일반)]([Ctrl]+[K]) : 작업 환경을 내용에 맞게 설정합니다.

03 Layout(레이아웃) 메뉴

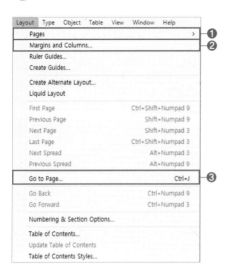

❶ [Pages(페이지)] : 페이지를 추가, 삭제, 마스터 페이지, 페이지 전환을 설정합니다.

❷ [Margins and Columns(여백 및 단)] : 문서의 여백 및 단을 입력, 수정합니다.

❸ [Go to Page(페이지 이동)]([Ctrl]+[J]) : 이동할 페이지 번호를 입력하여 이동합니다.

04 Type(문자) 메뉴

❶ [Character/Paragraph(문자/단락)]([Ctrl]+[T]/[Ctrl]+[Alt]+[T]) : 문자/단락 속성을 설정합니다.

❷ [Character/Paragraph Styles(문자/단락 스타일)]([Shift]+[F11]/[F11]) : 문자/단락 스타일 속성을 설정합니다.

❸ [Type on a Path(패스에 입력)] : 패스를 따라 문자를 입력합니다.

05 Object(개체) 메뉴

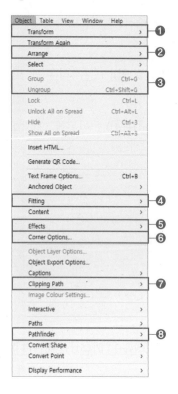

❶ [Transform(변형)] : 용도에 맞게 회전, 뒤집기, 기울기 등 개체를 변형합니다.

❷ [Arrange(배치)] : 맨 앞/앞/뒤/맨 뒤로 개체를 배치합니다.

> **기적의 TIP**
>
> [Arrange(배치)] 단축키를 자주 사용하여 익혀둡니다.
> - [Bring to Front(맨 앞으로 가져오기)]([Ctrl]+[Shift]+[]])
> - [Bring Forward(앞으로 가져오기)]([Ctrl]+[]])
> - [Send Backward(뒤로 보내기)]([Ctrl]+[[])
> - [Send to Back(맨 뒤로 보내기)]([Ctrl]+[Shift]+[[])

❸ [Group/Ungroup(그룹/그룹 해제)]([Ctrl]+[G]/[Ctrl]+[Shift]+[G]) : 개체를 선택하여 그룹 설정 및 그룹 해제를 합니다.

❹ [Fitting(맞춤)] : 비율에 맞게 내용이나 프레임을 맞춥니다.

> **기적의 TIP**
>
> [Fitting(맞춤)] 단축키를 자주 사용하여 익혀둡니다.
> - [Fill Frame Proportionally(비율에 맞게 프레임 채우기)]([Ctrl]+[Alt]+[Shift]+[C])
> - [Fill Content Proportionally(비율에 맞게 내용 채우기)]([Ctrl]+[Alt]+[Shift]+[E])
> - [Content—Aware Fit(내용 인식 맞춤)]([Ctrl]+[Alt]+[X])
> - [Fit Frame to Content(내용에 프레임 맞추기)]([Ctrl]+[Alt]+[C])
> - [Fit Content to Frame(프레임에 내용 맞추기)]([Ctrl]+[Alt]+[E])
> - [Center Content(내용 가운데 배치)]([Ctrl]+[Shift]+[E])

❺ [Effects(효과)] : 개체에 불투명도, 그림자, 외부광선, 페더 등의 효과를 적용합니다.

❻ [Corner Option(모퉁이 옵션)] : 개체의 모퉁이에 돌림무늬, 경사, 둥글게 등의 옵션을 설정합니다.

❼ [Clipping Path(클리핑 패스)]-[Options(옵션)](Ctrl+Alt+Shift+K) : 개체를 배경과 분리하여 패스 형태로 적용합니다.

🅱 기적의 TIP

개체에 저장된 Photoshop 패스를 활용하거나 배경색과 분리한 가장자리 감지, 알파값 등을 클리핑 패스로 활용합니다. 문제지의 《조건》과 《출력형태》에 따라 적용합니다.

❽ [Pathfinder(패스파인더)] : 2개 이상의 도형을 겹쳤을 때 더하기, 빼기, 교차 등 패스 형태를 편집합니다.

06 Table(표) 메뉴

❶ [Create Table(표 만들기)](Ctrl+Alt+Shift+T) : 표 크기(본문 행/열, 머리글 행, 바닥글 행), 표 스타일을 설정합니다.

🅱 기적의 TIP

텍스트 프레임 안에 커서를 두고 테이블을 삽입한 후에 표/셀 옵션을 설정합니다.

❷ [Table Options(표 옵션)]-[Table Setup(표 설정)](Ctrl+Alt+Shift+B) : 표 옵션의 표 설정, 행 획, 열 획, 칠, 머리글 및 바닥글 속성을 설정합니다.

❸ [Cell Options(셀 옵션)]-[Text(텍스트)](Ctrl+Alt+B) : 셀 옵션의 텍스트, 획 및 칠, 행 및 열, 대각선 속성을 설정합니다.

🔢 View(보기) 메뉴

❶ **[Zoom In/Out(확대/축소)](Ctrl+=/−)** : 표 크기(본문 행/열, 머리글 행), 바닥글 행, 표 스타일을 설정합니다.

> **🎬 기적의 TIP**
>
> Zoom Tool(Z)을 클릭하면 확대되고 Alt를 누른 상태에서 클릭하면 축소됩니다. 단축키를 자주 사용하여 익혀둡니다.

❷ **[Fit Page in Window/Fit Spread in Window(창에 페이지 맞추기/창에 스프레드 맞추기)](Ctrl+0/Ctrl+Alt+0)** : 작업 범위에 따라 창에 페이지 맞추거나 창에 스프레드를 맞추기를 활용합니다.

❸ **[Actual Size/Entire Pasteboard(실제 크기/전체 대지)](Ctrl+1/Ctrl+Alt+Shift+0)** : 실제 크기(100%) 또는 전체 대지를 설정하여 활용합니다.

❹ **[Rotate Spread(스프레드 회전)](Ctrl+=/−)** : 스프레드를 시계 방향으로 90°, 시계 반대 방향으로 90°, 180°로 설정하여 활용합니다.

❺ **[Screen Mode(화면 모드)]–[Normal/Preview/Bleed/Slug/Presentation(표준/미리보기/도련/슬러그/프레젠테이션(Shift+W)]** : 화면 모드를 표준, 미리보기, 도련, 슬러그, 프레젠테이션 옵션으로 설정하여 활용합니다.

❻ **[Display Performance(화면 표시 성능)]–[Fast Display(간단 표시)(Ctrl+Alt+Shift+Z)/Typical Display(일반 표시)(Ctrl+Alt+Z)/High Quality Display(고품질 표시)(Ctrl+Alt+H)]** : 화면 성능을 간단, 일반, 고품질 표시 옵션으로 설정하여 활용합니다.

❼ **[Hide Rulers(눈금자 표시)](Ctrl+R)** : 눈금자를 표시/해제합니다.

❽ [Extras(기타)]–[Show Text Threads(텍스트 스레드 표시하기)](Ctrl + Alt + Y) : 텍스트 양이 많아 텍스트 프레임을 2개 이상 연결할 경우, Thread(스레드)를 표시하여 내용 흐름이 맞는지 확인합니다.

❾ [Grids & Guides(격자 및 안내선)](Ctrl + ; / ') : 격자 및 안내선을 표시하여 활용합니다.

⑧ Window(창) 메뉴

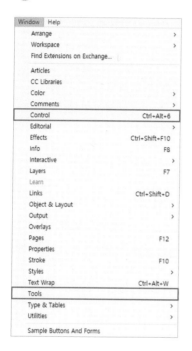

[Control(컨트롤)](Ctrl + Alt + 6)과 [Tools(도구)]가 표시되지 않은 경우 Window 메뉴에 활성화되었는지 확인합니다.

🅑 기적의 TIP

[Workspace(작업 영역)]–[Reset Typography(기본 요소 재설정)]로 작업 환경을 재설정합니다.

시험 문항별 기능 익히기

| 기능평가 |

신문 제작

▶ 합격 강의

주요 기능	메뉴 툴 패널	단축키	출제빈도
기본 설정하기	Preferences(환경설정)	Ctrl + K	★★
눈금자, 격자 및 안내선 표시하기	✋, 🔍	Ctrl + ; Ctrl + Alt + '	★★
Selection Tool(선택 도구)	�, ▹	V, A	★★★
Rectangle Frame Tool (사각형 프레임 도구)	⊠, ⊗, ⊗	F	★★
Rectangle Tool(사각형 도구)	▢, ◯, ◯	M, L	★★
Links Panel(링크 패널)	[Window(창)]–[Links(링크)]	Ctrl + Shift + D	★★
Layer Panel(레이어 패널)	[Window(창)]–[Layer(레이어)]	F7	★★
Corner Option(모퉁이 옵션)	[Object(개체)]		★★★
Line Tool(선 도구)	/	W	★★★★
Color Panel(색상), Stroke Panel(획 패널)	▣	F10, F6	★★★★★
Gradient Panel (그레이디언트 패널)	▣	G	★★
Gradient Feather Tool (그레이디언트 페더 도구)	▣	Shift + G	★★
Effects Panel(효과 패널)	[Window(창)]–[Effects(효과)]	Ctrl + Shift + F10	★★★★
Transform Panel(변형 패널)	▣, ↻, ▣, ▣	E, R, S, O	★★★
Clipping Path(클리핑 패스)	▨, ✎, ✎	Ctrl + Alt + Shift + K	★★★★
Text Wrap Panel (텍스트 감싸기 패널)	[Window(창)]–[Text Wrap(텍스트 감싸기)]	Ctrl + Alt + W	★★★★★
Type Tool(문자 도구)	T, ⟋	T	★★★★★
Character Panel(문자 패널)	[Window(창)]–[Type & Tables(문자 및 표)]– [Character(문자)]	Ctrl + T	★★★
Paragraph Styles Panel (단락 스타일 패널)	[Window(창)]–[Styles(스타일)]	F11	★★★★★
Align Panel(정렬 패널)	[Window(창)]–[Object & Layout(개체 및 레이아웃)]	Shift + F7	★★★
화면모드	▣, ▣, ▣, ▣, ▣		★★
Export(내보내기)	[File(파일)]–[Export(내보내기)]	Ctrl + E	★★★

기본 설정과 안내선 지정

작업파일 01-기본설정1.indd

조건 1쪽(Pages), 2단(Columns), 열 간격(Column Gutter) 5mm, 여백(Margins) : 상하 30mm, 좌우 20mm, 도련(Bleed) 3mm

01 기본 설정하기

① [File(파일)]-[New(새로 만들기)]-[Document(문서)]([Ctrl]+[N])를 선택하고 [New Document(새 문서)] 대화상자에서 'Width(폭) : 323mm, Height(높이) : 470mm, Pages(페이지) : 1, Columns(열) : 2, Column Gutter(열 간격) : 5mm', Margin(여백)의 'Top(위쪽) : 30mm, Bottom(아래쪽) : 30mm, Left(왼쪽) : 20mm, Right(오른쪽) : 20mm', Bleed and Slug(도련 및 슬러그)의 Bleed(도련)을 3mm'로 설정하여 새 문서를 만듭니다.

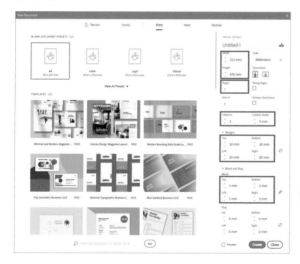

🅑 **기적의 TIP**

문제지의 《조건》에서 지시한 기본 설정값을 정확히 입력합니다.

② [View(보기)]-[Show Rulers(눈금자 표시)]([Ctrl]+[R])를 선택합니다.

③ [File(파일)]-[Document Setup(문서 설정)]([Ctrl]+[Alt]+[P])에서 페이지 쪽 수, 페이지의 크기(폭과 높이), 도련 및 슬러그 등 문서 설정을 확인합니다.

02 격자 및 안내선 표시하기

① [File(파일)]–[Open(열기)](Ctrl+O)하여 1-기본설정.indd 파일을 열기합니다.

② [View(보기)]–[Grids & Guides(격자 및 안내선)]–[Show Guides(안내선 표시)](Ctrl+;)를 선택합니다. [Layout(레이아웃)]–[Create Guides(안내선 만들기)] 대화상자가 열리면 Rows(행)의 'Number(개수) : 4, Gutter(간격) : 5mm', Columns(열)의 'Number(개수) : 2, Gutter(간격) : 5mm'를 입력하고 Options(옵션)에서 'Fit Guides to(다음에 안내선 맞추기) : Margins(여백)'를 설정합니다.

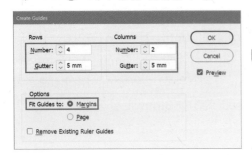

> **기적의 TIP**
> • Guides Gutter(안내선 간격)은 기본 설정의 Gutter(단 간격)과 같은 값으로 설정합니다.
> • 안내선을 선택한 상태에서 눈금자 밖으로 드래그하면 삭제됩니다.

③ [View(보기)]–[Grids & Guides(격자 및 안내선)]–[Show Document Grid(격자 표시)](Ctrl+')를 선택합니다.

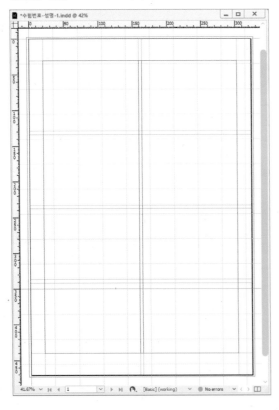

> **기적의 TIP**
> • 이미지를 편집하고 레이아웃에 맞게 배치할 때 격자를 표시하여 활용합니다.
> • [Preferences(환경설정)](Ctrl+K) 대화상자의 [Grids(격자)]–[Document Grid(문서격자)]에서 Horizontal(가로), Vertical(세로) 간격은 0.353mm ~ 352.778mm 범위 내에서 이미지의 크기와 배치에 따라 지정합니다.
> • 학습 방법에 따라 [View(보기)]–[Grids & Guides(격자 및 안내선)]–[Show Guides(안내선 표시)](Ctrl+;) 또는 [Smart Guides(고급 안내선)](Ctrl+U), [Show Baseline Grid(기준선 격자 표시)](Ctrl+Alt+')를 활용합니다.

작업파일 02-이미지효과1.indd

조건 나비.jpg : 효과(Effects) – 그림자(Drop Shadow), 불투명도(Opacity) 60%

① [File(파일)]–[Place(가져오기)]([Ctrl]+[D])를 선택합니다.

② 내 PCW문서WGTQWImage 폴더에서 나비.jpg를 선택한 후 작업 영역에 드래그하여 이미지를 가져옵니다.

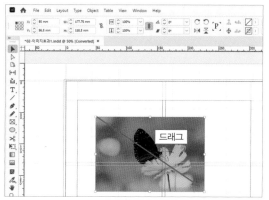

🅑 기적의 TIP

프레임을 더블 클릭하거나 Direct Selection Tool(직접 선택 도구)([A])을 클릭하여 프레임 내 이미지의 위치나 크기를 변경합니다.

③ [Window(창)]–[Effects(효과)]([Ctrl]+[Shift]+[F10])를 선택하여 [Effects(효과)] 패널을 표시하고 Add an object effect to the selected target(선택한 대상에 개체 효과 추가) 메뉴를 선택하여 Drop Shadow(그림자 효과)를 추가합니다.

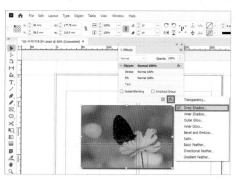
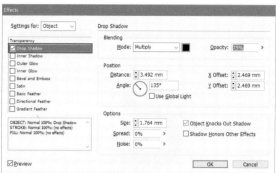

🅑 기적의 TIP

다양한 효과에 대해서는 [PART 02]–[CHAPTER 04]–[Effects Panel(효과 패널)]을 참고합니다.

④ 이미지 프레임을 선택한 후 컨트롤 패널에서 'Opacity(불투명도) : 60%'로 설정합니다.

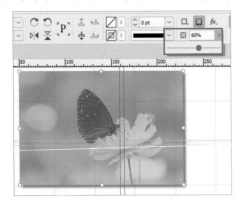

03 클리핑 패스 적용과 텍스트 감싸기

작업파일 03-클리핑패스텍스트감싸기.indd

조건 목기.jpg : 클리핑 패스(Clipping Path) – 포토샵 패스(Photoshop Path), 텍스트 감싸기(Text Wrap) 10mm

01 클리핑 패스 적용하기

① [File(파일)]-[Place(가져오기)]([Ctrl]+[D])를 선택하여 내 PC₩문서₩GTQ₩Image 폴더에
서 목기.jpg를 선택한 후 작업 영역에 드래그하여 이미지를 가져옵니다.

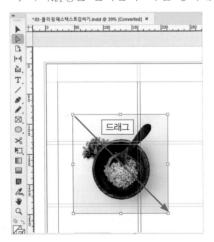

② [Object(개체)]-[Clipping Path(클리핑 패스)]-[Options(옵션)]([Ctrl]+[Alt]+[Shift]+[K])를
선택합니다.

③ [Clipping Path(클리핑 패스)] 대화상자에서 'Type(유형) : Photoshop Path(패스), Path(패스) : 패스 1'을 선택합니다.

🅑 기적의 TIP

[Clipping Path(클리핑 패스)] 대화상자에서 Type(유형)은 'Alpha Channel(알파 채널)', 'Detect Edge(가장자리 감지)' 등 여러 종류가 있으니 문제지의 《조건》과 《출력형태》를 참고하여 작성합니다.

02 텍스트 감싸기

① [Window(창)]-[Text Wrap(텍스트 감싸기)]([Ctrl]+[Alt]+[W])을 선택합니다.

② Text Wrap(텍스트 감싸기) 패널에서 Wrap around object shape(개체 모양 감싸기)을 선택하여 'Offset(오프셋) : 10mm'를 입력합니다.

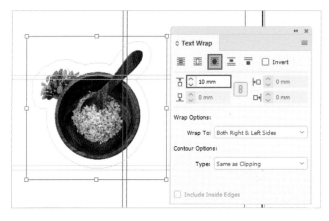

🅑 기적의 TIP

Text Wrap(텍스트 감싸기) 패널 옵션은 [PART 02]-[CHAPTER 04]에서 확인합니다.

작업파일
04-선.indd
05-도형1.indd
06-도형2.indd

조건
획 : 수직 빗금선(Straight Hash)(10pt, 150mm, C70M100)
도형 : 사각형(150×30mm, C100M50Y20K20, 모퉁이 옵션 : 경사(Bevel), 8mm /
거꾸로 둥글게(Inverse Rounded), 8mm)
다각형(60×60mm, C50M10Y80, M70Y30 → C0M0Y0K0, 불투명도(Opacity) 60%

① Line Tool(선 도구)(￦)을 클릭하여 Shift 를
  누른 상태에서 'Length(길이) : 150mm'로
  가로 직선을 만듭니다.

② [Window(창)]−[Stroke(획)](F10)를 선택하고 Stroke(획) 패널에서 'Weight(두께) : 10pt,
  Type(유형) : Straight Hash(수직 빗금선)'로 설정합니다.

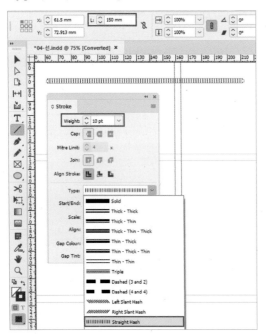

③ [Window(창)]-[Color(색상)]-[Color(색상)](F6)를 선택하고 Color(색상) 패널에서 Stroke(획)를 선택한 후 CMYK 모드의 'C70M100'으로 설정하여 배치합니다.

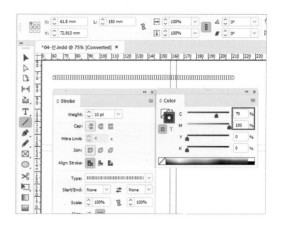

④ Rectangle Tool(사각형 도구)(M)을 선택한 후 작업창을 클릭하여 [Rectangle(사각형)] 대화상자에서 'Width(폭) : 150mm, Height(높이) : 30mm'로 입력합니다.

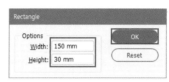

⑤ [Window(창)]-[Color(색상)]-[Color(색상)](F6)를 선택하고 Color(색상) 패널에서 Fill(칠)을 선택한 후 CMYK 모드의 'C100M50Y20K20'으로 설정합니다.

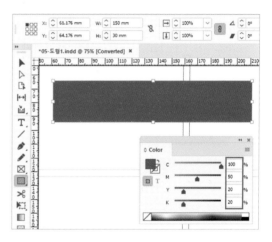

⑥ [Pen Tool(펜 도구)]-[Delete Anchor Point Tool(기준점 삭제 도구)]을 클릭하고 사각형의 아래 왼쪽 모퉁이 점(고정점) 위에 마우스 포인터를 가져간 후 모퉁이 점을 삭제합니다.

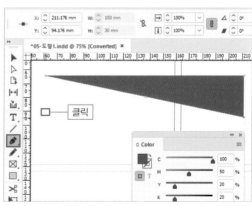

⑦ 실행취소(Ctrl+Z)하여 사각형으로 되돌립니다.

⑧ [Object(개체)]-[Corner Options(모퉁이 옵션)]를 선택하고 Corner Options(모퉁이 옵션) 대화상자에서 'Make all settings the same(모든 설정 동일하게 만들기)'을 설정한 후 Corner Size and Shape(모퉁이 크기와 모양)을 'Bevel(경사) : 8mm'로 설정합니다.

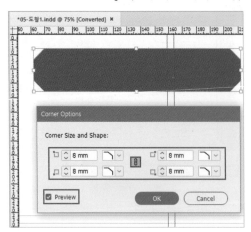

⑨ 도형을 선택하고 [Alt]+[Shift]를 누른 상태에서 아래쪽으로 복사한 후 [Object(개체)]-[Corner Options(모퉁이 옵션)]를 선택하고 Corner Options(모퉁이 옵션) 대화상자에서 'Make all settings the same(모든 설정 동일하게 만들기)'을 설정한 후 Corner Size and Shape(모퉁이 크기와 모양)을 'Inverse Rounded(모퉁이 거꾸로 둥글게) : 8mm'로 변경합니다.

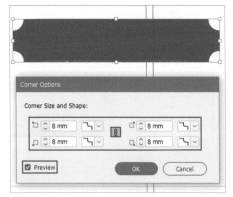

⑩ [Polygon Tool(다각형 도구)]을 선택한 후 작업창을 클릭하여 [Polygon(다각형)] 대화상자에서 'Width(폭) : 60mm, Height(높이) : 60mm, Number of Sides(면 수) : 5, Star Inset(별모양 인세트) : 0%'를 입력합니다.

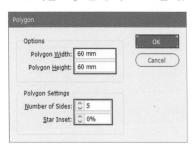

⑪ [Window(창)]–[Color(색상)]–[Color(색상)]([F6])를 선택하고 Color(색상) 패널에서 Fill(칠)을 선택한 후 CMYK 모드의 'C50M10Y80'으로 설정합니다.

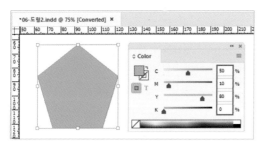

⑫ 다각형을 선택하고 [Alt]+[Shift]를 누른 상태에서 오른쪽으로 복사한 후 [Window(창)]–[Color(색상)]–[Gradient(그레이디언트)]를 선택하고 Gradient(그레이디언트) 패널에서 'Type(유형) : Linear(선형)'를 선택하여 CMYK 모드의 시작 'C0M0Y0K0', 끝 'M70Y30'으로 설정합니다.

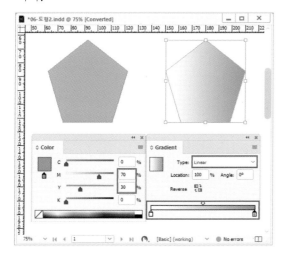

⑬ Selection Tool(선택 도구)([V], Escape)을 클릭하고 다각형을 선택한 후 [Shift]를 누른 상태에서 왼쪽으로 이동합니다.

⑭ 컨트롤 패널에서 'Opacity(불투명도) : 60%'로 설정합니다. 프레임을 복사하여 더블 클릭하거나 Direct Selection Tool(직접 선택 도구)([A])을 클릭하여 프레임 내 이미지의 위치나 크기를 변경합니다.

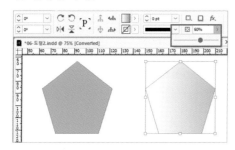

작업파일	07-문자효과.indd
조건	SUPER FOOD(Times New Roman, Regular, 36pt, M60Y70) Hero, 모래로 만난다(궁서, 32pt, C60M100Y20, 효과(Effects) – 그림자(Drop Shadow)) SUN&FUN HAEUNDAE(Times New Roman, Bold Italic, 72pt, C60M100K30 → C100)

① [Type(문자)]-[Character(문자)]([Ctrl]+[T])를 선택하고 Character(문자) 패널에서 'Font(글꼴) : Times New Roman, Font Style(글꼴 스타일) : Regular, Font Size(글꼴 크기) : 36pt, Color(색상) : M60Y70'으로 설정한 후 드래그로 글상자를 만든 뒤 'SUPER FOOD'를 입력합니다.

② Pen Tool(펜 도구)([P])을 클릭하여 'Hero, 모래로 만난다'의 Path(패스) 형태를 작성한 후 Type on a Path Tool(패스에 입력 도구)([Shift]+[T])을 클릭하고 작성된 Path(패스)를 선택합니다.

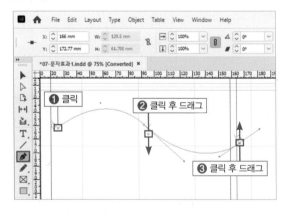

③ [Type(문자)]-[Character(문자)]([Ctrl]+[T])를 선택하여 Character(문자) 패널에서 'Font(글꼴) : Gungsuh(궁서), Font Size(글꼴 크기) : 32pt, Color(색상) : C60M100Y20'으로 설정한 후 'Hero, 모래로 만난다'를 입력합니다.

④ 프레임의 마우스 오른쪽 버튼을 클릭하여 [Effects(효과)]-[Drop Shadow(그림자)] 또는 [Object(개체)]-[Effects(효과)]-[Drop Shadow(그림자)](Ctrl+Alt+M)를 선택합니다.

⑤ [Type(문자)]-[Character(문자)](Ctrl+T)를 선택하고 Character(문자) 패널에서 'Font(글꼴) : Times New Roman, Font Style(글꼴 스타일) : Bold Italic, Font Size(글꼴 크기) : 72pt'로 설정한 후 'SUN&FUN HAEUNDAE'를 입력합니다.

⑥ 텍스트 블록지정 후 [Window(창)]-[Color(색상)]-[Gradient(그레이디언트)] 패널에서 'Type(유형) : Linear(선형)'를 선택하여 CMYK 모드의 시작 'C60M100K30', 끝 'C100'으로 설정합니다.

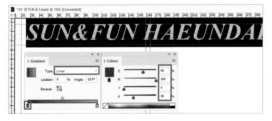

06 단락 스타일 설정하기

작업파일	08-단락 스타일1.indd
	09-단락 스타일2.indd
	1급-5.txt
조건	1급-5.txt : 단락 스타일 설정
	본문1(굴림, 20pt, 행간 36pt, 자간 -30, C10M90Y10, 밑줄 1pt)
	본문2(바탕, 16pt, 행간 24pt, 자간 -50, C100M70)

① [Window(창)]-[Color(색상)]-[Swatches(색상 견본)]([F5])를 선택하고 Swatches(색상 견본)
패널에서 New Color Swatch(새 색상 견본) 메뉴를 선택하여 단락 스타일 '본문1'의 색상
'C10M90Y10', '본문2'의 색상 'C100M70'을 각각 추가합니다.

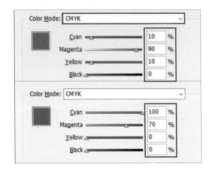

🅑 기적의 TIP

[Paragraph Style(단락 스타일)] 대화상자에서는 색상 견본을 추가할 수 없고 시험시간을 단축하기 위해 색상 견본을 미리 설정합니다.

② [File(파일)]-[Place(가져오기)]([Ctrl]+[D])를 선택하고 내 PCW문서WGTQWImage 폴더에서
1급-5.txt를 선택하여 텍스트 프레임을 만듭니다.

🅑 기적의 TIP

• 시험에서는 1급-5.txt 파일에 모든 단락 스타일의 내용이 있습니다. txt 파일을 더블 클릭하여 메모장을 실행한 후 각각 단락
스타일에 필요한 내용만 복사하여 인디자인 작업 영역에서 텍스트 프레임에 붙여넣기합니다. 단락 스타일에 해당되지 않는
내용이 추가되거나 일부 내용이 누락되는 경우 감점될 수 있으니 유의해야 합니다.
• 오른쪽 하단에 포트(+)를 클릭하면 Out port(끝 포트(▶))로 바뀌고 마우스 커서도 다음 텍스트 썸네일로 변경됩니다. 마우스를 드래그하여 내용 연결하기 위해 텍스트 프레임을 Thread(스레드)합니다.

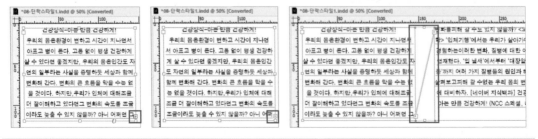

③ [Window(창)]-[Styles(스타일)]-[Paragraph Styles(단락 스타일)]([F11])를 선택한 후 옵션에서 New Paragraph Style(새 단락 스타일) 메뉴를 선택합니다.

④ [New Paragraph Style(새 단락 스타일)] 대화상자에서 Preview(미리보기)를 체크하고 Basic Character Formats(기본 문자 서식) 탭에서 'Style Name(스타일 이름) : 본문1', 'Font(글꼴) : Gulim(굴림), Size(크기) : 20pt, Leading(행간) : 36pt, Tracking(자간) : -30', Character Color(문자 색상) 탭에서 색상 견본 'C10M90Y10', Underline Options(밑줄 옵션) 탭에서 'Underline On(밑줄 켬)'을 체크하고 'Weight(두께) : 1pt, Offset(오프셋) : 6pt', Swatches(색상 견본) 'C10M90Y10'으로 설정합니다.

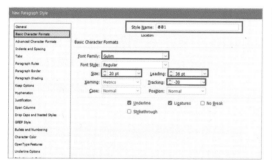

⑤ 컨트롤 패널에서 'Columns(열 수) : 2, Gutter(단 간격) : 5mm'로 설정한 후 '본문1' 단락 스타일을 완성합니다.

⑥ [File(파일)]-[Place(가져오기)]([Ctrl]+[D])를 선택하고 내 PC₩문서₩GTQ₩Image 폴더에서 1급-5.txt를 선택하여 텍스트 프레임을 만듭니다.

⑦ [Paragraph Styles Panel(단락 스타일 패널)]에서 New Paragraph Style(새 단락 스타일) 메뉴를 선택합니다. [New Paragraph Style(새 단락 스타일)] 대화상자에서 Preview(미리보기)를 체크하고 Basic Character Formats(기본 문자 서식) 탭에서 'Style Name(스타일 이름) : 본문2', 'Font(글꼴) : Batang(바탕), Size(크기) : 16pt, Leading(행간) : 24pt, Tracking(자간) : -50', Character Color(문자 색상) 탭에서 색상 견본 'C100M70'으로 설정합니다.

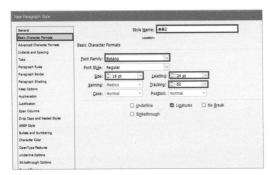
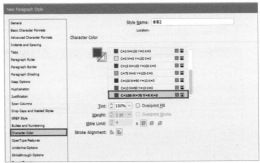

⑧ 컨트롤 패널에서 'Columns(열 수) : 3, Gutter(단 간격) : 5mm'로 설정합니다. 단락이 끝나는 부분에 내용이 가려지지 않도록 Selection Tool(선택 도구)(Ⓥ, Escape)을 클릭하고 프레임 크기를 아래로 확장하여 '본문2' 단락 스타일을 완성합니다.

⑨ 단락 스타일과 이미지 편집 및 레이아웃 배치가 완료된 후 프레임 프리플라이트를 확인하여 오류가 없는지 확인합니다. 단락 내용 끝부분에 오류가 확인되었다면, 단락 내용이 누락되지 않도록 프레임을 확장하고 오류를 체크합니다.

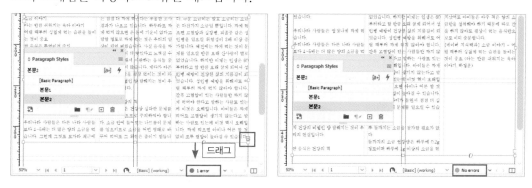

PDF 내보내기

작업파일	10-pdf내보내기) 수험번호-성명-1.pdf
조건	PDF 내보내기 : 모든 프린터 표시(All Printer's Marks)

① [File(파일)]-[Export(내보내기)]([Ctrl]+[E])를 선택하고 '저장 위치 : 내 PC\문서\GTQ'로 설정한 후 '파일 이름 : 수험번호-성명-1'을 입력하고 '파일 형식 : Adobe PDF (Print) (*.pdf)'로 설정한 후 저장합니다.

② [Export Adobe PDF(Adobe PDF 내보내기)] 대화상자의 [General(일반)] 탭에서 'Adobe PDF Preset(사전 설정) : High Quality Print(고품질 인쇄)'를 선택하고 [Marks and Bleeds(표시 및 도련)]에서 [All Printer's Marks(모든 프린터 표시)]로 설정한 후 Export(내보내기)를 선택합니다.

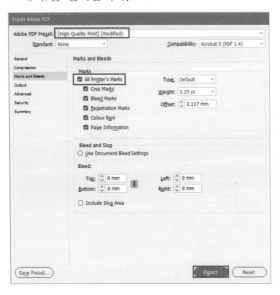

🅕 **기적의 TIP**

• 완성된 INDD 답안 파일을 문제지의 《조건》과 《출력형태》를 기준으로 최종 점검하여 [File(파일)]-[Save(저장하기)]([Ctrl]+[S])로 저장합니다. 최종 저장된 INDD 답안 파일을 기준으로 [File(파일)]-[Export(내보내기)]([Ctrl]+[E])를 선택하고 '파일 형식 : Adobe PDF (Print) (*.pdf)'로 설정한 후 저장합니다.

• 답안 파일 저장이 완료되면 [File(파일)]-[Close(닫기)]([Ctrl]+[W])를 선택하고 수험자 답안 전송 프로그램의 [답안 전송]을 클릭하여 최종 INDD와 PDF 파일을 감독관 컴퓨터로 제출합니다.

주요 기능	메뉴 툴 패널	단축키	출제빈도
기본 설정하기	Preferences(환경설정)	Ctrl + K	★★★
Pages Tool(페이지 도구)	⬚, ⬚	F12	★★
Selection Tool(선택 도구)	▶, ▷	V, A	★★★★
Rectangle Frame Tool (사각형 프레임 도구)	⊠, ⊗, ⊘	F	★★★★
Rectangle Tool(사각형 도구)	▢, ◯, ◯	M, L	★★★
Links Panel(링크 패널)	[Window(창)]–[Links(링크)]	Ctrl + Shift + D	★★★
Layer Panel(레이어 패널)	[Window(창)]–[Layer(레이어)]	F7	★★★
Corner Option(모퉁이 옵션)	[Object(개체)]		★★★
Color Panel(색상), Stroke Panel(획 패널)	⬚	F10, F6	★★★★★
Gradient Panel(그레이디언트 패널)	▢	G	★★★★
Gradient Feather Tool (그레이디언트 페더 도구)	⬚	Shift + G	★★★★
Effects Panel(효과 패널)	[Window(창)]–[Effects(효과)]	Ctrl + Shift + F10	★★★★
Arrange(배치)	[Object(개체)]	Ctrl + Shift +] / [Ctrl +] / [	★★★★
Pathfinder Panel(패스파인더 패널)	[Window(창)]–[Object & Layout (개체 및 레이아웃)]–[Pathfinder(패스파인더)]		★★★
Transform Panel(변형 패널)	⬚, ↻, ⬚, ⬚	E, R, S, O	★★★★
Clipping Path(클리핑 패스)	⬚, ⬚, ⬚	Ctrl + Alt + Shift + K	★★★★
Text Wrap Panel(텍스트 감싸기 패널)	[Window(창)]–[Text Wrap(텍스트 감싸기)]	Ctrl + Alt + W	★★★★★
Hyperlinks Panel(하이퍼링크 패널)	[Window(창)]–[Interactive(대화형)]		★★★★★
Buttons and Forms Panel(단추 패널)	[Window(창)]–[Interactive(대화형)]		★★★★★
Type Tool(문자 도구)	T, ⬚	T	★★★★★
Paragraph Styles Panel (단락 스타일 패널)	[Window(창)]–[Styles(스타일)]	F11	★★★★★
화면모드	⬚, ⬚, ⬚, ⬚, ⬚		★★★
Export(내보내기)	[File(파일)]–[Export(내보내기)]	Ctrl + E	★★★★★

작업파일 11-기본설정2.indd

조건 6쪽(Pages), 2단(Columns), 열 간격(Column Gutter) 4mm, 여백(Margins) : 상하좌우 20mm, 도련(Bleed) 3mm

① [File(파일)]-[New(새로 만들기)]-[Document(문서)]([Ctrl]+[N])를 선택하고 [New Document(새 문서)] 대화상자에서 'Width(폭) : 160mm, Height(높이) : 195mm, Pages(페이지) : 6, Facing Pages(페이지 마주보기) : 옵션 선택, Columns(열) : 2, Column Gutter(열 간격) : 4mm', Margin(여백)의 'Top(위쪽) : 20mm, Bottom(아래쪽) : 20mm, Inside(안쪽) : 20mm, Outside(바깥쪽) : 20mm', Bleed and Slug(도련 및 슬러그)의 'Bleed(도련)을 3mm'로 설정하여 새 문서를 만듭니다.

② Pages(페이지)([F12]) 패널 6페이지 Thumbnail(썸네일)에서 마우스 오른쪽 버튼을 클릭하여 'Allow Document Pages to Shuffle(문서 페이지 재편성 허용)' 체크를 해제합니다.

③ 6페이지를 클릭한 상태에서 드래그하여 1페이지 왼쪽으로 이동합니다.

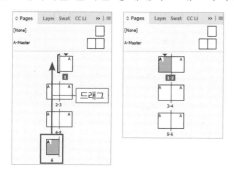

④ [File(파일)]–[Open(열기)]((Ctrl)+(O))을 선택하여 2-기본설정.indd 파일을 열기합니다.

⑤ [Layout(레이아웃)]–[Create Guides(안내선 만들기)] 대화상자가 열리면 Rows(행)의 'Number(개수) : 3, Gutter(간격) : 4mm', Columns(열)의 'Number(개수) : 2, Gutter (간격) : 4mm'를 입력하고 Options(옵션)에서 'Fit Guides to(다음에 안내선 맞추기) : Page(페이지)'를 설정합니다.

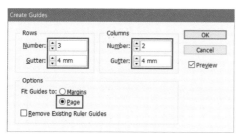

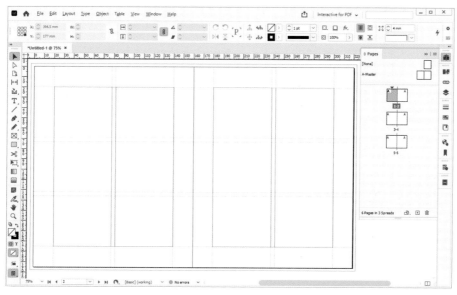

작업파일 12-마스터페이지1.indd

조건 마스터 페이지 설정 : 페이지 번호 설정
문자 효과 : '페이지 번호'(Arial, Bold, 9pt, C50Y80)

① Pages(페이지)(F12) 패널에서 마스터 페이지를 더블 클릭하여 이동합니다.

② A-Master 페이지를 더블 클릭하여 페이지의 왼쪽 아래 페이지 번호 영역에 Type Tool(문자 도구)(T)을 클릭하여 페이지 번호를 만듭니다.

③ [Type(문자)]-[Insert Special Character(특수 문자 삽입)]-[Markers(표시자)]-[Current Page Number(현재 페이지 번호)](Ctrl+Alt+Shift+N)를 선택합니다.

④ A-Master 페이지 번호 프레임을 선택하고 문제지의 '페이지 번호' 문자효과《조건》과 같이 Type Tool(문자 도구)(T)을 클릭하여 'Font(글꼴) : Arial, Font Style(글꼴 스타일) : Bold, Font Size(글꼴 크기) : 9pt, Color(색상) : C50Y80'으로 설정한 후《출력형태》와 같이 배치합니다.

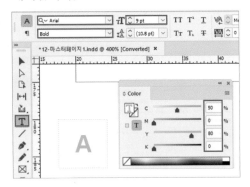

⑤ 문제지의《출력형태》를 참고하여 홀수와 짝수 페이지 번호 영역에 복사하여 배치하고 문자를 오른쪽 정렬(Ctrl+Shift+R)을 합니다.

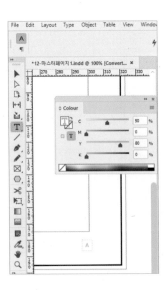

03 마스터 페이지에서 삼각버튼 만들기

작업파일 13-마스터페이지2.indd

조건 도형 : 삼각버튼(7×7mm, C100M50)
    마스터 페이지 설정 : 짝수 페이지 삼각버튼 배치

① Pages(페이지)(F12) 패널에서 마스터 페이지로 더블 클릭하여 이동합니다.

② [Polygon(다각형)] 대화상자에서 'Width(폭) : 7mm, Height(높이) : 7mm, Number of Sides(면 수) : 3, Star Inset(별모양 인세트) : 0%'로 삼각버튼 도형을 만듭니다.

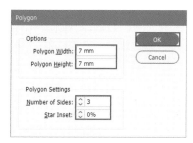

③ 컨트롤 패널에서 'Rotate 90° Anticlockwise(시계 반대 방향으로 90° 회전)'를 설정하고 [Window(창)]-[Color(색상)]-[Color(색상)](F6)를 선택하여 Color(색상) 패널이 열리면 'C100M50'을 입력합니다.

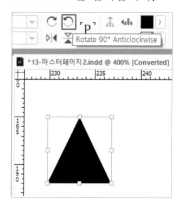
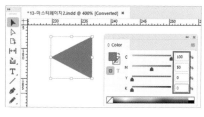

🅱 기적의 TIP

• 컨트롤 패널에서 회전 및 뒤집기를 설정할 수 있습니다.
• 'Rotate 90° Clockwise(시계 방향으로 90° 회전)', 'Rotate 90° Counter-Anticlockwise(시계 반대 방향으로 90° 회전)', 'Flip Vertical(세로로 뒤집기)', 'Flip Horizontal(가로로 뒤집기)'을 편집에 활용합니다.

④ [Alt]+[Shift]를 누른 상태에서 삼각버튼을 복사한 후 컨트롤 패널에서 'Flip Horizontal(가로로 뒤집기)'을 선택하여 배치합니다.

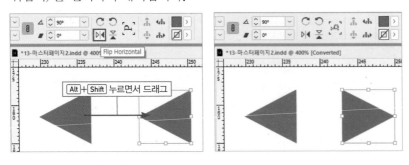

🅑 기적의 TIP

• 페이지 영역에서 마스터 페이지 내용(페이지 번호, 삼각버튼 등)을 수정할 경우, 수정할 페이지 Thumbnail(썸네일)에서 마우스 오른쪽 버튼을 클릭하여 '[Override All Master Page Items(모든 마스터 페이지 재정의)]([Ctrl]+[Alt]+[Shift]+[L])를 활용하여 고정된 마스터 페이지 항목을 자유롭게 수정할 수 있습니다.

04 하이퍼링크 설정하기

작업파일 14-하이퍼링크.indd

조건 상호작용(Interactive) 설정 : 하이퍼링크(license.kpc.or.kr로 페이지 이동, 새 창으로)
문자 효과 : license.kpc.or.kr(Arial, Bold, 9pt, C50Y80)

① 현재 작업 영역에서 [Reset Interactive for PDF(대화형 PDF 재설정)]를 선택하고 [Window (창)]-[Workspace(작업 영역)]-[Interactive for PDF(대화형 PDF)]로 설정합니다.

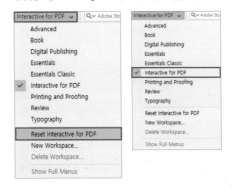

🅑 기적의 TIP

인디자인 편집 도중 작업 영역의 설정 항목이 보이지 않는 경우, 현재 작업 영역을 선택하기 전에 옵션을 재설정하여 인디자인의 기본 상태로 되돌린 후 사용합니다.

② [Type(문자)]-[Character(문자)]([Ctrl]+[T])를 선택하고 Character(문자) 패널에서 'Font(글꼴) : Arial, Font Style(글꼴 스타일) : Bold, Font Size(글꼴 크기) : 9pt, Color(색상) : C50Y80'을 설정하여 'license.kpc.or.kr'을 입력하고 가운데 정렬([Ctrl]+[Shift]+[C])을 합니다.

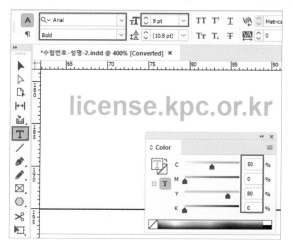

③ 입력한 'license.kpc.or.kr'을 블록지정하고 [Window(창)]-[Interactive(대화형)]-[Hyperlink(하이퍼링크)]를 선택하고 Hyperlinks(하이퍼링크) 패널에서 'URL : https://license.kpc.or.kr'을 입력하여 하이퍼링크를 설정합니다.

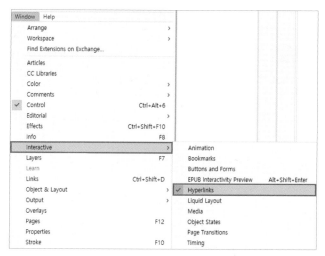

작업파일	15-페이지이동.indd
조건	상호작용(Interactive) 설정 : 이전과 다음 페이지로 이동(삼각버튼)

① Pages(페이지)(F12) 패널의 마스터 페이지를 선택합니다.

② 왼쪽 삼각버튼을 선택하고 Buttons and Forms(단추) 패널에서 Action(동작) '+'를 선택하여 'Go To Previous Page(이전 페이지로 이동)' 버튼을 설정합니다.

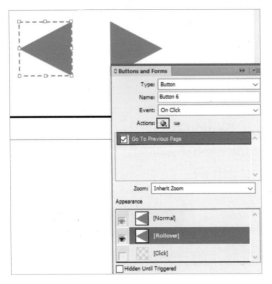

③ 오른쪽 삼각버튼을 선택하고 Buttons and Forms(단추) 패널에서 Action(동작) '+'를 선택하여 'Go To Next Page(다음 페이지로 이동)' 버튼을 설정합니다.

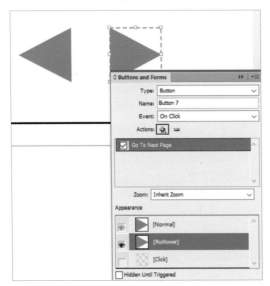

06 이미지 배치하기

작업파일 16-이미지배치1.indd
17-클리핑패스텍스트감싸기2.indd

조건 답안 작성요령 중 지시되지 않는 조건(레이아웃, 색상, 문자, 규격 등)은 《결과파일》,
《출력형태》를 참고한 후 첨부 파일을 활용하여 작성

① 내 PCW문서WGTQWOutput 폴더의 1급-201.jpg, 1급-202.jpg, 1급-203.jpg, 1급-204.jpg, 1급-205.jpg, 1급-206.jpg와 문제지의 《출력형태》에서 이미지 프레임의 레이아웃과 레이어 순서를 확인합니다.

② [File(파일)]-[Place(가져오기)]([Ctrl]+[D])를 클릭하여 내 PCW문서WGTQWImage 폴더에서 탈춤일러스트.ai를 가져옵니다. 프레임에서 마우스 오른쪽 버튼을 클릭하여 [Effects(효과)]-[Drop Shadow(그림자)]를 선택합니다. 프레임을 《출력형태》와 같이 복사한 후 프레임을 더블 클릭하거나 Direct Selection Tool(직접 선택 도구)([A])을 클릭하여 프레임 내 이미지의 위치나 크기를 변경합니다.

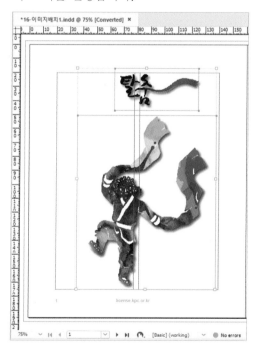

③ [File(파일)]-[Place(가져오기)]($Ctrl$+D)를 클릭하여 배경.jpg를 가져옵니다. 프레임을 더블 클릭하거나 Direct Selection Tool(직접 선택 도구)(A)을 클릭하여 프레임 내 이미지의 위치나 크기를 변경합니다.

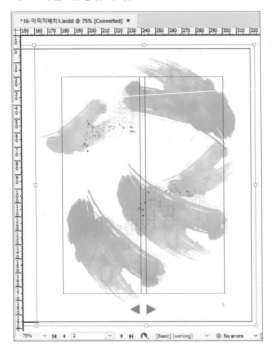

④ [File(파일)]-[Place(가져오기)]($Ctrl$+D)를 클릭하여 탈춤.jpg를 가져옵니다. 3페이지의 프레임을 4페이지에 《출력형태》와 같이 복사한 후 더블 클릭하거나 Direct Selection Tool(직접 선택 도구)(A)을 클릭하여 프레임 내 이미지의 위치나 크기를 변경합니다.

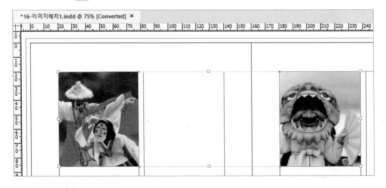

⑤ Rectangle Frame Tool(사각형 프레임 도구)(F), Ellipse Frame Tool(타원 프레임 도구), Polygon Frame Tool(다각형 프레임 도구)을 활용한 이미지 배치일 경우 프레임 모양과 'Width(폭), Height(높이)'를 입력한 후 이미지를 배치합니다.

⑥ [Object(개체)]–[Fitting(맞춤)]–[Fill Frame Proportionally(비율에 맞게 프레임 채우기)] ([Ctrl]+[Alt]+[Shift]+[C])를 선택하여 프레임에 이미지를 맞춥니다.

🅑 기적의 TIP

[Fitting(맞춤)] 단축키를 자주 사용하여 익혀둡니다.
- [Fill Frame Proportionally(비율에 맞게 프레임 채우기)]([Ctrl]+[Alt]+[Shift]+[C])
- [Fill Content Proportionally(비율에 맞게 내용 채우기)]([Ctrl]+[Alt]+[Shift]+[E])
- [Content–Aware Fit(내용 인식 맞춤)]([Ctrl]+[Alt]+[X])
- [Fit Frame to Content(내용에 프레임 맞추기)]([Ctrl]+[Alt]+[C])
- [Fit Content to Frame(프레임에 내용 맞추기)]([Ctrl]+[Alt]+[E])
- [Center Content(내용 가운데 배치)]([Ctrl]+[Shift]+[E])

⑦ [File(파일)]–[Place(가져오기)]([Ctrl]+[D])를 클릭하여 기와.jpg를 가져옵니다. 프레임을 선택하고 [Object(개체)]–[Clipping Path(클리핑 패스)]–[Options(옵션)]([Ctrl]+[Alt]+[Shift]+[K])를 선택한 후 [Clipping Path(클리핑 패스)] 대화상자에서 'Type(유형) : Photoshop Path(패스), Path(패스) : Path 1'을 선택합니다.

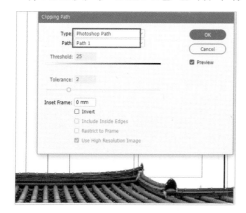

⑧ 3, 4페이지의 1급-8.jpg 프레임을 5, 6페이지에 복사한 후 더블 클릭하거나 Direct Selection Tool(직접 선택 도구)([A])을 클릭하여 프레임 내 이미지의 위치나 크기를 변경합니다.

⑨ Pages(페이지) 패널에서 3-4페이지 썸네일에 마우스 오른
쪽 버튼을 클릭한 후 [Override All Master Page Items
(모든 마스터 페이지 재정의)](Ctrl+Alt+Shift+L)를 선
택하고 1급-8.jpg 프레임에서 [Object(개체)]-[Arrange
(배치)]-[Send to Back(맨 뒤로 보내기)](Ctrl+Shift+[)
을 선택하여 고정된 마스터 페이지의 페이지 번호를 표시합
니다.

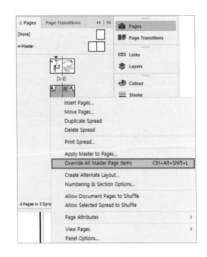

⑩ [File(파일)]-[Place(가져오기)](Ctrl+D)를 클릭하여 하회탈.png를 가져옵니다. 프레임을 선
택하고 [Object(개체)]-[Clipping Path(클리핑 패스)]-[Options(옵션)](Ctrl+Alt+Shift+K)
를 선택하여 [Clipping Path(클리핑 패스)] 대화상자에서 'Type(유형) : Detect Edge(가장자리
감지)'를 선택합니다.

⑪ 프레임을 선택하고 [Window(창)]-[Text Wrap(텍스트 감싸기)](Ctrl+Alt+W)을 선택한 후
Text Wrap(텍스트 감싸기) 패널에서 Wrap around object shape(개체 모양 감싸기)을 선
택하여 'Offset(오프셋) : 4mm'로 설정합니다.

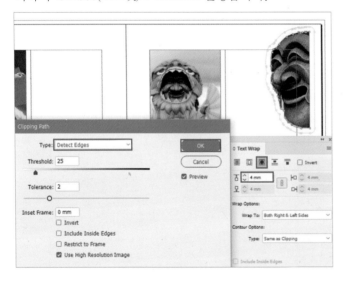

도형 활용하기

18-도형3.indd

조건 　도형 : 원1(100×100mm, C40Y20, 불투명도(Opacity) 70%)
　　　　　원2(58×58mm, C50Y80, M30Y80)
　　　　　사각형(18×201mm, M30Y80, C40Y10)

① Ellipse Tool(타원 도구)(□)을 선택한 후 작업창을 클릭하여 [Ellipse(타원)] 대화상자에서
'Width(폭) : 100mm, Height(높이) : 100mm'를 입력합니다. [Window(창)]-[Color(색
상)]-[Color(색상)](F6)를 선택하고 Color(색상) 패널에서 Fill(칠)을 선택하여 CMYK 모드의
'C40Y20'으로 설정합니다. 컨트롤 패널에서 'Opacity(불투명도) : 70%'로 설정합니다.

② Ellipse Tool(타원 도구)(□)을 선택한 후 작업창을 클릭하여 [Ellipse(타원)] 대화상자에서
'Width(폭) : 58mm, Height(높이) : 58mm'를 입력합니다. [Window(창)]-[Color(색상)]-
[Color(색상)](F6)를 선택하고 Color(색상) 패널에서 Fill(칠)을 선택하여 CMYK 모드의
'C50Y80'으로 설정합니다. 원을 복사하고 [Window(창)]-[Color(색상)]-[Color(색상)](F6)
를 선택하고 Color(색상) 패널에서 Fill(칠)을 선택하여 CMYK 모드의 'M30Y80'으로 설정한
후 배치합니다.

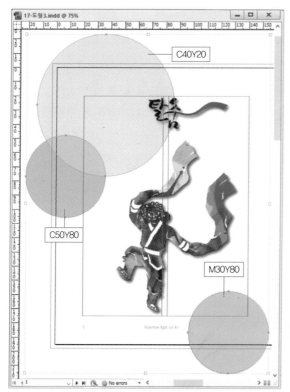

🅑 **기적의 TIP**

크기가 같은 도형을 복사한 후 색상 및 효과 등을
《조건》과 같이 설정합니다.

③ Rectangle Tool(사각형 도구)(M)을 선택한 후 작업창을 클릭하여 [Rectangle(사각형)] 대화 상자에서 'Width(폭) : 18mm, Height(높이) : 201mm'를 입력합니다. [Window(창)]-[Color(색상)]-[Color(색상)](F6)를 선택하고 Color(색상) 패널에서 Fill(칠)을 선택하여 CMYK 모드의 'M30Y80'으로 설정합니다. 4페이지에 사각형을 복사한 후 3, 4페이지의 사각형을 선택하고 [Object(개체)]-[Arrange(배치)]-[Send to Back(맨 뒤로 보내기)](Ctrl+Shift+[)을 선택합니다.

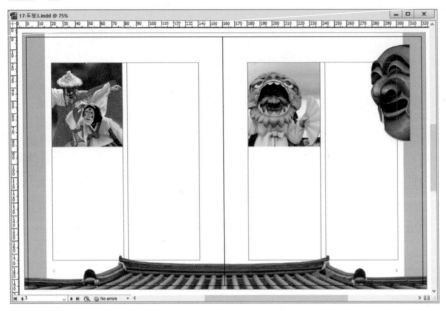

④ 3, 4페이지의 사각형을 5, 6페이지에 복사한 후 [Window(창)]-[Color(색상)]-[Color(색상)] (F6)를 선택하고 Color(색상) 패널에서 Fill(칠)을 선택하여 CMYK 모드의 'C40Y10'으로 설정합니다. [Object(개체)]-[Arrange(배치)]-[Send to Back(맨 뒤로 보내기)](Ctrl+Shift+[)을 선택합니다.

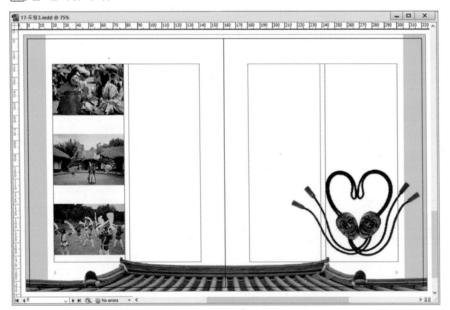

08

EPUB 내보내기 및 답안파일 저장

작업파일   19-epub내보내기.indd
                 완성)수험번호-성명-2.epub
                 완성)수험번호-성명-2.indd
                 ※ 완성 indd 답안 파일은 [PART 05 기출 유형 문제]-[CHAPTER 03 기출 유형 문제 03회] 2번 문제입니다.

조건   EPUB 고정 레이아웃(Fixed Layout) 내보내기 : 첫 페이지 래스터화(Rasterize First Page)

① [File(파일)]-[Export(내보내기)]([Ctrl]+[E])를 선택하고 '저장 위치 : 내 PC₩문서₩GTQ, 파일 이름 : 수험번호-성명-2, 파일 형식 : EPUB (Fixed layout) (*.epub)'으로 설정한 후 저장합니다.

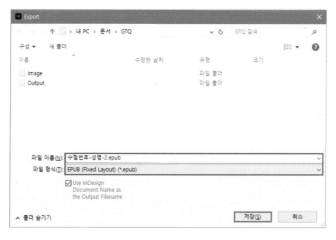

② [EPUB Export Option(EPUB 내보내기)] 대화상자의 [General(일반)] 탭에서 'Cover(표지) : Rasterize First Page(첫 페이지 래스터화)'로 설정한 후 [OK]를 선택합니다.

③ 완성된 INDD 답안 파일을 문제지의 《조건》과 《출력형태》를 기준으로 최종 점검하여 [File(파일)]-[Save(저장하기)]([Ctrl]+[S])로 저장합니다.

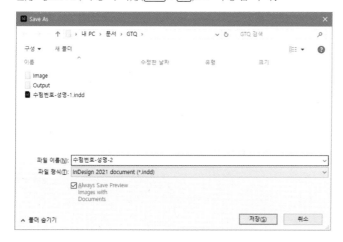

④ 답안 파일 저장이 완료되면 [File(파일)]-[Close(닫기)]([Ctrl]+[W])를 선택하고 수험자 답안 전송 프로그램의 [답안 전송]을 클릭하여 최종 INDD와 EPUB 파일을 감독관 컴퓨터로 제출합니다.

주요 기능	메뉴 툴 패널	단축키	출제빈도
기본 설정하기	Preferences(환경설정)	`Ctrl` + `K`	★★★★
Pages Tool(페이지 도구)	▯, ⊢⊣	`F12`	★★★
Selection Tool(선택 도구)	▶, ▷	`V`, `A`	★★★★
Rectangle Frame Tool (사각형 프레임 도구)	⊠, ⊗, ⊗	`F`	★★★★
Rectangle Tool(사각형 도구)	▢, ●, ◉	`M`, `L`	★★★
Links Panel(링크 패널)	[Window(창)]–[Links(링크)]	`Ctrl` + `Shift` + `D`	★★★
Layer Panel(레이어 패널)	[Window(창)]–[Layer(레이어)]	`F7`	★★★
Corner Option(모퉁이 옵션)	[Object(개체)]		★★★
Color Panel(색상), Stroke Panel(획 패널)	🔳	`F10`, `F6`	★★★★★
Gradient Panel (그레이디언트 패널)	▫	`G`	★★★★
Gradient Feather Tool (그레이디언트 페더 도구)	▫	`Shift` + `G`	★★★★
Effects Panel(효과 패널)	[Window(창)]–[Effects(효과)]	`Ctrl` + `Shift` + `F10`	★★★★
Arrange(배치)	[Object(개체)]	`Ctrl` + `Shift` + `]`/`[` `Ctrl` + `]`/`[`	★★★★
Pathfinder Panel (패스파인더 패널)	[Window(창)]–[Object & Layout (개체 및 레이아웃)]–[Pathfinder(패스파인더)]		★★★
Transform Panel(변형 패널)	▦, ↻, ▱, ➔	`E`, `R`, `S`, `O`	★★★★
Clipping Path(클리핑 패스)	✎, ✐, ✑	`Ctrl` + `Alt` + `Shift` + `K`	★★
Text Wrap Panel (텍스트 감싸기 패널)	[Window(창)]–[Text Wrap(텍스트 감싸기)]	`Ctrl` + `Alt` + `W`	★★★★★
Type Tool(문자 도구)	T, ⟋	`T`	★★★★★
Character Panel(문자 패널)	[Window(창)]–[Type & Tables(문자 및 표)]– [Character(문자)]	`Ctrl` + `T`	★★★★
Paragraph Styles Panel (단락 스타일 패널)	[Window(창)]–[Styles(스타일)]	`F11`	★★★★★
화면모드	▣, ▢, ▣, ▣, ▯		★★

01 기본 설정하기

작업파일 20-기본설정3.indd

조건 2쪽(Pages), 3단(Columns), 열 간격(Column Gutter) 5mm, 여백(Margins) : 상하 20mm, 좌우 10mm, 도련(Bleed) 3mm

① [File(파일)]-[New(새로 만들기)]-[Document(문서)]([Ctrl]+[N])를 선택하고 [New Document(새 문서)] 대화상자에서 'Width(폭) : 210mm, Height(높이) : 280mm, Pages(페이지) : 2, Facing Pages(페이지 마주보기) : 옵션 선택, Columns(열) : 3, Column Gutter(열 간격) : 5mm', Margin(여백)의 'Top(위쪽) : 20mm, Bottom(아래쪽) : 20mm, Inside(안쪽) : 10mm, Outside(바깥쪽) : 10mm', Bleed and Slug(도련 및 슬러그)의 Bleed(도련)을 3mm'로 설정하여 새 문서를 만듭니다.

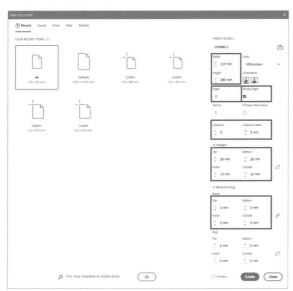

02 마스터 페이지 추가하기

작업파일   21-마스터페이지추가.indd

조건   마스터 페이지 설정 : B-Master Page 추가

① Page(페이지)(F12) 패널에서 New Master(새 마스터) 메뉴를 선택하고 [New Master(새 마스터)] 대화상자에서 'Prefix(접두어) : B, Name(이름) : Master(마스터), Number of Pages(페이지 수) : 2, Page Size(페이지 크기) : Width(폭) : 210mm, Height(높이) : 280mm'로 설정합니다.

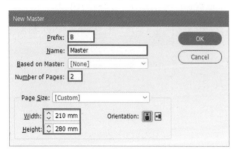

② B-Master 페이지의 Thumbnail(썸네일)을 1~2페이지 영역으로 드래그 앤 드롭하여 "B-Master" applied("B-마스터" 적용됨)로 설정합니다.

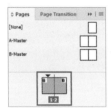

🅑 기적의 TIP

CC 2022 버전부터 Pages(페이지)(F12) 패널의 Master(마스터)가 Parent(상위)로 명칭이 변경됩니다. 기존 New Master(새 마스터)를 New Parent(새 상위)로 이해합니다.

마스터 페이지에서 면주 설정하기

작업파일 22-마스터페이지3.indd

조건 마스터 페이지 설정 : 페이지 번호 설정, 면주 설정(1 페이지 "Korea village", 2 페이지 "Naju")
'페이지번호'(Arial, Bold, 12pt, M50Y100)
'면주'(Arial, Bold, 12pt, C100Y100K40)

① [Type(문자)]-[Insert Special Character(특수 문자 삽입)]-[Markers(표시자)]-[Current Page Number(현재 페이지 번호)]([Ctrl]+[Alt]+[Shift]+[N])를 선택합니다.

② Type Tool(문자 도구)([T])을 클릭하여 'Font(글꼴) : Arial, Font Style(글꼴 스타일) : Bold, Font Size(글꼴 크기) : 12pt, Color(색상) : M50Y100'으로 설정합니다.

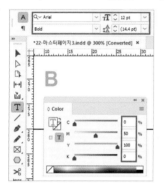

③ B-Master 페이지의 왼쪽(홀수) 페이지에서 문제지의 '면주' 문자효과 《조건》과 같이 Type Tool(문자 도구)([T])을 클릭하여 'Korea village'를 입력하고 'Font(글꼴) : Arial, Font Style(글꼴 스타일) : Bold, Font Size(글꼴 크기) : 12pt, Color(색상) : C100Y100K40'으로 설정한 후 《출력형태》와 같이 배치합니다.

④ B-Master 페이지 왼쪽(홀수) 페이지의 면주 텍스트 프레임을 선택하여 오른쪽(짝수) 페이지로 복사하고 'Naju'를 입력합니다.

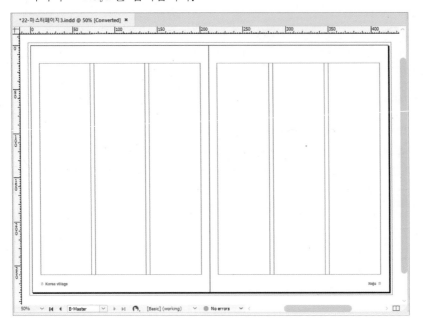

• 메인 페이지로 더블 클릭하여 돌아옵니다.
• 마스터 페이지 설정(페이지 번호, 삼각버튼, 면주 등)은 문제지의 지시조건을 확인하며 그 외 내용은 메인 페이지에 작성합니다.

04 최종 답안 저장/전송하기

작업파일 | 완성)수험번호-성명-1.indd
완성)수험번호-성명-1.pdf
완성)수험번호-성명-2.indd
완성)수험번호-성명-2.epub
완성)수험번호-성명-3.indd

조건 | 문제지의 문항별 답안 파일 저장 규칙을 확인합니다.

① 완성된 INDD 답안 파일을 문제지의 《조건》과 《출력형태》를 기준으로 최종 점검하여 [File(파일)]-[Save(저장하기)](Ctrl + S)를 선택하고 '저장 위치 : 내 PC₩문서₩GTQ, 파일 이름 : 수험번호-성명-3, 파일 형식 : InDesign "CC" 또는 "2021" document (*.indd)'로 설정한 후 저장합니다.

② 답안 파일 저장이 완료되면 [File(파일)]-[Close(닫기)](Ctrl + W)를 선택하고 수험자 답안 전송 프로그램의 [답안 전송]을 클릭하여 최종 INDD 파일을 감독관 컴퓨터로 제출합니다.

기적의 TIP

[File(파일)]-[Save(저장하기)](Ctrl + S)를 선택하고 '저장 위치 : 내 PC₩문서₩GTQ, 파일 이름 : 수험번호-성명-3, 파일 형식 : indd'로 설정한 후 저장합니다. INDD 답안 파일을 수시로 저장(Ctrl + S)하는 습관이 중요합니다.

더 알기 TIP

GTQid 1급 시험은 문항마다 제출할 답안 파일의 형식과 개수가 다릅니다. 1급의 1번 문항은 INDD와 PDF파일을, 2번 문항은 INDD와 EPUB 파일을, 3번 문항은 INDD 파일로 총 5개의 답안 파일이 저장되어야 합니다.

대표 기출 유형 따라하기

급수	문제유형	시험시간	수험번호	성명
1급	A	90분		

수 험 자 유 의 사 항

- 수험자는 문제지를 받는 즉시 응시하고자 하는 <u>**과목 및 급수가 맞는지 확인**</u>한 후 수험번호와 성명을 작성합니다.
- 파일명은 본인의 수험번호–성명–문제번호로 공백 없이 정확히 입력하고 답안 폴더(내 PC₩문서₩GTQ)에 파일저장규칙으로 저장해야 하며, '다른 파일 형식과 버전으로 저장하였을 경우', '패키지로 저장할 경우' 0점 처리됩니다. 답안문서 파일명이 수험번호–성명–문제번호와 일치하지 않거나, 답안 파일을 전송하지 않아 미제출로 처리될 경우 불합격 처리됩니다.
- 수험자 정보와 저장한 파일명, 저장 위치가 다를 경우 전송이 되지 않으므로, 주의하시기 바랍니다.
- 답안 작성 중에도 <u>**주기적으로 '저장'과 '답안 전송'**</u>을 이용하여 감독위원 PC로 답안을 전송하셔야 합니다.(※ 작성한 내용을 <u>저장하지 않고 전송할 경우</u> 이전의 저장내용이 전송되오니 이 점 반드시 유념하시기 바랍니다.)
- 답안문서는 지정된 경로 외의 다른 보조기억장치에 저장하는 행위, 지정된 시험 시간 외에 작성된 파일을 활용한 행위, 기타 통신수단(이메일, 메신저, 네트워크 등)을 이용하여 타인에게 전달 또는 외부 반출하는 행위는 부정행위로 간주되어 자격기본법 제32조에 의거 본 시험 및 국가공인 자격시험을 2년간 응시할 수 없습니다.
- 시험 중 부주의 또는 고의로 시스템을 파손한 경우와 〈수험자 유의사항〉에 기재된 방법대로 이행하지 않아 생기는 불이익은 수험자의 책임임을 알려 드립니다.
- 시험을 완료한 수험자는 최종적으로 저장한 답안 파일이 전송되었는지 확인한 후 감독위원의 지시에 따라 문제지를 제출하고 퇴실합니다.

답 안 작 성 요 령

- **온라인 답안 작성 절차**
  수험자 등록 ⇒ 시험 시작 ⇒ 답안 파일 저장 ⇒ 답안 전송 ⇒ 시험 종료
- 내 PC₩문서₩GTQ₩Image 폴더의 첨부파일을 사용하여 답안을 작성하시고 최종답안을 답안 폴더(내 PC₩문서₩GTQ)에 저장하여 답안을 전송하시고, 이미지의 크기가 다른 경우 감점 처리됩니다.
- 배점은 총 100점으로 이루어지며, 점수는 각 문제별로 차등 배분됩니다.
- 각 문제의 기본 단위는 'mm(밀리미터)'이며 지시조건에 맞게 답안을 작성하셔야 합니다.
- 그 외 지시되지 않는 조건(레이아웃, 색상, 문자, 규격 등)은 《결과파일》, 《출력형태》를 참고하여 첨부파일을 활용하여 작성하십시오. 위 언급한 내용을 충족하지 못했을 경우에는 0점 또는 감점 처리됩니다.(※ 《결과파일》은 내 PC₩문서₩GTQ₩Output 폴더에서 확인)
- 문제 조건에 서체의 지정이 없을 경우 한글은 굴림, 돋움, 영문은 Arial로 작성하십시오. 임의 서체로 작성할 경우 감점될 수 있으니 유의하시기 바랍니다.
- 문제 조건에 형태(크기, 색상, 선 굵기 등)에 대한 지정이 없을 경우 《결과파일》, 《출력형태》를 참고하여 작업해 주시기 바랍니다.
- Color Mode(색상 모드)는 별도의 처리조건이 없을 경우에는 CMYK로 작성하십시오.
- 조건에서 제시한 기능의 속성을 해지할 경우 해당 요소는 0점 처리됩니다.

한 국 생 산 성 본 부

▶ 합격 강의

다음의 《조건》에 따라 아래의 《출력형태》와 같이 작업하시오.

조건

첨부파일		GTQ\Image\1급-1.ai, 1급-2.jpg, 1급-3.jpg, 1급-4.psd, 1급-5.txt
파일저장규칙	크기 동일	323×470mm
	indd 파일명	GTQ\수험번호-성명-1.indd
	pdf 파일명	GTQ\수험번호-성명-1.pdf

1. 기본 설정
① 1쪽(Pages), 5단(Columns), 단 간격(Gutter) 5mm, 여백(Margins) : 위쪽 25mm, 아래 · 왼 · 오른쪽 19mm, 도련(Bleed) 5mm
② PDF 내보내기 : 모든 프린터 표시(All Printer's Marks)

2. 작업 방법
① 1급-1.jpg : 효과(Effects) – 그레이디언트 페더(Gradient Feather) 30°
② 1급-2.jpg : 응용 및 배치
③ 1급-3.psd : 클리핑 패스(Clipping Path) – Photoshop Path, 텍스트 감싸기(Text Wrap) 6mm
④ 1급-4.ai : 효과(Effects) – 그림자(Drop Shadow)
⑤ 획 : 굵은 선–가는 선(Thick–Thin), 285mm, 7pt, K100
⑥ 도형 : 사각형(135×11mm, K50 → C0M0Y0K0)

3. 문자 효과
① Cultural Heritage(Arial, Bold, 18pt, C100M100)
② 전통 건축과 단청(바탕, 18pt, C0M0Y0K0, 효과(Effects) – 그림자(Drop Shadow))
③ 건축 문화유산에는 그 뜻과 의미가 담겨 있다(궁서, 16pt, C50M70).
④ 1급-5.txt : 단락 스타일 설정
  • 본문1(돋움 13pt, 행간 24pt, 자간 −25, C100M100, 단락 시작표시문자 2줄)
  • 본문2(바탕, 11pt, 행간 20pt, 자간 −45, K100)
  • 캡션(돋움, 12pt, 행간 17pt, C80M100Y50)

출력형태

▶합격강의

다음의 《조건》에 따라 아래의 《출력형태》와 같이 작업하시오.

조건

첨부파일		GTQ\Image\1급-6.ai, 1급-7.jpg, 1급-8.jpg, 1급-9.jpg, 1급-10.jpg, 1급-11.jpg, 1급-12.jpg, 1급-13.txt
파일저장규칙	크기 동일	160×195mm
	indd 파일명	GTQ\수험번호-성명-2.indd
	epub 파일명	GTQ\수험번호-성명-2.epub

1. 기본 설정

① 6쪽(Pages), 2단(Columns), 단 간격(Gutter) 4mm, 여백(Margins) : 상하좌우 20mm, 도련(Bleed) 3mm

② EPUB 고정 레이아웃(Fixed Layout) 내보내기 : 첫 페이지 래스터화(Rasterize First Page)

2. 작업 방법

① 1급-6.ai : 효과(Effects) – 그림자(Drop Shadow), 1급-7.jpg, 1급-8.jpg, 1급-9.jpg : 응용 및 배치

② 1급-10.jpg, 1급-12.jpg : 클리핑 패스(Clipping Path) – Photoshop Path, 텍스트 감싸기(Text Wrap) 5mm

③ 1급-11.jpg : 모퉁이 경사(Fancy) 5mm

④ 도형 : 다각형(C0M0Y0K0), 불투명도(Opacity) 70%), 사각형(18×201mm, K20), 원(25×25mm, C0M0Y0K0, 불투명도(Opacity) 30%), 삼각버튼(7×7mm, C50Y70)

⑤ 마스터 페이지 설정 : 페이지 번호 설정, 짝수 페이지 삼각버튼 배치

⑥ 상호작용(Interactive) 설정 : 하이퍼링크(license.kpc.or.kr로 페이지 이동, 새 창으로), 이전과 다음 페이지로 이동(삼각버튼)

3. 문자 효과

① license.kpc.or.kr, '페이지 번호'(Arial, Bold, 9pt, C70M50)

② 토마토(궁서, 72pt, M100Y100K20, 불투명도(Opacity) 80%)

③ 1. 토마토 효능, 2. 토마토 부작용, 3. 토마토 먹는 법(돋움, 13pt, 행간 20pt, 자간 –25, M50Y70K40, K70)

④ 1급-13.txt : 단락 스타일 설정
- 본문1(돋움, 9pt, 행간 20pt, 자간 –25, M50Y70K40, 단락 시작표시문자 2줄 2문자)
- 본문2(바탕, 8.5pt, 행간 14pt, 자간 –30, K100)

출력형태

다음의 《조건》에 따라 아래의 《출력형태》와 같이 작업하시오.

조건

첨부파일		GTQ₩Image₩1급-14.jpg, 1급-15.jpg, 1급-16.psd, 1급-17.psd, 1급-18.psd, 1급-19.ai, 1급-20.txt
파일저장규칙	크기 동일	210×280mm
	indd 파일명	GTQ₩수험번호-성명-3.indd

1. 기본 설정
① 2쪽(Pages), 3단(Columns), 단 간격(Gutter) 5mm, 여백(Margins) : 상하좌우 10mm, 도련(Bleed) 3mm

2. 작업 방법
① 1급-14.jpg, 1급-15.jpg, 1급-16.psd, 1급-18.psd : 응용 및 배치
② 1급-17.psd : 클리핑 패스(Clipping Path) – Photoshop Path, 텍스트 감싸기(Text Wrap) 6mm,
    효과(Effects) – 그림자(Drop Shadow)
③ 1급-19.ai : 효과(Effects) – 새틴(Satin)
④ 도형 : 사각형(60×10mm, C70Y100, 모퉁이 둥글게(Rounded) 5mm)
⑤ 마스터 페이지 설정 : B-Master Page 추가, 페이지 번호 설정.
    면주(홀수 페이지 "The efficacy of herbs", 짝수 페이지 "Kind of herbs")

3. 문자 효과
① 우수 식재료 디렉토리(바탕, 14pt, C70Y100K50, 효과(Effects) – 그림자(Drop Shadow))
② '페이지 번호'(Arial, Bold, 40pt, C70Y100, 불투명도(Opacity) 50%)
③ '면주'(Arial, Bold, 12pt, M100K30)
④ 1급-20.txt : 단락 스타일 설정
- 단락제목(돋움, 13pt, 자간 -25, C0M0Y0K0, 밑줄(Underline) 1pt, Offset 4pt)
- 본문1(돋움, 10pt, 행간 18pt, 자간 -25, M100K30, 단락 시작표시문자 2줄)
- 본문2(바탕, 9pt, 행간 18pt, 자간 -25, K100, C70Y100K30, 첫줄 들여쓰기 4mm)
- 캡션(돋움, 8pt, 행간 12pt, 자간 -25, C100M90Y10)

출력형태

작업과정	새 문서 만들기 및 임시 파일 저장하기 ▶ 이미지 프레임 효과 및 클리핑 패스 적용 ▶ 선과 도형 편집 ▶ 문자 효과 적용 ▶ 단락 스타일 설정 ▶ PDF 내보내기와 답안 파일 저장
완성이미지	수험번호─성명─1.INDD, 수험번호─성명─1.pdf 1급─101.jpg

01 새 문서 만들기 및 임시 파일 저장하기

01 [File(파일)]─[New(새로 만들기)]─[Document(문서)]([Ctrl]+[N])를 선택하고 [New Document(새 문서)] 대화상자에서 'Width(폭) : 323mm, Height(높이) : 470mm, Pages(페이지) : 1, Columns(열) : 5, Column Gutter(열 간격) : 5mm', Margin(여백)의 'Top(위쪽) : 25mm, Bottom(아래쪽) : 19mm, Inside(안쪽) : 19mm, Outside(바깥쪽) : 19mm', Bleed and Slug(도련 및 슬러그)의 Bleed(도련)을 5mm'로 설정하여 새 문서를 만듭니다.

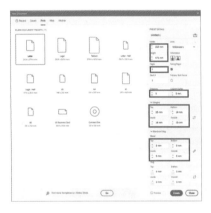

기적의 TIP

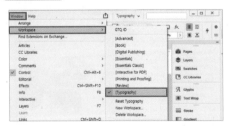

자주 사용하는 패널 영역을 [Window(창)]─[Workspace(작업 영역)]─[Typography(입력 체계)]로 설정하여 답안 작성 시간을 절약합니다.

---

02 [File(파일)]-[Save(저장하기)]([Ctrl]+[S])를 선택하고 '저장 위치 : 내 PC₩문서₩GTQ, 파일 이름 : 수험번호-성명-1, 파일 형식 : InDesign "CC" 또는 "2021" document (*.indd)'로 설정한 후 저장합니다.

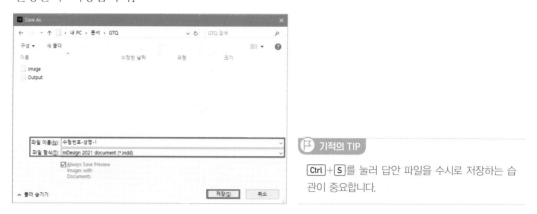

> 🎁 기적의 TIP
>
> [Ctrl]+[S]를 눌러 답안 파일을 수시로 저장하는 습관이 중요합니다.

02 이미지 프레임 만들기

01 내 PC₩문서₩GTQ₩Output 폴더의 1급-101.jpg와 문제지의 《출력형태》에서 이미지 프레임의 레이아웃을 확인합니다.

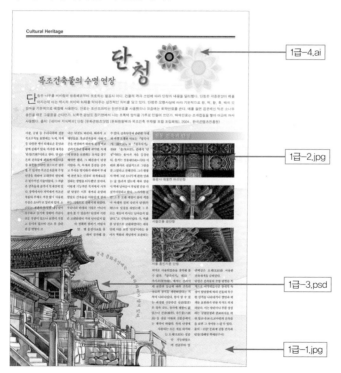

02 [File(파일)]-[Place(가져오기)]($Ctrl$+D)를 선택하고 내 PC₩문서₩GTQ₩Image 폴더에서 1급-1.jpg를 선택한 후 왼쪽에서 오른쪽으로 드래그합니다.

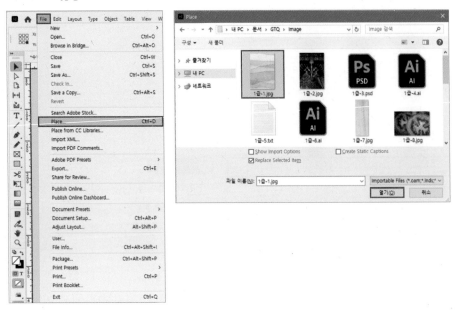

03 Selection Tool(선택 도구)(V)을 클릭하고 도련 밖으로 나온 이미지 프레임을 드래그하여 크기를 조절합니다.

04 이미지 프레임에서 마우스 오른쪽 버튼을 클릭하여 Fitting(맞춤)-Fit content to Frame(프레임에 내용 맞추기)($Ctrl$+Alt+E)을 선택합니다.

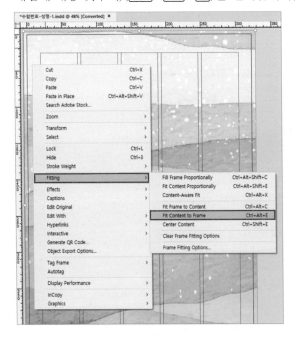

05 [File(파일)]−[Place(가져오기)]([Ctrl]+[D])를 선택하여 내 PC₩문서₩GTQ₩Image 폴더에서 1급−2.jpg를 선택한 후 왼쪽에서 오른쪽으로 드래그합니다.

06 이미지 프레임 크기를 조절한 후 마우스 오른쪽 버튼을 클릭하여 Fitting(맞춤)−Fill Frame Proportionally(비율에 맞게 프레임 채우기)([Ctrl]+[Alt]+[Shift]+[C])를 선택합니다.

07 첫 번째 이미지 프레임을 클릭한 후 [Alt]+[Shift]를 누르고 아래로 드래그하여 그림과 같이 두 개의 이미지 프레임을 복사합니다.

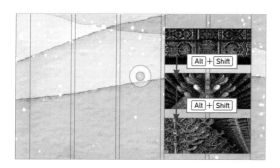

🅑 **기적의 TIP**

• Object(개체) 복사할 때, [Alt]를 누르고 드래그하여 복사합니다.
• Object(개체) 수직/수평으로 복사할 때, [Alt]+[Shift]를 누르고 드래그하여 복사합니다.

---

08 두 번째와 세 번째 이미지 프레임을 더블 클릭하고 드래그하여 그림과 같이 편집합니다.

🅑 기적의 TIP

이미지 프레임 편집
- 클릭 : 이미지가 담긴 프레임을 선택하여 편집할 때 사용합니다.
- 더블 클릭 : 프레임 안에 이미지를 선택하여 편집할 때 사용합니다.

09 [File(파일)]−[Place(가져오기)](Ctrl+D)를 선택하여 내 PC₩문서₩GTQ₩Image 폴더에서 1급−3.psd를 선택한 후 왼쪽에서 오른쪽으로 드래그합니다.

10 이미지 프레임 크기를 조절한 후 마우스 오른쪽 버튼을 클릭하여 Fitting(맞춤)−Fill Frame Proportionally(비율에 맞게 프레임 채우기)(Ctrl+Alt+Shift+C)를 선택합니다.

마우스 오른쪽 버튼

11 [File(파일)]−[Place(가져오기)]([Ctrl]+[D])를 선택하여 내 PCW문서WGTQWImage 폴더에서 1급−4.ai를 선택한 후 그 상태에서 왼쪽에서 오른쪽으로 드래그합니다.

12 이미지 프레임 크기를 조절한 후 마우스 오른쪽 버튼을 클릭하여 Fitting(맞춤)−Fill Frame Proportionally(비율에 맞게 프레임 채우기)([Ctrl]+[Alt]+[Shift]+[C])를 선택합니다.

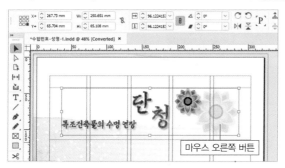

03 효과 및 클리핑 패스 적용

01 1급−1.jpg 프레임에서 마우스 오른쪽 버튼을 클릭하여 Effects(효과)−Gradient Feather(그레이디언트 페더)를 선택합니다.

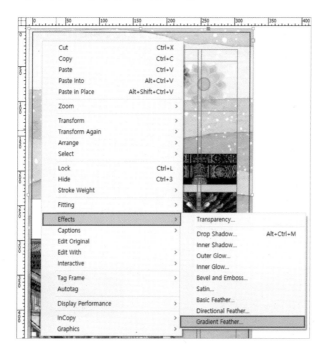

02 [Effects(효과)] 대화상자에서 'Options(옵션) : Angle(각도) : 30°'로 설정합니다.

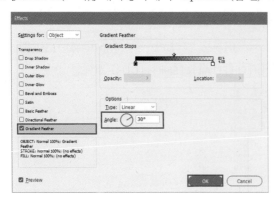

🎬 기적의 TIP

문제지에 그레이디언트 페더 각도값이 지시되지 않는
경우도 있으니 《출력형태》와 Output 파일을 참고하여
설정합니다.

03 1급-3.psd 프레임을 선택하고 [Object(개체)]-[Clipping Path(클리핑 패스)]-[Options(옵션)](Ctrl + Alt + Shift + K)를 선택합니다.

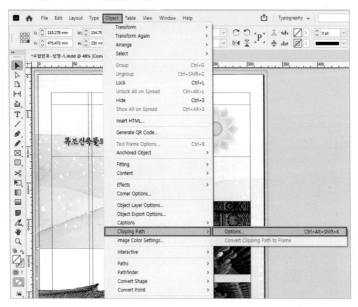

04 [Clipping Path(클리핑 패스)] 대화상자에서 'Type(유형) : Photoshop Path(패스)'를 선택합니다.

이미지 프레임의 마우스 오른쪽 버튼을 클릭하여 Convert Clipping Path to Frame(클리핑 패스를 프레임으로 변환하기)을 선택하여 PSD 파일의 클리핑 패스를 신속하게 편집할 수 있습니다. 단, 클리핑 패스 영역이 없는 PSD 파일의 경우 **03**번과 **04**번 방법과 같이 선택합니다.

05 계속해서 1급-3.psd 프레임을 선택하고 [Window(창)]-[Text Wrap(텍스트 감싸기)]([Ctrl]+[Alt]+[W])을 선택합니다.

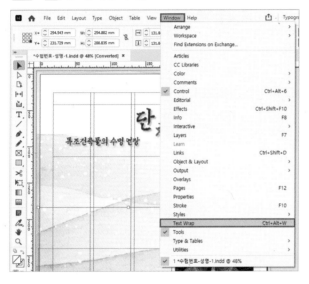

06 Text Wrap(텍스트 감싸기) 패널에서 'Wrap around object shape(개체 모양 감싸기)'를 클릭한 후 'Offset(오프셋) : 6mm'로 설정합니다.

07 1급-4.ai 프레임을 선택하고 [Object(개체)]-[Effects(효과)]-[Drop Shadow(그림자)]([Ctrl]+[Alt]+[M])를 선택합니다.

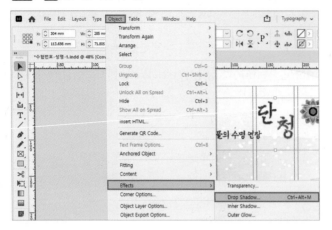

08 [Effects(효과)] 대화상자에서 Preview(미리보기)를 체크하고 'Drop Shadow(그림자)-Blending(혼합 모드) : Multiply(곱하기), Opacity(불투명도) : 30%'로 설정합니다.

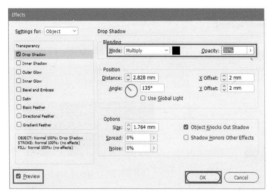
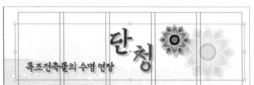

04 선과 도형 편집

01 Line Tool(선 도구)(ⓦ)을 클릭하여 Shift를 누른 상태에서 'Length(길이) : 285mm'로 가로 직선을 만듭니다.

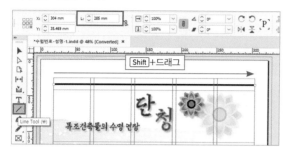

02 [Window(창)]−[Stroke(획)](F10)를 선택하고 Stroke(획) 패널에서 'Weight(두께) : 7pt, Type(유형) : Thick−Thin(굵은 선−가는 선)'으로 설정합니다.

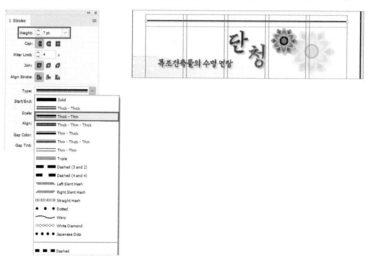

03 [Window(창)]−[Color(색상)]−[Color(색상)]−[Color(색상)](F6)를 선택하고 Color(색상) 패널에서 Stroke(획)를 선택한 후 CMYK 모드의 K100으로 설정합니다.

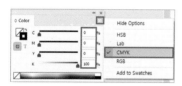

04 Rectangle Tool(사각형 도구)(Ⓜ)을 클릭하고, 작업 창을 클릭합니다. [Rectangle(사각형)] 대화상자에서 'Width(폭) : 135mm, Height(높이) : 11mm'로 사각형을 만든 후, 1급−2.jpg 프레임 위쪽에 배치합니다.

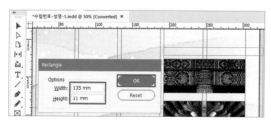

05 Gradient Swatch Tool(그레이디언트 색상 견본 도구)(**G**)을 더블 클릭하고 Gradient(그레이디언트) 패널에서 'Type(유형) : Linear(선형)'를 선택하고, 왼쪽 Color Stop(색상 정지점)을 클릭한 후 Color(색상) 패널에서 CMYK 모드로 변경하고 K50으로 설정합니다. 오른쪽 Color Stop(색상 정지점)도 CMYK 모드로 변경한 후 C0M0Y0K0으로 설정합니다.

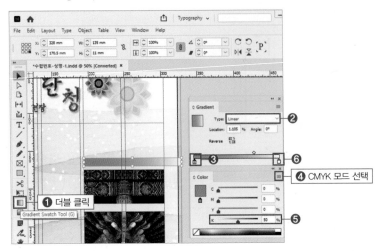

05 문자 효과 적용

01 Type Tool(문자 도구)(**T**)을 클릭하고 작업 창에 드래그한 후, [Type(문자)]−[Character(문자)](**Ctrl**+**T**)를 선택합니다. Character(문자) 패널에서 'Font(글꼴) : Arial, Font Style(글꼴 스타일) : Bold, Font Size(글꼴 크기) : 18pt'로 설정하고, Color(색상) 패널에서 CMYK 모드로 변경한 후, C100M100으로 설정하고 'Cultural Heritage'를 입력합니다.

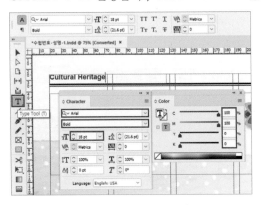

02 다시 한 번 작업 창에 드래그한 후, Character(문자) 패널에서 'Font(글꼴) : Batang(바탕), Font Size(글꼴 크기) : 18pt'로 설정하고, Color(색상) 패널에서 CMYK 모드로 변경한 후, C0M0Y0K0으로 설정하고 전통 건축과 단청을 입력하여 그림과 같이 배치합니다.

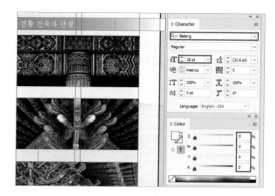

03 '전통 건축과 단청' 문자에서 마우스 오른쪽 버튼을 클릭하여 [Effects(효과)]-[Drop Shadow(그림자)]([Ctrl]+[Alt]+[M])를 선택하고, [Effects(효과)] 대화상자에서 'Blending(혼합 모드) : Multiply(곱하기), Opacity(불투명도) : 75%'로 설정합니다.

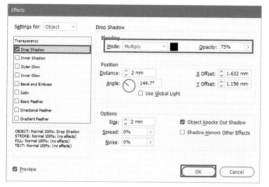

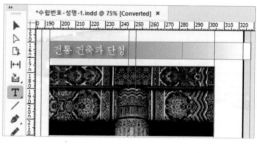

04 패스 형태의 문자를 만들기 위해 Pen Tool(펜 도구)([P])로 작업 창의 시작점을 클릭하고, 끝점을 클릭한 후 드래그하여 곡선 패스를 만든 후 [Alt]를 누르고 끝 점을 클릭하여 패스를 닫습니다.

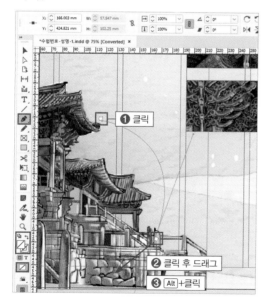

05 Type on a Path Tool(패스에 입력 도구)(Shift)+(T))을 클릭하고 **04**에서 작성된 Path(패스) 형태를 선택합니다.

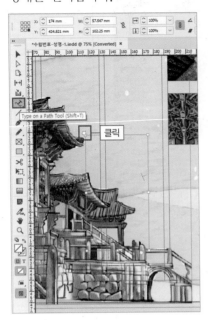

06 Character(문자) 패널에서 'Font(글꼴) : Gungsuh(궁서), Font Size(글꼴 크기) : 16pt'로 설정하고, Color(색상) 패널에서 CMYK 모드로 변경한 후, C50M70으로 설정하고 '건축 문화유산에는 그 뜻과 의미가 담겨 있다.'를 입력합니다.

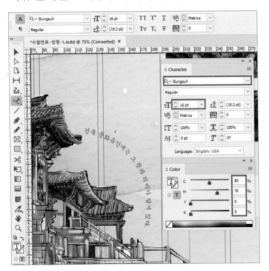

06 단락 스타일 설정

01 [Window(창)]–[Color(색상)]–[Swatches(색상 견본)]([F5])를 선택하고 Swatches(색상 견본) 패널에서 New Color Swatch(새 색상 견본)를 선택합니다.

02 [New Color Swatch(새 색상 견본)] 대화상자에서 'Color Mode(색상 모드) : CMYK, C100M100'으로 설정합니다.

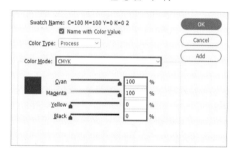

03 문제지의 《조건》을 참고하여 같은 방법으로 Color(색상)를 K100과 C80M100Y50으로 설정하여 색상 견본을 추가합니다.

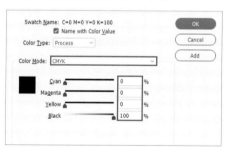 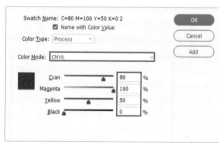

04 내 PC₩문서₩GTQ₩Output 폴더의 1급-101.jpg와 문제지의 《출력형태》를 참고하여 각각
의 단락 스타일들의 레이아웃을 확인합니다.

《조건》
- 1급-5.txt : 단락 스타일 설정
- 본문1(돋움 13pt, 행간 24pt, 자간 -25, C100M100, 단락 시작표시문자 2줄)
- 본문2(바탕, 11pt, 행간 20pt, 자간 -45, K100)
- 캡션(돋움, 12pt, 행간 17pt, C80M100Y50)

05 [File(파일)]-[Place(가져오기)]($\boxed{Ctrl}$+$\boxed{D}$)를 선택하고 내 PC₩문서₩GTQ₩Image 폴더에
서 1급-5.txt를 선택합니다.

06 마우스 포인터가 텍스트 로딩 아이콘으로 바뀌면 드래그하여 텍스트 프레임을 만듭니다.

B 기적의 TIP

문자가 깨져 보일 경우, Character(문자) 패널에서 Batang(바탕), Gungsuh(궁서), Gulim(굴림), Dotum(돋움) 등의 폰트로 변경
하면 됩니다.

07 텍스트 프레임으로 가져온 내용 중 불필요한 부분은 삭제하고 문제지의 《조건》으로 지시된 단락 스타일에 활용할 내용만 남깁니다.

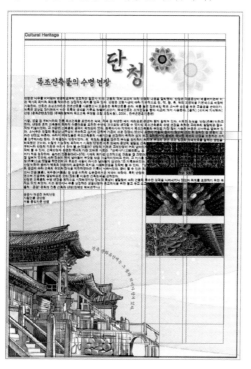

08 텍스트 프레임을 2개 더 복사합니다. 1번 텍스트 프레임(본문1) 내용만, 2번 텍스트 프레임(본문2) 내용만, 3번 텍스트 프레임(캡션) 내용만 남기고 편집합니다.

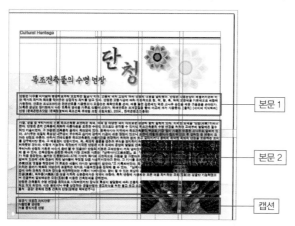

🅑 **기적의 TIP**

내용이 많지 않고 서식이 없는 텍스트를 편집할 경우 '가져오기' 보다는 1급-5.txt 파일을 메모장 열기하여 단락 스타일에 적용할 내용만 복사한 후 텍스트 프레임을 만들어도 됩니다.

09 1번 텍스트 프레임(본문1)을 선택하고 [Type(문자)]-[Paragraph Style(단락 스타일)](F11)을 선택한 후 옵션에서 New Paragraph Style(새 단락 스타일)을 선택합니다.

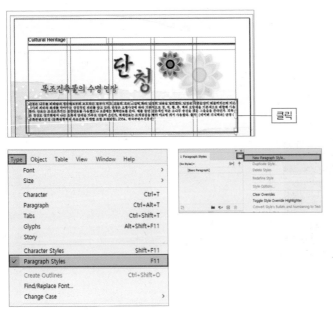

10 [New Paragraph Style(새 단락 스타일)] 대화상자에서 Preview(미리보기)를 체크하고 General(일반) 탭에서 'Style Name(스타일 이름) : 본문1', Basic Character Formats(기본 문자 서식) 탭에서 'Font(글꼴) : Dotum(돋움), Size(크기) : 13pt, Leading(행간) : 24pt, Tracking(자간) : −25', Drop Caps and Nested Styles(단락 시작표시문자) 탭에서 'Lines(줄 수) : 2, Characters(문자 수) : 1', Character Color(문자 색상) 탭에서 색상 견본 C100M100으로 설정합니다.

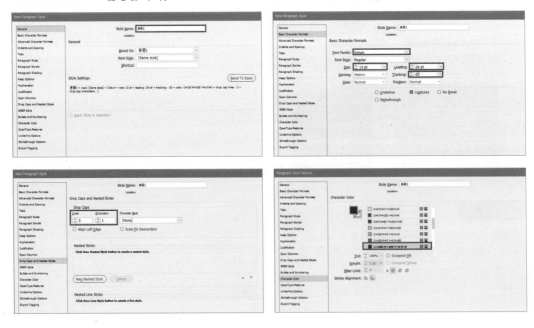

11 2번 텍스트 프레임(본문2)을 《출력형태》와 같이 스레드 된 두 개의 텍스트 프레임으로 배치하고, Type Tool(문자 도구)(Ⓣ)을 클릭하고 단락 서식 컨트롤 패널에서 왼쪽 텍스트 프레임은 'Columns(열 수) : 3, Column Gutter(열 간격) : 5mm'로 설정하고 오른쪽 텍스트 프레임은 'Columns(열 수) : 2, Column Gutter(열 간격) : 5mm'로 설정합니다.

기적의 TIP

• 텍스트 스레드 하는 방법은 88page의 기적의 TIP을 참고하세요.
• 단락 스타일에 세부 옵션(단 수, 간격 등) 값이 없는 경우, 문제지의 《조건》과 《출력형태》를 참고하여 임의로 조절합니다.

12 [Type(문자)]-[Paragraph Style(단락 스타일)](F11)을 선택한 후 옵션에서 New Paragraph Style(새 단락 스타일)을 선택합니다.

13 [New Paragraph Style(새 단락 스타일)] 대화상자에서 Preview(미리보기)를 체크하고 General(일반) 탭에서 'Style Name(스타일 이름) : 본문2', Basic Character Formats(기본 문자 서식) 탭에서 'Font(글꼴) : Batang(바탕), Size(크기) : 11pt, Leading(행간) : 20pt, Tracking(자간) : −45', Character Color(문자 색상) 탭에서 색상 견본 K100으로 설정합니다.

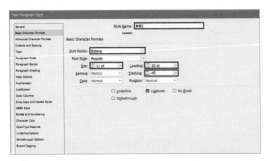

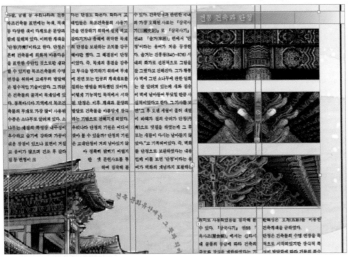

14 3번 텍스트 프레임(캡션)을 그림과 같이 배치한 후, Shift 를 누르면서 텍스트 프레임을 클릭합니다. [Type(문자)]−[Paragraph Style(단락 스타일)]([F11])을 선택한 후 옵션에서 [New Paragraph Style(새 단락 스타일)] 메뉴를 선택합니다.

15 [New Paragraph Style(새 단락 스타일)] 대화상자에서 Preview(미리보기)를 체크하고 General(일반) 탭에서 'Style Name(스타일 이름) : 캡션', Basic Character Formats(기본 문자 서식) 탭에서 'Font(글꼴) : Dotum(돋움), Size(크기) : 12pt, Leading(행간) : 17pt', Character Color(문자 색상) 탭에서 색상 견본 C80M100Y50으로 설정합니다.

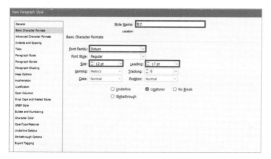

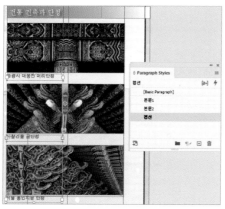

Paragraph Style(단락 스타일) 패널에 설정된 단락 스타일 이름을 더블 클릭하여 [Paragraph Style Options(단락 스타일 옵션)] 대화상자에서 단락 스타일의 세부 옵션을 수정합니다.

07 PDF 내보내기

01 [File(파일)]-[Export(내보내기)]([Ctrl]+[E])를 선택하고 '저장 위치 : 내 PC₩문서₩GTQ'로 설정한 후 '파일 이름 : 수험번호-성명-1'을 입력하고 '파일 형식 : Adobe PDF (Print) (*.pdf)'로 설정한 후 저장합니다.

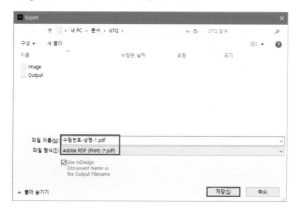

02 [Export Adobe PDF(Adobe PDF 내보내기)] 대화상자의 [General(일반)] 탭에서 'Adobe PDF Preset(사전 설정) : High Quality Print(고품질 인쇄)'를 선택하고 [Marks and Bleeds(표시 및 도련)]에서 All Printer's Marks(모든 프린터 표시)로 설정합니다.

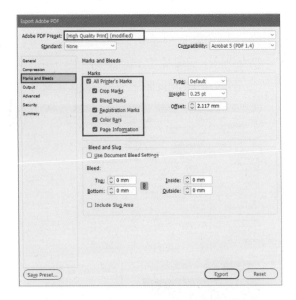

03 문제지의 《출력형태》를 참고하여 'Use Document Bleed Settings(문서에 도련 설정 사용)' 표시로 설정한 후 Export(내보내기)를 선택합니다.

B 기적의 TIP

• 문제지의 1번 문제는 PDF 답안 파일 기준이므로 《출력형태》의 모서리 네 곳에 재단선과 도련선이 1줄 또는 2줄인지 확인합니다.

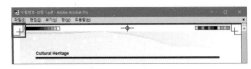

• 1줄이면 'Use Document Bleed Settings(문서에 도련 설정 사용)' 표시를 해제하고 2줄이면 체크합니다.

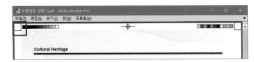

08 완성 답안 파일 저장

01 완성된 INDD 답안 파일을 문제지의 《조건》과 《출력형태》를 기준으로 최종 점검하여 [File(파일)]−[Save(저장하기)]([Ctrl]+[S])로 저장합니다.

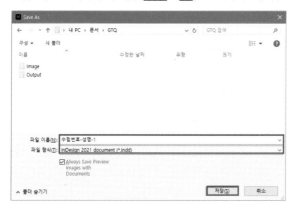

02 최종 저장된 INDD 답안 파일을 기준으로 [File(파일)]−[Export(내보내기)]([Ctrl]+[E])를 선택하고 '파일 형식 : Adobe PDF (Print) (*.pdf)'로 설정한 후 저장합니다.

03 답안 파일 저장이 완료되면 [File(파일)]−[Close(닫기)]([Ctrl]+[W])를 선택하고 수험자 답안 전송 프로그램의 [답안 전송]을 클릭하여 최종 INDD와 PDF 파일을 감독관 컴퓨터로 제출합니다.

🅑 기적의 TIP

전송 결과에 '성공'으로 표기되어야 하며 '실패'일 경우 답안 파일명과 GTQ 폴더에 저장되었는지 확인하고 재전송합니다.

[실무응용] 전자책/브랜드북

작업과정 새 문서 만들기 및 임시 파일 저장하기 ▶ 마스터 페이지 설정 ▶ 이미지 프레임 만들기 ▶ 효과 및 클리핑 패스 적용 ▶ 도형 편집 ▶ 상호작용 설정 ▶ 문자 효과 적용 ▶ 단락 스타일 설정 ▶ EPUB 내보내기 ▶ 답안 파일 저장

완성이미지 수험번호-성명-2.indd, 수험번호-성명-2.epub
1급-201.jpg, 1급-202.jpg, 1급-203.jpg, 1급-204.jpg, 1급-205.jpg, 1급-206.jpg

01 새 문서 만들기 및 임시 파일 저장하기

01 [File(파일)]-[New(새로 만들기)]-[Document(문서)]($Ctrl$+N)를 선택하고 [New Document(새 문서)] 대화상자에서 'Width(폭) : 160mm, Height(높이) : 195mm, Pages(페이지) : 6, Columns(열) : 2, Column Gutter(열 간격) : 4mm', Margin(여백)의 'Top(위쪽) : 20mm, Bottom(아래쪽) : 20mm, Inside(안쪽) : 20mm, Outside(바깥쪽) : 20mm', Bleed and Slug(도련 및 슬러그)의 Bleed(도련)을 3mm'로 설정하여 새 문서를 만듭니다.

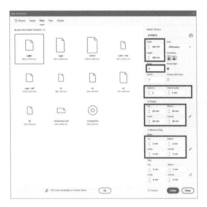
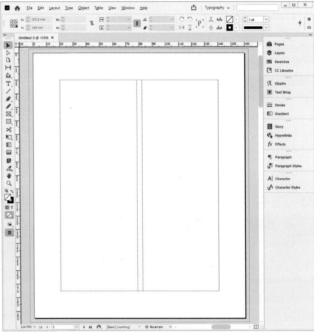

02 Pages(페이지)(F12) 패널의 6페이지 Thumbnail(썸네일)에서 마우스 오른쪽 버튼을 클릭하여
'Allow Document Pages to Shuffle(문서 페이지 재편성 허용)' 체크를 해제합니다.

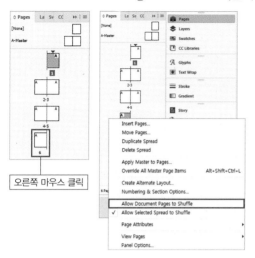

03 6페이지 Thumbnail(썸네일)을 마우스 왼쪽 버튼을 누른 상태에서 1페이지 Thumbnail(썸네
일) 왼쪽으로 드래그하고 마우스 포인터가 'ㄷ'자 모양으로 바뀌면, 드롭하여 마주보는 페이지
의 펼침면으로 배치합니다.

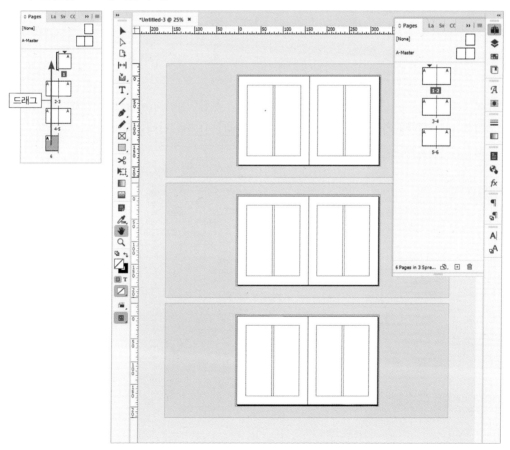

04 [File(파일)]-[Save(저장하기)]([Ctrl]+[S])를 선택하고 '저장 위치 : 내 PC₩문서₩GTQ, 파일 이름 : 수험번호-성명-2, 파일 형식 : InDesign "CC" 또는 "2021" document (*.indd)'로 설정한 후 저장합니다.

🅑 기적의 TIP

[Ctrl]+[S]를 눌러 답안 파일을 수시로 저장하는 습관이 중요합니다.

---

02 마스터 페이지 설정

01 페이지 번호를 지정하기 위해 Pages(페이지)([F12]) 패널의 A-Master 페이지를 더블 클릭한 후 Type Tool(문자 도구)([T])을 클릭하고 왼쪽 작업 창 아래에 드래그합니다.

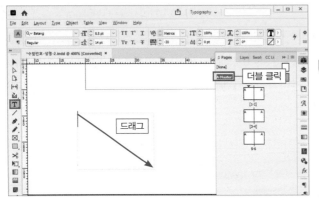

🅑 기적의 TIP

• 페이지 번호는 Pages(페이지)([F12]) 패널의 A-Master 페이지 영역에 작성합니다.
• 페이지 번호를 작업 창에 작성하거나 반대로 작업 창의 내용을 A-Master 페이지 영역에 작성할 경우 감점될 수 있으니 유의합니다.

02 [Type(문자)]-[Insert Special Character(특수 문자 삽입)]-[Markers(표시자)]-[Current Page Number(현재 페이지 번호)]([Ctrl]+[Alt]+[Shift]+[N])를 선택합니다.

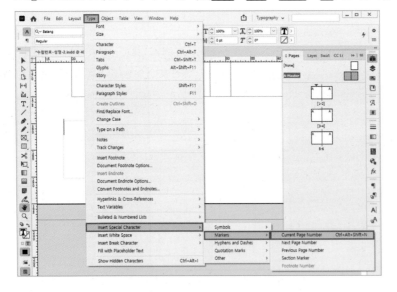

03 A-Master 페이지 번호를 드래그하고 문제지의 '페이지 번호' 문자효과 《조건》과 같이 Type (문자 도구)(T)의 컨트롤 패널에서 'Font(글꼴) : Arial, Font Style(글꼴 스타일) : Bold, Font Size(글꼴 크기) : 9pt', Color(색상) 패널에서 'Color(색상) : C70M50'으로 설정한 후 《출력형태》와 같이 배치합니다.

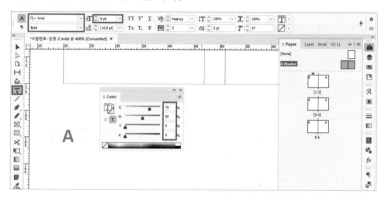

04 문제지의 《출력형태》를 참고하여 Selection Tool(선택 도구)(V)을 클릭하고 페이지 번호 프레임을 선택한 후 Alt + Shift 를 누르고 짝수 페이지로 드래그하여 복사합니다.

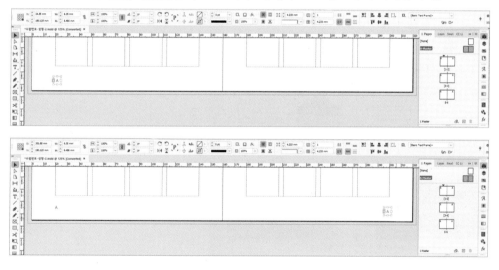

📘 **기적의 TIP**

페이지 영역에서 마스터 페이지 내용(페이지 번호, 삼각버튼 등)을 수정할 경우, 수정할 페이지 Thumbnail(썸네일)에서 마우스 오른쪽 버튼을 클릭하고 [Override All Master Page Items(모든 마스터 페이지 재정의)](Ctrl + Alt + Shift + L)를 활용하여 고정된 마스터 페이지 항목을 자유롭게 수정할 수 있습니다.

03 이미지 프레임 만들기

01 내 PCW문서WGTQWOutput 폴더의 1급-201.jpg, 1급-202.jpg, 1급-203.jpg, 1급-204.jpg, 1급-205.jpg, 1급-206.jpg와 문제지의《출력형태》에서 이미지 프레임의 레이아웃을 확인합니다.

02 Pages(페이지)(F12) 패널의 1페이지 영역을 더블 클릭하고, [File(파일)]−[Place(가져오기)] (Ctrl+D)를 선택하여 내 PC₩문서₩GTQ₩Image 폴더에서 1급−6.ai를 선택한 후 1페이지 영역에 왼쪽에서 오른쪽으로 드래그하여 이미지 프레임 크기를 조절합니다.

03 이미지 프레임에서 마우스 오른쪽 버튼을 클릭하여 Fitting(맞춤)−Fill Frame Proportion− ally(비율에 맞게 프레임 채우기)(Ctrl+Alt+Shift+C)를 선택합니다.

04 [File(파일)]−[Place(가져오기)](Ctrl+D)를 선택하여 1급−7.jpg를 선택한 후 1페이지 영역에 왼쪽에서 오른쪽 하단으로 드래그하여 이미지 프레임 크기를 조절합니다.

05 1급−7jpg 프레임에서 마우스 오른쪽 버튼을 클릭하여 Arrange(배치)−Send to Back(맨 뒤로 보내기)(Ctrl+Shift+[)을 선택하고, 다시 마우스 오른쪽 버튼을 클릭하여 Fitting(맞춤)−Fill Frame Proportionally(비율에 맞게 프레임 채우기)(Ctrl+Alt+Shift+C)를 선택합니다.

06 [File(파일)]−[Place(가져오기)]($Ctrl$+D)를 선택하여 1급−8.jpg를 선택한 후 1페이지 영역
에 왼쪽에서 오른쪽으로 드래그하여 이미지 프레임 크기를 조절합니다.

07 이미지 프레임에서 마우스 오른쪽 버튼을 클릭하여 Fitting(맞춤)−Fill Frame Proportion-
ally(비율에 맞게 프레임 채우기)($Ctrl$+Alt+$Shift$+C)를 선택합니다.

08 [File(파일)]−[Place(가져오기)]($Ctrl$+D)를 선택하여 1급−9.jpg를 선택한 후 2페이지 영역
에 왼쪽에서 오른쪽으로 드래그하여 이미지 프레임 크기를 조절합니다.

09 이미지 프레임에서 마우스 오른쪽 버튼을 클릭하여 Fitting(맞춤)−Fill Frame Proportion-
ally(비율에 맞게 프레임 채우기)($Ctrl$+Alt+$Shift$+C)를 선택합니다.

🅑 **기적의 TIP**

$Ctrl$을 누르면서 드래
그하면 이미지의 크기
가 늘어납니다

10 [File(파일)]-[Place(가져오기)]([Ctrl]+[D])를 선택하여 1급-10.jpg를 선택한 후 4페이지 영역에 왼쪽에서 오른쪽으로 드래그하여 이미지 프레임 크기를 조절합니다.

11 이미지 프레임에서 마우스 오른쪽 버튼을 클릭하여 Fitting(맞춤)-Fill Frame Proportion-ally(비율에 맞게 프레임 채우기)([Ctrl]+[Alt]+[Shift]+[C])를 선택합니다.

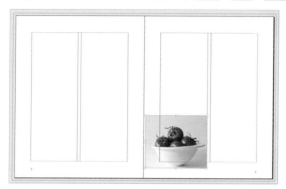

12 [File(파일)]-[Place(가져오기)]([Ctrl]+[D])를 선택하여 1급-11.jpg를 선택한 후 5페이지 영역에 왼쪽에서 오른쪽으로 드래그하여 이미지 프레임 크기를 조절합니다.

13 편집이 완성된 첫 번째 1급-11.jpg 이미지 프레임을 [Alt]+[Shift]를 누른 상태로 아래로 드래그하여 두 번째, 세 번째 프레임을 5, 6페이지에 각각 복사하여 그림과 같이 조절합니다.

🅑 **기적의 TIP**

이미지를 더블 클릭한 후 드래그하여 해당 이미지만 편집할 수 있습니다.

14 5, 6페이지에 복사한 프레임을 더블 클릭하거나 Direct Selection Tool(직접 선택 도구)(A) 을 클릭한 후 드래그하여 프레임 내 이미지의 위치나 크기를 《출력형태》와 같이 편집합니다.

15 [File(파일)]–[Place(가져오기)](Ctrl+D)를 선택하여 1급–12.jpg를 선택한 후 6페이지 영역에 왼쪽에서 오른쪽으로 드래그하여 이미지 프레임 크기를 조절합니다.

16 이미지 프레임에서 마우스 오른쪽 버튼을 클릭하여 Fitting(맞춤)–Fill Frame Proportion- ally(비율에 맞게 프레임 채우기)(Ctrl+Alt+Shift+C)를 선택하고, Rotate Tool(회전 도 구)(R)을 클릭하고 이미지를 드래그하여 회전합니다.

드래그

🅑 **기적의 TIP**

[Fitting(맞춤)] 단축키를 자주 사용하여 익혀둡니다.

- [Fill Frame Proportionally(비율에 맞게 프레임 채우기)](Ctrl+Alt+Shift+C)
- [Fill Content Proportionally(비율에 맞게 내용 채우기)](Ctrl+Alt+Shift+E)
- [Content–Aware Fit(내용 인식 맞춤)](Ctrl+Alt+X)
- [Fit Frame to Content(내용에 프레임 맞추기)](Ctrl+Alt+C)
- [Fit Content to Frame(프레임에 내용 맞추기)](Ctrl+Alt+E)
- [Center Content(내용 가운데 배치)](Ctrl+Shift+E)

04 효과 및 클리핑 패스 적용

01 1페이지 영역의 1급-6.ai 프레임에서 마우스 오른쪽 버튼을 클릭하여 Effects(효과)-Drop Shadow(그림자)를 선택하고 [OK(확인)] 버튼을 클릭합니다.

02 4페이지 영역의 1급-10jpg 프레임에서 [Object(개체)]-[Clipping Path(클리핑 패스)]-[Options(옵션)](`Ctrl`+`Alt`+`Shift`+`K`)을 선택하고 [Clipping Path(클리핑 패스)] 대화상자에서 'Type(유형) : Photoshop Path(패스)'를 선택합니다.

03 [Window(창)]-[Text Wrap(텍스트 감싸기)](`Ctrl`+`Alt`+`W`)을 선택합니다. Text Wrap(텍스트 감싸기) 패널에서 Wrap around object shape(개체 모양 감싸기)을 선택하고 'Offset(오프셋) : 5mm'로 설정합니다.

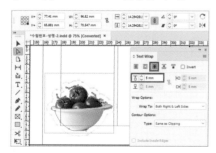

04 5페이지 영역의 1급5-11.jpg 프레임에서 [Obect(개체)]−[Corner Options(모퉁이 옵션)]를 선택합니다.

05 [Corner Options(모퉁이 옵션)] 대화상자에서 Corner Size and Shape(모퉁이 크기와 모양)을 'Fancy(돌림 무늬), 5mm'로 설정합니다.

06 6페이지 영역의 1급-12.jpg 프레임에서 [Object(개체)]−[Clipping Path(클리핑 패스)]− [Options(옵션)]([Ctrl]+[Alt]+[Shift]+[K])을 선택하고 [Clipping Path(클리핑 패스)] 대화상 자에서 'Type : Photoshop Path(패스)'를 선택합니다.

07 [Window(창)]−[Text Wrap(텍스트 감싸기)]([Ctrl]+[Alt]+[W])을 선택합니다. Text Wrap(텍 스트 감싸기) 패널에서 Wrap around object shape(개체 모양 감싸기)을 선택하여 'Offset (오프셋) : 5mm'로 설정합니다.

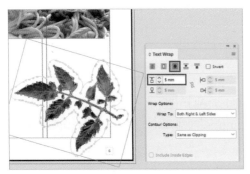

> **기적의 TIP**
>
> [Effects(효과)] 세부 옵션값이 없는 경우, 문제지 《조건》과 《출력형태》를 참고하여 Blending(혼합 모드) 옵션값을 임의 조절합니다.

⑤ 도형 편집

01 내 PC₩문서₩GTQ₩Output 폴더의 1급-202.jpg와 문제지의 《출력형태》에서 도형을 확인 합니다.

02 Tool Penel(도구 패널)의 'Fill(칠) : C0M0Y0K0, Stroke(획) : None(없음)'으로 설정하고, Rectangle Tool(사각형 도구)([M])을 클릭한 후 2페이지 영역의 작업 창에 드래그하여 사각형 을 그려줍니다.

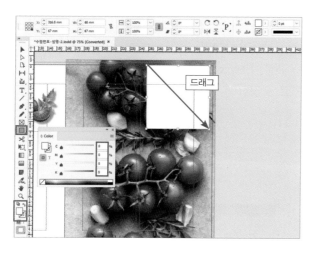

03 컨트롤 패널에서 'Opacity(불투명도) : 70%'로 설정한 후, Direct Selection Tool(직접 선택
도구)(A)을 클릭하고 사각형의 모서리를 드래그하여 변형한 후 《출력형태》와 같이 배치합니다.

04 Rectangle Tool(사각형 도구)(M)을 클릭하고, 4페이지 영역의 작업 창을 클릭합니다.
[Rectangle(사각형)] 대화상자에서 'Width(폭) : 18mm, Height(높이) : 201mm'로 사각형
을 만든 후, Tool Penel(도구 패널)의 'Fill(칠) : K20, Stroke(획) : None(없음)'으로 설정하
고 그림과 같이 배치합니다.

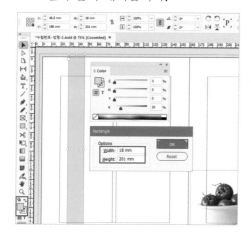

05 Ellipse Tool(타원 도구)(L)을 클릭하고, 4페이지 영역의 작업 창을 클릭합니다. [Ellipse(타원)] 대화상자에서 'Width(폭) : 25mm, Height(높이) : 25mm'로 원형을 만든 후, Tool Penel(도구 패널)의 'Fill(칠) : C0M0Y0K0, Stroke(획) : None(없음)'으로 설정하고, 컨트롤 패널에서 'Opacity(불투명도) : 30%'로 설정한 후 그림과 같이 배치합니다.

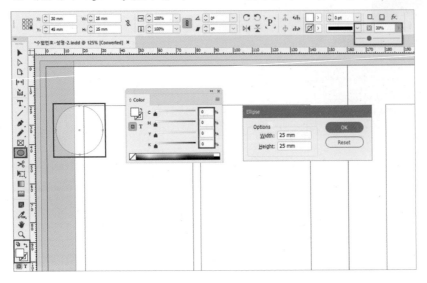

06 문제지의 《출력형태》를 참고하여 사각형은 Alt + Shift 를 누르고, 원형은 Alt 를 누르고 각각 드래그하여 4페이지 영역에 복사하여 배치합니다. 3, 4페이지의 사각형과 원형을 복사하여 5, 6페이지에 붙여넣기합니다.

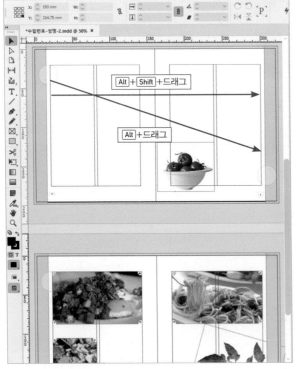

기적의 TIP

- Object(개체) 복사할 때, Alt 를 누르고 드래그하여 복사합니다.
- Object(개체) 수직/수평으로 복사할 때, Alt + Shift 를 누르고 드래그하여 복사합니다.

07 Pages(페이지)(F12) 패널의 A-Master 짝수 페이지 영역 하단을 클릭합니다. Zoom Tool(확대/축소 도구)(Z)을 선택하여 삼각버튼 영역을 확대합니다. Rectangle Tool(사각형 도구)(M)을 길게 눌러 Polygon Tool(다각형 도구)을 선택하고 [Polygon(다각형)] 대화상자에서 'Width(폭) : 7mm, Height(높이) : 7mm, Number of Sides(면 수) : 3, Star inset (별모양 인세트) : 0%'로 삼각형을 만들어 줍니다.

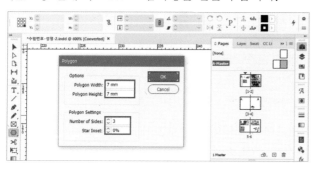

🅑 **기적의 TIP**

• 페이지 번호와 삼각버튼은 Pages(페이지)(F12) 패널의 A-Master 페이지 영역에 작성합니다.
• 페이지 번호와 삼각버튼을 작업 창에 작성하거나 반대로 작업 창의 내용을 A-Master 페이지 영역에 작성할 경우 감점될 수 있으니 유의합니다.

08 Tool Penel(도구 패널)의 'Fill(칠) : C50Y70, Stroke(획) : None(없음)'으로 설정한 후, 컨트롤 패널에서 Rotate 90° Anticlockwise(시계 반대 방향으로 90° 회전)를 클릭합니다.

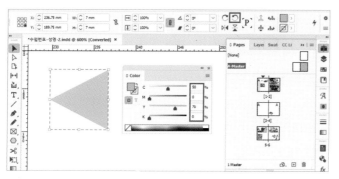

09 Selection Tool(선택 도구)(V)로 삼각형을 클릭하고 Alt + Shift 누르며 드래그하여 복사합니다. 복사된 삼각형을 클릭하고 컨트롤 패널에서 Flip Horizontal(가로로 뒤집기)를 클릭합니다.

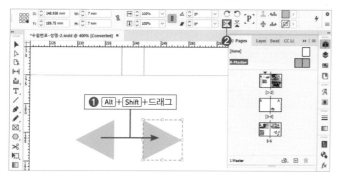

06 상호작용 설정

01 상호작용 설정에 자주 사용하는 패널 영역을 [Window(창)]-[Workspace(작업 영역)]-[Interactive for PDF(대화형 PDF)]로 설정합니다.

02 Type Tool(문자 도구)(T)을 클릭하고 1페이지 영역 하단에 드래그한 후 license.kpc.or.kr을 입력합니다. 입력한 문자를 블록지정하고 Character(문자) 패널에서 'Font(글꼴) : Arial, Font Style(글꼴 스타일) : Bold, Font Size(글꼴 크기) : 9pt'로 설정하고, Color(색상) 패널에서 C70M50으로 설정한 후, Ctrl+Shift+C를 눌러 가운데 정렬을 합니다.

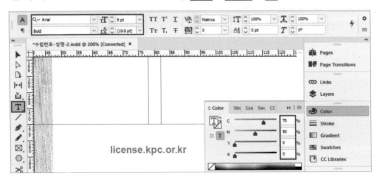

03 입력한 'license.kpc.or.kr'을 블록지정하고 [Window(창)]-[Interactive(대화형)]-[Hyperlink(하이퍼링크)]를 선택하고 Hyperlinks(하이퍼링크) 패널에서 'URL : https://license.kpc.or.kr'을 입력하여 하이퍼링크를 설정합니다.

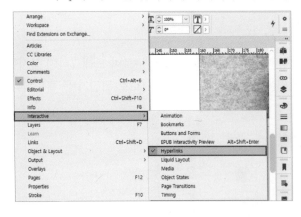

🅑 **기적의 TIP**

Buttons and Forms(단추) 패널 또는 Hyperlinks(하이퍼링크) 패널 모두 답안 작성 방법을 숙지해야 합니다. 'license.kpc. or.kr'문자에 'URL : https://license.kpc.or.kr' 링크로 이동해야 하므로 오타가 없도록 주의합니다.

---

04 Pages(페이지)(F12) 패널의 마스터 페이지의 왼쪽 삼각버튼을 선택하고 Buttons and Forms(단추) 패널에서 Action(동작) '+'를 선택하여 'Go To Previous Page(이전 페이지로 이동)' 버튼을 설정합니다.

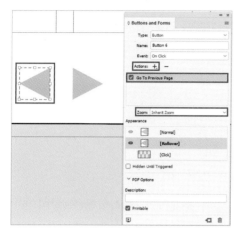

05 Pages(페이지)(F12) 패널의 마스터 페이지의 오른쪽 삼각버튼을 선택하고 Buttons and Forms(단추) 패널에서 Action(동작) '+'를 선택하여 'Go To Next Page(다음 페이지로 이동)' 버튼을 설정합니다.

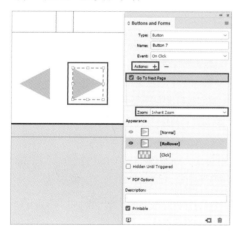

07 문자 효과 적용

01 Type Tool(문자 도구)(T)을 클릭하고 Character(문자) 패널에서 'Font(글꼴) : Gungsuh (궁서), Font Size(글꼴 크기) : 72pt, Color(색상) : M100Y100K20'으로 설정한 후 '토마토' 를 입력하고 컨트롤 패널에서 'Opacity(불투명도) : 80%'를 적용합니다.

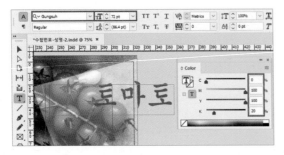

02 내 PCW문서WGTQWOutput 폴더의 1급-202.jpg와 문제지의 《출력형태》와 같이 '토마토' 를 한 글자씩 줄 바꿈하여 배치합니다.

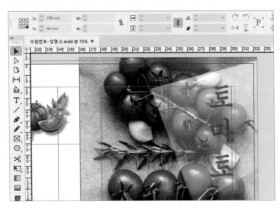

> **기적의 TIP**
>
> 세로쓰기 기능은 한글/영문 버전에 따라 다르므로 짧은 문자 편집은 엔터([Enter])를 활용하여 줄 바꿈 합니다.

03 Type Tool(문자 도구)(T)을 클릭하고 Character(문자) 패널에서 'Font(글꼴) : Dotum(돋 움), Font Size(글꼴 크기) : 13pt, Color(색상) : K70'으로 설정한 후 '1. 토마토 효능, 2. 토 마토 부작용, 3. 토마토 먹는 법'을 입력합니다. '1., 2., 3.' 숫자만 선택하여 'Color(색상) M50Y70K40'으로 수정합니다.

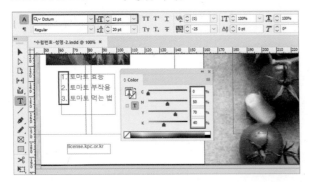

04 문자 서식 컨트롤 패널에서 'Leading(행간) : 20pt, Tracking(자간) : −25'를 입력하고 1, 3, 5, 6페이지 영역에 각각 복사하여 《출력형태》와 같이 배치합니다.

⑧ 단락 스타일 설정

01 [Window(창)]−[Color(색상)]−[Swatches(색상 견본)]([F5])를 선택하고 Swatches(색상 견본) 패널에서 New Color Swatch(새 색상 견본)를 선택합니다.

> **🅑 기적의 TIP**
>
> [Paragraph Style(단락 스타일)] 대화상자에서는 색상 견본을 추가할 수 없으니, 시험시간을 효율적으로 활용하기 위해 색상 견본을 미리 설정합니다.

02 [New Color Swatch(새 색상 견본)] 대화상자에서 'Color Mode(색상 모드) : CMYK, C50M70Y40'으로 설정합니다.

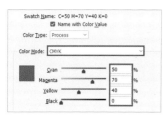

> **🅑 기적의 TIP**
>
> K100, C0M0Y0K0 색상을 추가합니다. [Swatches(색상 견본)]에 기본으로 있는 [Black], [Paper/White]는 면색과 검정색 Stroke(획)가 같이 설정되어 있으므로 사용하지 않는 것을 권장합니다.

03 내 PC₩문서₩GTQ₩Output 폴더의 1급–101.jpg와 문제지의《출력형태》를 참고하여 각각의 단락 스타일들의 레이아웃을 확인합니다.

《조건》
- 1급–13.txt : 단락 스타일 설정
- 본문1 (돋움, 9pt, 행간 20pt, 자간 –25, M50Y70K40, 단락 시작표시문자 2줄 2문자)
- 본문2 (바탕, 8.5pt, 행간 14pt, 자간 –30, K100)

04 [File(파일)]-[Place(가져오기)]([Ctrl]+[D])를 선택하고 내 PCW문서WGTQWImage 폴더에서 1급-13.txt를 선택합니다.

05 마우스 포인터가 텍스트 로딩 아이콘으로 바뀌면 3페이지에 드래그하여 텍스트 프레임을 만듭니다. 텍스트 프레임으로 가져온 1급-13.txt 내용 중 불필요한 부분은 삭제하고 문제지의 《조건》으로 지시된 내용만 남깁니다.

B 기적의 TIP

[Paragraph Style(단락 스타일)] 대화상자에서는 색상 견본을 추가할 수 없으니, 시험시간을 효율적으로 활용하기 위해 색상 견본을 미리 설정합니다.

06 텍스트 프레임(본문1)을 선택하고 [Type(문자)]-[Paragraph Style(단락 스타일)]([F11])을 선택한 후 옵션에서 New Paragraph Style(새 단락 스타일) 메뉴를 선택합니다.

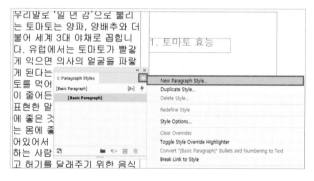

07 [New Paragraph Style(새 단락 스타일)] 대화상자에서 Preview(미리보기)를 체크하고 General(일반) 탭에서 'Style Name(스타일 이름) : 본문1', Basic Character Formats(기본 문자 서식) 탭에서 'Font(글꼴) : Doum(돋움), Size(크기) : 9pt, Leading(행간) : 20pt, Tracking(자간) : −25', Drop Caps and Nested Styles(단락 시작표시문자) 탭에서 'Lines(줄 수) : 2, Characters(문자 수) : 2', Character Color(문자 색상) 탭에서 색상 견본 M50Y70K40으로 설정합니다.

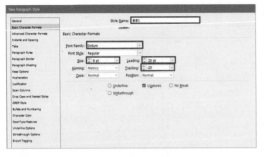

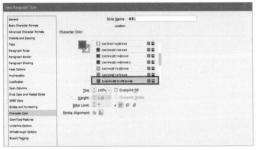

08 텍스트 프레임(본문2)을 선택하고 [Type(문자)]−[Paragraph Style(단락 스타일)]([F11])을 선택한 후 옵션에서 New Paragraph Style(새 단락 스타일) 메뉴를 선택합니다.

09 [New Paragraph Style(새 단락 스타일)] 대화상자에서 Preview(미리보기)를 체크하고 General(일반) 탭에서 'Style Name(스타일 이름) : 본문2', Basic Character Formats(기본 문자 서식) 탭에서 'Font(글꼴) : Batang(바탕), Size(크기) : 8.5pt, Leading(행간) : 14pt, Tracking(자간) : −30', Character Color(문자 색상) 탭에서 색상 견본 K100으로 설정합니다.

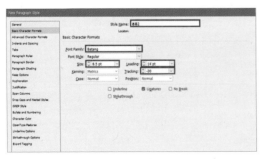
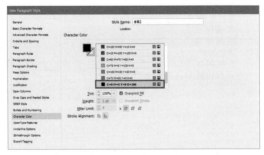

10 텍스트 프레임(본문2)을 《출력형태》와 같이 3~6페이지에 스레드하여 크기를 조절하고 4페이지는 Type Tool(문자 도구)(T)을 클릭하고 단락 서식 컨트롤 패널에서 왼쪽 텍스트 프레임은 'Columns(열 수) : 2, Column Gutter(열 간격) : 4mm'로 설정합니다.

🅟 기적의 TIP

• 단락 스타일에 세부 옵션(단 수, 간격 등)값이 없는 경우, 문제지 《조건》과 《출력형태》를 참고합니다.
• Paragraph Style(단락 스타일) 패널에 설정된 단락 스타일 이름을 더블 클릭하면 [Paragraph Style Options(단락 스타일 옵션)] 대화상자에서 단락 스타일의 세부 옵션을 수정할 수 있습니다.

09 EPUB 내보내기

01 [File(파일)]-[Export(내보내기)]((Ctrl)+(E))를 선택하고 '저장 위치 : 내 PC₩문서₩GTQ, 파일 이름 : 수험번호-성명-2, 파일 형식 : EPUB (Fixed Layout) (*.epub)'으로 설정한 후 저장합니다.

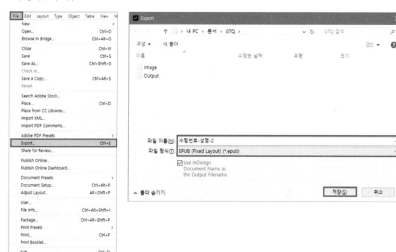

02 EPUB Export Options(EPUB 내보내기)] 대화상자의 [General(일반)] 탭에서 'Cover(표지) : Rasterize First Page(첫 페이지 레스터화)'로 설정합니다.

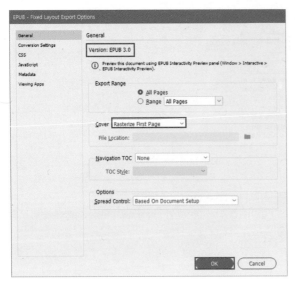

⑩ 답안 파일 저장

01 완성된 INDD 답안 파일을 문제지의 《조건》과 《출력형태》를 기준으로 최종 점검하여 [File(파일)]-[Save(저장하기)](Ctrl + S)로 저장합니다.

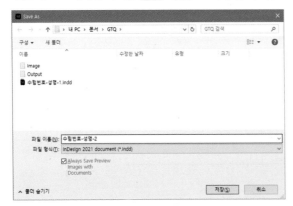

02 답안 파일 저장이 완료되면 [File(파일)]-[Close(닫기)](Ctrl + W)를 선택하고 수험자 답안 전송 프로그램의 [답안 전송]을 클릭하여 최종 INDD와 EPUB 파일을 감독관 컴퓨터로 제출합니다.

[실무응용] 단행본/매거진

새 문서 만들기 및 임시 파일 저장하기 ▶ 마스터 페이지 설정 ▶ 이미지 프레임 만들기 ▶ 효과 및 클리핑
패스 적용 ▶ 도형 편집 ▶ 문자 효과 적용 ▶ 단락 스타일 설정 ▶ 답안 파일 저장

수험번호-성명-3.indd
1급-301.jpg, 1급-302.jpg

01 새 문서 만들기 및 임시 파일 저장하기

01 [File(파일)]-[New(새로 만들기)]-[Document(문서)]([Ctrl]+[N])를 선택하고 [New
Document(새 문서)] 대화상자에서 '[New Document(새 문서)] 대화상자에서 'Width(폭) :
210mm, Height(높이) : 280mm, Pages(페이지) : 2, Facing Pages(페이지 마주보기) :
옵션 선택, Columns(열) : 3, Column Gutter(열 간격) : 5mm', Margin(여백)의 'Top(위
쪽) : 10mm, Bottom(아래쪽) : 10mm, Inside(안쪽) : 10mm, Outside(바깥쪽) : 10mm',
Bleed and Slug(도련 및 슬러그)의 Bleed(도련)을 3mm'로 설정하여 새 문서를 만듭니다.

02 Pages(페이지)(F12) 패널의 2페이지 Thumbnail(썸네일)을 선택하고 마우스 오른쪽 버튼을 클릭하여 Allow Document Pages to Shuffle(문서 페이지 재편성 허용)의 체크를 해제합니다.

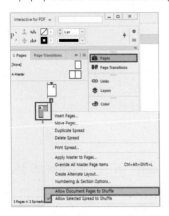

03 2페이지 Thumbnail(썸네일)에서 마우스 왼쪽 버튼을 누른 상태로 1페이지 Thumbnail(썸네일) 왼쪽으로 마우스를 가져가면 마우스 포인터가 'ㄷ'자 모양으로 바뀝니다. 그 상태에서 드롭하여 마주보는 페이지의 펼침면으로 배치합니다.

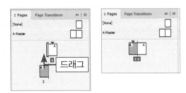

04 [File(파일)]–[Save(저장하기)](Ctrl+S)를 선택하고 '저장 위치 : 내 PC₩문서₩GTQ, 파일 이름 : 수험번호–성명–3, 파일 형식 : InDesign "CC" 또는 "2021" document (*.indd)'로 설정한 후 저장합니다.

🅑 **기적의 TIP**

INDD 답안 파일을 수시로 저장(Ctrl+S)하는 습관이 중요합니다.

02 마스터 페이지 설정

01 Pages(페이지)(F12) 패널의 옵션에서 New Master(새 마스터)를 클릭합니다.

02 [New Master(새 마스터)] 대화상자에서 'Prefix(접두어) : B, Name(이름) : Master, Number of Pages(페이지 수) : 2', Page Size(페이지 크기)의 'Width(폭) : 210mm, Height(높이) : 280mm'로 설정합니다.

03 B-Master 페이지의 첫 번째 Thumbnail(썸네일)을 1페이지 영역으로 드래그하고, 두 번째 Thumbnail(썸네일)을 2페이지 영역으로 드래그하면 "B-Master" applied("B-마스터" 적용됨)로 설정됩니다.

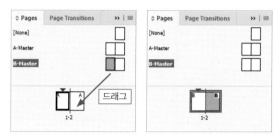

04 페이지 번호를 지정하기 위해 B-Master 왼쪽 페이지를 더블 클릭한 후 Type Tool(문자 도구)(T)을 클릭하고 왼쪽 작업 창 아래에 드래그합니다.

05 [Type(문자)]-[Insert Special Character(특수 문자 삽입)]-[Markers(표시자)]-[Current Page Number(현재 페이지 번호)](Ctrl+Alt+Shift+N)를 클릭합니다.

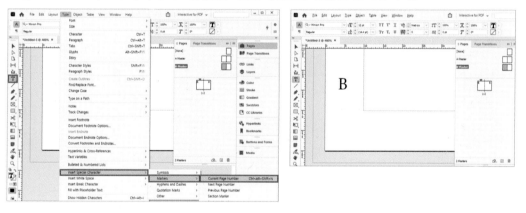

06 B-Master 페이지 번호를 블록 설정한 후, Character(문자) 패널에서 'Font(글꼴) : Arial, Font Style(글꼴 스타일) : Bold, Font Size(글꼴 크기) : 40pt'로 설정하고, Color(색상) 패널의 옵션에서 CMYK 모드로 변경한 후, C70Y100으로 설정하고 그림과 같이 배치합니다.

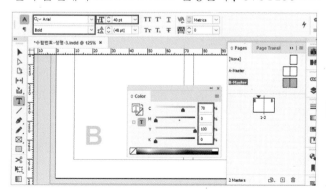

07 페이지 번호를 선택하고 컨트롤 패널에서 'Opacity(불투명도) : 50%'로 설정합니다.

08 완성된 왼쪽 페이지 번호를 선택하고 Alt 를 누른 상태에서 드래그하여 오른쪽 페이지 상단으로 복사합니다.

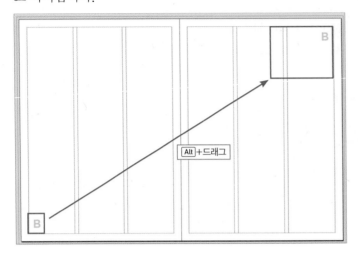

09 면주를 만들기 위해 Type Tool(문자 도구)(T)을 클릭하고 작업 창에 드래그한 후, Character(문자) 패널에서 'Font(글꼴) : Arial, Font Style(글꼴 스타일) : Bold, Font Size(글꼴 크기) : 12pt'로 설정하고, Color(색상) 패널에서 CMYK 모드로 변경한 후, M100K30으로 설정하고 'The efficacy of herbs'를 입력합니다.

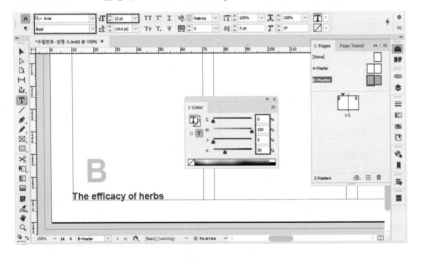

🅑 기적의 TIP

- 페이지 번호와 면주는 Pages(페이지)(F12) 패널의 B-Master 페이지 영역에 작성합니다.
- 페이지 번호와 면주를 작업 창에 작성하거나 반대로 작업 창의 내용을 B-Master 페이지 영역에 작성할 경우 감점될 수 있으니 유의합니다.
- 왼쪽(홀수) 페이지와 오른쪽(짝수) 페이지의 면주 내용이 다릅니다. 문제지의 '면주' 문자효과 《조건》과 《출력형태》를 확인합니다.

10 완성된 왼쪽 면주를 선택하고 Alt 를 누른 상태에서 드래그하여 오른쪽 페이지 상단으로 복사하고 'Kind of herbs'를 입력합니다.

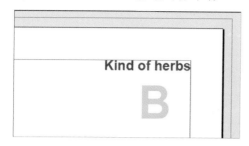

📭 기적의 TIP

페이지 영역에서 마스터 페이지 내용(페이지 번호, 면주 등)은 수정할 페이지의 Thumbnail(썸네일)에서 마우스 오른쪽 버튼을 눌러 Override All Master Page Items(모든 마스터 페이지 재정의)(Ctrl + Alt + Shift + L)를 활용하여 자유롭게 수정할 수 있습니다.

03 이미지 프레임 만들기

01 내PCW문서WGTQWOutput 폴더의 1급-301.jpg, 1급-302.jpg와 문제지의 《출력형태》에서 이미지 프레임의 레이아웃을 확인합니다.

02 작업 창에서 [File(파일)]-[Place(가져오기)]([Ctrl]+[D])를 선택하여 내 PC₩문서₩GTQ₩
Image 폴더에서 1급-14.jpg를 선택한 후 왼쪽에서 오른쪽으로 드래그하여 이미지 프레임 크
기를 조절합니다.

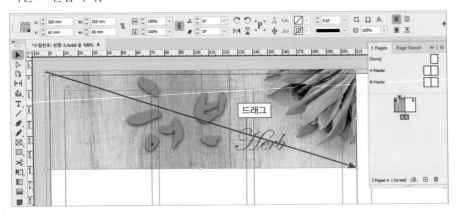

03 마우스 오른쪽 버튼을 클릭하여 Fitting(맞춤)-Fill Frame Proportionally(비율에 맞게 프
레임 채우기)([Ctrl]+[Alt]+[Shift]+[C])를 선택합니다.

04 작업 창에서 [File(파일)]-[Place(가져오기)]([Ctrl]+[D])를 선택하여 1급-15.jpg를 선택한 후
왼쪽에서 오른쪽으로 드래그하여 이미지 프레임 크기를 조절합니다. 이미지 프레임을 더블 클
릭하고 드래그하여 그림과 같이 편집합니다.

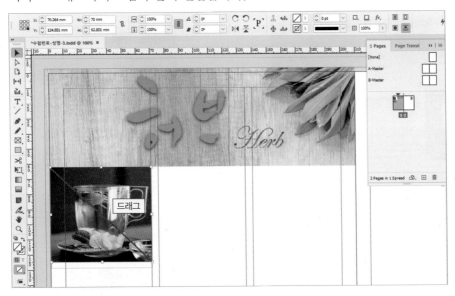

05 마우스 오른쪽 버튼을 클릭하여 Fitting(맞춤)-Fill Frame Proportionally(비율에 맞게 프
레임 채우기)([Ctrl]+[Alt]+[Shift]+[C])를 선택합니다.

06 작업 창에서 [File(파일)]-[Place(가져오기)]($\boxed{\text{Ctrl}}$+$\boxed{\text{D}}$)를 선택하여 1급-16.psd를 선택한 후 그림과 같이 이미지 프레임 크기를 조절합니다. 이미지 프레임을 더블 클릭하고 드래그하여 그림과 같이 편집합니다.

07 마우스 오른쪽 버튼을 클릭하여 Fitting(맞춤)-Fill Frame Proportionally(비율에 맞게 프레임 채우기)($\boxed{\text{Ctrl}}$+$\boxed{\text{Alt}}$+$\boxed{\text{Shift}}$+$\boxed{\text{C}}$)를 선택합니다.

08 첫 번째 이미지 프레임을 $\boxed{\text{Alt}}$+$\boxed{\text{Shift}}$를 누르면서 아래로 드래그하여 두 번째 프레임을 복사합니다. 이미지의 가로와 세로 비율이 달라지지 않도록 더블 클릭하고 드래그하여 그림과 같이 편집합니다.

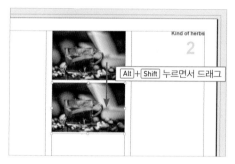
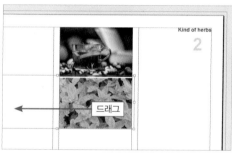

09 작업 창에서 [File(파일)]−[Place(가져오기)]([Ctrl]+[D])를 선택하여 1급-17.psd를 선택한 후 왼쪽에서 오른쪽으로 드래그하여 이미지 프레임 크기를 조절합니다.

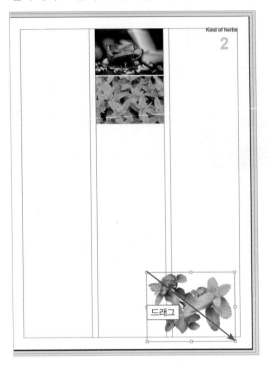

10 마우스 오른쪽 버튼을 클릭하여 Fitting(맞춤)−Fill Frame Proportionally(비율에 맞게 프레임 채우기)([Ctrl]+[Alt]+[Shift]+[C])를 선택합니다.

11 작업 창에서 [File(파일)]−[Place(가져오기)]([Ctrl]+[D])를 선택하여 1급-18.psd를 선택한 후 그림과 같이 이미지 프레임 크기를 조절합니다. 이미지 프레임을 더블 클릭하고 드래그하여 그림과 같이 편집합니다.

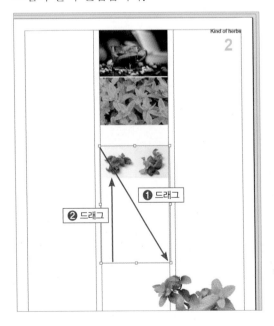

12 마우스 오른쪽 버튼을 클릭하여 Fitting(맞춤)-Fill Frame Proportionally(비율에 맞게 프레임 채우기)(Ctrl+Alt+Shift+C)를 선택합니다.

13 첫 번째 이미지 프레임을 Alt+Shift 를 누르면서 아래로 드래그하여 각각 두 번째, 세 번째 프레임을 복사합니다. 이미지의 가로와 세로 비율이 달라지지 않도록 더블 클릭하고 드래그하여 그림과 같이 편집합니다.

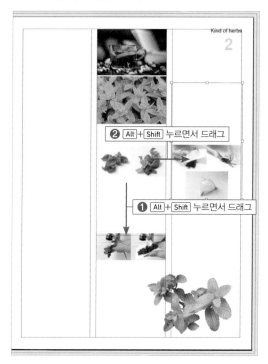

🅕 기적의 TIP

첫 번째 프레임에서 복사한 후 그림이 짤려 보인다면 프레임을 한 번 클릭하고 크기를 조절하면 됩니다.

14 작업 창에서 [File(파일)]-[Place(가져오기)](Ctrl+D)를 선택하여 1급-19.ai를 선택한 후 그림과 같이 이미지 프레임 크기를 조절합니다.

15 마우스 오른쪽 버튼을 클릭하여 Fitting(맞춤)−Fill Frame Proportionally(비율에 맞게 프레임 채우기)(Ctrl+Alt+Shift+C)를 선택합니다.

04 효과 및 클리핑 패스 적용

01 1급−17.psd 프레임을 선택하고 [Object(개체)]−[Clipping Path(클리핑 패스)]−[Options (옵션)](Ctrl+Alt+Shift+K)를 클릭한 후 [Clipping Path(클리핑 패스)] 대화상자에서 'Type : Photoshop Path(패스)'를 선택합니다.

02 [Window(창)]−[Text Wrap(텍스트 감싸기)]([Ctrl]+[Alt]+[W])을 선택합니다. Text Wrap(텍스트 감싸기) 패널에서 Wrap around object shape(개체 모양 감싸기)을 선택하여 Offset (오프셋) : 6mm로 설정합니다.

03 [Object(개체)]−[Effects(효과)]−[Drop Shadow(그림자)]([Ctrl]+[Alt]+[M])를 선택한 후 그림과 같이 설정합니다.

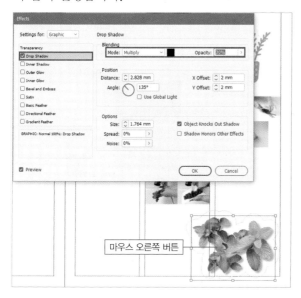

마우스 오른쪽 버튼

🅑 **기적의 TIP**

1급−17.psd 프레임에서 마우스 오른쪽 버튼을 클릭하여 Effects(효과)−Drop Shadow(그림자)를 선택해도 됩니다.

04 1급-19.ai 프레임에서 마우스 오른쪽 버튼을 클릭하여 Effects(효과)-Satin(새틴)을 선택한 후 그림과 같이 설정합니다.

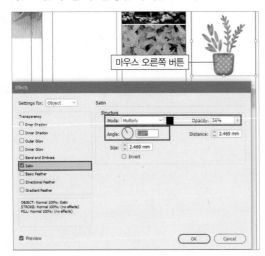

마우스 오른쪽 버튼

🅑 **기적의 TIP**

[Effects(효과)] 세부 옵션값이 없는 경우, 문제지 《조건》과 《출력형태》를 참고하여 Blending(혼합 모드)의 옵션값을 임의 조절합니다.

05 도형 편집

01 내 PCW문서WGTQWOutput 폴더의 1급-301.jpg, 1급-302.jpg와 문제지의 《출력형태》에서 도형의 레이아웃을 확인합니다.

02 Rectangle Tool(사각형 도구)(**M**)을 선택한 후 작업창을 클릭하여, 작업 창을 클릭합니다. [Rectangle(사각형)] 대화상자에서 'Width(폭) : 60mm, Height(높이) : 10mm'로 사각형을 만든 후, 그림과 같이 배치합니다. [Window(창)]–[Color(색상)]–[Color(색상)](**F6**)를 선택하고 Color 패널에서 Fill(칠)을 선택한 후 CMYK 모드에서 C70Y100을 입력합니다.

03 [Obect(개체)]–[Corner Options(모퉁이 옵션)]을 선택한 후, Corner Options(모퉁이 옵션) 대화상자에서 Corner Size and Shape(모퉁이 크기와 모양)을 'Rounded(모퉁이 둥글게), 5mm'로 설정합니다.

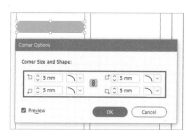

> 🅑 **기적의 TIP**
>
> 완성된 도형은 시험시간을 효율적으로 활용하기 위해 문제지의 《출력형태》와 같이 단락 스타일 '단락제목'을 적용한 후 도형과 문자를 동시에 복사하여 배치합니다.

06 문자 효과 적용

01 Type Tool(문자 도구)(**T**)을 클릭하고 작업 창에 드래그한 후, [Type(문자)]–[Character(문자)](**Ctrl**+**T**)를 선택합니다. Character(문자) 패널에서 'Font(글꼴) : Batang(바탕), Font Size(글꼴 크기) : 14pt'로 설정하고, Color(색상) 패널에서 CMYK 모드로 변경한 후, C70Y100K50으로 설정하고 '우수 식재료 디렉토리'를 입력합니다.

02 '우수 식재료 디렉토리' 문자에서 마우스 오른쪽 버튼을 클릭하여 [Effects(효과)]-[Drop Shadow(그림자)]([Ctrl]+[Alt]+[M])를 선택하고, [Effects(효과)] 대화상자에서 'Blending(혼합 모드) : Multiply(곱하기), Opacity(불투명도) : 75%'로 설정합니다.

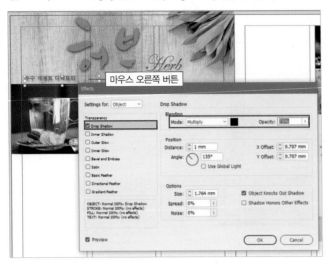

07 단락 스타일 설정

01 [Window(창)]-[Color(색상)]-[Swatches(색상 견본)]([F5])를 선택하고 Swatches(색상 견본) 패널의 옵션에서 New Color Swatch(새 색상 견본) 메뉴를 선택합니다.

> **기적의 TIP**
>
> [Paragraph Style(단락 스타일)] 대화상자에서는 색상 견본을 추가할 수 없으니, 시험시간을 효율적으로 활용하기 위해 색상 견본을 미리 설정합니다.

02 [New Color Swatch(새 색상 견본)] 대화상자에서 Color Mode(색상 모드) : CMYK, M100K30으로 설정합니다.

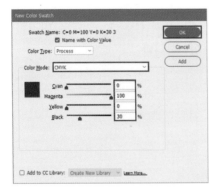

03 같은 방법으로 Color(색상) C70Y100K30, C100M90Y10을 추가합니다.

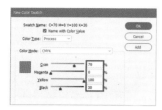 

🅱 기적의 TIP

K100, C0M0Y0K0 색상을 추가합니다. [Swatches(색상 견본)]에 기본으로 있는 [Black], [Paper/White]는 면색과 검정색 Stroke(획)가 같이 설정되어 있으므로 사용하지 않는 것을 권장합니다.

04 내 PC₩문서₩GTQ₩Output 폴더의 1급-301.jpg, 1급-302.jpg와 문제지의 《출력형태》에서 단락 스타일들의 레이아웃을 확인합니다.

《조건》

- 1급-20.txt : 단락 스타일 설정
- 단락제목(돋움, 13pt, 자간 -25, C0M0Y0K0, 밑줄(Underline) 1pt, Offset 4pt)
- 본문1(돋움, 10pt, 행간 18pt, 자간 -25, M100K30, 단락 시작표시문자 2줄)
- 본문2(바탕, 9pt, 행간 18pt, 자간 -25, K100, C70Y100K30, 첫줄 들여쓰기 4mm)
- 캡션(돋움, 8pt, 행간 12pt, 자간 -25, C100M90Y10)

05 [File(파일)]-[Place(가져오기)]([Ctrl]+[D])를 선택하고 내 PCW문서WGTQWImage 폴더에서 1급-20.txt를 선택합니다.

06 마우스 포인터가 텍스트 로딩 아이콘으로 바뀌면 페이지 영역에 드래그하여 텍스트 프레임을 만듭니다. 텍스트 프레임으로 가져온 1급-20.txt 내용 중 불필요한 부분은 삭제하고 문제지의 《조건》으로 지시된 내용만 남깁니다.

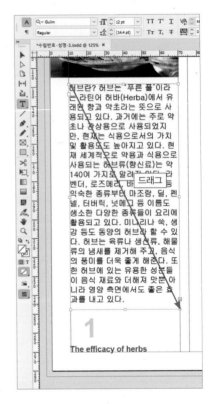

> **기적의 TIP**
>
> • 내용이 많지 않고 서식이 없는 텍스트를 편집할 경우 '가져오기'보다는 1급-20.txt 파일을 메모장으로 열어 단락 스타일에 적용할 내용만 복사한 후 텍스트 프레임을 만들어도 됩니다.
> • 문자가 깨져 보일 경우, Character(문자) 패널에서 Batang(바탕), Gungsuh(궁서), Gulim(굴림), Dotum(돋움) 등의 폰트로 변경하면 됩니다.

07 텍스트 프레임(본문1)을 선택하고 [Type(문자)]-[Paragraph Style(단락 스타일)]([F11])을 선택한 후 옵션에서 New Paragraph Style(새 단락 스타일) 메뉴를 선택합니다.

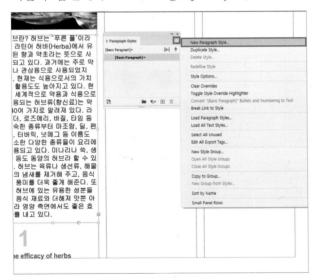

08 [New Paragraph Style(새 단락 스타일)] 대화상자에서 Preview(미리보기)를 체크하고 General(일반) 탭에서 Style Name(스타일 이름) : 본문1, Basic Character Formats(기본 문자 서식) 탭에서 'Font(글꼴) : Dotum(돋움), Size(크기) : 10pt, Leading(행간) : 18pt, Tracking(자간) : -25', Drop Caps and Nested Styles(단락 시작표시문자) 탭에서 'Lines(줄 수) : 2, Characters(문자 수) : 1', Character Color(문자 색상) 탭에서 색상 견본 M100K30으로 설정합니다.

🅑 **기적의 TIP**

단락 스타일 이름이 '단락제목'이나 '소제목'처럼 반복적으로 적용할 경우 시험시간을 효율적으로 활용하기 위해 장문의 단락 스타일 '본문'을 먼저 레이아웃 배치한 후에 '단락제목'이나 '소제목'을 배치합니다.

09 [File(파일)]-[Place(가져오기)]([Ctrl]+[D])에서 1급-20.txt를 선택하여 '본문2' 텍스트 프레임을 만듭니다. 텍스트 프레임(본문2)을 선택하고 [Type(문자)]-[Paragraph Style(단락 스타일)]([F11])을 선택한 후 옵션에서 New Paragraph Style(새 단락 스타일) 메뉴를 선택합니다.

10 텍스트 프레임(본문2)을 그림과 같이 배치하기 위해 Type Tool(문자 도구)(T)을 클릭하고 단락 서식 컨트롤 패널에서 왼쪽 텍스트 프레임은 'Columns(열 수) : 2, Column Gutter(열 간격) : 5mm'로 설정합니다.

기적의 TIP

단락 스타일에 세부 옵션(단 수, 간격 등) 값이 없는 경우, 문제지 《조건》과 《출력형태》를 참고합니다.

11 Paragraph Style(단락 스타일) 패널의 옵션을 클릭한 후, [New Paragraph Style(새 단락 스타일)] 대화상자에서 Preview(미리보기)를 체크하고 General(일반) 탭에서 Style Name(스타일 이름) : 본문2, Basic Character Formats(기본 문자 서식) 탭에서 'Font (글꼴) : Batang(바탕), Size(크기) : 9pt, Leading(행간) : 18pt, Tracking(자간) : −25', Indents and Spacing(들여쓰기 및 간격) 탭에서 First Line Indent(첫 줄 들여쓰기) : 4mm, Character Color(문자 색상) 탭에서 색상 견본 K100으로 설정합니다. 문제지의 《출력형태》와 같이 단락 스타일 색이 다른 부분을 블록 지정하여 Character Color(문자 색상) 탭에서 색상 견본 C70Y100K30으로 설정합니다.

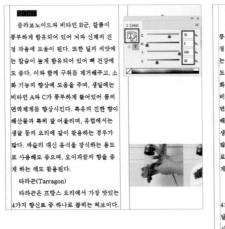

12 [File(파일)]-[Place(가져오기)]([Ctrl]+[D])에서 1급-20.txt를 선택하여 '캡션' 텍스트 프레임을 만들고 문제지의 《출력형태》와 같이 배치합니다. [Shift]를 누르면서 3개의 텍스트 프레임(캡션)을 선택하고 Paragraph Style(단락 스타일) 패널의 옵션에서 New Paragraph Style(새 단락 스타일) 메뉴를 선택합니다.

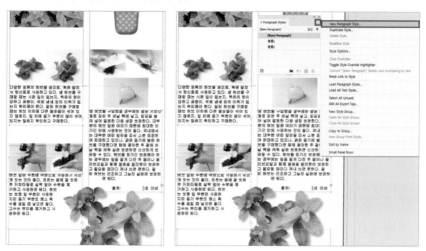

13 [New Paragraph Style(새 단락 스타일)] 대화상자에서 Preview(미리보기)를 체크하고 General(일반) 탭에서 Style Name(스타일 이름) : 캡션, Basic Character Formats(기본 문자 서식) 탭에서 'Font(글꼴) : Dotum(돋움), Size(크기) : 8pt, Leading(행간) : 12pt, Tracking(자간) : -25', Character Color(문자 색상) 탭에서 색상 견본 C100M90Y10으로 설정합니다.

14 [File(파일)]−[Place(가져오기)]([Ctrl]+[D])에서 1급−20.txt를 선택하여 '단락제목' 텍스트 프
레임을 만들어 필요한 내용만 남기고, 문제지의 《출력형태》와 같이 배치합니다. 텍스트 프레임
(단락제목)을 선택하고 Paragraph Style(단락 스타일) 패널의 옵션에서 New Paragraph
Style(새 단락 스타일) 메뉴를 선택합니다.

기적의 TIP

단락제목(또는 소제목)처럼 단순한 문자라도 새로운 단락 스타일 만들기로 등록합니다.

---

15 [New Paragraph Style(새 단락 스타일)] 대화상자에서 Preview(미리보기)를 체크하고
General(일반) 탭에서 Style Name(스타일 이름) : 단락제목, Basic Character Formats
(기본 문자 서식) 탭에서 'Font(글꼴) : Dotum(돋움), Size(크기) : 13pt, Tracking
(자간) : −25', Underline Options(밑줄 옵션) 탭에서 Underline On(밑줄 켬)을 체크하고
'Weight(두께) : 1pt, Offset(오프셋) : 4pt', Character Color(문자 색상) 탭에서 색상 견본
C0M0Y0K0으로 설정합니다.

기적의 TIP

Paragraph Style(단락 스타일) 패널에 설정된 단락 스타일 이름을 더블 클릭하면 [Paragraph Style Options(단락 스타일 옵
션)] 대화상자에서 단락 스타일의 세부 옵션을 수정할 수 있습니다.

---

16 완성된 단락제목을 클릭하고 [Shift]를 누르면서 사각형 도형을 함께 선택한 후, [Ctrl]+[C]를 눌
러 복사하고 [Ctrl]+[V]로 필요한 개수만큼 복사합니다. 《출력형태》를 참고하여 배치한 후
1급−20.txt를 메모장으로 열어 필요한 내용을 복사해 단락제목을 수정합니다.

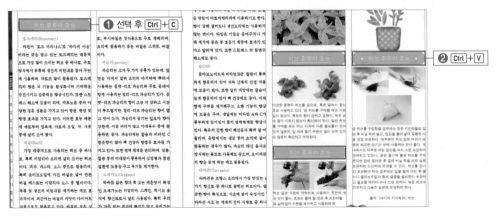

단락 스타일 이름이 '단락제목'이나 '소제목'처럼 반복적으로 적용할 경우 시험시간을 효율적으로 활용하기 위해 장문의 단락 스타일인 '본문'을 먼저 레이아웃에 배치한 후에 '단락제목'이나 '소제목'을 배치합니다.

08 답안 파일 저장

01 완성된 INDD 답안 파일을 문제지의 《조건》과 《출력형태》를 기준으로 최종 점검하여 [File(파일)]−[Save(저장하기)]([Ctrl]+[S])로 저장합니다.

02 답안 파일 저장이 완료되면 [File(파일)]−[Close(닫기)]([Ctrl]+[W])를 선택하고 수험자 답안 전송 프로그램의 [답안 전송]을 클릭하여 최종 INDD 파일을 감독관 컴퓨터로 제출합니다.

- 3번 문항은 별도의 내보내기 파일이 없으며 INDD 답안 파일만 저장 및 전송합니다.
- 전송 결과에 '성공'으로 표기되어야 하며 '실패'일 경우 답안 파일명과 GTQ 폴더에 저장되었는지 확인하고 재전송합니다.

기출 유형 문제

급수	문제유형	시험시간	수험번호	성명
1급	A	90분	G320250001	

수 험 자 유 의 사 항

- 수험자는 문제지를 받는 즉시 응시하고자 하는 <u>과목 및 급수가 맞는지 확인</u>한 후 수험번호와 성명을 작성합니다.
- 파일명은 본인의 수험번호–성명–문제번호로 공백 없이 정확히 입력하고 답안 폴더(내 PC₩문서₩GTQ)에 파일저장규칙으로 저장해야 하며, '다른 파일 형식과 버전으로 저장하였을 경우', '패키지로 저장할 경우' 0점 처리됩니다. 답안문서 파일명이 수험번호–성명–문제번호와 일치하지 않거나, 답안 파일을 전송하지 않아 미제출로 처리될 경우 불합격 처리됩니다.
- 수험자 정보와 저장한 파일명, 저장 위치가 다를 경우 전송이 되지 않으므로, 주의하시기 바랍니다.
- 답안 작성 중에도 <u>주기적으로 '저장'과 '답안 전송'</u>을 이용하여 감독위원 PC로 답안을 전송하셔야 합니다.(※ 작성한 내용을 <u>저장하지 않고 전송할 경우</u> 이전의 저장내용이 전송되오니 이 점 반드시 유념하시기 바랍니다.)
- 답안문서는 지정된 경로 외의 다른 보조기억장치에 저장하는 행위, 지정된 시험 시간 외에 작성된 파일을 활용한 행위, 기타 통신수단(이메일, 메신저, 네트워크 등)을 이용하여 타인에게 전달 또는 외부 반출하는 행위는 부정행위로 간주되어 자격기본법 제32조에 의거 본 시험 및 국가공인 자격시험을 2년간 응시할 수 없습니다.
- 시험 중 부주의 또는 고의로 시스템을 파손한 경우와 〈수험자 유의사항〉에 기재된 방법대로 이행하지 않아 생기는 불이익은 수험자의 책임임을 알려 드립니다.
- 시험을 완료한 수험자는 최종적으로 저장한 답안 파일이 전송되었는지 확인한 후 감독위원의 지시에 따라 문제지를 제출하고 퇴실합니다.

답 안 작 성 요 령

- **온라인 답안 작성 절차**
  수험자 등록 ⇒ 시험 시작 ⇒ 답안 파일 저장 ⇒ 답안 전송 ⇒ 시험 종료
- 내 PC₩문서₩GTQ₩Image 폴더의 첨부파일을 사용하여 답안을 작성하시고 최종답안을 답안 폴더(내 PC₩문서₩GTQ)에 저장하여 답안을 전송하시고, 이미지의 크기가 다른 경우 감점 처리됩니다.
- 배점은 총 100점으로 이루어지며, 점수는 각 문제별로 차등 배분됩니다.
- 각 문제의 기본 단위는 'mm(밀리미터)'이며 지시조건에 맞게 답안을 작성하셔야 합니다.
- 그 외 지시되지 않는 조건(레이아웃, 색상, 문자, 규격 등)은 《결과파일》, 《출력형태》를 참고하여 첨부파일을 활용하여 작성하십시오. 위 언급한 내용을 충족하지 못했을 경우에는 0점 또는 감점 처리됩니다.(※ 《결과파일》은 내 PC₩문서₩GTQ₩Output 폴더에서 확인)
- 문제 조건에 서체의 지정이 없을 경우 한글은 굴림, 돋움, 영문은 Arial로 작성하십시오. 임의 서체로 작성할 경우 감점될 수 있으니 유의하시기 바랍니다.
- 문제 조건에 형태(크기, 색상, 선 굵기 등)에 대한 지정이 없을 경우 《결과파일》, 《출력형태》를 참고하여 작업해 주시기 바랍니다.
- Color Mode(색상 모드)는 별도의 처리조건이 없을 경우에는 CMYK로 작성하십시오.
- 조건에서 제시한 기능의 속성을 해지할 경우 해당 요소는 0점 처리됩니다.

한 국 생 산 성 본 부

다음의 《조건》에 따라 아래의 《출력형태》와 같이 작업하시오.

조건

첨부파일		GTQ₩Image₩1급-1.ai, 1급-2.jpg, 1급-3.jpg, 1급-4.psd, 1급-5.txt
파일저장규칙	크기 동일	323×470mm
	indd 파일명	GTQ₩수험번호-성명-1.indd
	pdf 파일명	GTQ₩수험번호-성명-1.pdf

1. 기본 설정
① 1쪽(Pages), 3단(Columns), 단 간격(Gutter) 5mm, 여백(Margins) : 상좌우 20mm, 하 30mm, 도련(Bleed) 3mm
② PDF 내보내기 : 모든 프린터 표시(All Printer's Marks)

2. 작업 방법
① 1급-1.ai : 클리핑 패스(Clipping Path) – 가장자리 감지(Detect Edge), 텍스트 감싸기(Text Wrap) 7mm
② 1급-2.psd : 효과(Effects) – 그림자(Drop Shadow)
③ 1급-3.jpg : 클리핑 패스(Clipping Path) – 포토샵 패스(Photoshop Path)
④ 1급-4.jpg : M30Y100, 클리핑 패스(Clipping Path) – 가장자리 감지(Detect Edge), 내부 그림자(Inner Shadow)
⑤ 획 : 190mm, 10pt, 물결(Wavy), C40M100Y100
⑥ 도형 : 다각형(70×70mm, Y50, C50Y50, C50, M50, 효과(Effects) – 그레이디언트 페더(Gradient Feather))

3. 문자 효과
① 세계 최고 품질의 우리나라(굴림, 36pt, C40M100Y100)
② 우리나라의 지역 명물(돋음, 25pt, C100M50, 기울기 (Skew) 적용)
③ 한우, 사과, 마늘, 한라봉(궁서, 20pt, M50Y100, C70Y100, C100, C60M100)
④ 1급-5.txt : 단락 스타일 설정
 • 본문1(바탕, 14pt, 행간 20pt, 자간 –50, K100)
 • 본문2(굴림, 16pt, 행간 24pt, 자간 –80, C30M30Y100K30)
 • 소제목(굴림, 20pt, 행간 24pt, 자간 –30, C40M100Y100, 이후 공백(Space After) 4mm)

출력형태

다음의 《조건》에 따라 아래의 《출력형태》와 같이 작업하시오.

조건

첨부파일		GTQ\Image\1급-6.ai, 1급-7.jpg, 1급-8.jpg, 1급-9.psd, 1급-10.jpg, 1급-11.jpg, 1급-12.png, 1급-13.txt
파일저장규칙	크기 동일	160×195mm
	indd　파일명	GTQ\수험번호-성명-2.indd
	epub　파일명	GTQ\수험번호-성명-2.epub

1. 기본 설정

① 6쪽(Pages), 3단(Columns), 단 간격(Gutter) 5mm, 여백(Margins) : 상 18mm, 좌우 10mm, 하 25mm, 도련(Bleed) 3mm

② EPUB 고정 레이아웃(Fixed Layout) 내보내기 : 첫 페이지 래스터화(Rasterize First Page)

2. 작업 방법

① 1급-8.jpg : 클리핑 패스(Clipping Path) – 포토샵 패스(Photoshop Path), 텍스트 감싸기(Text Wrap) 3mm

② 1급-9.psd : 효과(Effects) – 외부 광선(Outer Glow), 경사와 엠보스(Bevel and Emboss)

③ 1급-6.ai, 1급-7.jpg, 1급-10.jpg, 1급-11.jpg, 1급-12.png : 응용 및 배치

④ 도형 : 사각형1(250×150mm, Y60, 모퉁이 둥글게 7mm), 사각형2(326×100mm, C60 → C80Y50), 원(120×120mm, C0M0Y0K0 → M70Y30), 삼각버튼(7×7mm, M40Y100)

⑤ 마스터 페이지 설정 : 페이지 번호 설정, 삼각 버튼 배치

⑥ 상호작용(Interactive) 설정 : 하이퍼링크(license.kpc.or.kr로 페이지 이동, 새 창으로), 이전과 다음 페이지로 이동(삼각버튼)

3. 문자 효과

① license.kpc.or.kr, '페이지 번호'(Times New Roman, Regular, 14pt, C80M30, M40Y100)

② 1. 여수시, 2. 여수의 특색, 3. 오동도(궁서, 15pt, C10M90Y80)

③ 국제해양도시 여수로 출발!(궁서, 20pt, C100M50Y50, 효과(Effects) – 내부 광선(Inner Glow))

④ 1급-13.txt : 단락 스타일 설정

　• 본문1(궁서, 12pt, 행간 20pt, 자간 -80, K70, 밑줄(0.5pt, C10M90Y80), 첫줄 들여쓰기 4mm)

　• 소제목(궁서, 15pt, 행간 22pt, 자간 -50, C50M100Y90)

　• 본문2(돋움, 10pt, 행간 20pt, 자간 -40, K100)

출력형태

▶합격 강의

다음의 《조건》에 따라 아래의 《출력형태》와 같이 작업하시오.

조건

첨부파일		GTQ₩Image₩1급-14.ai, 1급-15.jpg, 1급-16.psd, 1급-17.psd, 1급-18.jpg, 1급-19.psd, 1급-20.txt
파일저장규칙	크기 동일	210×280mm
	indd 파일명	GTQ₩수험번호-성명-3.indd

1. 기본 설정
① 2쪽(Pages), 2단(Columns), 단 간격(Gutter) 3mm, 여백(Margins) : 상 20mm, 하 25mm, 좌우 15mm, 도련(Bleed) 3mm

2. 작업 방법
① 1급-14.ai, 1급-16.psd, 1급-17.psd : 응용 및 배치
② 1급-15.jpg : 클리핑 패스(Clipping Path) – 포토샵 패스(Photoshop Path), 효과(Effects) – 그림자(Drop Shadow),
　 1급-18.jpg : 가는 선 – 굵은 선(Thin – Thick), 6pt, C80Y80, 텍스트 감싸기(Text Wrap) 6mm
③ 1급-19.psd : 클리핑 패스(Clipping Path) – 알파 채널(Alpha Channel), 불투명도(Opacity) 50%
④ 도형 : 사각형(400×235mm, C50Y100, 불투명도(Opacity) 30%), 원(15×15mm, M100Y100)
⑤ 마스터 페이지 설정 : B-Master Page 추가, 페이지 번호 설정,
　 면주 설정(1 페이지 "FESTIVAL", 2 페이지 "SUN FLOWER")

3. 문자 효과
① 여름 대표 꽃 해바라기의 매력에 퐁당~(굴림, 13pt, 자간 -70, M80Y90)
② '페이지 번호'(Arial, Regular, 18pt, C0M0Y0K0)
③ '면주'(Arial, Regular, 12pt, 자간 200, C100M80)
④ 1급-20.txt : 단락 스타일 설정
  • 중제목(궁서, 30p, 자간 -90, C50M100Y50)
  • 본문1(굴림, 10pt, 행간 18pt, 자간 -50, C100M80Y20)
  • 소제목(궁서, 10pt, 행간 15pt, 자간 -80, C0M0Y0K0, 밑줄(11pt, C80Y80), 첫줄 들여쓰기 4mm)
  • 본문2(돋움, 10pt, 행간 15pt, 자간 -70, K100, 첫줄 들여쓰기 4mm, 단락 시작표시문자 2줄)

출력형태

[기능평가] 신문 제작

작업과정 | 새 문서 만들기 및 임시 파일 저장하기 ▶ 이미지 프레임 효과 및 클리핑 패스 적용 ▶ 선과 도형 편집
▶ 문자 효과 적용 ▶ 단락 스타일 설정 ▶ PDF 내보내기와 답안 파일 저장

완성이미지 | 수험번호-성명-1.INDD, 수험번호-성명-1.pdf
1급-101.jpg

01 새 문서 만들기 및 임시 파일 저장하기

01 [File(파일)]-[New(새로 만들기)]-[Document(문서)]([Ctrl]+[N])를 선택하고 [New Document(새 문서)] 대화상자에서 'Width(폭) : 323mm, Height(높이) : 470mm, Pages(페이지) : 1, Columns(열) : 3, Column Gutter(열 간격) : 5mm', Margin(여백)의 'Top(위쪽) : 20mm, Bottom(아래쪽) : 30mm, Inside(안쪽) : 20mm, Outside(바깥쪽) : 20mm', Bleed and Slug(도련 및 슬러그)의 Bleed(도련)을 3mm'로 설정하여 새 문서를 만듭니다.

02 자주 사용하는 패널 영역을 [Window(창)]-[Workspace(작업 영역)]-[Typography(입력 체계)]로 설정하여 답안 작성 시간을 절약합니다.

03 [View(보기)]-[Grids & Guides(격자 및 안내선)]-[Show Guides(안내선 표시)]([Ctrl]+[;])를 선택하여 안내선을 표시합니다.

04 [File(파일)]-[Save(저장하기)]([Ctrl]+[S])를 선택하고 '저장 위치 : 내 PC₩문서₩GTQ, 파일 이름 : 수험번호-성명-1, 파일 형식 : InDesign "CC" 또는 "2021" document (*.indd)'로 설정한 후 저장합니다. INDD 답안 파일을 수시로 저장([Ctrl]+[S])하는 습관이 중요합니다.

02 이미지 프레임 효과 및 클리핑 패스 적용

01 내 PC₩문서₩GTQ₩Output 폴더의 1급-101.jpg와 문제지의 《출력형태》에서 이미지 프레임의 레이아웃과 레이어 순서를 확인합니다.

02 [File(파일)]-[Place(가져오기)]([Ctrl]+[D])를 선택하여 내 PC₩문서₩GTQ₩Image 폴더에서 1급-1.ai를 선택한 후 드래그합니다. 1급-1.ai 프레임을 선택하고 [Object(개체)]-[Clipping Path(클리핑 패스)]-[Options(옵션)]([Ctrl]+[Alt]+[Shift]+[K])를 선택합니다. [Clipping Path(클리핑 패스)] 대화상자에서 'Type(유형) : Detect Edge(가장자리 감지)'를 선택합니다.

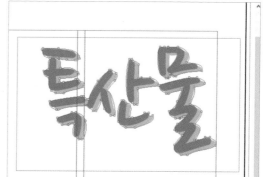

03 1급-1.ai 프레임을 선택하고 [Window(창)]-[Text Wrap(텍스트 감싸기)]([Ctrl]+[Alt]+[W])을 선택합니다. Text Wrap(텍스트 감싸기) 패널에서 Wrap around object shape(개체 모양 감싸기)을 선택하여 'Offset(오프셋) : 7mm'로 설정합니다.

04 [File(파일)]-[Place(가져오기)]([Ctrl]+[D])를 클릭하여 1급-2.psd를 가져옵니다. 1급-2.psd 프레임을 선택하고 [Object(개체)]-[Effects(효과)]-[Drop Shadow(그림자)]([Ctrl]+[Alt]+[M])를 선택합니다. [Effects(효과)] 대화상자에서 Preview(미리보기)를 체크하고 'Drop Shadow(그림자)-Blending(혼합 모드) : Multiply(곱하기), Opacity : 50%'로 설정합니다.

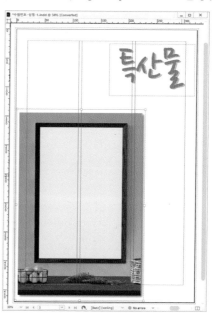

05 [File(파일)]–[Place(가져오기)]($\boxed{\text{Ctrl}}$+$\boxed{\text{D}}$)를 클릭하여 1급-4.jpg를 가져옵니다. 프레임을 더블 클릭하거나 Direct Selection Tool(직접 선택 도구)($\boxed{\text{A}}$)을 클릭하여 프레임 내 이미지의 위치나 크기를 변경합니다.

06 1급-4.jpg 프레임을 선택하고 [Object(개체)]–[Clipping Path(클리핑 패스)]–[Options(옵션)]($\boxed{\text{Ctrl}}$+$\boxed{\text{Alt}}$+$\boxed{\text{Shift}}$+$\boxed{\text{K}}$)를 선택하여 [Clipping Path(클리핑 패스)] 대화상자에서 'Type(유형) : Detect Edges(가장자리 감지)'를 선택합니다.

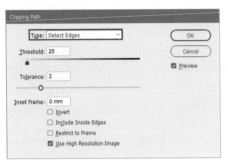
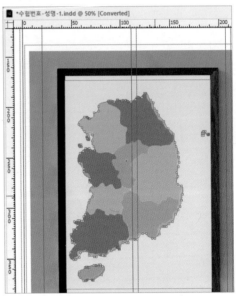

07 1급-4.jpg 프레임을 더블 클릭하거나 Direct Selection Tool(직접 선택 도구)($\boxed{\text{A}}$)을 클릭하여 Fill(칠)을 선택하고 'Color Mode(색상 모드) : M30Y100'으로 설정합니다.

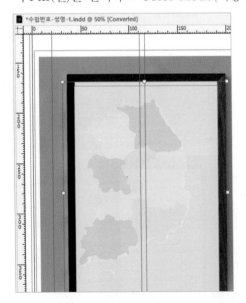

08 1급-4.jpg 프레임을 선택하고 [Object(개체)]-[Effects(효과)]-[Inner Shadow(그림자)]([Ctrl]+[Alt]+[M])를 선택합니다. [Effects(효과)] 대화상자에서 Preview(미리보기)를 체크하고 'Inner Shadow(그림자)-Blending(혼합 모드) : Multiply(곱하기), Opacity : 75%'로 설정합니다.

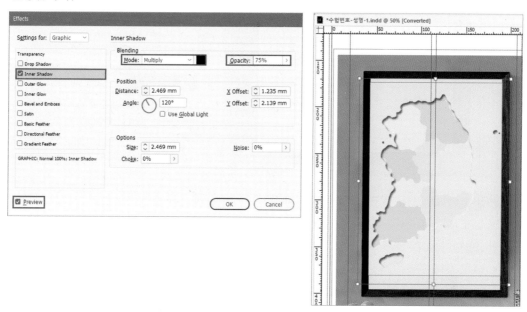

09 Ellipse Frame Tool(타원 프레임 도구)를 클릭하여 문제지와 같은 타원 프레임을 만들어 줍니다. 타원 프레임을 선택하고 [File(파일)]-[Place(가져오기)]([Ctrl]+[D])를 클릭하여 1급-3.jpg를 선택합니다. 프레임을 더블 클릭하거나 Direct Selection Tool(직접 선택 도구)([A])을 클릭하고 드래그하여 프레임 내 이미지 위치나 크기를 조절합니다.

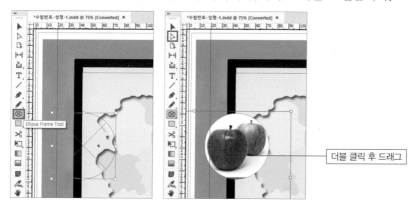

더블 클릭 후 드래그

🅱 **기적의 TIP**

[Shift]를 누르고 드래그하면 정 원의 프레임을 그릴 수 있습니다.

10 1급-3.jpg 프레임을 선택하고 [Object(개체)]-[Clipping Path(클리핑 패스)]-[Options(옵션)]([Ctrl]+[Alt]+[Shift]+[K])를 선택하여 [Clipping Path(클리핑 패스)] 대화상자에서 'Type(유형) : Photoshop Path(패스), Path(패스) : Path3'을 선택합니다.

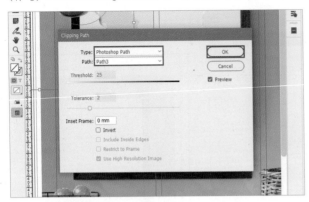

🅱 기적의 TIP

Clipping Path(클리핑 패스)의 Photoshop Path(패스)는 내 PC\문서\GTQ\Image 폴더에서 다중 이미지의 파일을 포토샵으로 열어 Path 패널에서 미리 패스 형태를 확인합니다.

11 편집이 완료된 1급-3.jpg 프레임을 [Alt]를 누르며 드래그하여 복사합니다. 더블 클릭하거나 Direct Selection Tool(직접 선택 도구)([A])을 클릭하여 프레임 내 이미지의 위치나 크기를 변경합니다.

[Alt] 누르면서 드래그

12 복사한 두 번째 1급-3.jpg 프레임을 선택하고 [Object(개체)]-[Clipping Path(클리핑 패스)]-[Options(옵션)]([Ctrl]+[Alt]+[Shift]+[K])를 선택하여 [Clipping Path(클리핑 패스)] 대화상자에서 'Type(유형) : Photoshop Path(패스), Path(패스) : Path2'를 선택합니다.

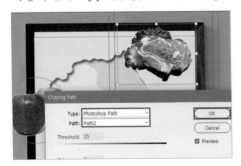

13 같은 방법으로 세 번째, 네 번째 프레임을 복사해줍니다. 복사한 1급-3.jpg 프레임을 각각 선택하고 [Object(개체)]-[Clipping Path(클리핑 패스)]-[Options(옵션)]([Ctrl]+[Alt]+[Shift]+[K])를 선택하여 [Clipping Path(클리핑 패스)] 대화상자에서 'Type(유형) : Photoshop Path(패스), Path(패스) : Path1, Path4'를 선택합니다.

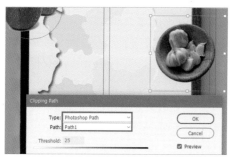

기적의 TIP

• 첨부파일로 주어진 이미지에 다중 Path(패스)가 존재할 수 있습니다. Clipping Path(클리핑 패스)의 Photoshop Path(패스)에서 미리보기 체크를 하여 편집할 이미지의 Path(패스)를 선택합니다.

• 문제지 《출력형태》와 같이 이미지 프레임 크기를 조절한 후 프레임의 마우스 오른쪽 버튼을 클릭하여 Fitting(맞춤)-Fill Frame Proportionally(비율에 맞게 내용 채우기)([Ctrl]+[Alt]+[Shift]+[E])를 선택합니다.

03 선과 도형 편집

01 Line Tool(선 도구)([W])을 클릭하여 [Shift]를 누른 상태에서 'Length(길이) : 190mm'로 가로 직선을 만듭니다. [Window(창)]-[Stroke(획)]([F10])를 선택하고 Stroke(획) 패널에서 'Weight(두께) : 10pt, Type(유형) : Wavy(물결)'로 설정합니다. [Window(창)]-[Color(색상)]-[Color(색상)]([F6])를 선택하고 Color(색상) 패널에서 Stroke(획)을 선택한 후 CMYK 모드의 'C40M100Y100'으로 설정한 후 배치합니다.

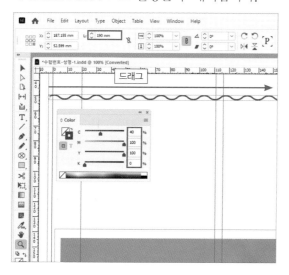

02 Ellipse Tool(타원 도구)(□)을 선택한 후 작업창을 클릭하여 [Ellipse(타원)] 대화상자에서 'Width(폭) : 70mm, Height(높이) : 70mm'로 도형을 만들고 Fill(칠)에 임의의 색(블랙)을 설정합니다.

03 Rectangle Tool(사각형 도구)(M)을 선택한 후 작업창을 클릭하여 [Rectangle(사각형)] 대화상자에서 'Width(폭) : 40mm, Height(높이) : 40mm'로 도형을 만듭니다. 도형 프레임에서 [Object(개체)]–[Corner Options(모퉁이 옵션)]를 선택하여 Corner Options(모퉁이 옵션) 패널에서 Corner Size and Shape(모퉁이 크기와 모양)을 'Rounded(모퉁이 둥글게), 10mm'로 설정합니다.

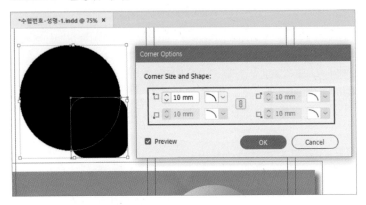

04 문제지의 《출력형태》와 같이 원과 사각형을 배치한 후 [Object(개체)]–[Pathfinder(패스파인더)]–[Add(더하기)]로 설정하고 합친 도형의 크기를 점검합니다.

05 [Window(창)]–[Color(색상)]–[Color(색상)](F6)를 선택하고 Color(색상) 패널에서 Fill(칠)을 선택하여 CMYK 모드의 'C50Y50'으로 설정한 후 마우스 오른쪽 버튼을 클릭하여 [Object(개체)]–[Effects(효과)]–[Gradient Feather(그레이디언트 페더)]를 설정합니다. '한우' 프레임은 'Y50', '마늘' 프레임은 'C50', '한라봉' 프레임은 'M50'으로 적용합니다. 문제지의 《출력형태》를 보고 나머지 프레임들도 Gradient Feather(그레이디언트 페더) 효과를 적용합니다.

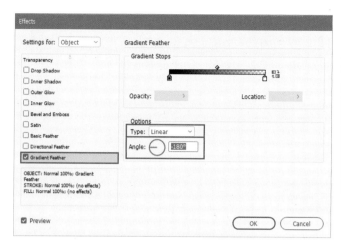

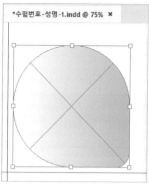

🅱 기적의 TIP

문제지에 불투명도값이나, 각도값이 지시되지 않는 경우도
있으니 《출력형태》와 Output 파일을 참고하여 설정합니다.

04 문자 효과 적용

01 [Type(문자)]−[Character(문자)](Ctrl + T)를 선택하여 Character(문자) 패널에서 'Font
(글꼴) : Gulim(굴림), Font Size(글꼴 크기) : 36pt, Color(색상) : C40M100Y100'으로 설
정한 후 '세계 최고 품질의 우리나라'를 입력한 후 배치합니다.

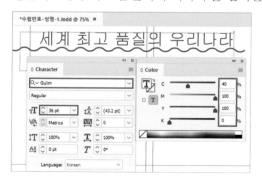

02 [Type(문자)]-[Character(문자)]([Ctrl]+[T])를 선택하여 Character(문자) 패널에서 'Font (글꼴) : Dotum(돋움), Font Size(글꼴 크기) : 25pt, Color(색상) : C100M50, Skew(기울기) : 20°로 설정한 후 '우리나라의 지역 명물'을 입력한 후 배치합니다.

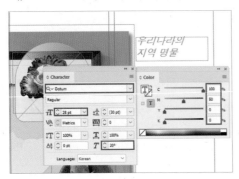

03 [Type(문자)]-[Character(문자)]([Ctrl]+[T])를 선택하여 Character(문자) 패널에서 'Font (글꼴) : Gungsuh(궁서), Font Size(글꼴 크기) : 20pt, Color(색상) : M50Y100'으로 설정한 후 '한우'를 입력한 후 배치합니다.

04 '한우' 프레임을 복사한 후 배치하고 'Color(색상) : C70Y100'으로 설정한 후 '사과'를 입력합니다.

05 '사과' 프레임을 복사한 후 배치하고 'Color(색상) : C100'으로 설정한 후 '마늘'을 입력합니다.

06 '마늘' 프레임을 복사한 후 배치하고 'Color(색상) : C60M100'으로 설정한 후 '한라봉'을 입력합니다.

05 단락 스타일 설정

01 [Window(창)]-[Color(색상)]-[Swatches(색상 견본)]([F5])를 선택하고 Swatches(색상 견본) 패널에서 New Color Swatch(새 색상 견본) 메뉴를 선택합니다. 문제지의《조건》을 참고하여 단락 스타일 '본문1'의 색상 'K100', '본문2'의 색상 'C30M30Y100K30', '소제목'의 색상 'C40M100Y100'을 각각 추가합니다.

> **기적의 TIP**
>
> • K100, C0M0Y0K0 색상을 추가합니다. [Swatches(색상 견본)]에 기본으로 있는 [Black], [Paper/White]는 면색과 검정색 Stroke(획)가 같이 설정되어 있으므로, 사용하지 않는 것을 권장합니다.
> • 내용이 많지 않고 서식이 없는 텍스트를 편집할 경우 '가져오기' 보다는 1급-5.txt 파일을 메모장으로 열어 단락 스타일에 적용할 내용만 복사하여 텍스트 프레임을 만들어도 됩니다.

02 [File(파일)]-[Place(가져오기)]([Ctrl]+[D])를 선택하고 내 PC\문서\GTQ\Image 폴더에서 1급-5.txt를 선택하여 텍스트 프레임을 만들고, 문제지의《조건》으로 지시된 단락 스타일 '본문1' 내용만 남깁니다. 단락 서식 컨트롤 패널에서 'Columns(열 수) : 3, Gutter(단 간격) : 5mm'로 설정합니다. [New Paragraph Style(새 단락 스타일)] 대화상자에서 Preview(미리보기)를 체크하고 Basic Character Formats(기본 문자 서식) 탭에서 'Style Name(스타일 이름) : 본문1', 'Font(글꼴) : Batang(바탕), Size(크기) : 14pt, Leading(행간) : 20pt, Tracking(자간) : -50', Character Color(문자 색상) 탭에서 색상 견본 'K100'으로 설정합니다.

03 [File(파일)]−[Place(가져오기)])([Ctrl]+[D])를 선택하고 내 PC문서₩GTQ₩Image 폴더에서 1급-5.txt를 선택하여 텍스트 프레임을 만들고, '본문2' 내용만 남깁니다. [New Paragraph Style(새 단락 스타일)] 대화상자에서 Preview(미리보기)를 체크하고 Basic Character Formats(기본 문자 서식) 탭에서 'Style Name(스타일 이름) : 본문2', 'Font(글꼴) : Gulim (굴림), Size(크기) : 16pt, Leading(행간) : 24pt, Tracking(자간) : −80', Character Color(문자 색상) 탭에서 색상 견본 'C30M30Y100K30'으로 설정합니다.

04 '본문2' 프레임에서 '소제목' 부분을 블록 지정한 후 '소제목' 단락 스타일을 만듭니다. [New Paragraph Style(새 단락 스타일)] 대화상자에서 Preview(미리보기)를 체크하고 Basic Character Formats(기본 문자 서식) 탭에서 'Style Name(스타일 이름) : 소제목', 'Font(글꼴) : Gulim(굴림), Size(크기) : 20pt, Leading(행간) : 24pt, Tracking(자간) : −30', Indents and Spacing(들여쓰기 및 간격) 탭에서 'Space After(이후 공백) : 4mm', Character Color(문자 색상) 탭에서 색상 견본 'C40M100Y100'으로 설정합니다.

06 PDF 내보내기와 답안 파일 저장

01 [File(파일)]-[Export(내보내기)]([Ctrl]+[E])를 선택하고 '저장 위치 : 내 PC₩문서₩GTQ'로 설정한 후 '파일 이름 : 수험번호-성명-1'을 입력하고 '파일 형식 : Adobe PDF (Print) (*.pdf)'로 설정한 후 저장합니다.

02 [Export Adobe PDF(Adobe PDF 내보내기)] 대화상자에서 [General(일반)] 탭에서 'Adobe PDF Preset(사전 설정) : High Quality Print(고품질 인쇄)'를 선택하고 [Marks and Bleeds(표시 및 도련)]에서 [All Printer's Marks(모든 프린터 표시)]로 설정하고 문제지의 《출력형태》를 참고하여 'Use Document Bleed Settings(문서에 도련 설정 사용)' 표시로 설정한 후 Export(내보내기)를 선택합니다.

03 완성된 INDD 답안 파일을 문제지의 《조건》과 《출력형태》를 기준으로 최종 점검하여 [File(파일)]-[Save(저장하기)]([Ctrl]+[S])로 저장합니다. 최종 저장된 INDD 답안 파일을 기준으로 [File(파일)]-[Export(내보내기)]([Ctrl]+[E])를 선택하고 '파일 형식 : Adobe PDF (Print) (*.pdf)'로 설정한 후 마지막으로 저장합니다.

04 답안 파일 저장이 완료되면 [File(파일)]-[Close(닫기)]([Ctrl]+[W])를 선택하고 수험자 답안 전송 프로그램의 [답안 전송]을 클릭하여 최종 INDD와 PDF 파일을 감독관 컴퓨터로 제출합니다.

문제 2 **[실무응용] 전자책/브랜드북**

작업과정 새 문서 만들기 및 임시 파일 저장하기 ▶ 마스터 페이지 설정 ▶ 이미지 프레임 효과 및 클리핑 패스 적용 ▶ 도형 편집 및 상호작용 설정 ▶ 문자 효과 적용 ▶ 단락 스타일 설정 ▶ EPUB 내보내기 및 답안 파일 저장

완성이미지 수험번호-성명-2.indd, 수험번호-성명-2.epub
1급-201.jpg, 1급-202.jpg, 1급-203.jpg, 1급-204.jpg, 1급-205.jpg, 1급-206.jpg

---

01 새 문서 만들기 및 임시 파일 저장하기

01 [File(파일)]-[New(새로 만들기)]-[Document(문서)]([Ctrl]+[N])를 선택하고 [New Document(새 문서)] 대화상자에서 'Width(폭) : 160mm, Height(높이) : 195mm, Pages(페이지) : 6, Columns(열) : 3, Column Gutter(열 간격) : 5mm', Margin(여백)의 'Top(위쪽) : 18mm, Bottom(아래쪽) : 25mm, Inside(안쪽) : 10mm, Outside(바깥쪽) : 10mm', Bleed and Slug(도련 및 슬러그)의 Bleed(도련)을 3mm'로 설정하여 새 문서를 만듭니다.

02 Pages(페이지)(F12) 패널의 6페이지 Thumbnail(썸네일)에서 마우스 오른쪽 버튼을 클릭하여 'Allow Document Pages to Shuffle(문서 페이지 재편성 허용)' 체크를 해제합니다. 6페이지 Thumbnail(썸네일)을 마우스 왼쪽 버튼을 누른 상태에서 1페이지 Thumbnail(썸네일) 왼쪽으로 드래그하고 마우스 포인터가 'ㄷ'자 모양으로 바뀌면, 드롭하여 마주보는 페이지의 펼침면으로 배치합니다.

03 자주 사용하는 패널 영역을 [Window(창)]-[Workspace(작업 영역)]-[Typography(입력 체계)]로 설정하여 답안 작성 시간을 절약합니다.

04 [View(보기)]-[Grids & Guides(격자 및 안내선)]-[Show Guides(안내선 표시)](Ctrl+;)를 선택하여 안내선을 표시합니다.

05 [File(파일)]-[Save(저장하기)](Ctrl+S)를 선택하고 '저장 위치 : 내 PC₩문서₩GTQ, 파일 이름 : 수험번호-성명-2, 파일 형식 : InDesign "CC" 또는 "2021" document (*.indd)'로 설정한 후 저장합니다.

⑫ 마스터 페이지 설정

01 A-Master 페이지를 더블 클릭하여 페이지의 왼쪽 아래 페이지 번호 영역에 Type Tool(문자 도구)(T)을 클릭하고 [Type(문자)]-[Insert Special Character(특수 문자 삽입)]-[Markers(표시자)]-[Current Page Number(현재 페이지 번호)](Ctrl+Alt+Shift+N)를 선택합니다.

02 A-Master 페이지 번호 프레임을 선택하고 문제지의 '페이지 번호' 문자효과 《조건》과 같이 Type Tool(문자 도구)(T)을 클릭하여 'Font(글꼴) : Times New Roman, Font Style(글꼴 스타일) : Bold, Font Size(글꼴 크기) : 14pt, Color(색상) : M40Y100'으로 설정한 후 《출력형태》와 같이 배치합니다.

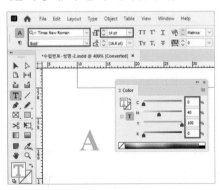

> **⑱ 기적의 TIP**
>
> 페이지 영역에서 마스터 페이지 내용(페이지 번호, 삼각버튼 등)을 수정할 경우, 수정할 페이지 Thumbnail(썸네일) 마우스 오른쪽 버튼을 클릭하고 '[Override All Master Page Items(모든 마스터 페이지 재정의)](Ctrl+Alt+Shift+L)'를 활용하여 고정된 마스터 페이지 항목을 자유롭게 수정할 수 있습니다.

03 문제지의 《출력형태》를 참고하여 페이지 번호 영역에 복사하여 펼침면의 오른쪽 아래에 배치합니다.

03 이미지 프레임 효과 및 클리핑 패스 적용

01 내 PC₩문서₩GTQ₩Output 폴더의 1급-201.jpg, 1급-202.jpg, 1급-203.jpg, 1급-204.jpg, 1급-205.jpg, 1급-206.jpg와 문제지의 《출력형태》에서 이미지 프레임의 레이아웃과 레이어 순서를 확인합니다.

02 [File(파일)]-[Place(가져오기)]([Ctrl]+[D])를 클릭하여 내 PC₩문서₩GTQ₩Image 폴더에서 1급-6.ai, 1급-7.jpg를 가져옵니다. 프레임을 더블 클릭하거나 Direct Selection Tool(직접 선택 도구)([A])을 클릭하여 프레임 내 이미지의 위치나 크기를 변경합니다.

03 [File(파일)]-[Place(가져오기)]([Ctrl]+[D])를 클릭하여 1급-8.jpg를 5페이지로 가져옵니다. 1급-8.jpg 프레임을 선택하고 [Object(개체)]-[Clipping Path(클리핑 패스)]-[Options(옵션)]([Ctrl]+[Alt]+[Shift]+[K])를 선택하여 [Clipping Path(클리핑 패스)] 대화상자에서 'Type(유형) : Photoshop Path(패스)'를 선택합니다.

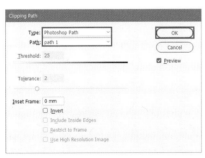

04 1급-8.jpg 프레임에서 [Window(창)]-[Text Wrap(텍스트 감싸기)]([Ctrl]+[Alt]+[W])을 선택합니다. Text Wrap(텍스트 감싸기) 패널에서 Wrap around object shape(개체 모양 감싸기)을 선택하여 'Offset(오프셋) : 3mm'로 설정합니다.

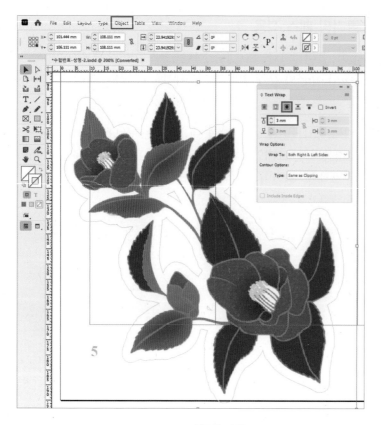

05 [File(파일)]-[Place(가져오기)]([Ctrl]+[D])를 클릭하여 1급-9.psd를 1페이지로 가져옵니다. 프레임에서 마우스 오른쪽 버튼을 클릭하여 [Effects(효과)]-[Outer Glow(외부 광선)]와 [Bevel and Emboss(경사와 엠보스)]를 선택합니다.

06 [File(파일)]−[Place(가져오기)]([Ctrl]+[D])를 클릭하여 1급−
10.jpg를 6페이지로 가져옵니다. 프레임을 더블 클릭하거나
Direct Select Tool(직접 선택 도구)([A])을 클릭하여 프레임 내
이미지의 위치나 크기를 변경합니다.

07 Ellipse Frame Tool(타원 프레임 도구)을 클릭하여 프레임을 만듭니다. [File(파일)]−
[Place(가져오기)]([Ctrl]+[D])를 클릭하여 1급−11.jpg를 가져옵니다. 프레임을 더블 클릭하거
나 Direct Selection Tool(직접 선택 도구)([A])을 클릭하여 프레임 내 이미지의 위치나 크기
를 변경합니다. 편집이 완료된 이미지 프레임을 복사해 나머지 이미지 프레임들도 문제지의
《출력형태》처럼 배치하여 편집해 줍니다.

08 [File(파일)]−[Place(가져오기)]([Ctrl]+[D])를 클릭하여 1급−12.png를 가져옵니다. 프레임을
더블 클릭하거나 Direct Selection Tool(직접 선택 도구)([A])을 클릭하여 프레임 내 이미지
의 위치나 크기를 변경합니다. 편집이 완료된 이미지 프레임을 복사해 나머지 이미지 프레임
들도 문제지의《출력형태》처럼 배치하여 편집해 줍니다.

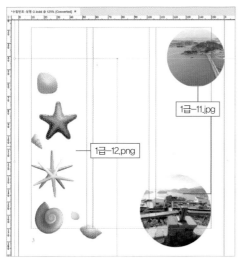

🄵 **기적의 TIP**

이미지 프레임에서 마우스 오른쪽 버튼을 클릭하여 Fitting(맞춤)−Fill Frame Proportionally(비율에 맞게 프레임 채우기)([Ctrl]+
[Alt]+[Shift]+[C])를 선택합니다.

---

04 도형 편집 및 상호작용 설정

01 Rectangle Tool(사각형 도구)(M)을 선택한 후 작업창을 클릭하여 [Rectangle(사각형)] 대화상자에서 'Width(폭) : 250mm, Height(높이) : 150mm'를 입력합니다. [Window(창)]-[Color(색상)](F6)를 선택하고 Color(색상) 패널에서 Fill(칠)을 선택하여 CMYK 모드의 'Y60'으로 설정합니다.

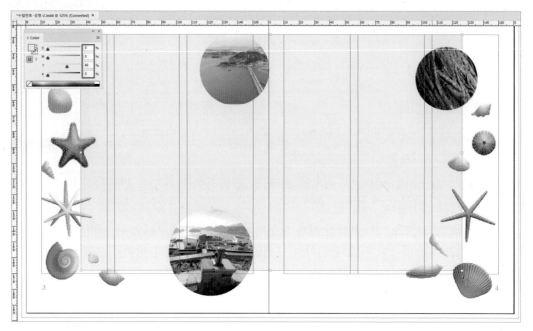

02 [Object(개체)]-[Corner Options (모퉁이 옵션)]를 선택하고 [Corner Options(모퉁이 옵션)] 대화상자에서 Corner Size and Shape(모퉁이 크기와 모양)을 'Rounded(모퉁이 둥글게), 7mm'로 설정합니다.

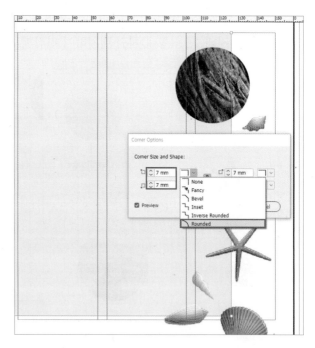

03 Rectangle Tool(사각형 도구)(**M**)을 선택한 후 작업창을 클릭하여 [Rectangle(사각형)] 대화상자에서 'Width(폭) : 326mm, Height(높이) : 100mm'를 입력합니다. [Window(창)]-[Color(색상)]-[Gradient(그레이디언트)] 패널에서 'Type(유형) : Linear(선형)'를 선택하여 CMYK 모드의 시작 'C60', 끝 'C80Y50'으로 설정합니다. 5, 6페이지에 복사합니다.

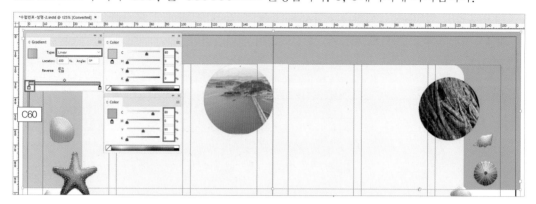

04 Ellipse Tool(타원 도구)(**L**)을 선택한 후 작업창을 클릭하여 [Ellipse(타원)] 대화상자에서 'Width(폭) : 120mm, Height(높이) : 120mm'를 입력합니다. [Window(창)]-[Color(색상)]-[Gradient(그레이디언트)] 패널에서 'Type(유형) : Radial(방사형)'을 선택하여 CMYK 모드의 시작 'C0M0Y0K0', 끝 'M70Y30'으로 설정합니다.

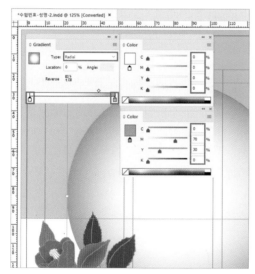

🎬 기적의 TIP

문제지의 지시조건의 Gradient(그레이디언트) 색상을 적용한 샘플 도형을 작업 공간에 작성한 후 Eyedropper Tool(스포이드 도구)(**I**)을 클릭하여 활용합니다.

05 Pages(페이지)(F12) 패널에서 마스터 페이지로 더블 클릭하여 이동합니다. [Polygon(다각형)] 대화상자에서 'Width(폭) : 7mm, Height(높이) : 7mm, Number of Sides(면 수) : 3'으로 삼각버튼 도형을 만들고 Tool Penel(도구 패널)의 'Fill(칠) : M40Y100, Stroke(획) : None(없음)'으로 설정한 후, 컨트롤패널에서 Rotate 90° Counter-clockwise(시계 반대 방향으로 90° 회전)를 클릭합니다. Alt + Shift 를 누른 상태에서 복사한 후 컨트롤 패널에서 'Flip Horizontal(가로로 뒤집기)'을 선택하여 배치합니다. 메인 페이지로 더블 클릭하여 돌아옵니다.

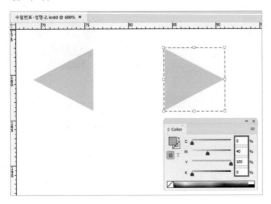

⑬ 기적의 TIP

마스터 페이지 설정(페이지 번호, 삼각버튼, 면주 등)은 문제지의 지시조건을 확인하며 그 외 내용은 메인 페이지에 작성합니다. CC 2022 버전부터 Pages(페이지)(F12) 패널의 Master(마스터)가 Parent(상위)로 명칭이 변경됩니다. 기존 New Master(새 마스터)를 New Parent(새 상위)로 이해합니다.

06 1페이지에 [Type(문자)]-[Character(문자)](Ctrl + T)를 선택하여 Character(문자) 패널에서 'Font(글꼴) : Times New Roman, Font Style(글꼴 스타일) : Regular, Font Size(글꼴 크기) : 14pt, Color(색상) : C80M30'을 선택하여 'license.kpc.or.kr'을 입력하고 가운데 정렬(Ctrl + Shift + C)을 합니다.

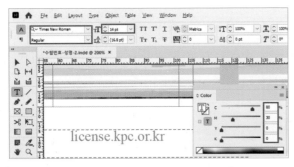

⑬ 기적의 TIP

상호작용 설정에 자주 사용하는 패널 영역을 [Window(창)]-[Workspace(작업 영역)]-[Interactive for PDF(대화형 PDF)]로 설정합니다.

07 입력한 'license.kpc.or.kr'을 블록지정하고 [Window(창)]−[Interactive(대화형)]−[Hyperlink(하이퍼링크)]를 선택하고 Hyperlinks(하이퍼링크) 패널에서 'URL : https://license.kpc.or.kr'을 입력하여 하이퍼링크를 설정합니다.

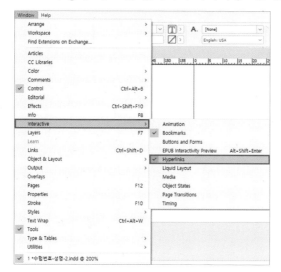

08 Pages(페이지)(F12) 패널의 마스터 페이지를 선택한 후 Buttons and Forms(단추) 패널에서 Action(동작) '+'를 선택하여 왼쪽 삼각버튼은 'Go To Previous Page(이전 페이지로 이동)' 버튼을, 오른쪽 삼각버튼을 선택하고 Buttons and Forms(단추) 패널에서 Action(동작) '+'를 선택하여 'Go To Next Page(다음 페이지로 이동)' 버튼을 설정합니다.

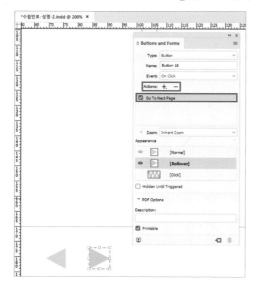

05 문자 효과 적용

01 [Type(문자)]–[Character(문자)]([Ctrl]+[T])를 선택하여 Character(문자) 패널에서 'Font (글꼴) : Gungsuh(궁서), Font Size(글꼴 크기) : 15pt, Color(색상) : C10M90Y80'으로 설정한 후 '1. 여수시, 2. 여수의 특색, 3. 오동도'를 입력한 후 각각 배치합니다.

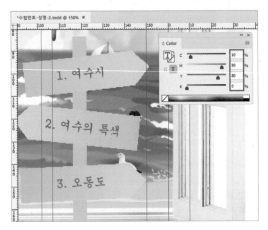

02 문제지의 《출력형태》와 같이 Pen Tool(펜 도구)([P])을 클릭하여 '국제해양도시 여수로 출발!' 의 Path(패스) 형태를 작성한 후 Type on a Path Tool(패스에 입력 도구)([Shift]+[T])을 클릭하고 작성된 Path(패스)를 선택합니다.

03 [Type(문자)]–[Character(문자)]([Ctrl]+[T])를 선택하여 Character(문자) 패널에서 'Font (글꼴) : Gungsuh(궁서), Font Size(글꼴 크기) : 20pt, Color(색상) : C100M50Y50'으로 설정한 후 '국제해양도시 여수로 출발!'을 입력합니다. 텍스트에서 마우스 오른쪽 버튼을 클릭하여 [Effects(효과)]–[Inner Glow(내부 광선)]를 설정합니다.

06 단락 스타일 설정

01 [Window(창)]-[Color(색상)]-[Swatches(색상 견본)]([F5])를 선택하고 Swatches(색상 견본) 패널에서 New Color Swatch(새 색상 견본) 메뉴를 선택하여 단락 스타일 '본문1'의 색상 'K70', 'C10M90Y80', '소제목'의 색상 'C50M100Y90', '본문2'의 색상 'K100'을 각각 추가합니다. '본문1'의 밑줄 Swatches(색상 견본) 'C10M90Y80'도 추가합니다.

02 [File(파일)]-[Place(가져오기)]([Ctrl]+[D])를 선택하고 내 PC₩문서₩GTQ₩Image 폴더에서 1급-13.txt를 선택하여 마우스 포인터가 텍스트 로딩 아이콘으로 바뀌면 드래그하여 텍스트 프레임을 만듭니다. 텍스트 프레임에서 문제지의 《조건》으로 지시된 단락 스타일 '본문1' 내용만 남깁니다. [New Paragraph Style(새 단락 스타일)] 대화상자에서 Preview(미리보기)를 체크하고 Basic Character Formats(기본 문자 서식) 탭에서 'Style Name(스타일 이름) : 본문1', Font(글꼴) : Gungsuh(궁서), Size(크기) : 12pt, Leading(행간) : 20pt, Tracking(자간) : −80, Indents and Spacing(들여쓰기 및 간격) 탭에서 'First Line Indent(첫 줄 들여쓰기) : 4mm', Character Color(문자 색상) 탭에서 Swatches(색상 견본) 'K70', Underline Options(밑줄 옵션) 탭에서 'Underline On(밑줄 켬)'을 체크하고 'Weight(두께) : 0.5pt, Offset(오프셋) : 5pt, Swatches(색상 견본) C10M90Y80'으로 설정합니다.

03 [File(파일)]-[Place(가져오기)]([Ctrl]+[D])에서 1급-13.txt를 선택하여 '본문2' 텍스트 프레임을 만듭니다. 텍스트 프레임에서 문제지의 《조건》으로 지시된 단락 스타일 '본문2' 내용만 남깁니다. [New Paragraph Style(새 단락 스타일)] 대화상자에서 Preview(미리보기)를 체크하고 Basic Character Formats(기본 문자 서식) 탭에서 'Style Name(스타일 이름) : 본문2', 'Font(글꼴) : Dotum(돋움), Size(크기) : 10pt, Leading(행간) : 20pt, Tracking(자간) : −40', Character Color(문자 색상) 탭에서 Swatches(색상 견본) 'K100'으로 설정합니다. 단락 서식 컨트롤 패널에서 3, 4, 6페이지 텍스트 프레임은 'Columns(열 수) : 2, Column Gutter(열 간격) : 5mm'로 설정합니다.

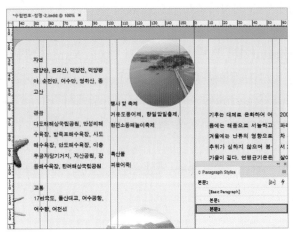

04 '본문2' 프레임에서 '소제목'이 적용될 부분을 블록 지정한 후 '소제목' 단락 스타일을 만듭니다. [New Paragraph Style(새 단락 스타일)] 대화상자에서 Preview(미리보기)를 체크하고 Basic Character Formats(기본 문자 서식) 탭에서 'Style Name(스타일 이름) : 소제목', 'Font(글꼴) : Gungsuh(궁서), Size(크기) : 15pt, Leading(행간) : 22pt, Tracking(자간) : −50', Indents and Spacing(들여쓰기 및 간격) 탭에서 'Space After(이후 공백) : 4mm', Character Color(문자 색상) 탭에서 색상 견본 'C50M100Y90'으로 설정합니다. 문제지의 《출력형태》를 참고하여 '소제목' 단락 스타일을 적용합니다.

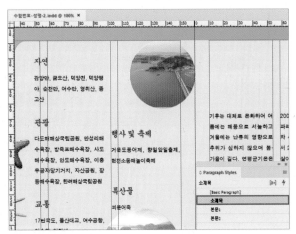

07 EPUB 내보내기와 답안 파일 저장

01 [File(파일)]–[Export(내보내기)](`Ctrl`+`E`)를 선택하고 '저장 위치 : 내 PC₩문서₩GTQ, 파일 이름 : 수험번호–성명–2, 파일 형식 : EPUB (Fixed Layout) (*.epub)'으로 설정한 후 저장합니다.

02 [EPUB Export Option(EPUB 내보내기] 대화상자의 [General(일반)] 탭에서 'Cover(표지) : Rasterize First Page(첫 페이지 레스터화)'로 설정한 후 [OK]를 선택합니다.

03 완성된 INDD 답안 파일을 문제지의 《조건》과 《출력형태》를 기준으로 최종 점검하여 [File(파일)]–[Save(저장하기)](`Ctrl`+`S`)로 저장합니다. 최종 저장된 INDD 답안 파일을 기준으로 [File(파일)]–[Export(내보내기)](`Ctrl`+`E`)를 선택하고 '파일 형식 : EPUB (Fixed Layout) (*.epub)'으로 설정한 후 마지막으로 저장합니다.

04 답안 파일 저장이 완료되면 [File(파일)]–[Close(닫기)](`Ctrl`+`W`)를 선택하고 수험자 답안 전송 프로그램의 [답안 전송]을 클릭하여 최종 INDD와 EPUB 파일을 감독관 컴퓨터로 제출합니다.

작업과정 | 새 문서 만들기 및 임시 파일 저장하기 ▶ 마스터 페이지 설정 ▶ 이미지 프레임 만들기 및 효과 및 클리핑 패스 적용 ▶ 도형 편집 및 문자 효과 적용 ▶ 단락 스타일 설정 ▶ 답안 파일 저장

완성이미지 | 수험번호-성명-3.indd
1급-301.jpg, 1급-302.jpg

01 새 문서 만들기 및 임시 파일 저장하기

01 [File(파일)]-[New(새로 만들기)]-[Document(문서)]([Ctrl]+[N])를 선택하고 [New Document(새문서)] 대화상자에서 'Width(폭) : 210mm, Height(높이) : 280mm', 'Pages(페이지) : 2, Facing Pages(페이지 마주보기) 옵션선택, Columns(열) : 2, Column Gutter(열 간격) : 3mm', Margins(여백)의 'Top(위쪽) : 20mm, Bottom(아래쪽) : 25mm, Inside(안쪽) : 15mm, Outside(바깥쪽) : 15mm', Bleed and Slug(도련 및 슬러그)의 Bleed(도련)을 3mm로 설정하여 새 문서를 만듭니다.

02 Pages(페이지) 패널의 2페이지 Thumbnail(썸네일)에서 마우스 오른쪽 버튼을 클릭하여 'Allow Document Pages to Shuffle(문서 페이지 재편성 허용)' 체크를 해제합니다. 2페이지 Thumbnail(썸네일)을 마우스 왼쪽 버튼을 누른 상태에서 1페이지 Thumbnail(썸네일) 왼쪽으로 드래그하고 마우스 포인터가 'ㄷ'자 모양으로 바뀌면, 드롭하여 마주보는 페이지의 펼침면으로 배치합니다.

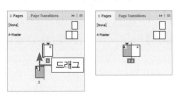

03 자주 사용하는 패널 영역을 [Window(창)]-[Workspace(작업 영역)]-[Typography(입력 체계)]로 설정하여 답안 작성 시간을 절약합니다.

04 [View(보기)]-[Grids & Guides(격자 및 안내선)]-[Show Guides(안내선 표시)]([Ctrl]+[;])를 선택하여 안내선을 표시합니다.

05 [File(파일)]-[Save(저장하기)]([Ctrl]+[S])를 선택하고 '저장 위치 : 내 PC₩문서₩GTQ, 파일 이름 : 수험번호-성명-3, 파일 형식 : InDesign "CC" 또는 "2021" document (*.indd)'로 설정한 후 저장합니다. INDD 답안 파일을 수시로 저장([Ctrl]+[S])하는 습관이 중요합니다.

🄂 마스터 페이지 설정

01 Page(페이지)([F12]) 패널에서 New Master(새 마스터) 메뉴를 선택하고 [New Master(새 마스터)] 대화상자에서 'Prefix(접두어) : B, Name(이름) : Master(마스터), Number of Pages(페이지 수) : 2, Page Size(페이지 크기)–Width(폭) : 210mm, Height(높이) : 280mm'로 설정합니다.

02 B-Master 페이지의 Thumbnail(썸네일)을 1~2페이지 영역으로 드래그 앤 드롭하여 "B-Master" applied("B-마스터" 적용됨)로 설정합니다.

03 B-Master 페이지를 더블 클릭하여 왼쪽(홀수) 페이지 번호 영역에 Type Tool(문자 도구)([T])을 클릭하고 [Type(문자)]-[Insert Special Character(특수 문자 삽입)]-[Markers(표시자)]-[Current Page Number(현재 페이지 번호)]([Ctrl]+[Alt]+[Shift]+[N])를 선택합니다.

04 B-Master 페이지 번호 프레임을 선택하고 문제지의 '페이지 번호' 문자효과 《조건》과 같이 Type Tool(문자 도구)([T])을 클릭하여 'Font(글꼴) : Arial, Font Style(글꼴 스타일) : Regular, Font Size(글꼴 크기) : 18pt, Color(색상) : C0M0Y0K0'으로 설정한 후 완성된 왼쪽(홀수) 페이지 번호의 프레임을 [Alt]를 누른 상태에서 오른쪽(짝수) 페이지 번호 영역에 복사하여 문제지의 《출력형태》와 같이 배치합니다.

> **🄑 기적의 TIP**
>
> 페이지 번호에 활용된 도형(원)은 B-마스터 페이지에 작성되어야 합니다.

05 Ellipse Tool(타원 도구)([L])을 선택한 후 작업창을 클릭하여 [Ellipse(타원)] 대화상자에서 'Width(폭) : 15mm, Height(높이) : 15mm'를 입력합니다. [Window(창)]-[Color(색상)]-[Color(색상)]([F6])를 선택하고 Color(색상) 패널에서 Fill(칠)을 선택하여 CMYK 모드의 'M100Y100'으로 설정합니다.

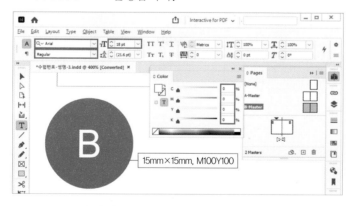

06 B-Master 페이지의 왼쪽(홀수) 페이지에서 문제지의 '면주' 문자효과 《조건》과 같이 만들기 위해 Type Tool(문자 도구)([T])을 클릭하여 'FESTIVAL'을 입력하고 'Font(글꼴) : Arial, Font Style(글꼴 스타일) : Regular, Font Size(글꼴 크기) : 12pt, Tracking(자간) : 200, Color(색상) : C100M80'으로 설정한 후 《출력형태》와 같이 배치합니다.

07 편집이 완료된 B-Master 페이지 왼쪽(홀수) 페이지의 면주 텍스트 프레임을 선택하여 오른쪽(짝수) 페이지로 Alt + Shift 를 누른 상태에서 드래그합니다. Type Tool(문자 도구)(T)을 클릭하고 복사한 프레임을 선택한 후 'SUN FLOWER'로 수정합니다.

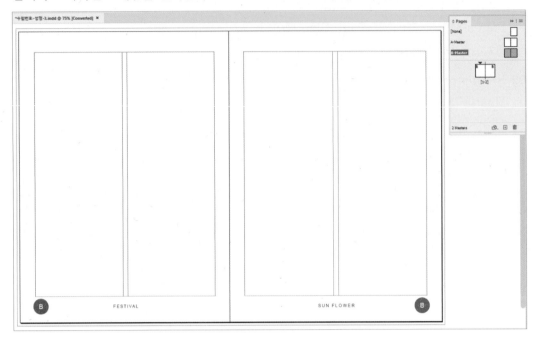

03 이미지 프레임 효과 및 클리핑 패스 적용

01 내 PC₩문서₩GTQ₩Output 폴더의 1급-301.jpg, 1급-302.jpg와 문제지의 《출력형태》에서 이미지 프레임의 레이아웃을 확인합니다.

02 [File(파일)]-[Place(가져오기)](Ctrl + D)를 클릭하여 내 PC₩문서₩GTQ₩Image 폴더에서 1급-14.ai, 1급-16.psd, 1급-17.psd를 가져옵니다. 프레임을 더블 클릭하거나 Direct Selection Tool(직접 선택 도구)(A)을 클릭하여 프레임 내 이미지의 위치나 크기를 변경합니다.

03 [File(파일)]-[Place(가져오기)]([Ctrl]+[D])를 클릭하여 1급-15.jpg를 가져옵니다. 프레임을 선택하고 [Object(개체)]-[Clipping Path(클리핑 패스)]-[Options(옵션)]([Ctrl]+[Alt]+[Shift]+[K])를 선택하여 [Clipping Path(클리핑 패스)] 대화상자에서 'Type(유형) : Photoshop Path(패스), Path(패스) : Path1'을 선택합니다. 1급-15.jpg 프레임에서 마우스 오른쪽 버튼을 클릭하여 [Effects(효과)]-[Drop Shadow(그림자)]를 선택합니다.

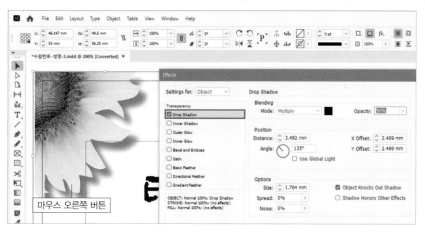

04 1급-15.jpg 프레임을 2페이지 위쪽에 복사한 후 더블 클릭하거나 Direct Selection Tool(직접 선택 도구)([A])을 클릭하여 프레임 내 이미지의 위치나 크기를 변경합니다. 프레임을 선택하고 [Object(개체)]-[Clipping Path(클리핑 패스)]-[Options(옵션)]([Ctrl]+[Alt]+[Shift]+[K])를 선택하여 [Clipping Path(클리핑 패스)] 대화상자에서 'Type(유형) : Photoshop Path(패스), Path(패스) : Path 2'를 선택합니다.

05 1급-15.jpg 프레임을 2페이지 아래쪽에 복사한 후 더블 클릭하거나 Direct Selection Tool(직접 선택 도구)([A])을 클릭하여 프레임과 프레임 내 이미지의 위치나 크기를 변경합니다. 프레임을 선택하고 [Object(개체)]-[Clipping Path(클리핑 패스)]-[Options(옵션)]([Ctrl]+[Alt]+[Shift]+[K])를 선택하여 [Clipping Path(클리핑 패스)] 대화상자에서 'Type(유형) : Photoshop Path(패스), Path(패스) : Path 3'을 선택합니다.

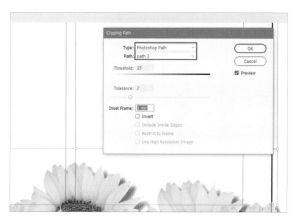

06 페이지 영역에서 마스터 페이지 내용(페이지 번호, 면주 등)이 내용이 가려지지 않도록 합니다. Page(페이지) 패널에서 수정할 페이지 Thumbnail(썸네일)에서 마우스 오른쪽 버튼을 클릭하여 [Override All Master Page Items(모든 마스터 페이지 재정의)]([Ctrl]+[Alt]+[Shift]+[L]) 메뉴를 선택한 후 [Object(개체)]-[Arrange(배치)]-[Send to Back(맨 뒤로 보내기)]([Ctrl]+[Shift]+[[])으로 배치합니다.

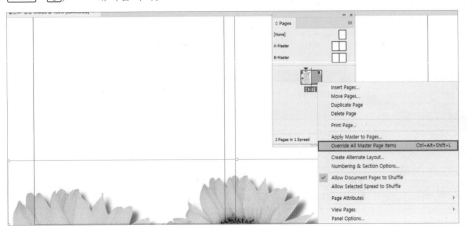

07 Rectangle Frame Tool(사각형 프레임 도구)을 클릭하여 [Shift]를 누른 상태로 드래그하여 정사각형 프레임을 만듭니다. Selection Tool(선택 도구)([F])을 클릭하고 [Shift]를 누른 상태로 드래그하여 45° 회전합니다. Direct Selection Tool(직접 선택 도구)([A])을 클릭하여 [Shift]를 누르고 마름모 프레임의 좌우를 선택하고 Free Transform Tool(자유 변형 도구)([E])을 클릭하여 [Shift]+[Alt]를 누른 상태로 문제지의 《출력형태》와 같이 변형합니다.

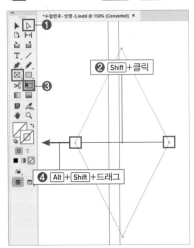

08 [File(파일)]−[Place(가져오기)]([Ctrl]+[D])를 클릭하여 1급−18.jpg를 가져옵니다. 프레임을 선택하고 [Window(창)]−[Stroke(획)]([F10])를 선택하고 Stroke(획) 패널에서 'Weight(두께) : 6pt, Type(유형) : Thin−Thick(가는 선−굵은 선)'으로 설정하고 [Window(창)]−[Color(색상)]−[Color(색상)]([F6])를 선택하고 Color(색상) 패널에서 Stroke(획)을 선택한 후 CMYK 모드의 'C80Y80'으로 설정한 후 배치합니다.

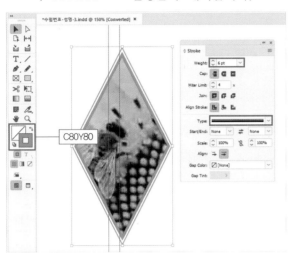

09 1급−18.jpg 프레임에서 [Window(창)]−[Text Wrap(텍스트 감싸기)]([Ctrl]+[Alt]+[W])을 선택합니다. Text Wrap(텍스트 감싸기) 패널에서 Wrap around object shape(개체 모양 감싸기)를 선택하여 'Offset(오프셋) : 6mm'로 설정합니다. 프레임을 《출력형태》와 같이 복사한 후 더블 클릭하거나 Direct Selection Tool(직접 선택 도구)([A])을 클릭하여 프레임 내 이미지의 위치나 크기를 변경합니다.

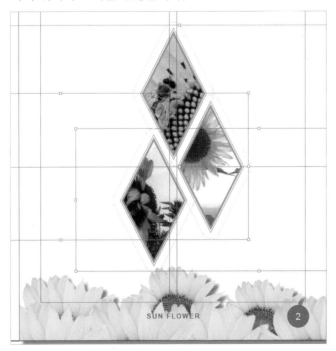

10 [File(파일)]-[Place(가져오기)]([Ctrl]+[D])를 클릭하여 1급-19.psd를 가져옵니다. 프레임을 선택하고 [Object(개체)]-[Clipping Path(클리핑 패스)]-[Options(옵션)]([Ctrl]+[Alt]+[Shift]+[K])를 선택하여 [Clipping Path(클리핑 패스)] 대화상자에서 'Type(유형) : Alpha Channel(알파 채널)'을 선택합니다. 컨트롤 패널에서 'Opacity(불투명도) : 50%'로 설정합니다.

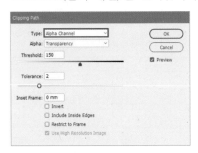
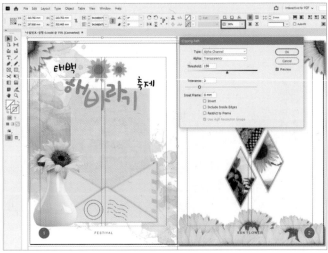

04 도형 편집 및 문자 효과 적용

01 Rectangle Tool(사각형 도구)([M])을 선택한 후 작업창을 클릭하여 [Rectangle(사각형)] 대화상자에서 'Width(폭) : 400mm, Height(높이) : 235mm'를 입력한 후 배치합니다. [Window(창)]-[Color(색상)]-[Color(색상)]([F6])를 선택하고 Color(색상) 패널에서 Fill(칠)을 선택하여 CMYK 모드의 'C50Y100'으로 설정한 후 컨트롤 패널에서 'Opacity(불투명도) : 30%'로 설정합니다.

02 문제지의 《출력형태》와 같이 Pen Tool(펜 도구)(P)을 클릭하여 '여름 대표 꽃 해바라기의 매력에 퐁당~'의 Path(패스) 형태를 작성한 후 Type on a Path Tool(패스에 입력 도구)(Shift + T)을 클릭하고 작성된 Path(패스)를 선택합니다.

03 [Type(문자)]-[Character(문자)](Ctrl+T)를 선택하고 Character(문자) 패널에서 'Font (글꼴) : Gulim(굴림), Font Size(글꼴 크기) : 13pt, Tracking(자간) : −70'으로 설정하고, Color(색상) 패널에서 CMYK 모드로 변경한 후, M80Y90으로 설정한 후 '여름 대표 꽃 해바라기의 매력에 퐁당~'을 입력한 후 배치합니다.

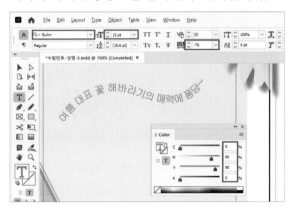

05 단락 스타일 설정

01 [Window(창)]-[Color(색상)]-[Swatches(색상 견본)](F5)를 선택하고 Swatches(색상 견본) 패널에서 New Color Swatch(새 색상 견본) 메뉴를 선택하여 단락 스타일 '중제목'의 색상 'C50M100Y50', '본문1'의 색상 'C100M80Y20', '소제목'의 색상 'C0M0Y0K0', '본문2'의 색상 'K100'을 각각 추가합니다. '소제목'의 밑줄 Swatches(색상 견본) 'C80Y80'도 추가합니다.

기적의 TIP
이미 Swatches(색상 견본)에 'C0M0Y0K0'과 'K100'이 추가되었다면 생략합니다.

02 [File(파일)]-[Place(가져오기)](Ctrl+D)를 선택하고 내 PC₩문서₩GTQ₩Image 폴더에서 1급-20.txt를 선택하여 '중제목' 텍스트 프레임을 만들고, 문제지의 《조건》으로 지시된 단락 스타일 '중제목' 내용만 남깁니다. [New Paragraph Style(새 단락 스타일)] 대화상자에서 Preview(미리보기)를 체크하고 Basic Character Formats(기본 문자 서식) 탭에서 'Style Name(스타일 이름) : 중제목', 'Font(글꼴) : Gungsuh(궁서), Size(크기) : 30pt, Tracking (자간) : −90', Character Color(문자 색상) 탭에서 Swatches(색상 견본) 'C50M100Y50'으로 설정합니다.

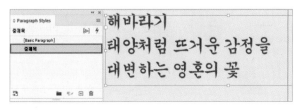

03 [File(파일)]-[Place(가져오기)]([Ctrl]+[D])를 선택하고 1급-20.txt를 선택하여 '본문1' 텍스트 프레임을 만들고, 문제지의 《조건》으로 지시된 단락 스타일 '본문1' 내용만 남깁니다. [New Paragraph Style(새 단락 스타일)] 대화상자에서 Preview(미리보기)를 체크하고 Basic Character Formats(기본 문자 서식) 탭에서 'Style Name(스타일 이름) : 본문1', 'Font (글꼴) : Gulim(굴림), Size(크기) : 10pt, Leading(행간) : 18pt, Tracking(자간) : -50', 'Indents and Spacing : Center', Character Color(문자 색상) 탭에서 Swatches(색상 견본) 'C100M80Y20'으로 설정합니다.

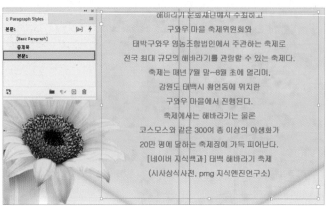

04 [File(파일)]-[Place(가져오기)]([Ctrl]+[D])를 선택하고 1급-20.txt를 선택하여 '본문2' 텍스트 프레임을 만들고, 문제지의 《조건》으로 지시된 단락 스타일 '본문2' 내용만 남깁니다. 단락 서식 컨트롤 패널에서 텍스트 프레임을 'Columns(열 수) : 2, Column Gutter(열 간격) : 3mm'로 설정합니다. [New Paragraph Style(새 단락 스타일)] 대화상자에서 Preview(미리보기)를 체크하고 Basic Character Formats(기본 문자 서식) 탭에서 'Style Name(스타일 이름) : 본문2', 'Font(글꼴) : Dotum(돋움), Size(크기) : 10pt, Leading(행간) : 15pt, Tracking(자간) : -70, Indents and Spacing(들여쓰기 및 간격) 탭에서 'First Line Indent(첫 줄 들여쓰기) : 4mm', Drop Caps and Nested Styles(단락 시작표시문자) 탭에서 'Lines(줄 수) : 2, Characters(문자 수) : 1', Character Color(문자 색상) 탭에서 Swatches(색상 견본) 'K100'으로 설정합니다.

05 '본문2' 프레임에서 '소제목' 부분을 블록 지정한 후 '소제목' 단락 스타일을 만듭니다. [New Paragraph Style(새 단락 스타일)] 대화상자에서 Preview(미리보기)를 체크하고 Basic Character Formats(기본 문자 서식) 탭에서 'Style Name(스타일 이름) : 소제목', 'Font (글꼴) : Gungsuh(궁서), Size(크기) : 10pt, Leading(행간) : 15pt, Tracking(자간) : −80, Indents and Spacing(들여쓰기 및 간격) 탭에서 'First Line Indent(첫 줄 들여쓰기) : 4mm', Character Color(문자 색상) 탭에서 Swatches(색상 견본) 'C0M0Y0K0', Underline Options(밑줄 옵션) 탭에서 'Underline On(밑줄 켬)'을 체크하고 'Weight(두께) : 11pt, Offset(오프셋) : −4pt, Swatches(색상 견본) 'C80Y80'으로 설정합니다. 문제지의 《출력형태》와 같이 '본문2' 단락 스타일 영역에서 해당하는 부분만 '소제목' 단락 스타일을 설정합니다.

06 답안 파일 저장

01 완성된 INDD 답안 파일을 문제지의 《조건》과 《출력형태》를 기준으로 최종 점검하여 [File(파일)]−[Save(저장하기)](Ctrl + S)로 저장합니다.

02 답안 파일 저장이 완료되면 [File(파일)]−[Close(닫기)](Ctrl + W)를 선택하고 수험자 답안 전송 프로그램의 [답안 전송]을 클릭하여 최종 INDD 파일을 감독관 컴퓨터로 제출합니다.

➕ 더 알기 TIP

GTQid 1급 시험은 문항마다 제출할 답안 파일의 형식과 개수가 다릅니다. 1급의 1번 문항은 INDD와 PDF파일은, 2번 문항은 INDD와 EPUB 파일을, 3번 문항은 INDD 파일로 총 5개의 답안 파일이 저장되어야 합니다.

기출 유형 문제 02회

급수	문제유형	시험시간	수험번호	성명
1급	A	90분	G320250002	

수 험 자 유 의 사 항

- 수험자는 문제지를 받는 즉시 응시하고자 하는 **과목 및 급수가 맞는지 확인**한 후 수험번호와 성명을 작성합니다.
- 파일명은 본인의 수험번호–성명–문제번호로 공백 없이 정확히 입력하고 답안 폴더(내 PC₩문서₩GTQ)에 파일저장규칙으로 저장해야 하며, '다른 파일 형식과 버전으로 저장하였을 경우', '패키지로 저장할 경우' 0점 처리됩니다. 답안문서 파일명이 수험번호–성명–문제번호와 일치하지 않거나, 답안 파일을 전송하지 않아 미제출로 처리될 경우 불합격 처리됩니다.
- 수험자 정보와 저장한 파일명, 저장 위치가 다를 경우 전송이 되지 않으므로, 주의하시기 바랍니다.
- 답안 작성 중에도 **주기적으로 '저장'과 '답안 전송'**을 이용하여 감독위원 PC로 답안을 전송하셔야 합니다.(※ 작성한 내용을 **저장하지 않고 전송할 경우** 이전의 저장내용이 전송되오니 이 점 반드시 유념하시기 바랍니다.)
- 답안문서는 지정된 경로 외의 다른 보조기억장치에 저장하는 행위, 지정된 시험 시간 외에 작성된 파일을 활용한 행위, 기타 통신수단(이메일, 메신저, 네트워크 등)을 이용하여 타인에게 전달 또는 외부 반출하는 행위는 부정행위로 간주되어 자격기본법 제32조에 의거 본 시험 및 국가공인 자격시험을 2년간 응시할 수 없습니다.
- 시험 중 부주의 또는 고의로 시스템을 파손한 경우와 〈수험자 유의사항〉에 기재된 방법대로 이행하지 않아 생기는 불이익은 수험자의 책임임을 알려 드립니다.
- 시험을 완료한 수험자는 최종적으로 저장한 답안 파일이 전송되었는지 확인한 후 감독위원의 지시에 따라 문제지를 제출하고 퇴실합니다.

답 안 작 성 요 령

- **온라인 답안 작성 절차**
  수험자 등록 ⇒ 시험 시작 ⇒ 답안 파일 저장 ⇒ 답안 전송 ⇒ 시험 종료
- 내 PC₩문서₩GTQ₩Image 폴더의 첨부파일을 사용하여 답안을 작성하고 최종답안을 답안 폴더(내 PC₩문서₩GTQ)에 저장하여 답안을 전송하시고, 이미지의 크기가 다른 경우 감점 처리됩니다.
- 배점은 총 100점으로 이루어지며, 점수는 각 문제별로 차등 배분됩니다.
- 각 문제의 기본 단위는 'mm(밀리미터)'이며 지시조건에 맞게 답안을 작성하셔야 합니다.
- 그 외 지시되지 않는 조건(레이아웃, 색상, 문자, 규격 등)은 《결과파일》, 《출력형태》를 참고하여 첨부파일을 활용하여 작성하십시오. 위 언급한 내용을 충족하지 못했을 경우에는 0점 또는 감점 처리됩니다.(※ 《결과파일》은 내 PC₩문서₩GTQ₩ Output 폴더에서 확인)
- 문제 조건에 서체의 지정이 없을 경우 한글은 굴림, 돋움, 영문은 Arial로 작성하십시오. 임의 서체로 작성할 경우 감점될 수 있으니 유의하시기 바랍니다.
- 문제 조건에 형태(크기, 색상, 선 굵기 등)에 대한 지정이 없을 경우 《결과파일》, 《출력형태》를 참고하여 작업해 주시기 바랍니다.
- Color Mode(색상 모드)는 별도의 처리조건이 없을 경우에는 CMYK로 작성하십시오.
- 조건에서 제시한 기능의 속성을 해지할 경우 해당 요소는 0점 처리됩니다.

한 국 생 산 성 본 부

다음의 《조건》에 따라 아래의 《출력형태》와 같이 작업하시오.

조건

첨부파일		GTQ\Image\1급-1.ai, 1급-2.psd, 1급-3.jpg, 1급-4.jpg, 1급-5.txt
파일저장규칙	크기 동일	323×470mm
	indd 파일명	GTQ\수험번호-성명-1.indd
	pdf 파일명	GTQ\수험번호-성명-1.pdf

1. 기본 설정
① 1쪽(Pages), 3단(Columns), 단 간격(Gutter) 6mm, 여백(Margins) : 상하 25mm, 좌우 20mm, 도련(Bleed) 3mm
② PDF 내보내기 : 모든 프린터 표시(All Printer's Marks)

2. 작업 방법
① 1급-1.ai : 효과(Effects) – 그림자(Drop Shadow)
② 1급-2.psd : 불투명도(Opacity) 30%
③ 1급-3.jpg : 모퉁이 – 경사(Bevel) 10mm, 굵은 선 – 가는 선(Thick – Thin) (10pt, C100M90Y20)
④ 1급-4.jpg : 클리핑 패스(Clipping Path) – 포토샵 패스(Photoshop Path), 텍스트 감싸기(Text Wrap) 5mm, 효과 (Effects) – 방향 페더(Directional Feather)
⑤ 획 : 80mm, 5pt, 물결(Wavy), M100Y100K20, 회전 각도 30°
⑥ 도형 : 삼각형(60×30mm, M10Y100, M70, 불투명도(Opacity) 40%)

3. 문자 효과
① YEOJU CERAMIC FESTIVAL(Times New Roman, Bold, 18pt, C100M50)
② 한국의도자기(궁서, 30pt, K100, 자간 2000, 효과 (Effects) – 그림자(Drop Shadow))
③ 혼을 담은 천년 여주도자(궁서, 30pt, C100 → M50Y100)
④ 1급-5.txt : 단락 스타일 설정
- 본문1(굴림, 14pt, 행간 28pt, 자간 -50, C60M30Y50, 단락 표시문자 2줄)
- 본문2(바탕, 12pt, 행간 23pt, 자간 -30, K100, 첫줄 들여쓰기 6mm)
- 캡션(바탕, 14pt, 행간 24pt, 자간 -80, C100M50K20, 글머리기호)

출력형태

다음의 《조건》에 따라 아래의 《출력형태》와 같이 작업하시오.

조건

첨부파일		GTQ\Image\1급-6.ai, 1급-7.jpg, 1급-8.png, 1급-9.jpg, 1급-10.jpg, 1급-11.png, 1급-12.png, 1급-13.txt
파일저장규칙	크기 동일	160×195mm
	indd 파일명	GTQ\수험번호-성명-2.indd
	epub 파일명	GTQ\수험번호-성명-2.epub

1. 기본 설정

① 6쪽(Pages), 2단(Columns), 단 간격(Gutter) 5mm, 여백(Margins) : 상하 25mm, 좌우 20mm, 도련(Bleed) 3mm

② EPUB 고정 레이아웃(Fixed Layout) 내보내기 : 첫 페이지 래스터화(Rasterize First Page)

2. 작업 방법

① 1급-6.ai : 효과(Effects) – 그림자(Drop Shadow), 1급-7.jpg : 효과(Effects) – 외부 광선(Outer Glow), 텍스트 감싸기(Text Wrap) 5mm

② 1급-8.png : 클리핑 패스(Clipping Path) – 알파 채널(Alpha Channel), 텍스트 감싸기(Text Wrap) 5mm

③ 1급-9.jpg, 1급-10.jpg, 1급-11.png, 1급-12.png : 응용 및 배치

④ 도형 : 사각형(40×40mm, C10M20Y80, C20M80Y100K10, C30M100Y80K50, 불투명도(Opacity) 30%), 원(120×120mm, 패스파인더(Pathfinder) – 이면 개체 제외(Minus Back), M70Y10, 불투명도(Opacity) 60%), 삼각버튼(6×6mm, M70Y10)

⑤ 마스터 페이지 설정 : 페이지 번호 설정, 짝수 페이지 삼각버튼 배치

⑥ 상호작용(Interactive) 설정 : 하이퍼링크(license.kpc.or.kr로 페이지 이동, 새 창으로), 이전과 다음 페이지로 이동(삼각버튼)

3. 문자 효과

① license.kpc.or.kr, '페이지 번호'(Arial, Regular, 12pt, C20M80Y100K10)

② 흥미진진 초콜릿 이야기(궁서, 22pt, 자간 -80, C0M0Y0K0)

③ ◆초콜릿의 역사 ◆다양한 초콜릿 ◆초콜릿의 품질(돋움, 12pt, 자간 -30, C10M90)

④ 1급-13.txt : 단락 스타일 설정

- 소제목(돋움, 12pt, 행간 18pt, 자간 -20, M70Y10, 위쪽 단락경계선 1pt)
- 본문1(굴림, 12pt, 행간 25pt, 자간 -30, K100, 왼쪽 정렬)
- 본문2(바탕, 10pt, 행간 18pt, 자간 -80, C0M0Y0K0, 첫줄 들여쓰기 8mm)

출력형태

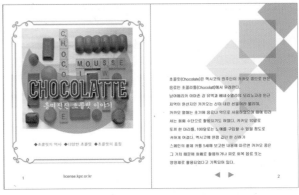

다음의 《조건》에 따라 아래의 《출력형태》와 같이 작업하시오.

조건

첨부파일		GTQ₩Image₩1급-14.ai, 1급-15.jpg, 1급-16.png, 1급-17.ai, 1급-18.jpg, 1급-19.psd, 1급-20.txt
파일저장규칙	크기 동일	210×280mm
	indd 파일명	GTQ₩수험번호-성명-3.indd

1. 기본 설정

① 2쪽(Pages), 2단(Columns), 단 간격(Gutter) 3mm, 여백(Margins) : 상 22mm, 하 40mm, 좌우 25mm, 도련(Bleed) 3mm

2. 작업 방법

① 1급-14.ai, 1급-16.png, 1급-17.ai : 응용 및 배치

② 1급-15.jpg : 효과(Effects) – 외부 광선(Outer Glow), 텍스트 감싸기(Text Wrap) 4mm

   1급-18.jpg : 불투명도(Opacity) 30%

③ 1급-19.psd : 효과(Effects) – 내부 그림자(Inner Shadow)

④ 도형 : 원(12×12mm, C0Y0M0K0, 효과(Effects) – 그레이디언트 페더(Gradient Feather))

⑤ 마스터 페이지 설정 : B-Master Page 추가, 페이지 번호 설정.

   면주 설정(1 페이지 "What is the Universe", 2 페이지 "우주의 탄생")

3. 문자 효과

① 란 무엇일까?(돋움, 30pt, 자간 -50, C0M0Y0K0, 효과(Effects) – 그림자(Drop Shadow))

② '페이지 번호'(Arial, Bold, 15pt, C30M70)

③ '면주'(Arial, Bold, 돋움, 10pt, 자간 -20, C0M0Y0K0, C90M70)

④ 1급-20.txt : 단락 스타일 설정

- 중제목(궁서, 26pt, 행간 36pt, 자간 -100, C90M70)
- 소제목(굴림, 11pt, 행간 18pt, 자간 -70, K100, 첫줄 들여쓰기 6mm, 단락경계선 점선(Dot) 4pt)
- 본문1(굴림, 13pt, 행간 24pt, 자간 -50, M20Y100, 밑줄(Underline) 1pt)
- 본문2(바탕, 9pt, 행간 18pt, 자간 -60, C80M100K10, 첫줄 들여쓰기 6mm)

출력형태

문제 1 **[기능평가] 신문 제작**

작업과정 새 문서 만들기 및 임시 파일 저장하기 ▶ 이미지 프레임 효과 및 클리핑 패스 적용 ▶ 선과 도형 편집 ▶ 문자 효과 적용 ▶ 단락 스타일 설정 ▶ PDF 내보내기와 답안 파일 저장

완성이미지 수험번호-성명-1.INDD, 수험번호-성명-1.pdf
1급-101.jpg

① 새 문서 만들기 및 임시 파일 저장하기

01 [File(파일)]-[New(새로 만들기)]-[Document(문서)]([Ctrl]+[N])를 선택하고 [New Document(새문서)] 대화상자에서 'Width(폭) : 323mm, Height(높이) : 470mm', 'Pages(페이지) : 1, Columns(열) : 3, Column Gutter(열 간격) : 6mm', Margins(여백)의 'Top(위쪽) : 25mm, Bottom(아래쪽) : 25mm, Inside(안쪽) : 20mm, Outside(바깥쪽) : 20mm', Bleed and Slug(도련 및 슬러그)의 Bleed(도련)을 3mm로 설정하여 새 문서를 만듭니다.

02 자주 사용하는 패널 영역을 [Window(창)]-[Workspace(작업 영역)]-[Typography(입력 체계)]로 설정하여 답안 작성 시간을 절약합니다.

03 [View(보기)]-[Grids & Guides(격자 및 안내선)]-[Show Guides(안내선 표시)]([Ctrl]+[;])를 선택하여 안내선을 표시합니다.

04 [File(파일)]-[Save(저장하기)]([Ctrl]+[S])를 선택하고 '저장 위치 : 내 PC\문서\GTQ, 파일 이름 : 수험번호-성명-1, 파일 형식 : InDesign "CC" 또는 "2021" document (*.indd)'로 설정한 후 저장합니다. INDD 답안 파일을 수시로 저장([Ctrl]+[S])하는 습관이 중요합니다.

② 이미지 프레임 효과 및 클리핑 패스 적용

01 내 PC\문서\GTQ\Output 폴더의 1급-101.jpg와 문제지의 《출력형태》에서 이미지 프레임의 레이아웃과 레이어 순서를 확인합니다.

02 [File(파일)]-[Place(가져오기)]([Ctrl]+[D])를 클릭하여 내 PC\문서\GTQ\Image 폴더에서 1급-1.ai를 가져옵니다. 1급-1.ai 프레임을 선택하고 [Object(개체)]-[Effects(효과)]-[Drop Shadow(그림자)]([Ctrl]+[Alt]+[M])를 선택합니다. [Effects(효과)] 대화상자에서 Preview(미리보기)를 체크하고 'Drop Shadow(그림자)-Blending(혼합 모드) : Multiply(곱하기), Opacity : 50%'로 설정합니다.

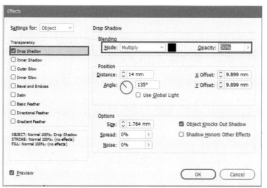
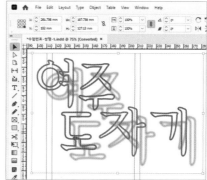

03 [File(파일)]-[Place(가져오기)]([Ctrl]+[D])를 클릭하여 1급-2.psd를 가져옵니다. 컨트롤 패널에서 'Opacity(불투명도) : 30%'로 설정합니다.

04 [File(파일)]-[Place(가져오기)]([Ctrl]+[D])를 클릭하여 1급-3.jpg를 가져옵니다. [Object(개체)]-[Corner Options(모퉁이 옵션)]를 선택하고 Corner Options(모퉁이 옵션) 패널에서 Corner Size and Shape(모퉁이 크기와 모양)을 'Bevel(경사), 10mm'로 설정합니다.

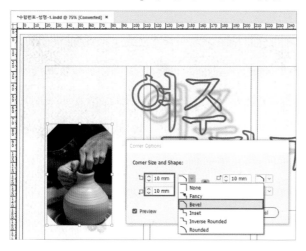

05 1급-3.jpg 프레임을 선택하고 [Window(창)]-[Stroke(획)]([F10])을 선택하고 Stroke(획) 패널 에서 'Weight(두께) : 10pt, Type(유형) : Thick-Thin(굵은 선-가는 선)'으로 설정합니다. [Window(창)]-[Color(색상)]-[Color(색상)]([F6])를 선택하고 Color(색상) 패널에서 Stroke (획)을 선택한 후 CMYK 모드의 'C100M90Y20'으로 설정한 후 배치합니다. 프레임을 복사하 여 더블 클릭하거나 Direct Selection Tool(직접 선택 도구)([A])을 클릭하여 프레임 내 이미 지의 위치나 크기를 변경합니다.

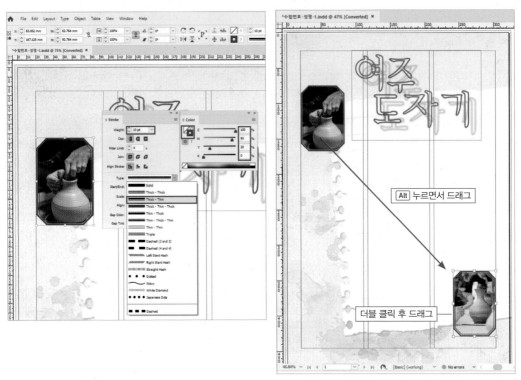

06 [File(파일)]-[Place(가져오기)]([Ctrl]+[D])를 클릭하여 1급-4.jpg를 가져옵니다. 프레임을 선 택하고 [Object(개체)]-[Clipping Path(클리핑 패스)]-[Options(옵션)]([Ctrl]+[Alt]+[Shift]+ [K])를 선택하여 [Clipping Path(클리핑 패스)] 대화상자에서 'Type(유형) : Photoshop Path(패스), Path(패스) : Path1'을 선택합니다.

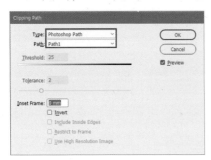

07 1급-4.jpg 프레임을 선택하고 [Window(창)]-[Text Wrap(텍스트 감싸기)]([Ctrl]+[Alt]+[W])
을 선택하여 Text Wrap(텍스트 감싸기) 패널에서 Wrap around object shape(개체 모양
감싸기)을 선택하여 'Offset(오프셋) : 5mm'로 설정한 후 [Object(개체)]-[Effects(효과)]-
[Gradient Feather(그레이디언트 페더)]에서 'Options(옵션) : Angle(각도) : 180°'로 설정
합니다.

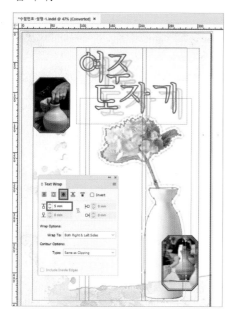
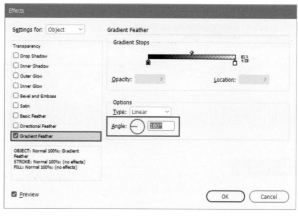

기적의 TIP

문제지에 불투명도값이나, 각도값이 지시되지 않는 경우도 있으니
《출력형태》와 Output 파일을 참고하여 설정합니다.

03 선과 도형 편집

01 Line Tool(선 도구)([W])을 클릭하여 [Shift]를 누른 상태에서 'Length(길이) : 80mm'로 가로
직선을 만듭니다. [Window(창)]-[Stroke(획)]([F10])를 선택하고 Stroke(획) 패널에서 'Weight
(두께) : 5pt, Type(유형) : Wavy(물결)'로 설정합니다. [Window(창)]-[Color(색상)]-
[Color(색상)]([F6])를 선택하고 Color(색상) 패널에서 Stroke(획)을 선택한 후 CMYK 모드의
'M100Y100K20'으로 설정한 후 컨트롤 패널에서 'Rotation Angle(회전 각도) : 30°'로 배치
합니다.

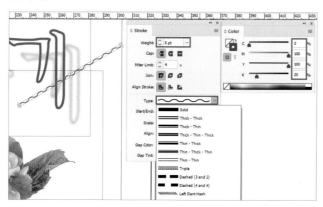

02 Polygon Tool(다각형 도구)을 선택한 후 작업창을 클릭하여 [Polygon(다각형)] 대화상자가 열리면 'Width(폭) : 60mm, Height(높이) : 30mm, Number of Sides : 3, Star Inset : 0%'로 삼각형을 만들고 컨트롤 패널에서 'Rotation Angle(회전 각도) : 45°'로 배치합니다. [Window(창)]−[Color(색상)]−[Color(색상)](F6)를 선택하고 Color(색상) 패널에서 Fill(칠)을 선택한 후 CMYK 모드의 'M10Y100'으로 설정합니다. 컨트롤 패널에서 'Opacity(불투명도) : 40%'로 설정하여 배치합니다.

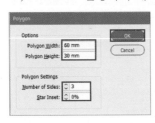 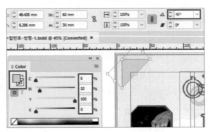

🅑 기적의 TIP

[View(보기)]−[Grids & Guides(격자 및 안내선)]−[Smart Guides(고급 안내선)](Ctrl+U)을 표시합니다.

03 삼각형을 선택하고 Alt+Shift를 누르면서 오른쪽으로 드래그하여 복사한 후 컨트롤 패널에서 'Flip Horizontal(가로로 뒤집기)'을 선택하고 Color(색상) 패널에서 Fill(칠)을 선택한 후 CMYK 모드의 'M70'으로 설정합니다. 컨트롤 패널에서 'Opacity(불투명도) : 40%'로 설정합니다.

04 완성된 두 삼각형을 선택하고 Alt+Shift를 누르면서 아래로 드래그하여 복사합니다. 컨트롤 패널에서 'Flip Vertical(세로로 뒤집기)', 'Flip Horizontal(가로로 뒤집기)'을 선택합니다.

04 문자 효과 적용

01 [Type(문자)]-[Character(문자)]([Ctrl]+[T])를 선택하여 Character(문자) 패널에서 'Font(글꼴) : Times New Roman, Font Style(글꼴 스타일) : Bold, Font Size(글꼴 크기) : 18pt, Color(색상) : C100M50'으로 설정 후 'YEOJU CERAMIC FESTIVAL'을 입력합니다.

02 [Type(문자)]-[Character(문자)]([Ctrl]+[T])를 선택하여 Character(문자) 패널에서 'Font(글꼴) : Gungsuh(궁서), Font Size(글꼴 크기) : 30pt, Tracking(자간) : 2000, Color(색상) : K100'으로 설정한 후 '한국의도자기'를 입력한 후 배치합니다. 문자 프레임에서 마우스 오른쪽 버튼을 클릭하여 [Effects(효과)]-[Drop Shadow(그림자)] 또는 [Object(개체)]-[Effects(효과)]-[Drop Shadow(그림자)]([Ctrl]+[Alt]+[M])를 선택합니다.

03 문제지의 《출력형태》와 같이 Pen Tool(펜 도구)([P])을 클릭하여 '혼을 담은 천년 여주도자'의 Path(패스) 형태를 작성한 후 Type on a Path Tool(패스에 입력 도구)([Shift]+[T])을 클릭하고 작성된 Path(패스)를 선택합니다.

04 [Type(문자)]-[Character(문자)]([Ctrl]+[T])를 선택하고 Character(문자) 패널에서 'Font(글꼴) : Gungsuh(궁서), Font Size(글꼴 크기) : 30pt'로 설정한 후 '혼을 담은 천년 여주도자'를 입력한 후 배치합니다. [Window(창)]-[Color(색상)]-[Gradient(그레이디언트)] 패널에서 'Type(유형) : Linear(선형)'를 선택하여 CMYK 모드의 시작 'C100', 끝 'M50Y100'으로 설정합니다.

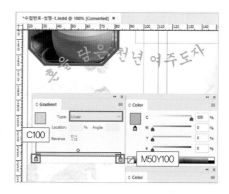

05 단락 스타일 설정

01 [Window(창)]−[Color(색상)]−[Swatches(색상 견본)]([F5])를 선택하고 Swatches(색상 견본) 패널에서 New Color Swatch(새 색상 견본) 메뉴를 선택하여 단락 스타일 '본문1'의 색상 'C60M30Y50', '본문2'의 색상 'K100', '캡션'의 색상 'C100M50K20'을 각각 추가합니다.

02 [File(파일)]−[Place(가져오기)]([Ctrl]+[D])를 선택하고 내 PC₩문서₩GTQ₩Image 폴더에서 1급-5.txt를 선택하여 '본문1' 텍스트 프레임을 만들고, 문제지의 《조건》으로 지시된 단락 스타일 '본문1' 내용만 남깁니다. [New Paragraph Style(새 단락 스타일)] 대화상자에서 Preview(미리보기)를 체크하고 Basic Character Formats(기본 문자 서식) 탭에서 'Style Name(스타일 이름) : 본문1', 'Font(글꼴) : Gulim(굴림), Size(크기) : 14pt, Leading(행간) : 28pt, Tracking(자간) : −50', Drop Caps and Nested Styles(단락 시작표시문자) 탭에서 'Lines(줄 수) : 2, Characters(문자 수) : 3', Character Color(문자 색상) 탭에서 색상 견본 'C60M30Y50'으로 설정합니다.

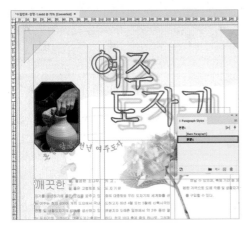

03 [File(파일)]−[Place(가져오기)]([Ctrl]+[D])를 선택하고 1급-5.txt를 선택하여 '본문2' 텍스트 프레임을 만들고, 문제지의 《조건》으로 지시된 단락 스타일 '본문2' 내용만 남깁니다. 단락 서식 컨트롤 패널에서 'Columns(열 수) : 2, Gutter(단 간격) : 6mm'로 설정합니다. [New Paragraph Style(새 단락 스타일)] 대화상자에서 Preview(미리보기)를 체크하고 Basic Character Formats(기본 문자 서식) 탭에서 'Style Name(스타일 이름) : 본문2', 'Font(글꼴) : Batang(바탕), Size(크기) : 12pt, Leading(행간) : 23pt, Tracking(자간) : −30', Indents and Spacing(들여쓰기 및 간격) 탭에서 'First Line Indent(첫 줄 들여쓰기) : 6mm', Character Color(문자 색상) 탭에서 색상 견본 'K100'으로 설정합니다.

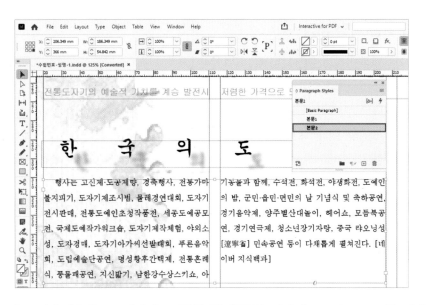

04 [File(파일)]−[Place(가져오기)]([Ctrl]+[D])를 선택하고 1급−5.txt를 선택하여 '캡션' 텍스트 프레임을 만들고, 문제지의 《조건》으로 지시된 단락 스타일 '캡션' 내용만 남깁니다. [New Paragraph Style(새 단락 스타일)] 대화상자에서 Preview(미리보기)를 체크하고 Basic Character Formats(기본 문자 서식) 탭에서 'Style Name(스타일 이름) : 캡션', 'Font (글꼴) : Batang(바탕), Size(크기) : 14pt, Leading(행간) : 24pt, Tracking(자간) : −80', Character Color(문자 색상) 탭에서 색상 견본 'C100M50K20'으로 설정합니다. Bullets and Numbering(글머리 기호 및 번호 매기기) 탭에서 문제지의 《출력형태》와 같은 글머리 기호를 선택합니다.

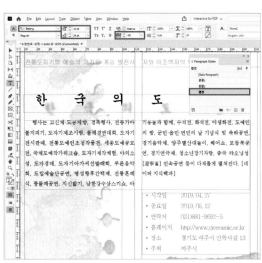

06 PDF 내보내기와 답안 파일 저장

01 [File(파일)]−[Export(내보내기)]([Ctrl]+[E])를 선택하고 '저장 위치 : 내 PC₩문서₩GTQ'로 설정한 후 '파일 이름 : 수험번호−성명−1'을 입력하고 '파일 형식 : Adobe PDF (Print) (*.pdf)'로 설정한 후 저장합니다.

02 [Export Adobe PDF(Adobe PDF 내보내기)] 대화상자에서 [General(일반)] 탭에서 'Adobe PDF Preset(사전 설정) : High Quality Print(고품질 인쇄)'를 선택하고 [Marks and Bleeds(표시 및 도련)]에서 [All Printer's Marks(모든 프린터 표시)]로 설정하고 문제지의 《출력형태》를 참고하여 'Use Document Bleed Settings(문서에 도련 설정 사용)' 표시로 설정한 후 Export(내보내기)를 선택합니다.

03 완성된 INDD 답안 파일을 문제지의 《조건》과 《출력형태》를 기준으로 최종 점검하여 [File(파일)]−[Save(저장하기)]([Ctrl]+[S])로 저장합니다. 최종 저장된 INDD 답안 파일을 기준으로 [File(파일)]−[Export(내보내기)]([Ctrl]+[E])를 선택하고 '파일 형식 : Adobe PDF (Print) (*.pdf)'로 설정한 후 마지막으로 저장합니다.

04 답안 파일 저장이 완료되면 [File(파일)]−[Close(닫기)]([Ctrl]+[W])를 선택하고 수험자 답안 전송 프로그램의 [답안 전송]을 클릭하여 최종 INDD와 PDF 파일을 감독관 컴퓨터로 제출합니다.

문제 2 　[실무응용] 전자책/브랜드북

작업과정	새 문서 만들기 및 임시 파일 저장하기 ▶ 마스터 페이지 설정 ▶ 이미지 프레임 효과 및 클리핑 패스 적용 ▶ 도형 편집 및 상호작용 설정 ▶ 문자 효과 적용 ▶ 단락 스타일 설정 ▶ EPUB 내보내기와 답안 파일 저장
완성이미지	수험번호−성명−2.indd, 수험번호−성명−2.epub 1급−201.jpg, 1급−202.jpg, 1급−203.jpg, 1급−204.jpg, 1급−205.jpg, 1급−206.jpg

---

01 새 문서 만들기 및 임시 파일 저장하기

01 [File(파일)]−[New(새로 만들기)]−[Document(문서)]([Ctrl]+[N])를 선택하고 [New Document(새 문서)] 대화상자에서 'Width(폭) : 160mm, Height(높이) : 195mm', 'Pages(페이지) : 6, Columns(열) : 2, Column Gutter(열 간격) : 5mm', Margins(여백)의 'Top(위쪽) : 25mm, Bottom(아래쪽) : 25mm, Inside(안쪽) : 20mm, Outside(바깥쪽) : 20mm', Bleed and Slug(도련 및 슬러그)의 Bleed(도련)을 3mm로 설정하여 새 문서를 만듭니다.

02 Pages(페이지)(F12) 패널의 6페이지 Thumbnail(썸네일)에서 마우스 오른쪽 버튼을 클릭하여 'Allow Document Pages to Shuffle(문서 페이지 재편성 허용)' 체크를 해제합니다. 6페이지 Thumbnail(썸네일)을 마우스 왼쪽 버튼을 누른 상태에서 1페이지 Thumbnail(썸네일) 왼쪽으로 드래그하고 마우스 포인터가 'ㄷ'자 모양으로 바뀌면, 드롭하여 마주보는 페이지의 펼침면으로 배치합니다.

03 자주 사용하는 패널 영역을 [Window(창)]-[Workspace(작업 영역)]-[Typography(입력 체계)]로 설정하여 답안 작성 시간을 절약합니다.

04 [View(보기)]-[Grids & Guides(격자 및 안내선)]-[Show Guides(안내선 표시)](Ctrl+;) 를 선택하여 안내선을 표시합니다.

05 [File(파일)]-[Save(저장하기)](Ctrl+S)를 선택하고 '저장 위치 : 내 PC₩문서₩GTQ, 파일 이름 : 수험번호-성명-2, 파일 형식 : InDesign "CC" 또는 "2021" document (*.indd)'로 설정한 후 저장합니다. INDD 답안 파일을 수시로 저장(Ctrl+S)하는 습관이 중요합니다.

② 마스터 페이지 설정

01 A-Master 페이지를 더블 클릭하여 페이지의 왼쪽 아래 페이지 번호 영역에 Type Tool(문자 도구)(T)을 클릭하고 [Type(문자)]-[Insert Special Character(특수 문자 삽입)]-[Markers(표시자)]-[Current Page Number(현재 페이지 번호)](Ctrl+Alt+Shift+N)를 선택합니다.

02 A-Master 페이지 번호 프레임을 선택하고 문제지의 '페이지 번호' 문자효과《조건》과 같이 Type Tool(문자 도구)(T)을 클릭하여 'Font(글꼴) : Arial, Font Style(글꼴 스타일) : Regular, Font Size(글꼴 크기) : 12pt, Color(색상) : C20M80Y100K10'으로 설정한 후 《출력형태》와 같이 배치합니다.

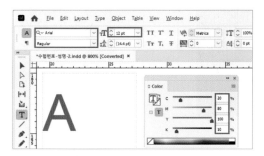

03 문제지의 《출력형태》를 참고하여 페이지 번호 영역에 복사하여 펼침면의 오른쪽 아래에 배치합니다.

기적의 TIP

페이지 영역에서 마스터 페이지 내용(페이지 번호, 삼각버튼 등)을 수정할 경우, 수정할 페이지 Thumbnail(썸네일)에서 마우스 오른쪽 버튼을 클릭하여 '[Override All Master Page Items(모든 마스터 페이지 재정의)](Ctrl)+(Alt)+(Shift)+(L))'를 활용하여 고정된 마스터 페이지 항목을 자유롭게 수정할 수 있습니다.

03 이미지 프레임 효과 및 클리핑 패스 적용

01 내 PCW문서WGTQWOutput 폴더의 1급-201.jpg, 1급-202.jpg, 1급-203.jpg, 1급-204.jpg, 1급-205.jpg, 1급-206.jpg와 문제지의 《출력형태》에서 이미지 프레임의 레이아웃과 레이어 순서를 확인합니다.

02 [File(파일)]-[Place(가져오기)]((Ctrl)+(D))를 클릭하여 내 PCW문서WGTQWImage 폴더에서 1급-6.ai를 가져옵니다. 1급-6.ai 프레임에서 마우스 오른쪽 버튼을 클릭하여 [Effects(효과)]-[Drop Shadow(그림자)]를 선택합니다.

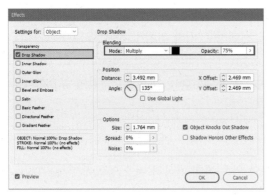

03 [File(파일)]-[Place(가져오기)]((Ctrl)+(D))를 클릭하여 1급-9.jpg를 3페이지로 가져옵니다. 1급-9.jpg 프레임을 4페이지로 (Alt)+(Shift)를 누르면서 복사한 후 컨트롤 패널에서 'Flip Horizontal(가로로 뒤집기)'을 선택하여 배치합니다. 3, 4페이지의 1급-9.jpg 프레임을 5, 6 페이지에 복사합니다. 프레임을 더블 클릭하거나 Direct Selection Tool(직접 선택 도구) ((A))을 클릭하여 프레임 내 이미지의 위치나 크기를 변경합니다.

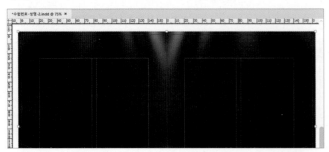

04 Ellipse Frame Tool(타원 프레임 도구)을 클릭하여 프레임을 만듭니다. [File(파일)]−[Place(가져오기)]([Ctrl]+[D])를 클릭하여 1급−7.jpg를 가져옵니다. 프레임에서 마우스 오른쪽 버튼을 클릭하여 [Effects(효과)]−[Outer Glow(외부 광선)]를 선택합니다.

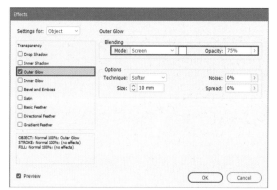 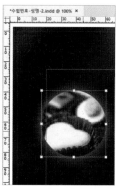

05 1급−7.jpg 프레임을 선택하고 [Window(창)]−[Text Wrap(텍스트 감싸기)]([Ctrl]+[Alt]+[W])을 선택합니다. Text Wrap(텍스트 감싸기) 패널에서 Wrap around object shape(개체 모양 감싸기)을 선택하여 'Offset(오프셋) : 5mm'로 설정합니다. 프레임을 복사하여 더블 클릭하거나 Direct Selection Tool(직접 선택 도구)([A])을 클릭하여 프레임 내 이미지의 위치나 크기를 변경합니다.

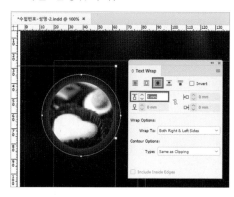 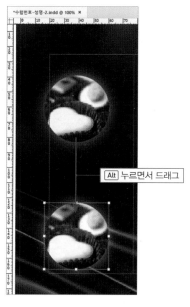

06 [File(파일)]-[Place(가져오기)]([Ctrl]+[D])를 클릭하여 1급-8.png를 3페이지로 가져옵니다. 프레임을 선택하고 [Object(개체)]-[Clipping Path(클리핑 패스)]-[Options(옵션)]([Ctrl]+[Alt]+[Shift]+[K])를 선택하여 [Clipping Path(클리핑 패스)] 대화상자에서 'Type(유형) : Alpha Channel(알파 채널)'을 선택합니다.

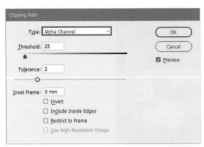

07 1급-8.png 프레임을 선택하고 [Window(창)]-[Text Wrap(텍스트 감싸기)]([Ctrl]+[Alt]+[W])을 선택합니다. Text Wrap(텍스트 감싸기) 패널에서 Wrap around object shape(개체 모양 감싸기)를 선택하여 'Offset(오프셋) : 5mm'로 설정합니다. 1급-8.png 프레임을 더블 클릭하거나 Direct Selection Tool(직접 선택 도구)([A])을 클릭하여 프레임 내 이미지의 위치나 크기를 변경합니다.

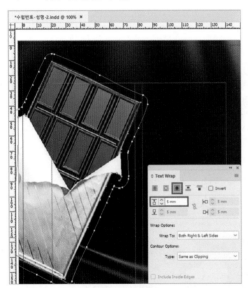

08 [File(파일)]−[Place(가져오기)]($Ctrl$+D)를 클릭하여 1급−10.jpg, 1급−11.png를 1페이지로 가져옵니다. 프레임을 더블 클릭하거나 Direct Selection Tool(직접 선택 도구)(A)을 클릭하여 프레임 내 이미지의 위치나 크기를 변경합니다.

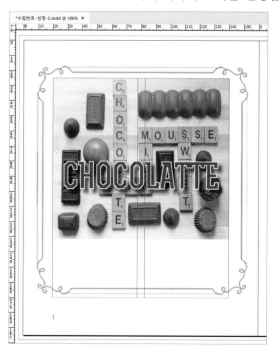

09 [File(파일)]−[Place(가져오기)]($Ctrl$+D)를 클릭하여 1급−12.png를 6페이지로 가져옵니다. 프레임을 더블 클릭하거나 Direct Selection Tool(직접 선택 도구)(A)을 클릭하여 프레임 내 이미지의 위치나 크기를 변경합니다.

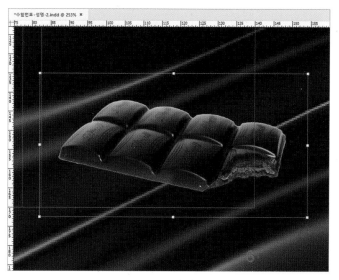

04 도형 편집 및 상호작용 설정

01 Rectangle Tool(사각형 도구)(M)을 선택한 후 작업창을 클릭하여 [Rectangle(사각형)] 대화상자에서 'Width(폭) : 40mm, Height(높이) : 40mm'를 입력합니다. [Window(창)]–[Color(색상)]–[Color(색상)](F6)를 선택하고 Color(색상) 패널에서 Fill(칠)을 선택하여 CMYK 모드의 'C10M20Y80'으로 설정한 후 컨트롤 패널에서 'Rotation Angle(회전 각도) : 45°'로 배치합니다. 컨트롤 패널에서 'Opacity(불투명도) : 30%'로 설정합니다. (Alt)+(Shift)를 누르면서 도형을 문제지의 《출력형태》처럼 복사합니다.

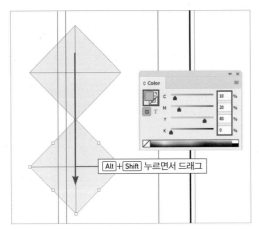

02 Rectangle Tool(사각형 도구)(M)을 선택한 후 작업창을 클릭하여 [Rectangle(사각형)] 대화상자에서 'Width(폭) : 40mm, Height(높이) : 40mm'를 입력합니다. [Window(창)]–[Color(색상)]–[Color(색상)](F6)를 선택하고 Color(색상) 패널에서 Fill(칠)을 선택하여 CMYK 모드의 'C20M80Y100K10'으로 설정합니다. 컨트롤 패널에서 'Opacity(불투명도) : 30%'로 설정합니다. (Alt)+(Shift)를 누르면서 도형을 문제지의 《출력형태》처럼 복사합니다.

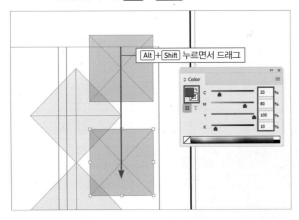

> 🅑 **기적의 TIP**
>
> 크기가 같은 도형을 복사한 후 색상 및 효과 등을 지시조건과 같이 설정합니다.

03 Rectangle Tool(사각형 도구)(M)을 선택한 후 작업창을 클릭하여 [Rectangle(사각형)] 대화상자에서 'Width(폭) : 40mm, Height(높이) : 40mm'를 입력합니다. [Window(창)]–[Color(색상)]–[Color(색상)](F6)를 선택하고 Color(색상) 패널에서 Fill(칠)을 선택하여 CMYK 모드의 'C30M100Y80K50'으로 설정한 후 컨트롤 패널에서 'Rotation Angle(회전 각도) : 45°'로 배치합니다. 컨트롤 패널에서 'Opacity(불투명도) : 30%'로 설정합니다. Alt+Shift를 누르면서 도형을 문제지의 《출력형태》처럼 복사합니다.

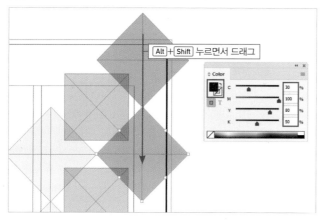

04 Ellipse Tool(타원 도구)(L)을 선택한 후 작업창을 클릭하여 [Ellipse(타원)] 대화상자에서 'Width(폭) : 120mm, Height(높이) : 120mm'를 입력합니다. [Window(창)]–[Color(색상)]–[Color(색상)](F6)를 선택하고 Color(색상) 패널에서 Fill(칠)을 선택하여 CMYK 모드의 'M70Y10'으로 설정합니다. Alt+Shift를 누르면서 도형을 문제지의 《출력형태》처럼 복사합니다.

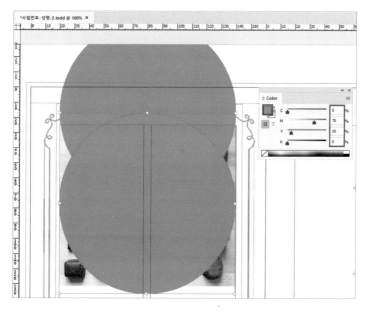

05 원을 복사하여 출력형태와 같이 배치하고 두 개의 원을 같이 선택한 후 [Object(개체)]-[Pathfinder(패스파인더)]-[Minus Back(이면 개체 제외)]을 선택합니다. 컨트롤 패널에서 'Opacity(불투명도) : 60%'로 설정합니다. [Object(개체)]-[Arrange(배치)]-[Send Backward(뒤로 보내기)]([Ctrl]+[[])를 선택합니다.

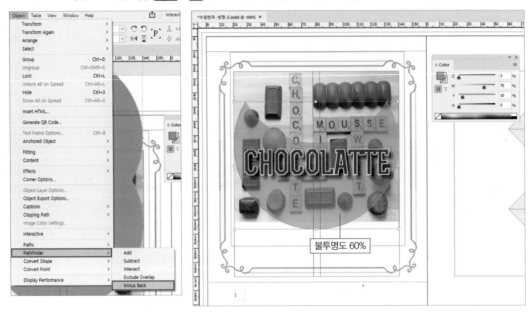

🅕 **기적의 TIP**

도형이나 개체의 배치를 고려하여 Pathfinder(패스파인더) 옵션을 설정합니다.

06 Pages(페이지)([F12]) 패널에서 마스터 페이지로 더블 클릭하여 이동합니다. [Polygon(다각형)] 대화상자에서 'Width(폭) : 7mm, Height(높이) : 7mm, Number of Sides(면 수) : 3'으로 삼각버튼 도형을 만들고 Tool Penel(도구 패널)의 'Fill(칠) : M70Y10, Stroke(획) : None (없음)'으로 설정한 후, 컨트롤 패널에서 Rotate 90° Counter-clockwise(시계 반대 방향으로 90° 회전)를 클릭합니다. [Alt]+[Shift]를 누른 상태에서 복사한 후 컨트롤 패널에서 'Flip Horizontal(가로로 뒤집기)'을 선택하여 배치합니다. 메인 페이지로 더블 클릭하여 돌아옵니다.

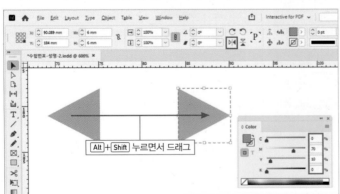

🅕 **기적의 TIP**

마스터 페이지 설정(페이지 번호, 삼각버튼, 면주 등)은 문제지의 지시조건을 확인하며 그 외 내용은 메인 페이지에 작성합니다.

07 Pages(페이지)(F12) 패널의 마스터 페이지를 선택한 후 Buttons and Forms(단추) 패널에서 Action(동작) '+'를 선택하여 왼쪽 삼각버튼은 'Go To Previous Page(이전 페이지로 이동)' 버튼을, 오른쪽 삼각버튼을 선택하고 Buttons and Forms(단추) 패널에서 Action(동작) '+'를 선택하여 'Go To Next Page(다음 페이지로 이동)' 버튼을 설정합니다.

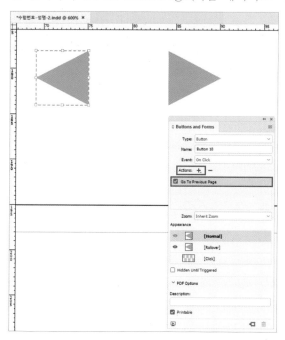

08 1페이지에 [Type(문자)]–[Character(문자)](Ctrl+T)를 선택하여 Character(문자) 패널에서 'Font(글꼴) : Arial, Font Style(글꼴 스타일) : Regular, Font Size(글꼴 크기) : 12pt, Color(색상) : C20M80Y100K10'을 선택하여 'license.kpc.or.kr'을 입력하고 가운데 정렬(Ctrl+Shift+C)을 합니다.

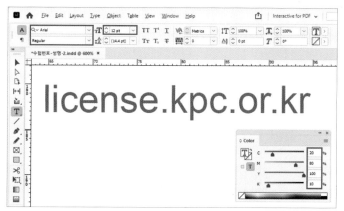

🅑 기적의 TIP

상호작용 설정에 자주 사용하는 패널 영역을 [Window(창)]–[Workspace(작업 영역)]–[Interactive for PDF(대화형 PDF)]로 설정합니다.

---

09 입력한 'license.kpc.or.kr'을 블록지정하고 [Window(창)]−[Interactive(대화형)]−[Hyperlink(하이퍼링크)]를 선택하고 Hyperlinks(하이퍼링크) 패널에서 'URL : https://license.kpc.or.kr'을 입력하여 하이퍼링크를 설정합니다.

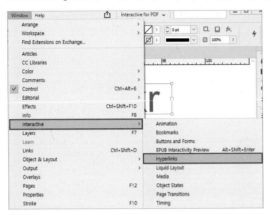 

05 문자 효과 적용

01 [Type(문자)]−[Character(문자)]([Ctrl]+[T])를 선택하여 Character(문자) 패널에서 'Font(글꼴) : Gungsuh(궁서), Font Size(글꼴 크기) : 22pt, Tracking(자간) : −80, Color(색상) : C0M0Y0K0'으로 설정한 후 '흥미진진 초콜릿 이야기'를 입력한 후 배치합니다.

02 [Type(문자)]−[Character(문자)]([Ctrl]+[T])를 선택하여 Character(문자) 패널에서 'Font(글꼴) : Dotum(돋움), Font Size(글꼴 크기) : 12pt, Tracking(자간) : −30, Color(색상) : C10M90'으로 설정한 후 '◆초콜릿의 역사　◆다양한 초콜릿　◆초콜릿의 품질'을 입력한 후 배치합니다.

06 단락 스타일 설정

01 [Window(창)]–[Color(색상)]–[Swatches(색상 견본)]([F5])를 선택하고 Swatches(색상 견본) 패널에서 New Color Swatch(새 색상 견본) 메뉴를 선택하여 단락 스타일 '소제목'의 색상 'M70Y10', '본문1'의 색상 'K100', '본문2'의 색상 'C0M0Y0K0'을 각각 추가합니다.

02 [File(파일)]–[Place(가져오기)]([Ctrl]+[D])를 선택하고 내 PC₩문서₩GTQ₩Image 폴더에서 1급-13.txt를 선택하여 '본문1' 텍스트 프레임을 만들고, 문제지의 《조건》으로 지시된 단락 스타일 '본문1' 내용만 남깁니다. [New Paragraph Style(새 단락 스타일)] 대화상자에서 Preview(미리보기)를 체크하고 Basic Character Formats(기본 문자 서식) 탭에서 'Style Name(스타일 이름) : 본문1', 'Font(글꼴) : Gulim(굴림), Size(크기) : 12pt, Leading(행간) : 25pt, Tracking(자간) : −30', Character Color(문자 색상) 탭에서 Swatches(색상 견본) 'K100'으로 설정합니다.

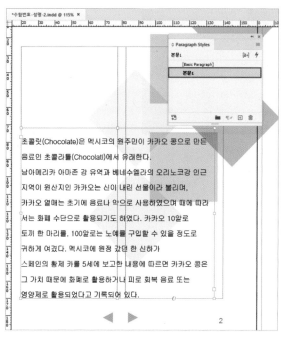

03 [File(파일)]−[Place(가져오기)]([Ctrl]+[D])를 선택하고 1급−13.txt를 선택하여 '본문2' 텍스트 프레임을 만들고, 문제지의 《조건》으로 지시된 단락 스타일 '본문2' 내용만 남깁니다. [New Paragraph Style(새 단락 스타일)] 대화상자에서 Preview(미리보기)를 체크하고 Basic Character Formats(기본 문자 서식) 탭에서 'Style Name(스타일 이름) : 본문2', 'Font(글꼴) : Batang(바탕), Size(크기) : 10pt, Leading(행간) : 18pt, Tracking(자간) : −80', Indents and Spacing(들여쓰기 및 간격) 탭에서 'First Line Indent(첫 줄 들여쓰기) : 8mm', Character Color(문자 색상) 탭에서 Swatches(색상 견본) 'C0M0Y0K0'으로 설정합니다.

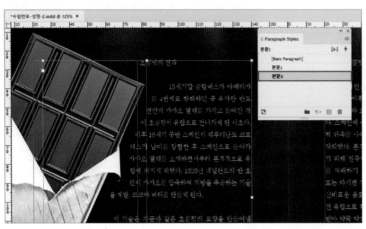

04 '본문2' 프레임에서 '소제목' 부분을 블록 지정한 후 '소제목' 단락 스타일을 만듭니다. [New Paragraph Style(새 단락 스타일)] 대화상자에서 Preview(미리보기)를 체크하고 Basic Character Formats(기본 문자 서식) 탭에서 'Style Name(스타일 이름) : 소제목', 'Font(글꼴) : Dotum(돋움), Size(크기) : 12pt, Leading(행간) : 18pt, Tracking(자간) : −20', Paragraph Rules(단락 경계선) 탭에서 Rule Above(위쪽 경계선)를 선택한 후 'Rule On(경계선 표시)'을 체크하고 'Weight(두께) : 1pt, Color(색상) : C10M90Y80', Character Color(문자 색상) 탭에서 Swatches(색상 견본) 'C10M90Y80'으로 설정합니다. 문제지의 《출력형태》를 참고하여 '소제목' 단락 스타일을 적용합니다.

07 EPUB 내보내기와 답안 파일 저장

01 [File(파일)]-[Export(내보내기)]([Ctrl]+[E])를 선택하고 '저장 위치 : 내 PC₩문서₩GTQ, 파
일 이름 : 수험번호-성명-2, 파일 형식 : EPUB (Fixed Layout) (*.epub)'으로 설정한 후
저장합니다.

02 [EPUB Export Option(EPUB 내보내기] 대화상자의 [General(일반)] 탭에서 'Cover(표지) :
Rasterize First Page(첫 페이지 레스터화)'로 설정한 후 [OK]를 선택합니다.

03 완성된 INDD 답안 파일을 문제지의 《조건》과 《출력형태》를 기준으로 최종 점검하여 [File(파
일)]-[Save(저장하기)]([Ctrl]+[S])로 저장합니다. 최종 저장된 INDD 답안 파일을 기준으로
[File(파일)]-[Export(내보내기)]([Ctrl]+[E])를 선택하고 '파일 형식 : EPUB (Fixed Layout)
(*.epub)'으로 설정한 후 마지막으로 저장합니다.

04 답안 파일 저장이 완료되면 [File(파일)]-[Close(닫기)]([Ctrl]+[W])를 선택하고 수험자 답안 전
송 프로그램의 [답안 전송]을 클릭하여 최종 INDD와 EPUB 파일을 감독관 컴퓨터로 제출합
니다.

작업과정　새 문서 만들기 및 임시 파일 저장하기 ▶ 마스터 페이지 설정 ▶ 이미지 프레임 효과 및 클리핑 패스 적용
　　　　　▶ 도형 편집 및 문자 효과 적용 ▶ 단락 스타일 설정 ▶ 답안 파일 저장

완성이미지　수험번호-성명-3.indd
　　　　　1급-301.jpg, 1급-302.jpg

01 새 문서 만들기 및 임시 파일 저장하기

01 [File(파일)]-[New(새로 만들기)]-[Document(문서)]([Ctrl]+[N])를 선택하고 [New Document(새문서)] 대화상자에서 'Width(폭) : 210mm, Height(높이) : 280mm', 'Pages(페이지) : 2, Facing Pages(페이지 마주보기) 옵션선택, Columns(열) : 2, Column Gutter(열 간격) : 3mm', Margins(여백)의 'Top(위쪽) : 22mm, Bottom(아래쪽) : 40mm, Inside(안쪽) : 25mm, Outside(바깥쪽) : 25mm', Bleed and Slug(도련 및 슬러그)의 Bleed(도련)을 3mm로 설정하여 새 문서를 만듭니다.

02 Pages(페이지) 패널의 2페이지 Thumbnail(썸네일)에서 마우스 오른쪽 버튼을 클릭하여 'Allow Document Pages to Shuffle(문서 페이지 재편성 허용)' 체크를 해제합니다. 2페이지 Thumbnail(썸네일)을 마우스 왼쪽 버튼을 누른 상태에서 1페이지 Thumbnail(썸네일) 왼쪽으로 드래그하고 마우스 포인터가 'ㄷ'자 모양으로 바뀌면, 드롭하여 마주보는 페이지의 펼침면으로 배치합니다.

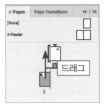

03 자주 사용하는 패널 영역을 [Window(창)]-[Workspace(작업 영역)]-[Typography(입력 체계)]로 설정하여 답안 작성 시간을 절약합니다.

04 [View(보기)]-[Grids & Guides(격자 및 안내선)]-[Show Guides(안내선 표시)]([Ctrl]+[;])를 선택하여 안내선을 표시합니다.

05 [File(파일)]-[Save(저장하기)]([Ctrl]+[S])를 선택하고 '저장 위치 : 내 PC₩문서₩GTQ, 파일 이름 : 수험번호-성명-3, 파일 형식 : InDesign "CC" 또는 "2021" document (*.indd)'로 설정한 후 저장합니다. INDD 답안 파일을 수시로 저장([Ctrl]+[S])하는 습관이 중요합니다.

02 마스터 페이지 설정

01 Page(페이지)(F12) 패널에서 New Master(새 마스터) 메뉴를 선택하고 [New Master(새 마스터)] 대화상자에서 'Prefix(접두어) : B, Name(이름) : Master(마스터), Number of Pages(페이지 수) : 2, Page Size(페이지 크기)-Width(폭) : 210mm, Height(높이) : 280mm'로 설정합니다.

02 B-Master 페이지의 Thumbnail(썸네일)을 1~2페이지 영역으로 드래그 앤 드롭하여 "B-Master" applied("B-마스터" 적용됨)로 설정합니다.

03 B-Master 페이지를 더블 클릭하여 왼쪽(홀수) 페이지 번호 영역에 Type Tool(문자 도구)(T)을 클릭하고 [Type(문자)]-[Insert Special Character(특수 문자 삽입)]-[Markers(표시자)]-[Current Page Number(현재 페이지 번호)](Ctrl+Alt+Shift+N)를 선택합니다.

04 B-Master 페이지 번호 프레임을 선택하고 문제지의 '페이지 번호' 문자효과 《조건》과 같이 Type Tool(문자 도구)(T)을 클릭하여 'Font(글꼴) : Arial, Font Style(글꼴 스타일) : Bold, Font Size(글꼴 크기) : 15pt, Color(색상) : C30M70'으로 설정한 후 완성된 왼쪽(홀수) 페이지 번호의 프레임을 Alt를 누른 상태에서 오른쪽(짝수) 페이지 번호 영역에 복사하여 문제지의 《출력형태》와 같이 배치합니다.

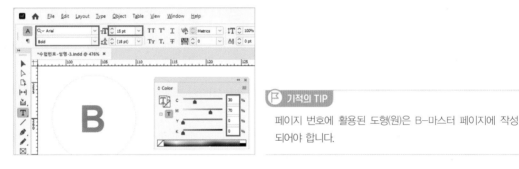

> **기적의 TIP**
>
> 페이지 번호에 활용된 도형(원)은 B-마스터 페이지에 작성되어야 합니다.

05 B-Master 페이지의 왼쪽(홀수) 페이지에서 문제지의 '면주' 문자효과 《조건》과 같이 Type Tool(문자 도구)(T)을 클릭하여 'What is the Universe'를 입력하고 'Font(글꼴) : Arial, Font Style(글꼴 스타일) : Bold, Font Size(글꼴 크기) : 10pt, Tracking(자간) : -20, Color(색상) : C0M0Y0K0'으로 설정한 후 《출력형태》와 같이 배치합니다.

06 B-Master 페이지 왼쪽(홀수) 페이지의 면주 텍스트 프레임을 선택하여 오른쪽(짝수) 페이지로 복사하고 '우주의 탄생'을 입력하고 'Font(글꼴) : Dotum(돋움), Font Size(글꼴 크기) : 10pt, Tracking(자간) : −20, Color(색상) : C90M70'으로 설정한 후 《출력형태》와 같이 배치합니다.

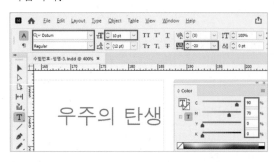

03 이미지 프레임 효과 및 클리핑 패스 적용

01 내 PC₩문서₩GTQ₩Output 폴더의 1급-301.jpg, 1급-302.jpg와 문제지의 《출력형태》에서 이미지 프레임의 레이아웃을 확인합니다.

02 [File(파일)]−[Place(가져오기)](Ctrl+D)를 클릭하여 내 PC₩문서₩GTQ₩Image 폴더에서 1급-14.ai, 1급-16.png, 1급-17.ai를 가져옵니다. 프레임을 더블 클릭하거나 Direct Selection Tool(직접 선택 도구)(A)을 클릭하여 프레임 내 이미지의 위치나 크기를 변경합니다.

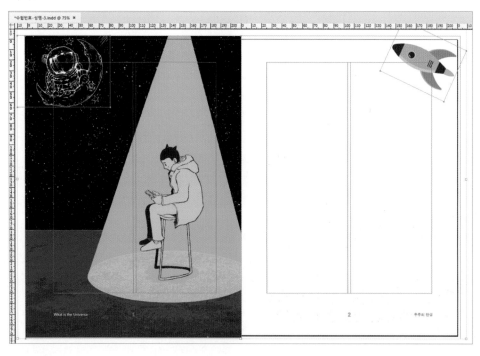

03 [File(파일)]–[Place(가져오기)]([**Ctrl**]+[**D**])를 클릭하여 1급–18.jpg를 가져옵니다. 컨트롤 패널에서 'Opacity(불투명도) : 30%'로 설정합니다. 프레임을 더블 클릭하거나 Direct Selection Tool(직접 선택 도구)([**A**])을 클릭하여 프레임 내 이미지의 위치나 크기를 변경합니다.

04 Polygon Frame Tool(다각형 프레임 도구)을 더블 클릭하여 Polygon Settings(다각형 설정) 대화상자에서 'Number of Sides(면 수) : 5, Star Inset(별모양 인세트) : 20%'를 설정한 후 [File(파일)]–[Place(가져오기)]([**Ctrl**]+[**D**])를 클릭하여 1급–15.jpg를 가져옵니다.

05 1급–15.jpg 프레임을 선택하고 [Object(개체)]–[Effects(효과)]–[Outer Glow(외부 광선)]를 선택합니다. [Window(창)]–[Text Wrap(텍스트 감싸기)]([**Ctrl**]+[**Alt**]+[**W**])을 선택합니다. Text Wrap(텍스트 감싸기) 패널에서 Wrap around object shape(개체 모양 감싸기)을 선택하고 'Offset(오프셋) : 4mm'로 설정합니다.

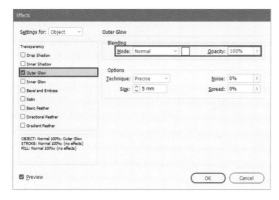
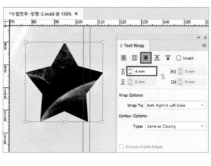

06 1급-15.jpg 프레임을 복사하고, 더블 클릭하거나 Direct Selection Tool(직접 선택 도구)(A)을 클릭하여 프레임 내 이미지의 위치나 크기를 각각 변경합니다.

07 [File(파일)]-[Place(가져오기)](Ctrl+D)를 클릭하여 1급-19.psd를 가져옵니다. 1급-19.psd 프레임을 선택하고 마우스 오른쪽 버튼을 클릭하여 [Effects(효과)]-[Inner Shadow(내부 그림자)]를 선택합니다.

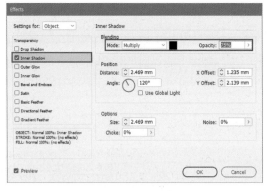

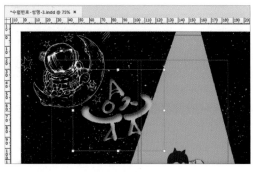

04 도형 편집 및 문자 효과 적용

01 B-Master 페이지를 더블 클릭하고 페이지 번호 영역에서 Ellipse Tool(타원 도구)[L]을 선택한 후 작업창을 클릭하여 [Ellipse(타원)] 대화상자에서 'Width(폭) : 12mm, Height(높이) : 12mm'를 입력합니다. [Window(창)]-[Color(색상)]([F6])를 선택하고 Color(색상) 패널에서 Fill(칠)을 선택하여 CMYK 모드의 'C0M0Y0K0'으로 설정합니다.

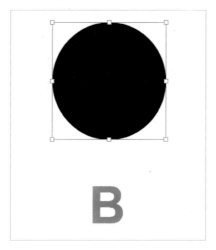

🅑 기적의 TIP

이해를 돕고자 'C0M0Y0K0'을 'K100'으로 표시합니다.

---

02 원을 선택한 후 마우스 오른쪽 버튼을 클릭하여 [Object(개체)]-[Effects(효과)]-[Gradient Feather(그레이디언트 페더)]를 설정합니다.

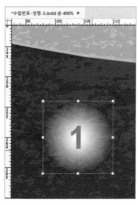

03 [Type(문자)]-[Character(문자)]([Ctrl]+[T])를 선택하고 Character(문자) 패널에서 'Font (글꼴) : Dotum(돋움), Font Size(글꼴 크기) : 30pt, Tracking(자간) : −50, Color(색상) : C0M0Y0K0'으로 설정한 후 '란 무엇일까?'를 입력합니다. 문자 프레임을 선택하고 마우스 오른쪽 버튼을 클릭하여 [Effects(효과)]-[Drop Shadow(그림자)]를 선택합니다.

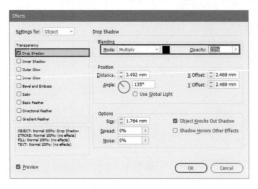

05 단락 스타일 설정

01 [Window(창)]-[Color(색상)]-[Swatches(색상 견본)]([F5])를 선택하고 Swatches(색상 견본) 패널에서 New Color Swatch(새 색상 견본) 메뉴를 선택하여 단락 스타일 '중제목'의 색상 'C90M70', '소제목'의 색상 'K100', '본문1'의 색상 'M20Y100', '본문2'의 색상 'C80M100K10' 을 각각 추가합니다. '소제목'의 밑줄 Swatches(색상 견본) 'C80Y80'도 추가합니다.

> **기적의 TIP**
>
> 이미 Swatches(색상 견본)에 'K100'이 추가되었다면 생략합니다.

02 [File(파일)]-[Place(가져오기)]([Ctrl]+[D])를 선택하고 내 PC₩문서₩GTQ₩Image 폴더에서 1급-20.txt를 선택하여 '본문1' 텍스트 프레임을 만들고, 문제지의 《조건》으로 지시된 단락 스타일 '본문1' 내용만 남깁니다. [New Paragraph Style(새 단락 스타일)] 대화상자에서 Preview(미리보기)를 체크하고 Basic Character Formats(기본 문자 서식) 탭에서 'Style Name(스타일 이름) : 본문1', 'Font(글꼴) : Gulim(굴림), Size(크기) : 13pt, Leading(행간) : 24pt, Tracking(자간) : −50', Character Color(문자 색상) 탭에서 Swatches(색상 견본) 'M20Y100', Underline Options(밑줄 옵션) 탭에서 'Underline On(밑줄 켬)'을 체크하고 'Weight(두께) : 1pt, Offset(오프셋) : 1pt', Swatches(색상 견본) 'M20Y100'으로 설정합니다.

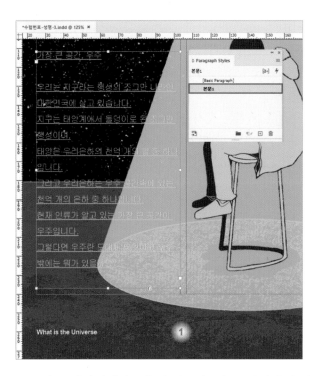

03 '본문1' 프레임에서 '중제목' 부분을 블록 지정한 후 '중제목' 단락 스타일을 만듭니다. [New Paragraph Style(새 단락 스타일)] 대화상자에서 Preview(미리보기)를 체크하고 Basic Character Formats(기본 문자 서식) 탭에서 'Style Name(스타일 이름) : 중제목', 'Font(글꼴) : Gungsuh(궁서), Size(크기) : 26pt, Leading(행간) : 36pt, Tracking(자간) : −100', Character Color(문자 색상) 탭에서 Swatches(색상 견본) 'C90M70'으로 설정합니다. 문제지의 《출력형태》를 참고하여 '중제목' 단락 스타일을 적용합니다.

04 [File(파일)]−[Place(가져오기)]([Ctrl]+[D])를 선택하고 1급−20.txt를 선택하여 '본문2' 텍스트 프레임을 만들고, 문제지의《조건》으로 지시된 단락 스타일 '본문2' 내용만 남깁니다. 단락 서식 컨트롤 패널에서 텍스트 프레임을 'Columns(열 수) : 2, Column Gutter(열 간격) : 3mm'로 설정합니다. [New Paragraph Style(새 단락 스타일)] 대화상자에서 Preview(미리 보기)를 체크하고 Basic Character Formats(기본 문자 서식) 탭에서 'Style Name(스타일 이름) : 본문2', 'Font(글꼴) : Batang(바탕), Size(크기) : 9pt, Leading(행간) : 18pt, Tracking(자간) : −60', Indents and Spacing(들여쓰기 및 간격) 탭에서 'First Line Indent(첫 줄 들여쓰기) : 6mm', Character Color(문자 색상) 탭에서 Swatches(색상 견본) 'C80M100K10'으로 설정합니다. 문제지의《출력형태》를 참고하여 '중제목' 단락 스타일을 적용합니다.

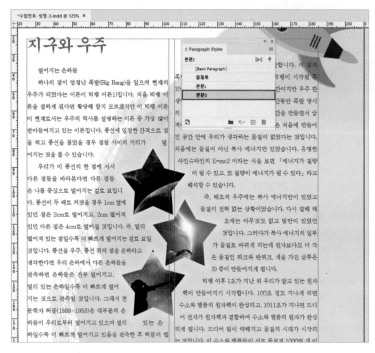

05 '본문2' 프레임에서 '소제목' 부분을 블록 지정한 후 '소제목' 단락 스타일을 만듭니다. [New Paragraph Style(새 단락 스타일)] 대화상자에서 Preview(미리보기)를 체크하고 General(일반) 탭에서 'Style Name(스타일 이름) : 소제목', Basic Character Formats(기본 문자 서식) 탭에서 'Font(글꼴) : Gulim(굴림), Size(크기) : 11pt, Leading(행간) : 18pt, Tracking(자간) : −70', Indents and Spacing(들여쓰기 및 간격) 탭에서 'First Line Indent(첫 줄 들여쓰기) : 6mm', Paragraph Rules(단락 경계선) 탭에서 'Rule Above(위쪽 경계선)'를 선택한 후 'Rule On(경계선 표시)'을 체크하고 'Weight(두께) : 4pt, Type(유형) : Dotted(점선), Offset(오프셋) : 3mm, Color(색상) : K100', Character Color(문자 색상) 탭에서 Swatches(색상 견본) 'K100'으로 설정합니다. 문제지의 《출력형태》를 참고하여 '소제목' 단락 스타일을 적용합니다.

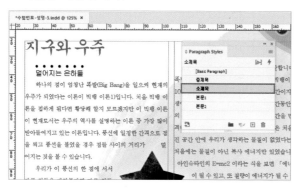

06 답안 파일 저장

01 완성된 INDD 답안 파일을 문제지의 《조건》과 《출력형태》를 기준으로 최종 점검하여 [File(파일)]-[Save(저장하기)]([Ctrl]+[S])로 저장합니다.

02 답안 파일 저장이 완료되면 [File(파일)]-[Close(닫기)]([Ctrl]+[W])를 선택하고 수험자 답안 전송 프로그램의 [답안 전송]을 클릭하여 최종 INDD 파일을 감독관 컴퓨터로 제출합니다.

➕ 더 알기 TIP

> GTQid 1급 시험은 문항마다 제출할 답안 파일의 형식과 개수가 다릅니다. 1급의 1번 문항은 INDD와 PDF파일을, 2번 문항은 INDD와 EPUB 파일을, 3번 문항은 INDD 파일로 총 5개의 답안 파일이 저장되어야 합니다.

급수	문제유형	시험시간	수험번호	성명
1급	A	90분	G320250003	

수 험 자 유 의 사 항

- 수험자는 문제지를 받는 즉시 응시하고자 하는 **과목 및 급수가 맞는지 확인**한 후 수험번호와 성명을 작성합니다.
- 파일명은 본인의 수험번호-성명-문제번호로 공백 없이 정확히 입력하고 답안 폴더(내 PC₩문서₩GTQ)에 파일저장규칙으로 저장해야 하며, '다른 파일 형식과 버전으로 저장하였을 경우', '패키지로 저장할 경우' 0점 처리됩니다. 답안문서 파일명이 수험번호-성명-문제번호와 일치하지 않거나, 답안 파일을 전송하지 않아 미제출로 처리될 경우 불합격 처리됩니다.
- 수험자 정보와 저장한 파일명, 저장 위치가 다를 경우 전송이 되지 않으므로, 주의하시기 바랍니다.
- 답안 작성 중에도 **주기적으로 '저장'과 '답안 전송'**을 이용하여 감독위원 PC로 답안을 전송하셔야 합니다.(※ 작성한 내용을 **저장하지 않고 전송할 경우** 이전의 저장내용이 전송되오니 이 점 반드시 유념하시기 바랍니다.)
- 답안문서는 지정된 경로 외의 다른 보조기억장치에 저장하는 행위, 지정된 시험 시간 외에 작성된 파일을 활용한 행위, 기타 통신수단(이메일, 메신저, 네트워크 등)을 이용하여 타인에게 전달 또는 외부 반출하는 행위는 부정행위로 간주되어 자격기본법 제32조에 의거 본 시험 및 국가공인 자격시험을 2년간 응시할 수 없습니다.
- 시험 중 부주의 또는 고의로 시스템을 파손한 경우와 〈수험자 유의사항〉에 기재된 방법대로 이행하지 않아 생기는 불이익은 수험자의 책임임을 알려 드립니다.
- 시험을 완료한 수험자는 최종적으로 저장한 답안 파일이 전송되었는지 확인한 후 감독위원의 지시에 따라 문제지를 제출하고 퇴실합니다.

답 안 작 성 요 령

- **온라인 답안 작성 절차**
  수험자 등록 ⇒ 시험 시작 ⇒ 답안 파일 저장 ⇒ 답안 전송 ⇒ 시험 종료
- 내 PC₩문서₩GTQ₩Image 폴더의 첨부파일을 사용하여 답안을 작성하고 최종답안을 답안 폴더(내 PC₩문서₩GTQ)에 저장하여 답안을 전송하시고, 이미지의 크기가 다른 경우 감점 처리됩니다.
- 배점은 총 100점으로 이루어지며, 점수는 각 문제별로 차등 배분됩니다.
- 각 문제의 기본 단위는 'mm(밀리미터)'이며 지시조건에 맞게 답안을 작성하셔야 합니다.
- 그 외 지시되지 않는 조건(레이아웃, 색상, 문자, 규격 등)은 《결과파일》, 《출력형태》를 참고하여 첨부파일을 활용하여 작성하십시오. 위 언급한 내용을 충족하지 못했을 경우에는 0점 또는 감점 처리됩니다.(※ 《결과파일》은 내 PC₩문서₩GTQ₩Output 폴더에서 확인)
- 문제 조건에 서체의 지정이 없을 경우 한글은 굴림, 돋움, 영문은 Arial로 작성하십시오. 임의 서체로 작성할 경우 감점될 수 있으니 유의하시기 바랍니다.
- 문제 조건에 형태(크기, 색상, 선 굵기 등)에 대한 지정이 없을 경우 《결과파일》, 《출력형태》를 참고하여 작업해 주시기 바랍니다.
- Color Mode(색상 모드)는 별도의 처리조건이 없을 경우에는 CMYK로 작성하십시오.
- 조건에서 제시한 기능의 속성을 해지할 경우 해당 요소는 0점 처리됩니다.

한 국 생 산 성 본 부

▶합격 강의

다음의 《조건》에 따라 아래의 《출력형태》와 같이 작업하시오.

조건

첨부파일		GTQ₩Image₩1급-1.ai, 1급-2.jpg, 1급-3.jpg, 1급-4.psd, 1급-5.txt
파일저장규칙	크기 동일	323×470mm
	indd 파일명	GTQ₩수험번호-성명-1.indd
	pdf 파일명	GTQ₩수험번호-성명-1.pdf

1. 기본 설정
① 1쪽(Pages), 2단(Columns), 단 간격(Gutter) 5mm, 여백(Margins) : 상하 30mm, 좌우 20mm, 도련(Bleed) 3mm
② PDF 내보내기 : 모든 프린터 표시(All Printer's Marks)

2. 작업 방법
① 1급-1.ai : 효과(Effects) – 내부그림자(Inner Shadow)
② 1급-2.jpg : 효과(Effects) – 그레이디언트 페더(Gradient Feather)
③ 1급-3.jpg : 선(2pt, C50K20), 패스파인더(Pathfinder) 활용, 텍스트 감싸기(Text Wrap) 3mm
④ 1급-4.psd : 효과(Effects) – 외부 광선(Outer Glow), 내부 그림자(Inner Shadow)
⑤ 획 : 수직 빗금선(Straight Hash) (8pt, 283mm, C70M100)
⑥ 도형 : 사각형(300×30mm, C50M10Y30, 모퉁이 옵션 : 돌림무늬(Fancy), 불투명도(Opacity) 70%, 효과(Effects) – 내부 그림자(Inner Shadow))

3. 문자 효과
① HAEUNDAE SAND FESTIVAL(Arial, Bold, 30pt, 자간 300, C70M100, 모든 줄 균등 배치)
② Hero, 모래로 만난다(궁서, 32pt, C0M0Y0K0, 효과 (Effects) – 그림자(Drop Shadow))
③ SUN&FUN HAEUNDAE(Times New Roman, Bold Italic, 72pt, C60M100K30 → C100)
④ 1급-5.txt : 단락 스타일 설정
  • 본문1(굴림, 20pt, 행간 36pt, 자간 -30, C10M90Y10, 밑줄 1pt)
  • 본문2(바탕, 16pt, 행간 24pt, 자간 -50, C100M70)
  • 캡션(돋움, 20pt, 자간 -50, C70M100)

출력형태

▶합격강의

다음의 《조건》에 따라 아래의 《출력형태》와 같이 작업하시오.

조건

첨부파일		GTQ\Image\1급-6.ai, 1급-7.jpg, 1급-8.jpg, 1급-9.jpg, 1급-10.png, 1급-11.jpg, 1급-12.jpg, 1급-13.txt
파일저장규칙	크기 동일	160×195mm
	indd　파일명	GTQ\수험번호-성명-2.indd
	epub　파일명	GTQ\수험번호-성명-2.epub

1. 기본 설정

① 6쪽(Pages), 2단(Columns), 단 간격(Gutter) 4mm, 여백(Margins) : 위 · 아래쪽 20mm, 왼 · 오른쪽 20mm, 도련(Bleed) 3mm

② EPUB 고정 레이아웃(Fixed Layout) 내보내기 : 첫 페이지 래스터화(Rasterize First Page)

2. 작업 방법

① 1급-7.jpg, 1급-9.jpg, 1급-12.jpg : 응용 및 배치

② 1급-6.ai : 효과(Effects) – 그림자(Drop Shadow)

　 1급-8.jpg : 클리핑 패스(Clipping Path) – 포토샵 패스(Photoshop Path)

③ 1급-10.png, 1급-11.jpg : 클리핑 패스(Clipping Path) – 가장자리 감지(Detect Edge), 텍스트 감싸기(Text Wrap) 4mm

④ 도형 : 원1(100×100mm, C40Y20, 불투명도(Opacity) 70%), 원2(58×58mm, C50Y80, M30Y80), 사각형(18×201mm, M30Y80, C40Y10), 삼각버튼(7×7mm, C100M50)

⑤ 마스터 페이지 설정 : 페이지 번호 설정, 짝수 페이지 삼각버튼 배치

⑥ 상호작용(Interactive) 설정 : 하이퍼링크(license.kpc.or.kr로 페이지 이동, 새 창으로), 이전과 다음 페이지로 이동(삼각버튼)

3. 문자 효과

① license.kpc.or.kr, '페이지 번호'(Arial, Bold, 9pt, C50Y80)

② 안동국제, 페스티벌(궁서, 35pt, 자간 -80, K100)

③ 01. 개최배경 ～(돋움, 15pt, 행간 20pt, 자간 -25, C90Y40, K100)

④ 1급-13.txt : 단락 스타일 설정

- 소제목(굴림, 12pt, C50M100Y90)
- 본문1(돋움, 9pt, 행간 11pt, K100)
- 본문2(돋움, 9pt, 행간 13pt, C100M50K50, 단락 시작표시문자 2줄)

출력형태

다음의 《조건》에 따라 아래의 《출력형태》와 같이 작업하시오.

조건

첨부파일		GTQ\Image\1급—14.ai, 1급—15.jpg, 1급—16.psd, 1급—17.psd, 1급—18.jpg, 1급—19.psd, 1급—20.txt
파일저장규칙	크기 동일	210×280mm
indd	파일명	GTQ\수험번호—성명—3.indd

1. 기본 설정
① 2쪽(Pages), 3단(Columns), 단 간격(Gutter) 5mm, 여백(Margins) : 상하 20mm, 좌우 10mm, 도련(Bleed) 3mm

2. 작업 방법
① 1급—14.ai, 1급—19.psd : 응용 및 배치
② 1급—15.jpg : 효과(Effects) – 기본 페더(Basic Feather), 1급—16.psd : 불투명도(Opacity) 50%
③ 1급—17.psd : 클리핑 패스(Clipping Path) – 포토샵 패스(Photoshop Path), 텍스트 감싸기(Text Wrap) 5mm, 효과 (Effects) – 그림자(Drop Shadow), 1급—18.jpg : 텍스트 감싸기(Text Wrap) 5mm
④ 도형 : 사각형(93×10mm, M30Y100K10, 모퉁이 둥글게(Rounded) 5mm)
⑤ 마스터 페이지 설정 : B—Master Page 추가, 페이지 번호 설정, 면주 설정(1 페이지 "Korea village", 2 페이지 "Naju")

3. 문자 효과
① 대한민국 정보화마을(돋움, 16pt, C60M80Y100K50)
② '페이지 번호'(Arial, Bold, 12pt, M50Y100)
③ '면주'(Arial, Bold, 12pt, C100Y100K40)
④ 1급—20.txt : 단락 스타일 설정
- 중제목(돋움, 13pt, 자간 –25, C0M0Y0K0),
- 소제목(돋움, 10pt, 행간 18pt, 자간 –25, C100Y100K40, 단락 시작표시문자 2줄)
- 본문1(굴림, 9pt, 행간 15pt, C50Y100K40, 왼쪽 균등 배치, 첫줄 들여쓰기 4mm)
- 본문2(바탕, 9pt, 행간 16pt, 자간 –30, K100)

출력형태

문제 1 [기능평가] 신문 제작

작업과정 새 문서 만들기 및 임시 파일 저장하기 ▶ 이미지 프레임 효과 및 클리핑 패스 적용 ▶ 선과 도형 편집 ▶ 문자 효과 적용 ▶ 단락 스타일 설정 ▶ PDF 내보내기와 답안 파일 저장

완성이미지 수험번호-성명-1.INDD, 수험번호-성명-1.pdf
1급-101.jpg

01 새 문서 만들기 및 임시 파일 저장하기

01 [File(파일)]-[New(새로 만들기)]-[Document(문서)]([Ctrl]+[N])를 선택하고 [New Document(새문서)] 대화상자에서 'Width(폭) : 323mm, Height(높이) : 470mm', 'Pages(페이지) : 1, Columns(열) : 2, Column Gutter(열 간격) : 5mm', Margins(여백)의 'Top(위쪽) : 30mm, Bottom(아래쪽) : 30mm, Inside(안쪽) : 20mm, Outside(바깥쪽) : 20mm', Bleed and Slug(도련 및 슬러그)의 Bleed(도련)을 3mm로 설정하여 새 문서를 만듭니다.

02 자주 사용하는 패널 영역을 [Window(창)]-[Workspace(작업 영역)]-[Typography(입력 체계)]로 설정하여 답안 작성 시간을 절약합니다.

03 [View(보기)]-[Grids & Guides(격자 및 안내선)]-[Show Guides(안내선 표시)]([Ctrl]+[;])를 선택하여 안내선을 표시합니다.

04 [File(파일)]-[Save(저장하기)]([Ctrl]+[S])를 선택하고 '저장 위치 : 내 PC\문서\GTQ, 파일 이름 : 수험번호-성명-1, 파일 형식 : InDesign "CC" 또는 "2021" document (*.indd)'로 설정한 후 저장합니다. INDD 답안 파일을 수시로 저장([Ctrl]+[S])하는 습관이 중요합니다.

02 이미지 프레임 효과 및 클리핑 패스 적용

01 내 PCW문서WGTQWOutput 폴더의 1급-101.jpg와 문제지의 《출력형태》에서 이미지 프레임의 레이아웃과 레이어 순서를 확인합니다.

02 [File(파일)]-[Place(가져오기)]($\boxed{\text{Ctrl}}$+$\boxed{\text{D}}$)를 클릭하여 내 PCW문서WGTQWImage 폴더에서 1급-1.ai를 가져옵니다. 문제지의 《출력형태》와 같이 1급-1.ai 프레임 일부만 보이도록 편집합니다. 프레임에서 마우스 오른쪽 버튼을 클릭하여 [Effects(효과)]-[Inner Shadow(내부그림자)]를 선택합니다.

 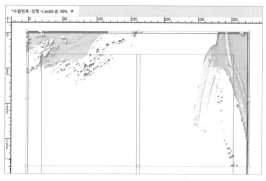

🅱 **기적의 TIP**

문제지에 불투명도값이나 각도값이 지시되지 않는 경우도 있으니 《출력형태》와 Output 파일을 참고하여 설정합니다.

---

03 [File(파일)]-[Place(가져오기)]($\boxed{\text{Ctrl}}$+$\boxed{\text{D}}$)를 클릭하여 1급-2.jpg를 가져옵니다. 프레임에서 마우스 오른쪽 버튼을 클릭하여 [Object(개체)]-[Effects(효과)]-[Gradient Feather(그레이디언트 페더)]를 선택합니다.

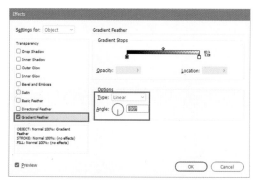 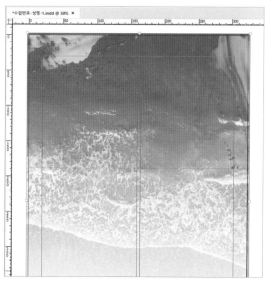

04 Ellipse Frame Tool(타원 프레임 도구)을 선택한 후 작업창을 클릭하여 [Ellipse(타원)] 대화상자에서 'Width(폭) : 58mm, Height(높이) : 58mm'를 입력합니다. 타원 프레임을 겹치도록 위로 이동하여 복사한 후 아래 타원 프레임을 [Object(개체)]-[Arrange(배치)]-[Bring Forward(앞으로 가져오기)]([Ctrl]+[]])를 선택합니다. 두 타원 프레임을 같이 선택한 후 [Object(개체)]-[Pathfinder(패스파인더)]-[Minus Back(이면 개체 제외)]을 선택합니다.

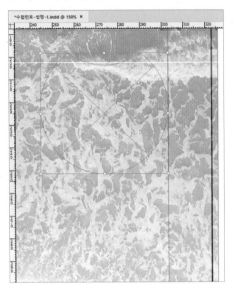

05 [File(파일)]-[Place(가져오기)]([Ctrl]+[D])를 클릭하여 1급-3.jpg를 가져옵니다. 프레임을 선택하고 [Window(창)]-[Stroke(획)]([F10])을 선택하고 Stroke(획) 패널에서 'Weight(두께) : 2pt'로 설정합니다. [Window(창)]-[Color(색상)]-[Color(색상)]([F6])를 선택하고 Color(색상) 패널에서 Stroke(획)을 선택한 후 CMYK 모드의 'C50K20'으로 설정한 후 배치합니다.

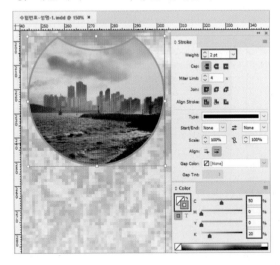

06 1급-3.jpg 프레임에서 [Window(창)]-[Text Wrap(텍스트 감싸기)]([Ctrl]+[Alt]+[W])을 선택합니다. Text Wrap(텍스트 감싸기) 패널에서 Wrap around object shape(개체 모양 감싸기)을 선택하여 'Offset(오프셋) : 3mm'로 설정합니다. 프레임을 《출력형태》와 같이 복사한 후 더블 클릭하거나 Direct Selection Tool(직접 선택 도구)([A])을 클릭하여 프레임 내 이미지의 위치나 크기를 변경합니다.

07 [File(파일)]-[Place(가져오기)]([Ctrl]+[D])를 클릭하여 1급-4.psd를 가져옵니다. 프레임에서 마우스 오른쪽 버튼을 클릭하여 [Effects(효과)]-[Outer Glow(외부 광선)], [Inner Shadow(내부 그림자)]를 선택합니다.

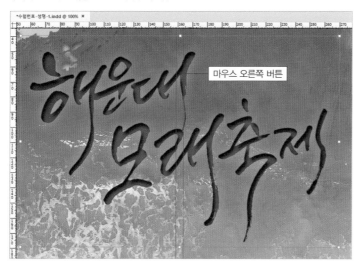

03 선과 도형 편집

01 Line Tool(선 도구)(W)을 클릭하여 Shift 를 누른 상태에서 'Length(길이) : 283mm'로 가로 직선을 만듭니다. [Window(창)]-[Stroke(획)](F10)을 선택하고 Stroke(획) 패널에서 'Weight(두께) : 8pt, Type(유형) : Straight Hash(수직 빗금선)'로 설정하고 [Window (창)]-[Color(색상)]-[Color(색상)](F6)를 선택하고 Color(색상) 패널에서 Stroke(획)을 선택한 후 CMYK 모드의 'C70M100'으로 설정한 후 배치합니다.

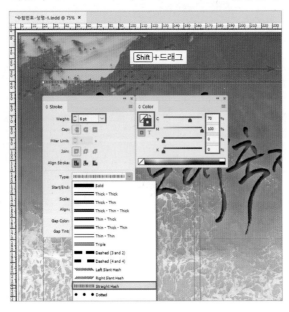

02 Rectangle Tool(사각형 도구)(M)을 선택한 후 작업창을 클릭하여 [Rectangle(사각형)] 대화 상자에서 'Width(폭) : 300mm, Height(높이) : 30mm'를 입력합니다. [Window(창)]- [Color(색상)]-[Color(색상)](F6)를 선택하고 Color(색상) 패널에서 Fill(칠)을 선택하여 CMYK 모드의 'C50M10Y30'으로 설정합니다.

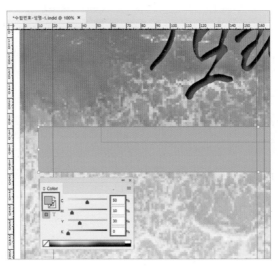

03 [Object(개체)]−[Corner Options(모퉁이 옵션)]를 선택하고 Corner Options(모퉁이 옵션) 패널에서 Corner Size and Shape(모퉁이 크기와 모양)을 'Fancy(돌림무늬), 10mm'로 설정합니다. 컨트롤 패널에서 'Opacity(불투명도) : 70%'로 설정합니다.

 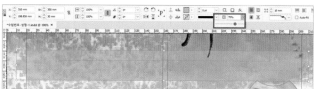

04 사각형 프레임을 선택하고 마우스 오른쪽 버튼을 클릭하여 [Effects(효과)]−[Inner Shadow (내부 그림자)]를 선택합니다. 문제지의 《출력형태》를 참고하여 배치해줍니다.

 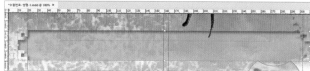

04 문자 효과 적용

01 [Type(문자)]−[Character(문자)]([Ctrl]+[T])를 선택하여 Character(문자) 패널에서 'Font (글꼴) : Arial, Font Style(글꼴 스타일) : Bold, Font Size(글꼴 크기) : 30pt, Tracking (자간) : 300', 'Color(색상) : C70M100'으로 설정한 후 'HAEUNDAE SAND FESTIVAL' 을 입력한 후 배치합니다.

02 문제지의 《출력형태》와 같이 Pen Tool(펜 도구)(P)을 클릭하여 'Hero, 모래로 만난다'의 Path(패스) 형태를 작성한 후 Type on a Path Tool(패스에 입력 도구)(Shift + T)을 클릭하고 작성된 Path(패스)를 선택합니다.

03 [Type(문자)]-[Character(문자)](Ctrl + T)를 선택하여 Character(문자) 패널에서 'Font (글꼴) : Gungsuh(궁서), Font Size(글꼴 크기) : 32pt, Color(색상) : C0M0Y0K0'으로 설정한 후 'Hero, 모래로 만난다'를 입력합니다. 프레임에서 마우스 오른쪽 버튼을 클릭하여 [Effects(효과)]-[Drop Shadow(그림자)] 또는 [Object(개체)]-[Effects(효과)]-[Drop Shadow(그림자)](Ctrl + Alt + M)를 선택합니다.

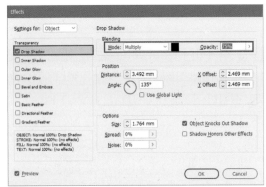

04 [Type(문자)]-[Character(문자)](Ctrl + T)를 선택하고 Character(문자) 패널에서 'Font(글꼴) : Times New Roman, Font Style(글꼴 스타일) : Bold Italic, Font Size(글꼴 크기) : 72pt'로 설정한 후 'SUN&FUN HAEUNDAE'를 입력합니다. [Window(창)]-[Color(색상)]-[Gradient(그레이디언트)] 패널에서 'Type(유형) : Linear(선형)'를 선택하여 CMYK 모드의 시작 'C60M100K30', 끝 'C100'으로 설정합니다.

05 단락 스타일 설정

01 [Window(창)]-[Color(색상)]-[Swatches(색상 견본)]([F5])를 선택하고 Swatches(색상 견본) 패널에서 New Color Swatch(새 색상 견본) 메뉴를 선택하여 단락 스타일 '본문1'의 색상 'C10M90Y10', '본문2'의 색상 'C100M70', '캡션'의 색상 'C70M100'을 각각 추가합니다.

02 [File(파일)]-[Place(가져오기)]([Ctrl]+[D])를 선택하고 내 PC₩문서₩GTQ₩Image 폴더에서 1급-5.txt를 선택하여 '본문1' 텍스트 프레임을 만들고, 문제지의 《조건》으로 지시된 단락 스타일 '본문1' 내용만 남깁니다. 단락 서식 컨트롤 패널에서 'Columns(열 수) : 2, Gutter(단 간격) : 5mm'로 설정합니다. [New Paragraph Style(새 단락 스타일)] 대화상자에서 Preview(미리보기)를 체크하고 Basic Character Formats(기본 문자 서식) 탭에서 'Style Name(스타일 이름) : 본문1', 'Font(글꼴) : Gulim(굴림), Size(크기) : 20pt, Leading(행간) : 36pt, Tracking(자간) : −30', Character Color(문자 색상) 탭에서 색상 견본 'C10M90Y10', Underline Options(밑줄 옵션) 탭에서 'Underline On(밑줄 켬)'을 체크하고, 'Weight(두께) : 1pt, Offset(오프셋) : 6pt, Character Color(문자 색상) 탭에서 색상 견본 'C10M90Y10'으로 설정합니다.

03 [File(파일)]-[Place(가져오기)]([Ctrl]+[D])를 선택하고 1급-5.txt를 선택하여 '본문2' 텍스트 프레임을 만들고, 문제지의 《조건》으로 지시된 단락 스타일 '본문2' 내용만 남깁니다. 단락 서식 컨트롤 패널에서 'Columns(열 수) : 2, Gutter(단 간격) : 5mm'로 설정합니다. [New Paragraph Style(새 단락 스타일)] 대화상자에서 Preview(미리보기)를 체크하고 Basic Character Formats(기본 문자 서식) 탭에서 'Style Name(스타일 이름) : 본문2', 'Font(글꼴) : Batang(바탕), Size(크기) : 16pt, Leading(행간) : 24pt, Tracking(자간) : −50', Character Color(문자 색상) 탭에서 색상 견본 'C100M70'으로 설정합니다.

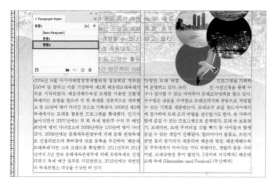

04 [File(파일)]–[Place(가져오기)]([Ctrl]+[D])를 선택하고 1급–5.txt를 선택하여 '캡션' 텍스트 프레임을 만들고, 문제지의 《조건》으로 지시된 단락 스타일 '캡션' 내용만 남깁니다. [New Paragraph Style(새 단락 스타일)] 대화상자에서 Preview(미리보기)를 체크하고 Basic Character Formats(기본 문자 서식) 탭에서 'Style Name(스타일 이름) : 캡션', 'Font(글꼴) : Dotum(돋움), Size(크기) : 20pt, Tracking(자간) : −50', Character Color(문자 색상) 탭에서 색상 견본 'C70M100'으로 설정합니다.

> **기적의 TIP**
>
> 텍스트 파일을 메모장 열기하여 단락 스타일에 적용할 내용만 복사하여 텍스트 프레임을 만들어도 됩니다.

06 PDF 내보내기와 답안 파일 저장

01 [File(파일)]–[Export(내보내기)]([Ctrl]+[E])를 선택하고 '저장 위치 : 내 PC\문서\GTQ'로 설정한 후 '파일 이름 : 수험번호–성명–1'을 입력하고 '파일 형식 : Adobe PDF (Print) (*.pdf)'로 설정한 후 저장합니다.

02 [Export Adobe PDF(Adobe PDF 내보내기)] 대화상자에서 [General(일반)] 탭에서 'Adobe PDF Preset(사전 설정) : High Quality Print(고품질 인쇄)'를 선택하고 [Marks and Bleeds(표시 및 도련)]에서 [All Printer's Marks(모든 프린터 표시)]로 설정하고 문제지의 《출력형태》를 참고하여 'Use Document Bleed Settings(문서에 도련 설정 사용)' 표시로 설정한 후 Export(내보내기)를 선택합니다.

03 완성된 INDD 답안 파일을 문제지의 《조건》과 《출력형태》를 기준으로 최종 점검하여 [File(파일)]–[Save(저장하기)]([Ctrl]+[S])로 저장합니다. 최종 저장된 INDD 답안 파일을 기준으로 [File(파일)]–[Export(내보내기)]([Ctrl]+[E])를 선택하고 '파일 형식 : Adobe PDF (Print) (*.pdf)'로 설정한 후 마지막으로 저장합니다.

04 답안 파일 저장이 완료되면 [File(파일)]–[Close(닫기)]([Ctrl]+[W])를 선택하고 수험자 답안 전송 프로그램의 [답안 전송]을 클릭하여 최종 INDD와 PDF 파일을 감독관 컴퓨터로 제출합니다.

[실무응용] 전자책/브랜드북

새 문서 만들기 및 임시 파일 저장하기 ▶ 마스터 페이지 설정 ▶ 이미지 프레임 효과 및 클리핑 패스 적용 ▶ 도형 편집 및 상호작용 설정 ▶ 문자 효과 적용 ▶ 단락 스타일 설정 ▶ EPUB 내보내기와 답안 파일 저장

수험번호−성명−2.indd, 수험번호−성명−2.epub
1급−201.jpg, 1급−202.jpg, 1급−203.jpg, 1급−204.jpg, 1급−205.jpg, 1급−206.jpg

01 새 문서 만들기 및 임시 파일 저장하기

01 [File(파일)]−[New(새로 만들기)]−[Document(문서)]([Ctrl]+[N])를 선택하고 [New Document(새문서)] 대화상자에서 'Width(폭) : 160mm, Height(높이) : 195mm', 'Pages(페이지) : 6, Columns(열) : 2, Column Gutter(열 간격) : 4mm', Margins(여백)의 'Top(위쪽) : 20mm, Bottom(아래쪽) : 20mm, Inside(안쪽) : 20mm, Outside(바깥쪽) : 20mm', Bleed and Slug(도련 및 슬러그)의 Bleed(도련)을 3mm로 설정하여 새 문서를 만듭니다.

02 Pages(페이지)([F12]) 패널의 6페이지 Thumbnail(썸네일)에서 마우스 오른쪽 버튼을 클릭하여 'Allow Document Pages to Shuffle(문서 페이지 재편성 허용)' 체크를 해제합니다. 6페이지 Thumbnail(썸네일)을 마우스 왼쪽 버튼을 누른 상태에서 1페이지 Thumbnail(썸네일) 왼쪽으로 드래그하고 마우스 포인터가 'ㄷ'자 모양으로 바뀌면, 드롭하여 마주보는 페이지의 펼침면으로 배치합니다.

03 자주 사용하는 패널 영역을 [Window(창)]−[Workspace(작업 영역)]−[Typography(입력 체계)]로 설정하여 답안 작성 시간을 절약합니다.

04 [View(보기)]−[Grids & Guides(격자 및 안내선)]−[Show Guides(안내선 표시)]([Ctrl]+[;])를 선택하여 안내선을 표시합니다.

05 [File(파일)]−[Save(저장하기)]([Ctrl]+[S])를 선택하고 '저장 위치 : 내 PC₩문서₩GTQ, 파일 이름 : 수험번호−성명−2, 파일 형식 : InDesign "CC" 또는 "2021" document (*.indd)'로 설정한 후 저장합니다. INDD 답안 파일을 수시로 저장([Ctrl]+[S])하는 습관이 중요합니다.

02 마스터 페이지 설정

01 A-Master 페이지를 더블 클릭하여 페이지의 왼쪽 아래 페이지 번호 영역에 Type Tool(문자 도구)(T)을 클릭하고 [Type(문자)]-[Insert Special Character(특수 문자 삽입)]-[Markers(표시자)]-[Current Page Number(현재 페이지 번호)](Ctrl + Alt + Shift + N)를 선택합니다.

02 A-Master 페이지 번호 프레임을 선택하고 문제지의 '페이지 번호' 문자효과 《조건》과 같이 Type Tool(문자 도구)(T)을 클릭하여 'Font(글꼴) : Arial, Font Style(글꼴 스타일) : Bold, Font Size(글꼴 크기) : 9pt, Color(색상) : C50Y80'으로 설정한 후 《출력형태》와 같이 배치합니다.

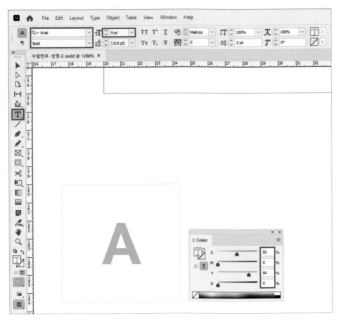

03 문제지의 《출력형태》를 참고하여 페이지 번호 영역에 복사하여 펼침면의 오른쪽 아래에 배치합니다.

> **기적의 TIP**
>
> 페이지 영역에서 마스터 페이지 내용(페이지 번호, 삼각버튼 등)을 수정할 경우, 수정할 페이지 Thumbnail(썸네일)에서 마우스 오른쪽 버튼을 클릭하여 '[Override All Master Page Items(모든 마스터 페이지 재정의)](Ctrl + Alt + Shift + L)'를 활용하여 고정된 마스터 페이지 항목을 자유롭게 수정할 수 있습니다.

03 이미지 프레임 효과 및 클리핑 패스 적용

01 내 PC₩문서₩GTQ₩Output 폴더의 1급-201.jpg, 1급-202.jpg, 1급-203.jpg, 1급-204.jpg, 1급-205.jpg, 1급-206.jpg와 문제지의 《출력형태》에서 이미지 프레임의 레이아웃과 레이어 순서를 확인합니다.

02 [File(파일)]–[Place(가져오기)]([Ctrl]+[D])를 클릭하여 내 PC\문서\GTQ\Image 폴더에서 1급-6.ai를 가져옵니다. 프레임에서 마우스 오른쪽 버튼을 클릭하여 [Effects(효과)]–[Drop Shadow(그림자)]를 선택합니다. 프레임을 《출력형태》와 같이 복사한 후 프레임을 더블 클릭하거나 Direct Selection Tool(직접 선택 도구)([A])을 클릭하여 프레임 내 이미지의 위치나 크기를 변경합니다.

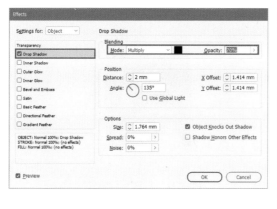

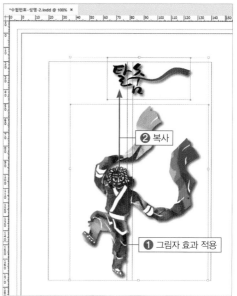

03 [File(파일)]–[Place(가져오기)]([Ctrl]+[D])를 클릭하여 1급-7.jpg를 가져옵니다. 프레임을 더블 클릭하거나 Direct Selection Tool(직접 선택 도구)([A])을 클릭하여 프레임 내 이미지의 위치나 크기를 변경합니다.

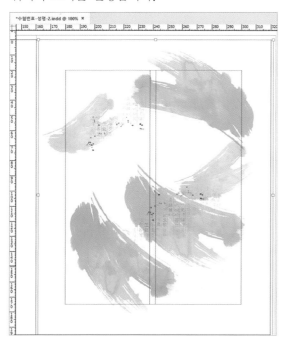

04 [File(파일)]−[Place(가져오기)]([Ctrl]+[D])를 클릭하여 1급−9.jpg를 가져옵니다. 3페이지의
1급−9.jpg 프레임을 4페이지에 복사한 후《출력형태》와 같이 복사한 후 더블 클릭하거나
Direct Selection Tool(직접 선택 도구)([A])을 클릭하여 프레임 내 이미지의 위치나 크기를
변경합니다.

05 [File(파일)]−[Place(가져오기)]([Ctrl]+[D])를 클릭하여
1급−12.jpg를 가져옵니다. 프레임을《출력형태》와 같이 복사
한 후 더블 클릭하거나 Direct Select Tool(직접도구)([A])을
클릭하여 프레임 내 이미지의 위치나 크기를 변경합니다.

06 [File(파일)]−[Place(가져오기)]([Ctrl]+[D])를 클릭하여 1급−8.jpg를 가져옵니다. 프레임을
《출력형태》와 같이 복사한 후 더블 클릭하거나 Direct Selection Tool(직접 선택 도구)([A])
을 클릭하여 프레임 내 이미지의 위치나 크기를 변경합니다.

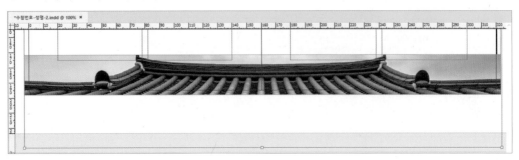

07 1급-8.jpg 프레임을 선택하고 [Object(개체)]–[Clipping Path(클리핑 패스)]–[Options(옵션)]([Ctrl]+[Alt]+[Shift]+[K])를 선택하여 [Clipping Path(클리핑 패스)] 대화상자에서 'Type(유형) : Photoshop Path(패스), Path(패스) : Path 1'을 선택합니다.

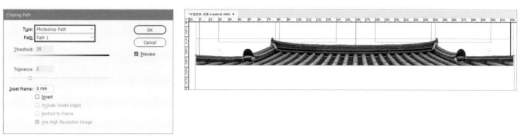

08 3, 4페이지의 1급-8.jpg 프레임을 5, 6페이지에 복사한 후 더블 클릭하거나 Direct Selection Tool(직접 선택 도구)([A])을 클릭하여 프레임 내 이미지의 위치나 크기를 변경합니다.

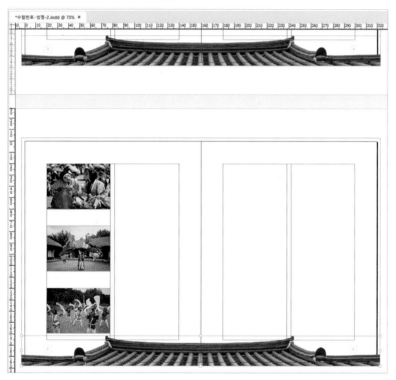

09 [File(파일)]–[Place(가져오기)]([Ctrl]+[D])를 클릭하여 1급-10.png를 가져옵니다. 프레임이 선택된 상태에서 [Object(개체)]–[Clipping Path(클리핑 패스)]–[Options(옵션)]([Ctrl]+[Alt]+[Shift]+[K])를 선택합니다. [Clipping Path(클리핑 패스)] 대화상자가 열리면 'Type(유형) : Detect Edges(가장자리 감지)'를 선택합니다. 프레임을 선택하고 [Window(창)]–[Text Wrap(텍스트 감싸기)]([Ctrl]+[Alt]+[W])을 선택하여 Text Wrap(텍스트 감싸기) 패널에서 Wrap around object shape(개체 모양 감싸기)을 선택하여 'Offset(오프셋) : 4mm'로 설정합니다.

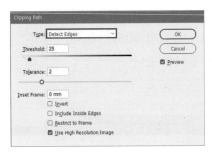

10 [File(파일)]–[Place(가져오기)]($Ctrl$+D)를 클릭하여 1급–11.jpg를 가져옵니다. 프레임이 선택된 상태에서 [Object(개체)]–[Clipping Path(클리핑 패스)]–[Options(옵션)]($Ctrl$+Alt+$Shift$+K)를 선택합니다. [Clipping Path(클리핑 패스)] 대화상자가 열리면 'Type(유형) : Detect Edges(가장자리 감지)'를 선택합니다. 프레임을 선택하고 [Window(창)]–[Text Wrap(텍스트 감싸기)]($Ctrl$+Alt+W)을 선택하여 Text Wrap(텍스트 감싸기) 패널에서 Wrap around object shape(개체 모양 감싸기)을 선택하여 'Offset(오프셋) : 4mm'로 설정합니다.

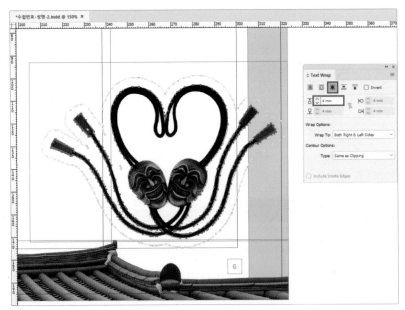

04 도형 편집 및 상호작용 설정

01 Ellipse Tool(타원 도구)(ⓛ)을 선택한 후 작업창을 클릭하여 [Ellipse(타원)] 대화상자에서
'Width(폭) : 120mm, Height(높이) : 120mm'를 입력합니다. [Window(창)]−[Color(색상)]−[Color(색상)](F6)를 선택하고 Color(색상) 패널에서 Fill(칠)을 선택하여 CMYK 모드의 'C40Y20'으로 설정합니다. 컨트롤 패널에서 'Opacity(불투명도) : 70%'로 설정합니다.

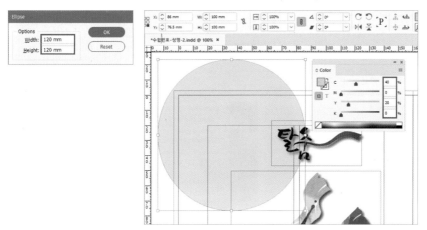

02 Ellipse Tool(타원 도구)을 선택한 후 작업창을 클릭하여 [Ellipse(타원)] 대화상자에서
'Width(폭) : 58mm, Height(높이) : 58mm'를 입력합니다. [Window(창)]−[Color(색상)]−[Color(색상)](F6)를 선택하고 Color(색상) 패널에서 Fill(칠)을 선택하여 CMYK 모드의 'C50Y80'으로 설정합니다. 원을 복사하고 Color(색상) 패널에서 Fill(칠)을 선택하여 CMYK 모드의 'M30Y80'으로 설정한 후 배치합니다.

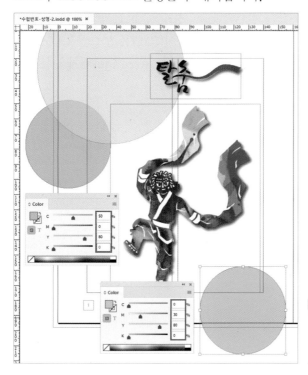

> 🅑 **기적의 TIP**
>
> 크기가 같은 도형을 복사한 후 색상 및 효과 등
> 을 지시조건과 같이 설정합니다.

03 Rectangle Tool(사각형 도구)(M)을 선택한 후 작업창을 클릭하여 [Rectangle(사각형)] 대화상자에서 'Width(폭) : 18mm, Height(높이) : 201mm'를 입력합니다. [Window(창)]-[Color(색상)]-[Color(색상)](F6)를 선택하고 Color(색상) 패널에서 Fill(칠)을 선택하여 CMYK 모드의 'M30Y80'으로 설정합니다. 4페이지에 사각형을 복사한 후 3, 4페이지의 사각형을 선택하고 [Object(개체)]-[Arrange(배치)]-[Send to Back(맨 뒤로 보내기)](Ctrl+Shift+[)을 선택합니다.

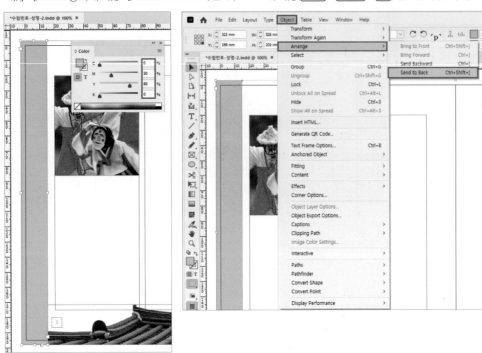

04 3, 4페이지의 사각형을 5, 6페이지에 복사한 후 [Window(창)]-[Color(색상)]-[Color(색상)](F6)를 선택합니다. Color(색상) 패널에서 Fill(칠)을 선택하여 CMYK 모드의 'C40Y10'으로 설정합니다. 5, 6페이지의 사각형을 선택하고 [Object(개체)]-[Arrange(배치)]-[Send to Back(맨 뒤로 보내기)](Ctrl+Shift+[)을 선택합니다.

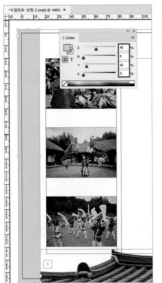

05 Pages(페이지)(F12) 패널에서 마스터 페이지로 더블 클릭하여 이동합니다. Rectangle Tool(사각형 도구)(M)을 길게 눌러 Polygon Tool(다각형 도구)을 선택하고 [Polygon(다각형)] 대화상자에서 'Width(폭) : 7mm, Height(높이) : 7mm, Number of Sides(면 수) : 3'으로 삼각버튼 도형을 만들고 [Window(창)]-[Color(색상)]-[Color(색상)](F6)를 선택하여 Color(색상) 패널에서 Fill(칠)을 선택하여 'C100M50'을 입력하고 컨트롤 패널에서 Rotate 90° Anticlockwise(시계 반대 방향으로 90° 회전)를 클릭합니다. Alt + Shift 를 누른 상태에서 복사한 후 컨트롤 패널에서 'Flip Horizontal(가로로 뒤집기)'을 선택하여 배치합니다. 메인 페이지로 더블 클릭하여 돌아옵니다.

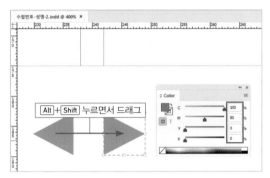

마스터 페이지 설정(페이지 번호, 삼각버튼, 면주 등)은 문제지의 지시조건을 확인하며 그 외 내용은 메인 페이지에 작성합니다.

06 Pages(페이지)(F12) 패널의 마스터 페이지를 선택한 후 Buttons and Forms(단추) 패널에서 Action(동작) '+'를 선택하여 왼쪽 삼각버튼은 'Go To Previous Page(이전 페이지로 이동)' 버튼을, 오른쪽 삼각버튼을 선택하고 Buttons and Forms(단추) 패널에서 Action(동작) '+'를 선택하여 'Go To Next Page(다음 페이지로 이동)' 버튼을 설정합니다.

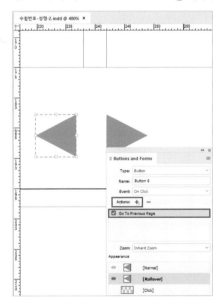

기적의 TIP

상호작용 설정에 자주 사용하는 패널 영역을 [Window(창)]-[Workspace(작업 영역)]-[Interactive for PDF(대화형 PDF)]로 설정합니다.

기출 유형 문제 03회 283

07 [Type(문자)]−[Character(문자)](Ctrl+T)를 선택하여 Character(문자) 패널에서 'Font (글꼴) : Arial, Font Style(글꼴 스타일) : Bold, Font Size(글꼴 크기) : 9pt, Color(색상) : C50Y80'을 선택하여 'license.kpc.or.kr'을 입력하고 가운데 정렬(Ctrl+Shift+C)을 합니다.

08 입력한 'license.kpc.or.kr'을 블록지정하고 [Window(창)]−[Interactive(대화형)]−[Hyperlink(하이퍼링크)]를 선택하고 Hyperlinks(하이퍼링크) 패널에서 'URL : https://license.kpc.or.kr'을 입력하여 하이퍼링크를 설정합니다.

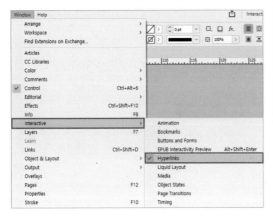 

05 문자 효과 적용

01 [Type(문자)]−[Character(문자)](Ctrl+T)를 선택하여 Character(문자) 패널에서 'Font (글꼴) : Gungsuh(궁서), Font Size(글꼴 크기) : 35pt, Tracking(자간) : −80, Color(색상) : K100'으로 설정한 후 '안동국제'와 '페스티벌'을 입력한 후 배치합니다.

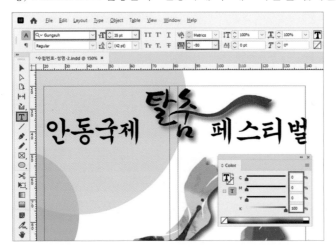

02 [Type(문자)]−[Character(문자)]([Ctrl]+[T])를 선택하여 Character 패널에서 'Font(글꼴) : Dotum(돋움), Font Size(글꼴 크기) : 15pt, Leading(행간) : 20pt, Tracking(자간) : −25, Color(색상) : K100'으로 설정한 후 '01. 개최배경 02. Joy Festival 03. 축제프로그램'을 입력합니다. '01. 02. 03.' 숫자만 선택하여 'Color(색상) : C90Y40'으로 수정합니다.

06 단락 스타일 설정

01 [Window(창)]−[Color(색상)]−[Swatches(색상 견본)]([F5])를 선택하고 Swatches(색상 견본) 패널에서 New Color Swatch(새 색상 견본) 메뉴를 선택하여 단락 스타일 '소제목'의 색상 'C50M100Y90', '본문1'의 색상 'K100', '본문2'의 색상 'C100M50K50'을 각각 추가합니다.

02 [File(파일)]−[Place(가져오기)]([Ctrl]+[D])를 선택하고 내 PC₩문서₩GTQ₩Image 폴더에서 1급−13.txt를 선택하여 '본문1' 텍스트 프레임을 2페이지에 만들고, 문제지의 《조건》으로 지시된 단락 스타일 1페이지의 '본문1' 내용만 남깁니다. 단락 서식 컨트롤 패널에서 'Columns(열 수) : 2, Gutter(단 간격) : 4mm'로 설정합니다. [New Paragraph Style(새 단락 스타일)] 대화상자에서 Preview(미리보기)를 체크하고 General(일반) 탭에서 'Style Name(스타일 이름) : 본문1', Basic Character Formats(기본 문자 서식) 탭에서 'Font(글꼴) : Dotum(돋움), Size(크기) : 9pt, Leading(행간) : 11pt', Character Color(문자 색상) 탭에서 Swatches(색상 견본) 'K100'으로 설정합니다.

03 [File(파일)]−[Place(가져오기)]((Ctrl)+(D))를 선택하고 1급−13.txt를 선택하여 '본문2' 텍스트 프레임을 3, 4페이지에 만들고, 문제지의 《조건》으로 지시된 단락 스타일 '본문2' 내용만 남깁니다. 단락 서식 컨트롤 패널에서 'Columns(열 수) : 2, Gutter(단 간격) : 4mm'로 설정합니다. [New Paragraph Style(새 단락 스타일)] 대화상자에서 Preview(미리보기)를 체크하고 General(일반) 탭에서 'Style Name(스타일 이름) : 본문2', Basic Character Formats (기본 문자 서식) 탭에서 'Font(글꼴) : Dotum(돋움), Size(크기) : 9pt, Leading(행간) : 13pt', Drop Caps and Nested Styles(단락 시작표시문자) 탭에서 'Lines(줄 수) : 2, Characters(문자 수) : 1', Character Color(문자 색상) 탭에서 Swatches(색상 견본) 'C100M50K50'으로 설정합니다.

04 [File(파일)]−[Place(가져오기)]([Ctrl]+[D])를 선택하고 1급−13.txt를 선택하여 '본문1' 텍스트 프레임을 5, 6페이지에 만들고, 문제지의 《조건》으로 지시된 단락 스타일 5 ,6페이지의 '본문1' 내용만 남깁니다. 5페이지의 '본문1' 텍스트 프레임은 'Columns(열 수) : 1'로 설정하고 프레임을 세로로 분리하여 배치합니다. 6페이지의 '본문1' 텍스트 프레임은 'Columns(열 수) : 2, Gutter(단 간격) : 4mm'로 설정합니다.

05 '본문1' 프레임에서 '소제목' 부분을 블록 지정한 후 '소제목' 단락 스타일을 만듭니다. [New Paragraph Style(새 단락 스타일)] 대화상자에서 Preview(미리보기)를 체크하고 General(일반) 탭에서 'Style Name(스타일 이름) : 소제목', Basic Character Formats(기본 문자 서식) 탭에서 'Font(글꼴) : Gulim(굴림), Size(크기) : 12pt, Character Color(문자 색상) 탭에서 Swatches(색상 견본) 'C50M100Y90'으로 설정합니다. 문제지의 《출력형태》를 참고하여 '소제목' 단락 스타일을 적용합니다.

07 EPUB 내보내기와 답안 파일 저장

01 [File(파일)]−[Export(내보내기)]([Ctrl]+[E])를 선택하고 '저장 위치 : 내 PC₩문서₩GTQ, 파일 이름 : 수험번호−성명−2, 파일 형식 : EPUB (Fixed Layout) (*.epub)'으로 설정한 후 저장합니다.

02 [EPUB Export Option(EPUB 내보내기] 대화상자의 [General(일반)] 탭에서 'Cover(표지) : Rasterize First Page(첫 페이지 레스터화)'로 설정한 후 [OK]를 선택합니다.

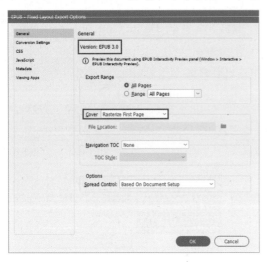

03 완성된 INDD 답안 파일을 문제지의 《조건》과 《출력형태》를 기준으로 최종 점검하여 [File(파일)]−[Save(저장하기)]([Ctrl]+[S])로 저장합니다. 최종 저장된 INDD 답안 파일을 기준으로 [File(파일)]−[Export(내보내기)]([Ctrl]+[E])를 선택하고 '파일 형식 : EPUB (Fixed Layout) (*.epub)'으로 설정한 후 마지막으로 저장합니다.

04 답안 파일 저장이 완료되면 [File(파일)]−[Close(닫기)]([Ctrl]+[W])를 선택하고 수험자 답안 전송 프로그램의 [답안 전송]을 클릭하여 최종 INDD와 EPUB 파일을 감독관 컴퓨터로 제출합니다.

[실무응용] 단행본/매거진

작업과정 새 문서 만들기 및 임시 파일 저장하기 ▶ 마스터 페이지 설정 ▶ 이미지 프레임 효과 및 클리핑 패스 적용 ▶
도형 편집 및 문자 효과 적용 ▶ 단락 스타일 설정 ▶ 답안 파일 저장

완성이미지 수험번호−성명−3.indd
1급−301.jpg, 1급−302.jpg

01 새 문서 만들기 및 임시 파일 저장하기

01 [File(파일)]−[New(새로 만들기)]−[Document(문서)](Ctrl + N)를 선택하고 [New
Document(새문서)] 대화상자에서 'Width(폭) : 210mm, Height(높이) : 280mm', 'Pages(페이
지) : 2, Facing Pages(페이지 마주보기) 옵션선택, Columns(열) : 3, Column Gutter(열 간격)
: 5mm', Margins(여백)의 'Top(위쪽) : 20mm, Bottom(아래쪽) : 20mm, Inside(안쪽) : 10mm,
Outside(바깥쪽) : 10mm', Bleed and Slug(도련 및 슬러그)의 Bleed(도련)을 3mm로 설정하여
새 문서를 만듭니다.

02 Pages(페이지) 패널의 2페이지 Thumbnail(썸네일)에서 마우스 오른쪽 버튼을 클릭하여
'Allow Document Pages to Shuffle(문서 페이지 재편성 허용)' 체크를 해제합니다. 2페이
지 Thumbnail(썸네일)을 마우스 왼쪽 버튼을 누른 상태에서 1페이지 Thumbnail(썸네일)
왼쪽으로 드래그하고 마우스 포인터가 'ㄷ'자 모양으로 바뀌면, 드롭하여 마주보는 페이지의
펼침면으로 배치합니다.

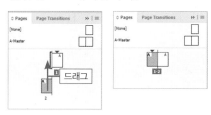

03 자주 사용하는 패널 영역을 [Window(창)]−[Workspace(작업 영역)]−[Typography(입력 체
계)]로 설정하여 답안 작성 시간을 절약합니다.

04 [View(보기)]−[Grids & Guides(격자 및 안내선)]−[Show Guides(안내선 표시)](Ctrl + ;)
를 선택하여 안내선을 표시합니다.

05 [File(파일)]−[Save(저장하기)](Ctrl + S)를 선택하고 '저장 위치 : 내 PC₩문서₩GTQ, 파일
이름 : 수험번호−성명−3, 파일 형식 : InDesign "CC" 또는 "2021" document (*.indd)'로
설정한 후 저장합니다. INDD 답안 파일을 수시로 저장(Ctrl + S)하는 습관이 중요합니다.

02 마스터 페이지 설정

01 Page(페이지)(F12) 패널에서 New Master(새 마스터) 메뉴를 선택하고 [New Master(새 마스터)] 대화상자에서 'Prefix(접두어) : B, Name(이름) : Master(마스터), Number of Pages(페이지 수) : 2, Page Size(페이지 크기)-Width(폭) : 210mm, Height(높이) : 280mm'로 설정합니다.

02 B-Master 페이지의 Thumbnail(썸네일)을 1~2페이지 영역으로 드래그 앤 드롭하여 "B-Master" applied("B-마스터" 적용됨)로 설정합니다.

03 B-Master 페이지를 더블 클릭하여 왼쪽(홀수) 페이지 번호 영역에 Type Tool(문자 도구)(T)을 클릭하고 [Type(문자)]-[Insert Special Character(특수 문자 삽입)]-[Markers(표시자)]-[Current Page Number(현재 페이지 번호)](Ctrl+Alt+Shift+N)를 선택합니다.

04 B-Master 페이지 번호 프레임을 선택하고 문제지의 '페이지 번호' 문자효과 《조건》과 같이 Type Tool(문자 도구)(T)을 클릭하여 'Font(글꼴) : Arial, Font Style(글꼴 스타일) : Bold, Font Size(글꼴 크기) : 12pt, Color(색상) : M50Y100'으로 설정한 후 완성된 왼쪽(홀수) 페이지 번호의 프레임을 Alt를 누른 상태에서 오른쪽(짝수) 페이지 번호 영역에 복사하여 문제지의 《출력형태》와 같이 배치합니다.

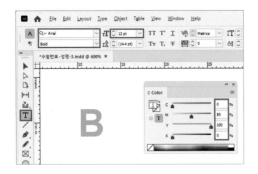

B 기적의 TIP

페이지 번호에 활용된 도형(원)은 B-마스터 페이지에 작성되어야 합니다.

---

05 B-Master 페이지의 왼쪽(홀수) 페이지에서 문제지의 '면주' 문자효과 《조건》과 같이 Type Tool(문자 도구)(T)을 클릭하여 'Korea village'를 입력하고 'Font(글꼴) : Arial, Font Style(글꼴 스타일) : Bold, Font Size(글꼴 크기) : 12pt, Color(색상) : C100Y100K40'으로 설정한 후 《출력형태》와 같이 배치합니다.

06 B-Master 페이지 왼쪽(홀수) 페이지의 면주 텍스트 프레임을 선택하여 오른쪽(짝수) 페이지로 복사하고 'Naju'를 입력한 후 《출력형태》와 같이 배치합니다.

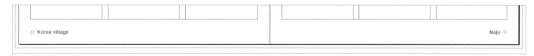

03 이미지 프레임 효과 및 클리핑 패스 적용

01 내 PC₩문서₩GTQ₩Output 폴더의 1급-301.jpg, 1급-302.jpg와 문제지의 《출력형태》에서 이미지 프레임의 레이아웃을 확인합니다.

02 [File(파일)]-[Place(가져오기)]((Ctrl)+(D))를 클릭하여 내 PC₩문서₩GTQ₩Image 폴더에서 1급-15.jpg를 가져옵니다. 프레임의 마우스 오른쪽 버튼을 클릭하여 [Effects(효과)]-[Basic Feather(기본 페더)]를 선택하고 'Feather Width(페더 폭) : 20mm'로 설정합니다.

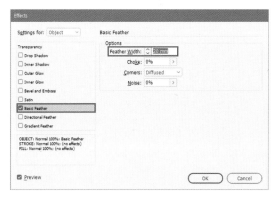

03 [File(파일)]−[Place(가져오기)]([Ctrl]+[D])를 클릭하여 1급-14.ai, 1급-19.psd를 가져옵니다. 프레임을 더블 클릭하거나 Direct Selection Tool(직접 선택 도구)([A])을 클릭하여 프레임 내 이미지의 위치나 크기를 변경합니다.

04 [File(파일)]−[Place(가져오기)]([Ctrl]+[D])를 클릭하여 1급-16.psd를 가져옵니다. 컨트롤 패널에서 'Opacity(불투명도) : 50%'로 설정합니다. 프레임을 더블 클릭하거나 Direct Selection Tool(직접 선택 도구)([A])을 클릭하여 프레임 내 이미지의 위치나 크기를 변경합니다.

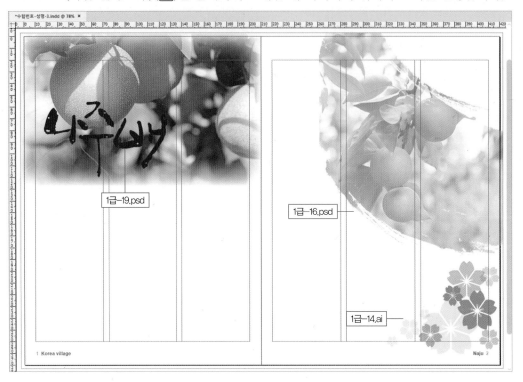

05 [File(파일)]−[Place(가져오기)]([Ctrl]+[D])를 클릭하여 1급-17.psd를 가져옵니다. 프레임을 선택하고 [Object(개체)]−[Clipping Path(클리핑 패스)]−[Options(옵션)]([Ctrl]+[Alt]+[Shift]+[K])를 선택하여 [Clipping Path(클리핑 패스)] 대화상자에서 'Type(유형) : Photoshop Path(패스), Path(패스) : Path1'을 선택합니다.

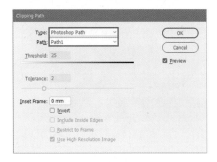

06 1급-17.psd 프레임에서 [Window(창)]–[Text Wrap(텍스트 감싸기)]((Ctrl)+(Alt)+(W))을 선
택합니다. Text Wrap(텍스트 감싸기) 패널에서 Wrap around object shape(개체 모양 감
싸기)을 선택하여 'Offset(오프셋) : 5mm'로 설정합니다. 프레임에서 마우스 오른쪽 버튼을
클릭하여 [Effects(효과)]–[Drop Shadow(그림자)]를 선택합니다.

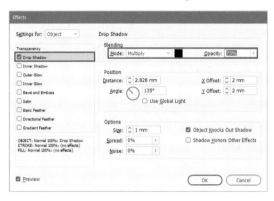
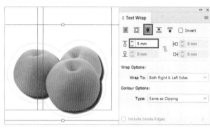

07 [File(파일)]–[Place(가져오기)]((Ctrl)+(D))를 클릭하여 1급-18.jpg를 가져옵니다. Text
Wrap(텍스트 감싸기) 패널에서 Wrap around object shape(개체 모양 감싸기)을 선택하여
'Offset(오프셋) : 5mm'로 설정합니다. 프레임을 《출력형태》와 같이 복사한 후 더블 클릭하거
나 Direct Selection Tool(직접 선택 도구)((A))을 클릭하여 프레임 내 이미지의 위치나 크기
를 변경합니다.

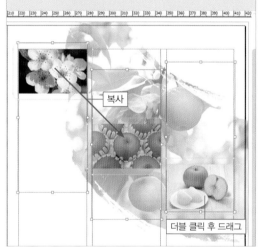

04 도형 편집 및 문자 효과 적용

01 Rectangle Tool(사각형 도구)(M)을 선택한 후 작업창을 클릭하여 [Rectangle(사각형)] 대화 상자가 열리면 'Width(폭) : 93mm, Height(높이) : 10mm'를 입력합니다. [Window(창)]-[Color(색상)]-[Color(색상)](F6)를 선택하고 Color(색상) 패널에서 Fill(칠)을 선택하여 CMYK 모드의 'M30Y100K10'으로 설정합니다. [Object(개체)]-[Corner Options(모퉁이 옵션)]를 선택하고 Corner Options(모퉁이 옵션) 패널에서 Corner Size and Shape(모퉁이 크기와 모양)을 'Rounded(모퉁이 둥글게), 5mm'로 설정합니다.

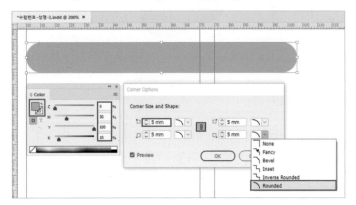

02 [Type(문자)]-[Character(문자)](Ctrl+T)를 선택하고 Character(문자) 패널에서 'Font (글꼴) : Dotum(돋움), Font Size(글꼴 크기) : 16pt, Color(색상) : C60M80Y100K50'으로 설정한 후 Type Tool(문자 도구)(T)을 클릭하여 '대한민국 정보화마을'을 입력합니다.

294 PART 05 기출 유형 문제

🔵 05 단락 스타일 설정

01 [Window(창)]-[Color(색상)]-[Swatches(색상 견본)](F5)를 선택하고 Swatches(색상 견본) 패널에서 New Color Swatch(새 색상 견본) 메뉴를 선택하여 단락 스타일 '중제목'의 색상 'C0M0Y0K0', '소제목'의 색상 'C100Y100K40', '본문1'의 색상 'C50Y100K40', '본문2'의 색상 'K100'을 각각 추가합니다.

🎬 기적의 TIP

이미 Swatches(색상 견본)에 'K100'이 추가되었다면 생략합니다.

02 [File(파일)]-[Place(가져오기)](Ctrl+D)를 선택하고 내 PC₩문서₩GTQ₩Image 폴더에서 1급-20.txt를 선택하여 '본문1' 텍스트 프레임을 만들고, 문제지의 《조건》으로 지시된 단락스타일 '본문1' 내용만 남깁니다. 단락 서식 컨트롤 패널에서 'Columns(열 수) : 3, Gutter(단간격) : 5mm'로 설정합니다. [New Paragraph Style(새 단락 스타일)] 대화상자에서 Preview(미리보기)를 체크하고 Basic Character Formats(기본 문자 서식) 탭에서 'Style Name(스타일 이름) : 본문1', 'Font(글꼴) : Gulim(굴림), Size(크기) : 9pt, Leading(행간) : 15pt', Indents and Spacing(들여쓰기 및 간격) 탭에서 'Alignment(정렬) : Left Justify(왼쪽 균등 배치)', 'First Line Indent(첫 줄 들여쓰기) : 4mm', Character Color (문자 색상) 탭에서 Swatches(색상 견본) 'C50Y100K40'으로 설정합니다.

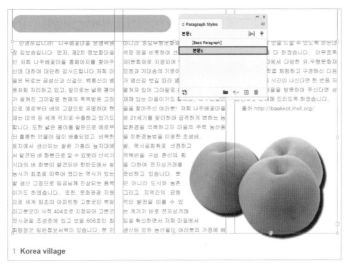

1 Korea village

🎬 기적의 TIP

텍스트 파일을 메모장으로 열어 단락 스타일에 적용할 내용만 복사하여 텍스트 프레임을 만들어도 됩니다.

03 File(파일)]−[Place(가져오기)]([Ctrl]+[D])를 선택하고 1급−20.txt를 선택하여 '중제목' 텍스트 프레임을 만들고, 문제지의 《조건》으로 지시된 단락 스타일 '중제목' 내용만 남깁니다. [New Paragraph Style(새 단락 스타일)] 대화상자에서 Preview(미리보기)를 체크하고 Basic Character Formats(기본 문자 서식) 탭에서 'Style Name(스타일 이름) : 중제목', 'Font(글꼴) : Dotum(돋움), Size(크기) : 13pt, Tracking(자간) : −25', Character Color(문자 색상) 탭에서 Swatches(색상 견본) 'C0M0Y0K0'으로 설정합니다.

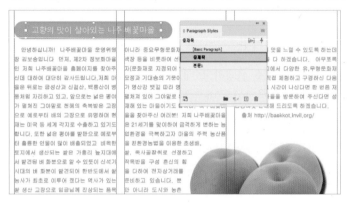

04 [File(파일)]−[Place(가져오기)]([Ctrl]+[D])를 선택하고 1급−20.txt를 선택하여 '본문2' 텍스트 프레임을 만들고, 문제지의 《조건》으로 지시된 단락 스타일 '본문2' 내용만 남깁니다. 단락 서식 컨트롤 패널에서 'Columns(열 수) : 3, Gutter(단 간격) : 5mm'로 설정합니다. [New Paragraph Style(새 단락 스타일)] 대화상자에서 Preview(미리보기)를 체크하고 Basic Character Formats(기본 문자 서식) 탭에서 'Style Name(스타일 이름) : 본문2', 'Font(글꼴) : Batang(바탕), Size(크기) : 9pt, Leading(행간) : 16pt, Tracking(자간) : −30', Character Color(문자 색상) 탭에서 Swatches(색상 견본) 'K100'으로 설정합니다.

05 '본문2' 프레임에서 '소제목' 부분을 블록 지정한 후 '소제목' 단락 스타일을 만듭니다. [New Paragraph Style(새 단락 스타일)] 대화상자에서 Preview(미리보기)를 체크하고 Basic Character Formats Font(기본 문자 서식) 탭에서 'Style Name(스타일 이름) : 소제목', 'Font(글꼴) : Dotum(돋움), Size(크기) : 10pt, Leading(행간) : 18pt, Tracking(자간) : −25', Drop Caps and Nested Styles(단락 시작표시문자) 탭에서 'Lines(줄 수) : 2, Characters(문자 수) : 1', Character Color(문자 색상) 탭에서 Swatches(색상 견본) 'C100Y100K40'으로 설정합니다. 문제지의 《출력형태》를 참고하여 '소제목' 단락 스타일을 적용합니다.

06 답안 파일 저장

01 완성된 INDD 답안 파일을 문제지의 《조건》과 《출력형태》를 기준으로 최종 점검하여 [File(파일)]-[Save(저장하기)]([Ctrl]+[S])로 저장합니다.

02 답안 파일 저장이 완료되면 [File(파일)]-[Close(닫기)]([Ctrl]+[W])를 선택하고 수험자 답안 전송 프로그램의 [답안 전송]을 클릭하여 최종 INDD 파일을 감독관 컴퓨터로 제출합니다.

➕ 더알기 TIP

GTQid 1급 시험은 문항마다 제출할 답안 파일의 형식과 개수가 다릅니다. 1급의 1번 문항은 INDD와 PDF 파일을, 2번 문항은 INDD와 EPUB 파일을, 3번 문항은 INDD 파일로 총 5개의 답안 파일이 저장되어야 합니다.

급수	문제유형	시험시간	수험번호	성명
1급	A	90분	G320250004	

수 험 자 유 의 사 항

- 수험자는 문제지를 받는 즉시 응시하고자 하는 <u>과목 및 급수가 맞는지 확인</u>한 후 수험번호와 성명을 작성합니다.
- 파일명은 본인의 수험번호-성명-문제번호로 공백 없이 정확히 입력하고 답안 폴더(내 PC₩문서₩GTQ)에 파일저장규칙으로 저장해야 하며, '다른 파일 형식과 버전으로 저장하였을 경우', '패키지로 저장할 경우' 0점 처리됩니다. 답안문서 파일명이 수험번호-성명-문제번호와 일치하지 않거나, 답안 파일을 전송하지 않아 미제출로 처리될 경우 불합격 처리됩니다.
- 수험자 정보와 저장한 파일명, 저장 위치가 다를 경우 전송이 되지 않으므로, 주의하시기 바랍니다.
- 답안 작성 중에도 <u>주기적으로 '저장'과 '답안 전송'</u>을 이용하여 감독위원 PC로 답안을 전송하셔야 합니다.(※ 작성한 내용을 <u>저장하지 않고 전송할 경우</u> 이전의 저장내용이 전송되오니 이 점 반드시 유념하시기 바랍니다.)
- 답안문서는 지정된 경로 외의 다른 보조기억장치에 저장하는 행위, 지정된 시험 시간 외에 작성된 파일을 활용한 행위, 기타 통신수단(이메일, 메신저, 네트워크 등)을 이용하여 타인에게 전달 또는 외부 반출하는 행위는 부정행위로 간주되어 자격기본법 제32조에 의거 본 시험 및 국가공인 자격시험을 2년간 응시할 수 없습니다.
- 시험 중 부주의 또는 고의로 시스템을 파손한 경우와 〈수험자 유의사항〉에 기재된 방법대로 이행하지 않아 생기는 불이익은 수험자의 책임임을 알려 드립니다.
- 시험을 완료한 수험자는 최종적으로 저장한 답안 파일이 전송되었는지 확인한 후 감독위원의 지시에 따라 문제지를 제출하고 퇴실합니다.

답 안 작 성 요 령

- **온라인 답안 작성 절차**
  수험자 등록 ⇒ 시험 시작 ⇒ 답안 파일 저장 ⇒ 답안 전송 ⇒ 시험 종료
- 내 PC₩문서₩GTQ₩Image 폴더의 첨부파일을 사용하여 답안을 작성하고 최종답안을 답안 폴더(내 PC₩문서₩GTQ)에 저장하여 답안을 전송하시고, 이미지의 크기가 다른 경우 감점 처리됩니다.
- 배점은 총 100점으로 이루어지며, 점수는 각 문제별로 차등 배분됩니다.
- 각 문제의 기본 단위는 'mm(밀리미터)'이며 지시조건에 맞게 답안을 작성하셔야 합니다.
- 그 외 지시되지 않는 조건(레이아웃, 색상, 문자, 규격 등)은 《결과파일》, 《출력형태》를 참고하여 첨부파일을 활용하여 작성하십시오. 위 언급한 내용을 충족하지 못했을 경우에는 0점 또는 감점 처리됩니다.(※ 《결과파일》은 내 PC₩문서₩GTQ₩Output 폴더에서 확인)
- 문제 조건에 서체의 지정이 없을 경우 한글은 굴림, 돋움, 영문은 Arial로 작성하십시오. 임의 서체로 작성할 경우 감점될 수 있으니 유의하시기 바랍니다.
- 문제 조건에 형태(크기, 색상, 선 굵기 등)에 대한 지정이 없을 경우 《결과파일》, 《출력형태》를 참고하여 작업해 주시기 바랍니다.
- Color Mode(색상 모드)는 별도의 처리조건이 없을 경우에는 CMYK로 작성하십시오.
- 조건에서 제시한 기능의 속성을 해지할 경우 해당 요소는 0점 처리됩니다.

한 국 생 산 성 본 부

▶합격 강의

다음의 《조건》에 따라 아래의 《출력형태》와 같이 작업하시오.

조건

첨부파일		GTQ\Image\1급-1.ai, 1급-2.jpg, 1급-3.jpg, 1급-4.psd, 1급-5.txt
파일저장규칙	크기 동일	323×470mm
	indd 파일명	GTQ\수험번호-성명-1.indd
	pdf 파일명	GTQ\수험번호-성명-1.pdf

1. 기본 설정
① 1쪽(Pages), 4단(Columns), 단 간격(Gutter) 3mm, 여백(Margins) : 상 30mm, 하20mm, 좌우15mm, 도련(Bleed) 3mm
② PDF 내보내기 : 모든 프린터 표시(All Printer's Marks)

2. 작업 방법
① 1급-1.ai : 응용 및 배치
② 1급-2.jpg : 클리핑 패스(Clipping Path) – 포토샵 패스(Photoshop Path), 텍스트 감싸기(Text Wrap) 8mm, 효과
(Effects) – 그림자(Drop Shadow)
③ 1급-3.jpg : 클리핑 패스(Clipping Path) – 포토샵 패스(Photoshop Path)
④ 1급-4.jpg : 효과(Effects) – 그레이디언트 페더(Gradient Feather), 불투명도(Opacity) 50%
⑤ 획 : 293mm, 점선(Dotted), 5pt, K40
⑥ 도형 : 원(60×60mm, 그레이디언트(Gradient) M20Y80 → C0M0Y0K0,
효과(Effects) – 내부 그림자(Inner Shadow))

3. 문자 효과
① 반려견이 먹으면 안 되는 대표적인 음식들(굴림, 43pt, 행간 50pt, 자간 −50, M100Y100)
② 이 외에도 주의해야 할 음식들(궁서, 28pt, 자간 −50, M70Y80)
③ ※아보카도 ※포도 ※초콜릿(바탕, 25pt, M70Y80)
④ 1급-5.txt : 단락 스타일 설정
• 본문1(돋움, 16pt, 행간 26pt, 자간 −70, C60M40Y100 K40)
• 본문2(바탕, 12pt, 행간 24pt, 자간 −50, K100, 첫줄 들여쓰기 4mm)
• 캡션(바탕, 16pt, 행간 22pt, 자간 −30, C100M70)

출력형태

다음의 《조건》에 따라 아래의 《출력형태》와 같이 작업하시오.

조건

첨부파일		GTQ\Image\1급-6.ai, 1급-7.jpg, 1급-8.jpg, 1급-9.jpg, 1급-10.png, 1급-11.jpg, 1급-12.jpg, 1급-13.txt
파일저장규칙	크기 동일	160×195mm
	indd 파일명	GTQ\수험번호-성명-2.indd
	epub 파일명	GTQ\수험번호-성명-2.epub

1. 기본 설정

① 6쪽(Pages), 2단(Columns), 단 간격(Gutter) 4mm, 여백(Margins) : 위·아래쪽 20mm, 왼·오른쪽 15mm, 도련(Bleed) 3mm

② EPUB 고정 레이아웃(Fixed Layout) 내보내기 : 첫 페이지 래스터화(Rasterize First Page)

2. 작업 방법

① 1급-6.psd : 효과(Effects) - 그림자(Drop Shadow), 1급-7.png, 1급-9.jpg : 효과(Effects) - 방향 페더(Directional Feather)

② 1급-8.jpg : 클리핑 패스(Clipping Path) - 포토샵 패스(Photoshop Path), 텍스트 감싸기(Text Wrap) 5mm

③ 1급-10.jpg : 텍스트 감싸기(Text Wrap) 2mm, 1급-11.jpg, 1급-12.jpg : 응용 및 배치

④ 도형 : 사각형(18×201mm, C40M70Y100K40, M40Y80, C40M30Y80), 삼각버튼(7×7mm, C30M100Y100K50)

⑤ 마스터 페이지 설정 : 페이지 번호 설정, 짝수 페이지 - 삼각버튼 배치

⑥ 상호작용(Interactive) 설정 : 하이퍼링크(license.kpc.or.kr로 페이지 이동, 새 창으로), 이전과 다음 페이지로 이동(삼각버튼)

3. 문자 효과

① license.kpc.or.kr, '페이지 번호'(Arial, Bold, 10pt, C30M100Y100K50, M60Y80)

② 누구나 한번쯤은 꿈꾸는 이집트 여행에 여러분을 초대합니다(궁서, 12pt, 자간 -30, C30M100Y100K50)

③ 이집트 소개 1., 이집트 관광 명소 2., 전통음식 소개 3.(돋움, 13pt, 행간 18pt, 자간 -25, C100Y100, K100)

④ 1급-13.txt : 단락 스타일 설정
- 중제목(돋움, 9pt, 행간 13pt, M60Y80, 단락 시작표시문자 2줄)
- 소제목(굴림, 12pt, C40M30Y80)
- 본문(돋움, 9pt, 행간 14pt, K100)

출력형태

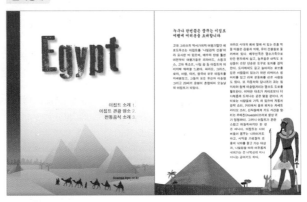

문제 3   [실무응용] 단행본/매거진   40점

▶합격 강의

다음의 《조건》에 따라 아래의 《출력형태》와 같이 작업하시오.

조건

첨부파일		GTQ₩Image₩1급–14.ai, 1급–15.jpg, 1급–16.psd, 1급–17.psd, 1급–18.jpg, 1급–19.psd, 1급–20.txt
파일저장규칙	크기 동일	210×280mm
	indd 파일명	GTQ₩수험번호–성명–3.indd

1. 기본 설정
① 2쪽(Pages), 3단(Columns), 단 간격(Gutter) 3mm, 여백(Margins) : 상 20mm, 하 30mm, 좌 14mm, 우 10mm, 도련 (Bleed) 3mm

2. 작업 방법
① 1급–14.ai, 1급–16.psd, 1급–17.psd : 응용 및 배치
② 1급–15.jpg : 클리핑 패스(Clipping Path) – Photoshop Path, 텍스트 감싸기(Text Wrap) 3mm, 불투명도(Opacity) 60%, 1급–18.jpg : 효과(Effects) – 내부 그림자(Inner Shadow), 모퉁이 둥글게(Rounded) 12mm
③ 1급–19.psd : 효과(Effects) – 그림자(Drop Shadow)
④ 도형 : 삼각형 (20×15mm, C80Y90), 원(120×120mm, M30Y10, 가는선 – 가는선(Thin–Thin), 6pt)
⑤ 마스터 페이지 설정 : B–Master Page 추가, 페이지 번호 설정
    면주 설정 (1 페이지 "EGYPT", 2 페이지 "PYRAMID")

3. 문자 효과
① 세계 7대 불가사의, 대피라미드(궁서, 50pt, 자간 –50, M100Y100, 효과(Effects) – 내부그림자(Inner Shadow))
② '페이지 번호'(Times New Roman, Regular, 17pt, C50M100Y50K40)
③ '면주'(Times new Roman, Bold, 12pt, 자간 200, C100M80)
④ 1급–20.txt : 단락 스타일 설정
- 중제목(궁서, 12pt, 자간 –80, C80Y80K20, 단락경계선 1pt)
- 소제목(바탕, 9pt, 행간 16pt, 자간 –80, C40M100, 첫줄 들여쓰기 4mm)
- 본문1(바탕, 10pt, 행간 19pt, 자간 –30, K100)
- 본문2(굴림, 9pt, 행간 16pt, 자간 –80, K100, 첫줄 들여쓰기 4mm, 단락 시작표시문자 2줄)

출력형태

문제 1 [기능평가] 신문 제작

작업과정 새 문서 만들기 및 임시 파일 저장하기 ▶ 이미지 프레임 효과 및 클리핑 패스 적용 ▶ 선과 도형 편집 ▶ 문자 효과 적용 ▶ 단락 스타일 설정 ▶ PDF 내보내기와 답안 파일 저장

완성이미지 수험번호-성명-1.INDD, 수험번호-성명-1.pdf
1급-101.jpg

01 새 문서 만들기 및 임시 파일 저장하기

01 [File(파일)]-[New(새로 만들기)]-[Document(문서)]([Ctrl]+[N])를 선택하고 [New Document(새문서)] 대화상자에서 'Width(폭) : 323mm, Height(높이) : 470mm', 'Pages(페이지) : 1, Columns(열) : 4, Column Gutter(열 간격) : 3mm', Margins(여백)의 'Top(위쪽) : 30mm, Bottom(아래쪽) : 20mm, Inside(안쪽) : 15mm, Outside(바깥쪽) : 15mm', Bleed and Slug(도련 및 슬러그)의 Bleed(도련)을 3mm로 설정하여 새 문서를 만듭니다.

02 자주 사용하는 패널 영역을 [Window(창)]-[Workspace(작업 영역)]-[Typography(입력 체계)]로 설정하여 답안 작성 시간을 절약합니다.

03 [View(보기)]-[Grids & Guides(격자 및 안내선)]-[Show Guides(안내선 표시)]([Ctrl]+[;])를 선택하여 안내선을 표시합니다.

04 [File(파일)]-[Save(저장하기)]([Ctrl]+[S])를 선택하고 '저장 위치 : 내 PC\문서\GTQ, 파일이름 : 수험번호-성명-1, 파일 형식 : InDesign "CC" 또는 "2021" document (*.indd)'로 설정한 후 저장합니다. INDD 답안 파일을 수시로 저장([Ctrl]+[S])하는 습관이 중요합니다.

02 이미지 프레임 효과 및 클리핑 패스 적용

01 내 PC\문서\GTQ\Output 폴더의 1급-101.jpg와 문제지의 《출력형태》에서 이미지 프레임의 레이아웃과 레이어 순서를 확인합니다.

02 [File(파일)]-[Place(가져오기)]([Ctrl]+[D])를 클릭하여 내 PC\문서\GTQ\Image 폴더에서 1급-1.ai를 가져옵니다. 문제지의 《출력형태》와 같이 배치합니다.

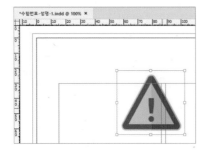

03 [File(파일)]–[Place(가져오기)]([Ctrl]+[D])를 클릭하여 1급-2.jpg를 가져옵니다. 1급-2.jpg 프레임을 선택한 상태에서 [Object(개체)]–[Clipping Path(클리핑 패스)]–[Options(옵션)] ([Ctrl]+[Alt]+[Shift]+[K])를 선택합니다. [Clipping Path(클리핑 패스)] 대화상자에서 'Type (유형) : Photoshop Path(패스), Path(패스) : Path1'을 선택합니다.

04 1급-2.jpg 프레임에서 [Window(창)]–[Text Wrap(텍스트 감싸기)]([Ctrl]+[Alt]+[W])을 선택 합니다. Text Wrap(텍스트 감싸기) 패널에서 Wrap around object shape(개체 모양 감싸 기)을 선택하여 'Offset(오프셋) : 8mm'로 설정합니다. 프레임에서 마우스 오른쪽 버튼을 클 릭하여 [Effects(효과)]–[Drop Shadow(그림자)] 또는 [Object(개체)]–[Effects(효과)]– [Drop Shadow(그림자)]([Ctrl]+[Alt]+[M])를 선택합니다.

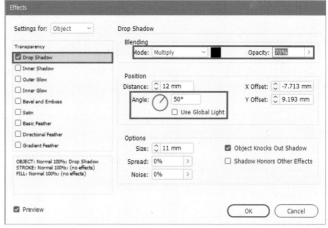

기적의 TIP

문제지에 불투명도값이나, 각도값이 지시되지 않는 경우도 있으니 《출력형태》와 Output 파일을 참고하여 설정합니다.

05 [File(파일)]-[Place(가져오기)]([Ctrl]+[D])를 클릭하여 1급-3.jpg를 가져옵니다. 프레임을 선택하고 [Object(개체)]-[Clipping Path(클리핑 패스)]-[Options(옵션)]([Ctrl]+[Alt]+[Shift]+[K])를 선택하여 [Clipping Path(클리핑 패스)] 대화상자에서 'Type(유형) : Photoshop Path(패스), Path(패스) : Path1'을 선택합니다.

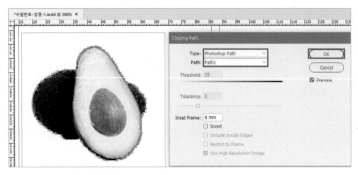

06 1급-3.jpg 프레임을 《출력형태》와 같이 복사한 후 [Object(개체)]-[Clipping Path(클리핑 패스)]-[Options(옵션)]([Ctrl]+[Alt]+[Shift]+[K])를 선택하여 [Clipping Path(클리핑 패스)] 대화상자에서 'Type(유형) : Photoshop Path(패스)', 'Path(패스) : Path2, Path3'을 각각 선택합니다. 프레임을 《출력형태》와 같이 복사한 후 더블 클릭하거나 Direct Selection Tool (직접 선택 도구)([A])을 클릭하여 프레임 내 이미지의 위치나 크기를 변경합니다.

07 [File(파일)]-[Place(가져오기)]([Ctrl]+[D])를 클릭하여 1급-4.jpg를 가져옵니다. 프레임을 선택한 상태로 [Object(개체)]-[Effects(효과)]-[Gradient Feather(그레이디언트 페더)]를 선택하고, 마우스 오른쪽 버튼을 클릭하여 [Object(개체)]-[Arrange(배치)]-[Send to Back (맨 뒤로 보내기)]([Ctrl]+[Shift]+[[])를 클릭합니다. 컨트롤 패널에서 'Opacity(불투명도) : 50%'로 설정합니다. 프레임을 더블 클릭하거나 Direct Selection Tool(직접 선택 도구)([A]) 을 클릭하여 프레임 내 이미지의 위치나 크기를 변경합니다.

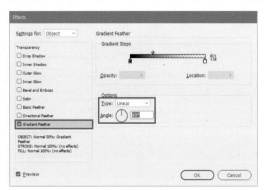

03 선과 도형 편집

01 Line Tool(선 도구)(W)을 클릭하여 Shift를 누른 상태에서 'Length(길이) : 293mm'의 가로 직선을 만듭니다. [Window(창)]–[Stroke(획)](F10)을 선택하고 Stroke(획) 패널에서 'Weight(두께) : 5pt, Type(유형) : Dotted(점선)'로 설정하고 [Window(창)]–[Color(색상)]–[Color(색상)](F6)를 선택하고 Color(색상) 패널에서 Stroke(획)을 선택한 후 CMYK 모드의 'K40'으로 설정한 후 《출력형태》와 같이 Alt+Shift를 눌러 복사하여 배치합니다.

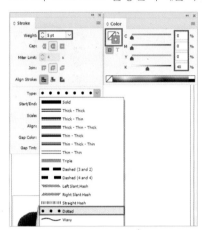
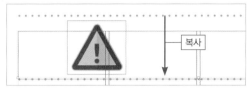

02 Ellipse Tool(타원 도구)(L)을 선택한 후 작업창을 클릭하여 [Ellipse(타원)] 대화상자에서 'Width(폭) : 60mm, Height(높이) : 60mm'를 입력합니다. [Window(창)]–[Color(색상)]–Gradient(그레이디언트) 패널에서 'Type(유형) : Radial(방사형)'을 선택하여 CMYK 모드의 시작 'C0M0Y0K0', 끝 'M20Y80'으로 설정합니다.

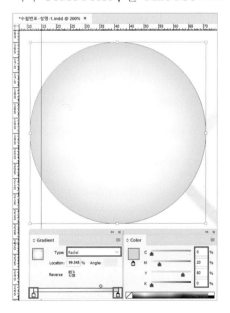

03 원 프레임에서 마우스 오른쪽 버튼을 클릭하여 [Effects(효과)]−[Inner Shadow(내부 그림
자)]를 선택합니다. 원을 2개 더 복사한 후 《출력형태》와 같이 [Object(개체)]−[Arrange(배
치)]−[Send Backward(뒤로 보내기)]([Ctrl]+[[])를 선택하여 배치합니다.

04 문자 효과 적용

01 [Type(문자)]−[Character(문자)]([Ctrl]+[T])를 선택하여 Character(문자) 패널에서 'Font
(글꼴) : Gulim(굴림), Font Size(글꼴 크기) : 43pt, Leading(행간) : 50pt, Tracking(자
간) : −50, Color(색상) : M100Y100'으로 설정한 후 '반려견이 먹으면 안 되는 대표적인 음
식들'을 입력한 후 배치합니다.

02 [Type(문자)]−[Character(문자)]([Ctrl]+[T])를 선택하여 Character(문자) 패널에서 'Font
(글꼴) : Gungsuh(궁서), Font Size(글꼴 크기) : 28pt, Tracking(자간) : −50, Color(색
상) : M70Y80'으로 설정한 후 '이 외에도 주의해야 할 음식들'을 입력한 후 배치합니다.

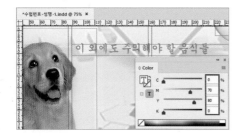

03 [Type(문자)]−[Character(문자)]([Ctrl]+[T])를 선택하여 Character(문자) 패널에서 'Font (글꼴) : Batang(바탕), Font Size(글꼴 크기) : 25pt, Color(색상) : M70Y80'으로 설정한 후 '※아보카도', '※포도', '※초콜릿'을 입력한 후 《출력형태》와 같이 배치합니다.

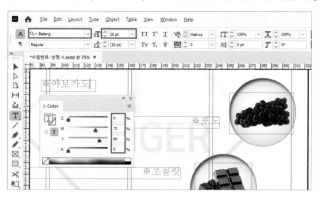

05 단락 스타일 설정

01 [Window(창)]−[Color(색상)]−[Swatches(색상 견본)]([F5])를 선택하고 Swatches(색상 견본) 패널에서 New Color Swatch(새 색상 견본) 메뉴를 선택하여 단락 스타일 '본문1'의 색상 'C60M40Y100K40', '본문2'의 색상 'K100', '캡션'의 색상 'C100M70'을 각각 추가합니다.

02 [File(파일)]−[Place(가져오기)]([Ctrl]+[D])를 선택하고 내 PC₩문서₩GTQ₩Image 폴더에서 1급-5.txt를 선택하여 '본문1' 텍스트 프레임을 만듭니다. [New Paragraph Style(새 단락 스타일)] 대화상자에서 Preview(미리보기)를 체크하고 Basic Character Formats(기본 문자 서식) 탭에서 'Style Name(스타일 이름) : 본문1', 'Font(글꼴) : Dotum(돋움), Size(크기) : 16pt, Leading(행간) : 26pt, Tracking(자간) : −70', Character Color(문자 색상) 탭에서 색상 견본 'C60M40Y100K40'으로 설정합니다.

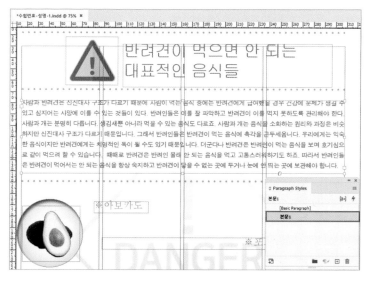

03 [File(파일)]-[Place(가져오기)]($Ctrl$+D)를 선택하고 1급-5.txt를 선택하여 '본문1' 텍스트 프레임을 만들고, 문제지의 《조건》으로 지시된 단락 스타일 '본문2' 내용만 남깁니다. [New Paragraph Style(새 단락 스타일)] 대화상자에서 Preview(미리보기)를 체크하고 Basic Character Formats(기본 문자 서식) 탭에서 'Style Name(스타일 이름) : 본문2', 'Font(글꼴) : Gulim(굴림), Size(크기) : 20pt, Leading(행간) : 36pt, Tracking(자간) : -30', Indents and Spacing(들여쓰기 및 간격) 탭에서 'First Line Indent(첫 줄 들여쓰기) : 4mm', Character Color(문자 색상) 탭에서 색상 견본 'C10M90Y10'으로 설정합니다. 단락 서식 컨트롤 패널에서 'Columns(열 수) : 3, Gutter(단 간격) : 3mm'로 설정합니다.

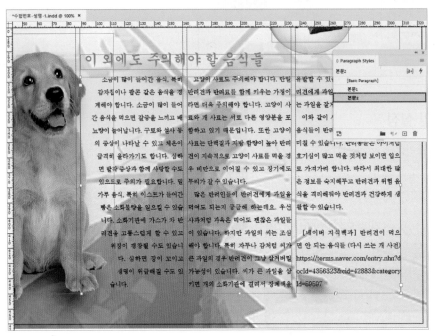

04 [File(파일)]-[Place(가져오기)]($Ctrl$+D)를 선택하고 1급-5.txt를 선택하여 '캡션' 텍스트 프레임을 만들고, 문제지의 《조건》으로 지시된 단락 스타일 '캡션' 내용만 남깁니다. [New Paragraph Style(새 단락 스타일)] 대화상자에서 Preview(미리보기)를 체크하고 Basic Character Formats(기본 문자 서식) 탭에서 'Style Name(스타일 이름) : 캡션', 'Font(글꼴) : Batang(바탕), Size(크기) : 16pt, Leading(행간) : 22pt, Tracking(자간) : -30', Character Color(문자 색상) 탭에서 색상 견본 'C100M70'으로 설정합니다.

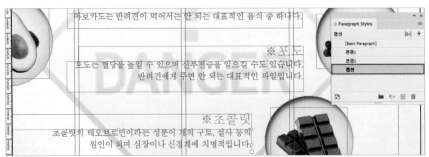

06 PDF 내보내기와 답안 파일 저장

01 [File(파일)]-[Export(내보내기)]([Ctrl]+[E])를 선택하고 '저장 위치 : 내 PC₩문서₩GTQ'로 설정한 후 '파일 이름 : 수험번호-성명-1'을 입력하고 '파일 형식 : Adobe PDF (Print) (*.pdf)'로 설정한 후 저장합니다.

02 [Export Adobe PDF(Adobe PDF 내보내기)] 대화상자에서 [General(일반)] 탭에서 'Adobe PDF Preset(사전 설정) : High Quality Print(고품질 인쇄)'를 선택하고 [Marks and Bleeds(표시 및 도련)]에서 [All Printer's Marks(모든 프린터 표시)]로 설정하고 문제지의 《출력형태》를 참고하여 'Use Document Bleed Settings(문서에 도련 설정 사용)' 표시로 설정한 후 Export(내보내기)를 선택합니다.

03 완성된 INDD 답안 파일을 문제지의 《조건》과 《출력형태》를 기준으로 최종 점검하여 [File(파일)]-[Save(저장하기)]([Ctrl]+[S])로 저장합니다. 최종 저장된 INDD 답안 파일을 기준으로 [File(파일)]-[Export(내보내기)]([Ctrl]+[E])를 선택하고 '파일 형식 : Adobe PDF (Print) (*.pdf)'로 설정한 후 마지막으로 저장합니다.

04 답안 파일 저장이 완료되면 [File(파일)]-[Close(닫기)]([Ctrl]+[W])를 선택하고 수험자 답안 전송 프로그램의 [답안 전송]을 클릭하여 최종 INDD와 PDF 파일을 감독관 컴퓨터로 제출합니다.

문제 2 [실무응용] 전자책/브랜드북

작업과정 새 문서 만들기 및 임시 파일 저장하기 ▶ 마스터 페이지 설정 ▶ 이미지 프레임 효과 및 클리핑 패스 적용 ▶ 도형 편집 및 상호작용 설정 ▶ 문자 효과 적용 ▶ 단락 스타일 설정 ▶ EPUB 내보내기와 답안 파일 저장

완성이미지 수험번호-성명-2.indd, 수험번호-성명-2.epub
1급-201.jpg, 1급-202.jpg, 1급-203.jpg, 1급-204.jpg, 1급-205.jpg, 1급-206.jpg

01 새 문서 만들기 및 임시 파일 저장하기

01 [File(파일)]-[New(새로 만들기)]-[Document(문서)]([Ctrl]+[N])를 선택하고 [New Document(새문서)] 대화상자에서 'Width(폭) : 160mm, Height(높이) : 195mm', 'Pages(페이지) : 6, Columns(열) : 2, Column Gutter(열 간격) : 4mm', Margins(여백)의 'Top(위쪽) : 20mm, Bottom(아래쪽) : 20mm, Inside(안쪽) : 20mm, Outside(바깥쪽) : 20mm', Bleed and Slug(도련 및 슬러그)의 Bleed(도련)을 3mm로 설정하여 새 문서를 만듭니다.

02 Pages(페이지)(F12) 패널의 6페이지 Thumbnail(썸네일)에서 마우스 오른쪽 버튼을 클릭하여 'Allow Document Pages to Shuffle(문서 페이지 재편성 허용)' 체크를 해제합니다. 6페이지 Thumbnail(썸네일)을 마우스 왼쪽 버튼을 누른 상태에서 1페이지 Thumbnail(썸네일) 왼쪽으로 드래그하고 마우스 포인터가 'ㄷ'자 모양으로 바뀌면, 드롭하여 마주보는 페이지의 펼침면으로 배치합니다.

03 자주 사용하는 패널 영역을 [Window(창)]-[Workspace(작업 영역)]-[Typography(입력 체계)]로 설정하여 답안 작성 시간을 절약합니다.

04 [View(보기)]-[Grids & Guides(격자 및 안내선)]-[Show Guides(안내선 표시)](Ctrl+;)를 선택하여 안내선을 표시합니다.

05 [File(파일)]-[Save(저장하기)](Ctrl+S)를 선택하고 '저장 위치 : 내 PC\문서\GTQ, 파일 이름 : 수험번호-성명-2, 파일 형식 : InDesign "CC" 또는 "2021" document (*.indd)'로 설정한 후 저장합니다. INDD 답안 파일을 수시로 저장(Ctrl+S)하는 습관이 중요합니다.

02 마스터 페이지 설정

01 A-Master 페이지를 더블 클릭하여 페이지의 왼쪽 아래 페이지 번호 영역에 Type Tool(문자 도구)(T)을 클릭하고 [Type(문자)]-[Insert Special Character(특수 문자 삽입)]-[Markers(표시자)]-[Current Page Number(현재 페이지 번호)](Ctrl+Alt+Shift+N)를 선택합니다.

02 A-Master 페이지 번호 프레임을 선택하고 문제지의 '페이지 번호' 문자효과 《조건》과 같이 Type Tool(문자 도구)(T)을 클릭하여 'Font(글꼴) : Arial, Font Style(글꼴 스타일) : Bold, Font Size(글꼴 크기) : 10pt, Color(색상) : M60Y80'으로 설정한 후 《출력형태》와 같이 배치합니다.

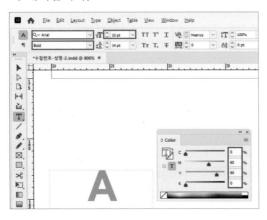

03 문제지의 《출력형태》를 참고하여 페이지 번호 영역에 복사하여 펼침면의 오른쪽 아래에 배치합니다.

03 이미지 프레임 효과 및 클리핑 패스 적용

01 내 PC₩문서₩GTQ₩Output 폴더의 1급-201.jpg, 1급-202.jpg, 1급-203.jpg, 1급-204.jpg, 1급-205.jpg, 1급-206.jpg와 문제지의 《출력형태》에서 이미지 프레임의 레이아웃과 레이어 순서를 확인합니다.

02 [File(파일)]−[Place(가져오기)]([Ctrl]+[D])를 클릭하여 내 PC₩문서₩GTQ₩Image 폴더에서 1급-6.psd를 가져옵니다. 프레임에서 마우스 오른쪽 버튼을 클릭하여 [Effects(효과)]−[Drop Shadow(그림자)]를 선택합니다.

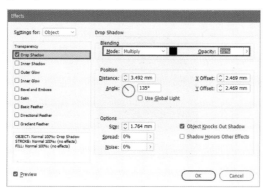 

03 [File(파일)]−[Place(가져오기)]([Ctrl]+[D])를 클릭하여 1급-7.png를 가져옵니다. 프레임에서 마우스 오른쪽 버튼을 클릭하여 [Effects(효과)]−[Directional Feather(방향 페더)]를 선택하고 'Feather Width(페더 폭) Top : 100mm'로 설정합니다.

 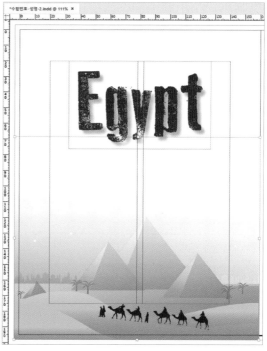

04 [File(파일)]−[Place(가져오기)]([Ctrl]+[D])를 클릭하여 1급−9.jpg를 가져옵니다. 프레임에서 마우스 오른쪽 버튼을 클릭하여 [Effects(효과)]−[Directional Feather(방향 페더)]를 선택하고 'Feather Width(페더 폭) Bottom : 8mm'로 설정합니다. [Window(창)]−[Text Wrap (텍스트 감싸기)]([Ctrl]+[Alt]+[W])을 선택합니다. Text Wrap(텍스트 감싸기) 패널이 열리면 Wrap around bounding box(테두리 상자 감싸기)를 선택하여 'Bottom Offset(아래쪽 오 프셋) : 5mm'로 설정합니다. 3페이지의 1급−9.jpg 프레임을 《출력형태》와 같이 4페이지에 복사한 후 더블 클릭하거나 Direct Selection Tool(직접 선택 도구)([A])을 클릭하여 프레임 내 이미지의 위치나 크기를 변경합니다.

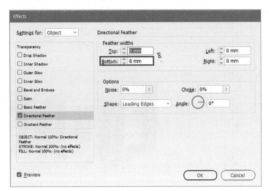
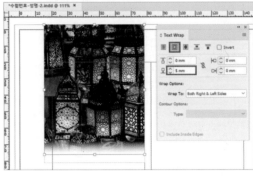

05 [File(파일)]−[Place(가져오기)]([Ctrl]+[D])를 클릭하여 1급−8.jpg를 가져옵니다. 프레임을 선 택하고 [Object(개체)]−[Clipping Path(클리핑 패스)]−[Options(옵션)]([Ctrl]+[Alt]+[Shift]+ [K])를 선택하여 [Clipping Path(클리핑 패스)] 대화상자가 열리면 'Type(유형) : Photoshop Path(패스), Path(패스) : Path1'을 선택합니다.

06 1급-8.jpg 프레임을 선택하고 [Window(창)]–[Text Wrap(텍스트 감싸기)]([Ctrl]+[Alt]+[W])
을 선택하여 Text Wrap(텍스트 감싸기) 패널에서 Wrap around object shape(개체 모양
감싸기)을 선택하여 'Offset(오프셋) : 5mm'로 설정합니다.

07 [File(파일)]–[Place(가져오기)]([Ctrl]+[D])를 클릭하여 1급-10.jpg를 가져옵니다. 프레임을
선택하고 [Window(창)]–[Text Wrap(텍스트 감싸기)]([Ctrl]+[Alt]+[W])을 선택하여 Text
Wrap(텍스트 감싸기) 패널에서 Wrap around bounding box(테두리 상자 감싸기)를 선택
하여 'Make all setting the same(모든 설정 동일하게 만들기), Top Offset(위쪽 오프셋) :
2mm'로 설정합니다. 프레임을 《출력형태》와 같이 복사한 후 더블 클릭하거나 Direct Selec-
tion Tool(직접 선택 도구)([A])을 클릭하여 프레임 내 이미지의 위치나 크기를 변경합니다.

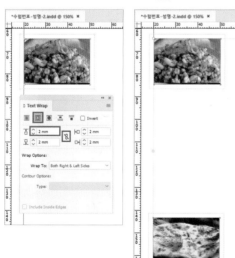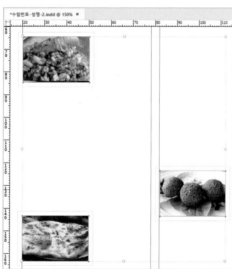

08 [File(파일)]–[Place(가져오기)]([Ctrl]+[D])
를 클릭하여 1급-11.jpg, 1급-12.jpg를
가져옵니다. 프레임에서 더블 클릭하거나
Direct Selection Tool(직접 선택 도구)
([A])을 클릭하여 《출력형태》와 같이 프레
임 내 이미지의 위치나 크기를 변경합니다.

04 **도형 편집 및 상호작용 설정**

01 Rectangle Tool(사각형 도구)([M])을 선택한 후 작업창을 클릭하여
[Rectangle(사각형)] 대화상자가 열리면 'Width(폭) : 18mm, Height(높이)
: 201mm'를 입력합니다. [Window(창)]–[Color(색상)]–[Color(색상)]([F6])
를 선택하고 Color(색상) 패널에서 Fill(칠)을 선택하여 CMYK 모드의
'C40M70Y100K40'으로 설정합니다. [Object(개체)]–[Arrange(배치)]–
[Send to Back(맨 뒤로 보내기)]([Ctrl]+[Shift]+[[])을 선택합니다.

02 1페이지의 사각형을 3페이지에 복사한 후 [Window(창)]-[Color(색상)]-[Color(색상)]([F6])를 선택하고 Color(색상) 패널에서 Fill(칠)을 선택하여 CMYK 모드의 'M40Y80'으로 설정합니다. 3페이지의 사각형을 4페이지에 복사하여 배치합니다.

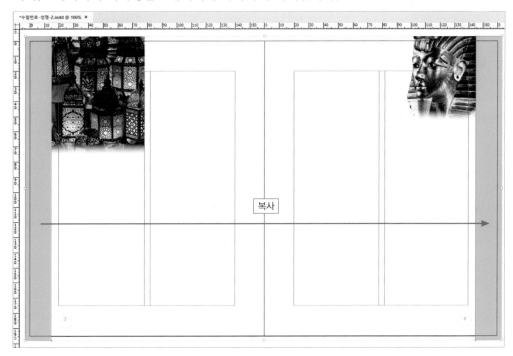

03 3, 4페이지의 사각형을 5, 6페이지에 복사한 후 [Window(창)]-[Color(색상)]-[Color(색상)]([F6])를 선택하고 Color(색상) 패널에서 Fill(칠)을 선택하여 CMYK 모드의 'C40M30Y80'으로 설정합니다.

🅱 **기적의 TIP**

크기가 같은 도형을 복사한 후 색상 및 효과 등을 지시조건과 같이 설정합니다.

04 Pages(페이지)(F12) 패널에서 마스터 페이지로 더블 클릭하여 이동합니다. [Polygon(다각형)] 대화상자에서 'Width(폭) : 7mm, Height(높이) : 7mm, Number of Sides(면 수) : 3'으로 삼각버튼 도형을 만들고 Color(F6)를 선택하여 'Color(색상) : C30M100Y100K50'을 입력하고 컨트롤 패널에서 Rotate 90° Anticlockwise(시계 반대 방향으로 90° 회전)를 클릭합니다. Alt + Shift 를 누른 상태에서 복사한 후 컨트롤 패널에서 'Flip Horizontal(가로로 뒤집기)'을 선택하여 배치합니다. 메인 페이지로 더블 클릭하여 돌아옵니다.

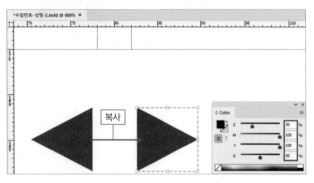

> **기적의 TIP**
>
> 마스터 페이지 설정(페이지 번호, 삼각버튼, 면주 등)은 문제지의 지시조건을 확인하며 그 외 내용은 메인 페이지에 작성합니다.

05 Pages(페이지)(F12) 패널의 마스터 페이지를 선택한 후 Buttons and Forms(단추) 패널에서 Action(동작) '+'를 선택하여 왼쪽 삼각버튼은 'Go To Previous Page(이전 페이지로 이동)' 버튼을, 오른쪽 삼각버튼을 선택하고 Buttons and Forms(단추) 패널에서 Action(동작) '+'를 선택하여 'Go To Next Page(다음 페이지로 이동)' 버튼을 설정합니다.

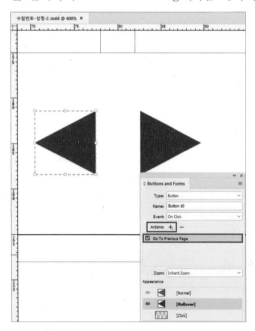

> **기적의 TIP**
>
> 상호작용 설정에 자주 사용하는 패널 영역을[Window (창)]–[Workspace(작업 영역)]–[Interactive for PDF(대화형 PDF)]로 설정합니다.

06 페이지에 [Type(문자)]-[Character(문자)]([Ctrl]+[T])를 선택하여 Character(문자) 패널에서 'Font(글꼴) : Arial, Font Style(글꼴 스타일) : Bold, Font Size(글꼴 크기) : 9pt, Color(색상) : C30M100Y100K50'으로 설정한 후 'license.kpc.or.kr'을 입력하고 가운데 정렬([Ctrl]+[Shift]+[C])을 합니다.

07 입력한 'license.kpc.or.kr'을 블록지정하고 [Window(창)]-[Interactive(대화형)]-[Hyperlink(하이퍼링크)]를 선택하고 Hyperlinks(하이퍼링크) 패널에서 'URL : https://license.kpc.or.kr'을 입력하여 하이퍼링크를 설정합니다.

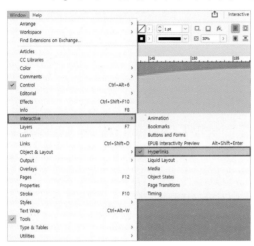 

💡 **기적의 TIP**

Buttons and Forms(단추) 패널 또는 Hyperlinks(하이퍼링크) 패널 모두 답안 작성 방법을 숙지해야 합니다. 'license.kpc.or.kr'문자에 'URL : https://license.kpc.or.kr' 링크로 이동해야 하므로 오타가 없도록 주의합니다.

05 문자 효과 적용

01 [Type(문자)]−[Character(문자)]([Ctrl]+[T])를 선택하여 Character(문자) 패널에서 'Font (글꼴) : Gungsuh(궁서), Font Size(글꼴 크기) : 12pt, Tracking(자간) : −30, Color(색상) : C30M100Y100K50'으로 설정한 후 Type Tool(문자 도구)([T])을 클릭하여 '누구나 한 번쯤은 꿈꾸는 이집트 여행에 여러분을 초대합니다'를 입력한 후 배치합니다.

02 [Type(문자)]−[Character(문자)]([Ctrl]+[T])를 선택하여 Character(문자) 패널에서 'Font (글꼴) : Dotum(돋움), Font Size(글꼴 크기) : 13pt, Leading(행간) : 18pt, Tracking(자 간) : −25, Color(색상) : K100'으로 설정한 후 '이집트 소개 1. 이집트 관광 명소 2. 전통음 식 소개 3.'을 입력한 후 배치합니다. '1. 2. 3.' 숫자만 선택하여 'Color(색상) : C100Y100'으 로 수정합니다.

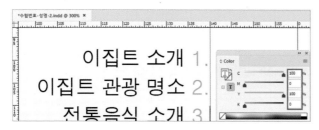

06 단락 스타일 설정

01 [Window(창)]−[Color(색상)]−[Swatches(색상 견본)]([F5])를 선택하고 Swatches(색상 견 본) 패널에서 New Color Swatch(새 색상 견본) 메뉴를 선택하여 단락 스타일 '중제목'의 색 상 'C50M100Y90', '본문'의 색상 'K100', '소제목의 색상 'C100M50K50'을 각각 추가합니다.

02 [File(파일)]−[Place(가져오기)]([Ctrl]+[D])를 선택하고 내 PC₩문서₩GTQ₩Image 폴더에 서 1급−13.txt를 선택하여 '본문' 텍스트 프레임을 2페이지에 만들고, 문제지의 《조건》으로 지 시된 단락 스타일 '본문' 내용만 남깁니다. 단락 서식 컨트롤 패널에서 'Columns(열 수) : 2, Gutter(단 간격) : 4mm'로 설정합니다. [New Paragraph Style(새 단락 스타일)] 대화상자 에서 Preview(미리보기)를 체크하고 Basic Character Formats(기본 문자 서식) 탭에서 'Style Name(스타일 이름) : 본문', 'Font(글꼴) : Dotum(돋움), Size(크기) : 9pt, Leading (행간) : 14pt', Character Color(문자 색상) 탭에서 Swatches(색상 견본) 'K100'으로 설정 합니다.

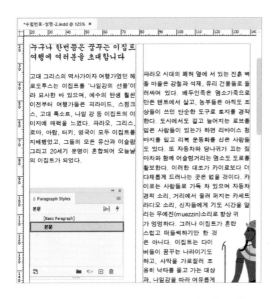

03 [File(파일)]−[Place(가져오기)]($\boxed{Ctrl}$+$\boxed{D}$)를 선택하고 1급−13.txt를 선택하여 '본문' 텍스트 프레임을 3, 4페이지와 5, 6페이지에 각각 만들고, 문제지의 《조건》으로 지시된 단락 스타일 '본문' 내용만 남깁니다. 단락 서식 컨트롤 패널에서 'Columns(열 수) : 2, Gutter(단 간격) : 4mm'로 설정한 후 '본문' 단락 스타일을 설정합니다.

04 3, 4페이지 '본문' 프레임에서 '중제목' 부분을 블록 지정한 후 '중제목' 단락 스타일을 만듭니다. [New Paragraph Style(새 단락 스타일)] 대화상자에서 Preview(미리보기)를 체크하고 Basic Character Formats(기본 문자 서식) 탭에서 'Style Name(스타일 이름) : 중제목', 'Font(글꼴) : Dotum(돋움), Size(크기) : 9pt, Leading(행간) : 13pt', Drop Caps and Nested Styles(단락 시작표시문자) 탭에서 'Lines(줄 수) : 2, Characters(문자 수) : 1', Character Color(문자 색상) 탭에서 Swatches(색상 견본) 'M60Y80'으로 설정합니다. 문제지의 《출력형태》를 참고하여 '중제목' 단락 스타일을 적용합니다.

05 5, 6페이지 '본문' 프레임에서 '소제목' 부분을 블록 지정한 후 '소제목' 단락 스타일을 만듭니다. [New Paragraph Style(새 단락 스타일)] 대화상자에서 Preview(미리보기)를 체크하고 Basic Character Formats(기본 문자 서식) 탭에서 'Style Name(스타일 이름) : 소제목', 'Font(글꼴) : Gulim(굴림), Size(크기) : 12pt, Leading(행간) : 13pt', Character Color(문자 색상) 탭에서 Swatches(색상 견본) 'C40M30Y80'으로 설정합니다. 문제지의 《출력형태》를 참고하여 '소제목' 단락 스타일을 적용합니다.

07 EPUB 내보내기와 답안 파일 저장

01 [File(파일)]-[Export(내보내기)]([Ctrl]+[E])를 선택하고 '저장 위치 : 내 PC₩문서₩GTQ, 파일 이름 : 수험번호-성명-2, 파일 형식 : EPUB (Fixed Layout) (*.epub)'으로 설정한 후 저장합니다.

> **기적의 TIP**
>
> CC 버전으로 응시할 경우 EPUB 내보내기 파일 형식을 'EPUB Fixed Layout (고정 레이아웃)'으로 설정한 후 저장합니다.

02 [EPUB Export Option(EPUB 내보내기] 대화상자의 [General(일반)] 탭에서 'Cover(표지) : Rasterize First Page(첫 페이지 레스터화)'로 설정한 후 [OK]를 선택합니다.

03 완성된 INDD 답안 파일을 문제지의 《조건》과 《출력형태》를 기준으로 최종 점검하여 [File(파일)]-[Save(저장하기)]([Ctrl]+[S])로 저장합니다. 최종 저장된 INDD 답안 파일을 기준으로 [File(파일)]-[Export(내보내기)]([Ctrl]+[E])를 선택하고 '파일 형식 : EPUB (Fixed Layout) (*.epub)'으로 설정한 후 마지막으로 저장합니다.

04 답안 파일 저장이 완료되면 [File(파일)]-[Close(닫기)]([Ctrl]+[W])를 선택하고 수험자 답안 전송 프로그램의 [답안 전송]을 클릭하여 최종 INDD와 EPUB 파일을 감독관 컴퓨터로 제출합니다.

작업과정 새 문서 만들기 및 임시 파일 저장하기 ▶ 마스터 페이지 설정 ▶ 이미지 프레임 효과 및 클리핑 패스 적용 ▶ 도형 편집 및 문자 효과 적용 ▶ 단락 스타일 설정 ▶ 답안 파일 저장

완성이미지 수험번호-성명-3.indd
1급-301.jpg, 1급-302.jpg

01 새 문서 만들기 및 임시 파일 저장하기

01 [File(파일)]-[New(새로 만들기)]-[Document(문서)]([Ctrl]+[N])를 선택하고 [New Document(새문서)] 대화상자에서 'Width(폭) : 210mm, Height(높이) : 280mm', 'Pages(페이지) : 2, Facing Pages(페이지 마주보기) 옵션선택, Columns(열) : 3, Column Gutter(열 간격) : 3mm', Margins(여백)의 'Top(위쪽) : 20mm, Bottom(아래쪽) : 30mm, Inside(안쪽) : 14mm, Outside(바깥쪽) : 10mm', Bleed and Slug(도련 및 슬러그)의 Bleed(도련)을 3mm로 설정하여 새 문서를 만듭니다.

02 Pages(페이지) 패널의 2페이지 Thumbnail(썸네일)에서 마우스 오른쪽 버튼을 클릭하여 'Allow Document Pages to Shuffle(문서 페이지 재편성 허용)' 체크를 해제합니다. 2페이지 Thumbnail(썸네일)을 마우스 왼쪽 버튼을 누른 상태에서 1페이지 Thumbnail(썸네일) 왼쪽으로 드래그하고 마우스 포인터가 'ㄷ'자 모양으로 바뀌면, 드롭하여 마주보는 페이지의 펼침면으로 배치합니다.

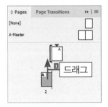

03 자주 사용하는 패널 영역을 [Window(창)]-[Workspace(작업 영역)]-[Typography(입력 체계)]로 설정하여 답안 작성 시간을 절약합니다.

04 [View(보기)]-[Grids & Guides(격자 및 안내선)]-[Show Guides(안내선 표시)]([Ctrl]+[;])를 선택하여 안내선을 표시합니다.

05 [File(파일)]-[Save(저장하기)]([Ctrl]+[S])를 선택하고 '저장 위치 : 내 PC₩문서₩GTQ, 파일 이름 : 수험번호-성명-3, 파일 형식 : InDesign "CC" 또는 "2021" document (*.indd)'로 설정한 후 저장합니다. INDD 답안 파일을 수시로 저장([Ctrl]+[S])하는 습관이 중요합니다.

⑫ 마스터 페이지 설정

01 Page(페이지)(F12) 패널에서 New Master(새 마스터) 메뉴를 선택하고 [New Master(새 마스터)] 대화상자에서 'Prefix(접두어) : B, Name(이름) : Master(마스터), Number of Pages (페이지 수) : 2, Page Size(페이지 크기)-Width(폭) : 210mm, Height(높이) : 280mm'로 설정합니다.

02 B-Master 페이지의 Thumbnail(썸네일)을 1~2페이지 영역으로 드래그 앤 드롭하여 "B-Master" applied("B-마스터" 적용됨)로 설정합니다.

03 B-Master 페이지를 더블 클릭하여 왼쪽(홀수) 페이지 번호 영역에 Type Tool(문자 도구) (T)을 클릭하고 [Type(문자)]-[Insert Special Character(특수 문자 삽입)]-[Markers(표시자)]-[Current Page Number(현재 페이지 번호)](Ctrl+Alt+Shift+N)를 선택합니다.

04 B-Master 페이지 번호 프레임을 선택하고 문제지의 '페이지 번호' 문자효과 《조건》과 같이 Type Tool(문자 도구)(T)을 클릭하여 'Font(글꼴) : Times New Roman, Font Style(글꼴 스타일) : Regular, Font Size(글꼴 크기) : 17pt, Color(색상) : C50M100Y50K40'으로 설정한 후 완성된 왼쪽(홀수) 페이지 번호의 프레임을 Alt를 누른 상태에서 오른쪽(짝수) 페이지 번호 영역에 복사하여 문제지의 《출력형태》와 같이 배치합니다.

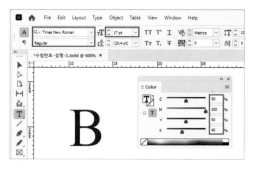

05 B-Master 페이지의 왼쪽(홀수) 페이지에서 문제지의 '면주' 문자효과 《조건》과 같이 Type Tool(문자 도구)(T)을 클릭하여 'EGYPT'를 입력하고 'Font(글꼴) : Times New Roman, Font Style(글꼴 스타일) : Bold, Font Size(글꼴 크기) : 12pt, Leading(행간) : 14pt, Tracking(자간) : 200', Color(색상) : C100M80'으로 설정한 후 《출력형태》와 같이 배치합니다.

06 B-Master 페이지 왼쪽(홀수) 페이지의 면주 텍스트 프레임을 선택하여 오른쪽(짝수) 페이지로 복사하고 'PYRAMID'를 입력한 후《출력형태》와 같이 배치합니다.

03 이미지 프레임 효과 및 클리핑 패스 적용

01 내 PC₩문서₩GTQ₩Output 폴더의 1급-301.jpg, 1급-302.jpg와 문제지의《출력형태》에서 이미지 프레임의 레이아웃을 확인합니다.

02 [File(파일)]-[Place(가져오기)]([Ctrl]+[D])를 클릭하여 내 PC₩문서₩GTQ₩Image 폴더에서 1급-14.ai, 1급-16.psd, 1급-17.psd를 가져옵니다. 프레임을 더블 클릭하거나 Direct Selection Tool(직접 선택 도구)([A])을 클릭하여 프레임 내 이미지의 위치나 크기를 변경합니다. 1페이지의 1급-17.psd 프레임에서 [Object(개체)]-[Arrange(배치)]-[Send to Back(맨 뒤로 보내기)]([Ctrl]+[Shift]+[[])를 선택합니다.

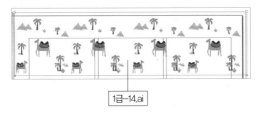

03 [File(파일)]-[Place(가져오기)]([Ctrl]+[D])를 클릭하여 1급-15.jpg를 가져옵니다. 프레임을 선택하고 [Object(개체)]-[Clipping Path(클리핑 패스)]-[Options(옵션)]([Ctrl]+[Alt]+[Shift]+[K])를 선택하여 [Clipping Path(클리핑 패스)] 대화상자에서 'Type(유형) : Photoshop Path(패스), Path(패스) : Path1'을 선택합니다.

04 1급-15.jpg 프레임에서 [Window(창)]-[Text Wrap(텍스트 감싸기)]([Ctrl]+[Alt]+[W])을 선택합니다. Text Wrap(텍스트 감싸기) 패널에서 Wrap around object shape(개체 모양 감싸기)을 선택하여 'Offset(오프셋) : 3mm'로 설정합니다. 컨트롤 패널에서 'Opacity(불투명도) : 60%'로 설정합니다.

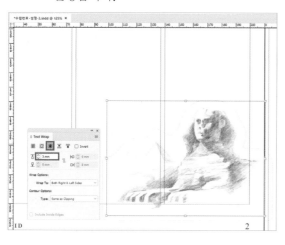 

05 [File(파일)]-[Place(가져오기)]([Ctrl]+[D])를 클릭하여 1급-18.jpg를 가져옵니다. 프레임에서 마우스 오른쪽 버튼을 클릭하여 [Effects(효과)]-[Inner Shadow(내부 그림자)]를 선택합니다. [Object(개체)]-[Corner Options(모퉁이 옵션)]를 선택하고 Corner Options (모퉁이 옵션) 패널에서 Corner Size and Shape(모퉁이 크기와 모양)을 'Rounded(둥글게), 12mm'로 설정합니다.

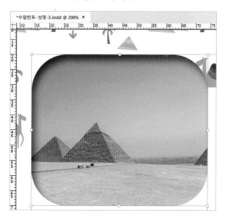

06 Alt + Shift 를 누른 상태에서 1급–18.jpg 프레임을 《출력형태》와 같이 복사한 후 프레임을 더블 클릭하거나 Direct Selection Tool(직접 선택 도구)(A)을 클릭하여 프레임 내 이미지의 위치나 크기를 변경합니다.

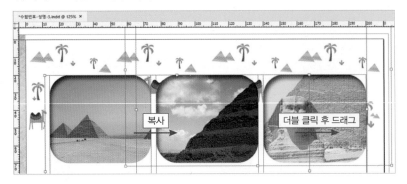

07 [File(파일)]–[Place(가져오기)](Ctrl + D)를 클릭하여 1급–19.psd를 가져옵니다. 프레임에서 마우스 오른쪽 버튼을 클릭하여 [Effects(효과)]–[Drop Shadow(그림자)]를 선택합니다. Alt 를 누른 상태에서 1급–19.psd 프레임을 《출력형태》와 같이 복사한 후 프레임을 더블 클릭하거나 Direct Selection Tool(직접 선택 도구)(A)을 클릭하여 프레임 내 이미지의 위치나 크기를 변경합니다.

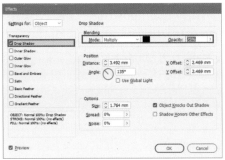
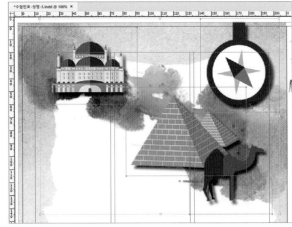

04 도형 편집 및 문자 효과 적용

01 [Polygon(다각형)] 대화상자에서 'Width(폭) : 20mm, Height(높이) : 15mm, Number of Sides(면 수) : 3'으로 삼각버튼 도형을 만들고 Color(F6)를 선택하여 'Color(색상) : C80Y90'을 입력하고 컨트롤 패널에서 'Rotate 90° Clockwise(시계 방향으로 90° 회전)'로 설정합니다. Alt + Shift 를 누른 상태에서 《출력형태》와 같이 삼각형을 복사합니다.

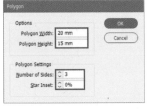
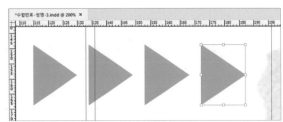

02 Ellipse Frame Tool(타원 프레임 도구)을 선택한 후 작업창을 클릭하여 [Ellipse(타원)] 대화
상자에서 'Width(폭) : 120mm, Height(높이) : 120mm'를 입력합니다. 프레임을 선택하고
[Window (창)]−[Stroke(획)]([F10])을 선택하고 Stroke(획) 패널에서 'Weight(두께) : 6pt,
Type(유형) : Thin−Thin(가는 선−가는 선)'으로 설정하고 [Window(창)]−[Color(색상)]−
[Color(색상)]([F6])를 선택하고 Color(색상) 패널에서 Stroke(획)을 선택한 후 CMYK 모드의
'M30Y10'으로 설정합니다. [Object(개체)]−[Arrange(배치)]−[Send Backward(뒤로 보내
기)]([Ctrl]+[[])를 선택합니다.

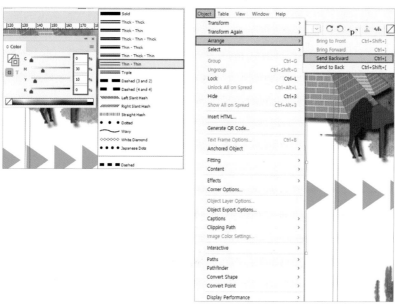

03 [Type(문자)]−[Character(문자)]([Ctrl]+[T])를 선택하고 Character(문자) 패널에서 'Font
(글꼴) : Gungsuh(궁서), Font Size(글꼴 크기) : 50pt, Color(색상) : C60M80Y100K50'
으로 설정한 후 '세계 7대 불가사의, 대피라미드'를 입력합니다. 프레임에서 마우스 오른쪽 버
튼을 클릭하여 [Effects(효과)]−[Inner Shadow(내부 그림자)]를 선택합니다.

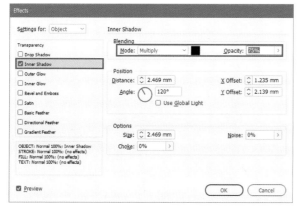

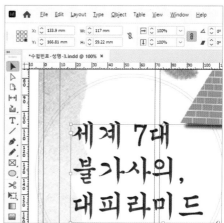

05 단락 스타일 설정

01 [Window(창)]-[Color(색상)]-[Swatches(색상 견본)]([F5])를 선택하고 Swatches(색상 견본) 패널에서 New Color Swatch(새 색상 견본) 메뉴를 선택하여 단락 스타일 '중제목'의 색상 'C80Y80K20', '소제목'의 색상 'C40M100', '본문1'과 '본문2'의 색상 'K100'을 각각 추가합니다.

02 [File(파일)]-[Place(가져오기)]([Ctrl]+[D])를 선택하고 내 PCW문서WGTQWImage 폴더에서 1급-20.txt를 선택하여 '본문1' 텍스트 프레임을 만들고, 문제지의《조건》으로 지시된 단락 스타일 '본문1' 내용만 남깁니다. [New Paragraph Style(새 단락 스타일)] 대화상자에서 Preview(미리보기)를 체크하고 Basic Character Formats(기본 문자 서식) 탭에서 'Style Name(스타일 이름) : 본문1', 'Font(글꼴) : Batang(바탕), Size(크기) : 10pt, Leading(행간) : 19pt, Tracking(자간) : -30', Character Color(문자 색상) 탭에서 Swatches(색상 견본) 'K100'으로 설정합니다.

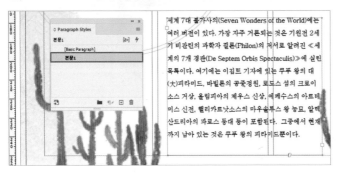

03 [File(파일)]-[Place(가져오기)]([Ctrl]+[D])를 선택하고 1급-20.txt를 선택하여 '본문2' 텍스트 프레임을 만듭니다. 단락 서식 컨트롤 패널에서 'Columns(열 수) : 3, Gutter(단 간격) : 3mm'로 설정합니다. [New Paragraph Style(새 단락 스타일)] 대화상자에서 Preview(미리보기)를 체크하고 Basic Character Formats(기본 문자 서식) 탭에서 'Style Name(스타일 이름) : 본문2', 'Font(글꼴) : Gulim(굴림), Size(크기) : 9pt, Leading(행간) : 16pt, Tracking(자간) : -80', Indents and Spacing(들여쓰기 및 간격) 탭에서 'First Line Indent(첫 줄 들여쓰기) : 4mm', Drop Caps and Nested Styles(단락 시작표시문자) 탭에서 'Lines(줄 수) : 2, Characters(문자 수) : 1', Character Color(문자 색상) 탭에서 Swatches(색상 견본) 'K100'으로 설정합니다.

04 '본문2' 프레임에서 '중제목' 부분을 블록 지정한 후 '중제목' 단락 스타일을 만듭니다. [New Paragraph Style(새 단락 스타일)] 대화상자에서 Preview(미리보기)를 체크하고 Basic Character Formats(기본 문자 서식) 탭에서 'Style Name(스타일 이름) : 중제목', 'Font(글꼴) : Gungsuh(궁서), Size(크기) : 12pt, Tracking(자간) : −80', Paragraph Rules(단락 경계선) 탭에서 Rule Above(위쪽 경계선) 선택한 후 'Rule On(경계선 표시)'을 체크하고 'Weight(두께) : 1pt', Character Color(문자 색상) 탭에서 Swatches(색상 견본) 'C80Y80K20'으로 설정합니다. 문제지의 《출력형태》를 참고하여 '중제목' 단락 스타일을 적용합니다.

05 '본문2' 프레임에서 '소제목' 부분을 블록 지정한 후 '소제목' 단락 스타일을 만듭니다. [New Paragraph Style(새 단락 스타일)] 대화상자에서 Preview(미리보기)를 체크하고 Basic Character Formats(기본 문자 서식) 탭에서 'Style Name(스타일 이름) : 소제목', 'Font(글꼴) : Batang(바탕), Size(크기) : 9pt, Leading(행간) : 16pt, Tracking(자간) : −80', Indents and Spacing(들여쓰기 및 간격) 탭에서 'Space After(이후 공백) : 4mm', Character Color(문자 색상) 탭에서 Swatches(색상 견본) 'C40M100'으로 설정합니다. 문제지의 《출력형태》를 참고하여 '소제목' 단락 스타일을 적용합니다.

🔟 답안 파일 저장

01 완성된 INDD 답안 파일을 문제지의 《조건》과 《출력형태》를 기준으로 최종 점검하여 [File(파일)]−[Save(저장하기)]([Ctrl]+[S])로 저장합니다.

02 답안 파일 저장이 완료되면 [File(파일)]−[Close(닫기)]([Ctrl]+[W])를 선택하고 수험자 답안 전송 프로그램의 [답안 전송]을 클릭하여 최종 INDD 파일을 감독관 컴퓨터로 제출합니다.

➕ **더 알기 TIP**

GTQid 1급 시험은 문항마다 제출할 답안 파일의 형식과 개수가 다릅니다. 1급의 1번 문항은 INDD와 PDF 파일을, 2번 문항은 INDD와 EPUB 파일을, 3번 문항은 INDD 파일로 총 5개의 답안 파일이 저장되어야 합니다.

급수	문제유형	시험시간	수험번호	성명
1급	A	90분	G320250005	

수 험 자 유 의 사 항

- 수험자는 문제지를 받는 즉시 응시하고자 하는 **과목 및 급수가 맞는지 확인**한 후 수험번호와 성명을 작성합니다.
- 파일명은 본인의 수험번호–성명–문제번호로 공백 없이 정확히 입력하고 답안 폴더(내 PC₩문서₩GTQ)에 파일저장규칙으로 저장해야 하며, '다른 파일 형식과 버전으로 저장하였을 경우', '패키지로 저장할 경우' 0점 처리됩니다. 답안문서 파일명이 수험번호–성명–문제번호와 일치하지 않거나, 답안 파일을 전송하지 않아 미제출로 처리될 경우 불합격 처리됩니다.
- 수험자 정보와 저장한 파일명, 저장 위치가 다를 경우 전송이 되지 않으므로, 주의하시기 바랍니다.
- 답안 작성 중에도 **주기적으로 '저장'과 '답안 전송'**을 이용하여 감독위원 PC로 답안을 전송하셔야 합니다.(※ 작성한 내용을 <u>저장하지 않고 전송할 경우</u> 이전의 저장내용이 전송되오니 이 점 반드시 유념하시기 바랍니다.)
- 답안문서는 지정된 경로 외의 다른 보조기억장치에 저장하는 행위, 지정된 시험 시간 외에 작성된 파일을 활용한 행위, 기타 통신수단(이메일, 메신저, 네트워크 등)을 이용하여 타인에게 전달 또는 외부 반출하는 행위는 부정행위로 간주되어 자격기본법 제32조에 의거 본 시험 및 국가공인 자격시험을 2년간 응시할 수 없습니다.
- 시험 중 부주의 또는 고의로 시스템을 파손한 경우와 〈수험자 유의사항〉에 기재된 방법대로 이행하지 않아 생기는 불이익은 수험자의 책임임을 알려 드립니다.
- 시험을 완료한 수험자는 최종적으로 저장한 답안 파일이 전송되었는지 확인한 후 감독위원의 지시에 따라 문제지를 제출하고 퇴실합니다.

답 안 작 성 요 령

- **온라인 답안 작성 절차**
  수험자 등록 ⇒ 시험 시작 ⇒ 답안 파일 저장 ⇒ 답안 전송 ⇒ 시험 종료
- 내 PC₩문서₩GTQ₩Image 폴더의 첨부파일을 사용하여 답안을 작성하고 최종답안을 답안 폴더(내 PC₩문서₩GTQ)에 저장하여 답안을 전송하시고, 이미지의 크기가 다른 경우 감점 처리됩니다.
- 배점은 총 100점으로 이루어지며, 점수는 각 문제별로 차등 배분됩니다.
- 각 문제의 기본 단위는 'mm(밀리미터)'이며 지시조건에 맞게 답안을 작성하셔야 합니다.
- 그 외 지시되지 않는 조건(레이아웃, 색상, 문자, 규격 등)은 《결과파일》, 《출력형태》를 참고하여 첨부파일을 활용하여 작성하십시오. 위 언급한 내용을 충족하지 못했을 경우에는 0점 또는 감점 처리됩니다.(※ 《결과파일》은 내 PC₩문서₩GTQ₩Output 폴더에서 확인)
- 문제 조건에 서체의 지정이 없을 경우 한글은 굴림, 돋움, 영문은 Arial로 작성하십시오. 임의 서체로 작성할 경우 감점될 수 있으니 유의하시기 바랍니다.
- 문제 조건에 형태(크기, 색상, 선 굵기 등)에 대한 지정이 없을 경우 《결과파일》, 《출력형태》를 참고하여 작업해 주시기 바랍니다.
- Color Mode(색상 모드)는 별도의 처리조건이 없을 경우에는 CMYK로 작성하십시오.
- 조건에서 제시한 기능의 속성을 해지할 경우 해당 요소는 0점 처리됩니다.

한 국 생 산 성 본 부

▶ 합격 강의

다음의 《조건》에 따라 아래의 《출력형태》와 같이 작업하시오.

조건

첨부파일		GTQ₩Image₩1급-1.ai, 1급-2.jpg, 1급-3.jpg, 1급-4.psd, 1급-5.txt
파일저장규칙	크기 동일	323×470mm
	indd 파일명	GTQ₩수험번호-성명-1.indd
	pdf 파일명	GTQ₩수험번호-성명-1.pdf

1. 기본 설정
① 1쪽(Pages), 3단(Columns), 단 간격(Gutter) 6mm, 여백(Margins) : 상 30mm, 좌우하 15mm, 도련(Bleed) 3mm
② PDF 내보내기 : 모든 프린터 표시(All Printer's Marks)

2. 작업 방법
① 1급-1.ai : 효과(Effects) - 그림자(Drop Shadow)
② 1급-2.jpg : 효과(Effects) - 방향 페더(Directional Feather)
③ 1급-3.jpg : 텍스트 감싸기(Text Wrap) 5mm
④ 1급-4.psd : 응용 및 배치
⑤ 획 : 329mm, 흰 다이아몬드(White Diamond), 10pt, M10Y100
⑥ 도형 : 원(80×80mm, M60Y100, 효과(Effects) - 그라디언트 페더(Gradient Feather))

3. 문자 효과
① Seoul Internation Fireworks Festival(Arial, Regular, 20pt, M10Y100)
② 서울세계(궁서, 36pt, C0M0Y0K0, 효과(Effects) - 외부 광선(Outer Glow)
③ 서울세계불꽃축제로 오세요~(궁서, 26pt, C100)
④ 1급-5.txt : 단락 스타일 설정
- 본문1(돋움, 16pt, 행간 24pt, 자간 -25, M100Y100, 단락 시작표시문자 2줄)
- 본문2(바탕, 13pt, 행간 24pt, 자간 -50, C100M70)
- 캡션(돋움, 15pt, 행간 25pt, K100)

출력형태

▶합격강의

다음의 《조건》에 따라 아래의 《출력형태》와 같이 작업하시오.

조건

첨부파일		GTQ₩Image₩1급-6.ai, 1급-7.jpg, 1급-8.jpg, 1급-9.jpg, 1급-10.png, 1급-11.jpg, 1급-12.jpg, 1급-13.txt
파일저장규칙	크기 동일	160×195mm
	indd 파일명	GTQ₩수험번호-성명-2.indd
	epub 파일명	GTQ₩수험번호-성명-2.epub

1. 기본 설정

① 6쪽(Pages), 2단(Columns), 단 간격(Gutter) 6mm, 여백(Margins) : 상좌우 20mm, 하 24mm, 도련(Bleed) 3mm

② EPUB 고정 레이아웃(Fixed Layout) 내보내기 : 첫 페이지 래스터화(Rasterize First Page)

2. 작업 방법

① 1급-6.ai : 효과(Effects) – 그림자(Drop Shadow), 1급-11.jpg : 모퉁이 옵션 – 경사(Bevel) 20mm

② 1급-10.png : 클리핑 패스(Clipping Path) – 알파 채널(Alpha Channel), 텍스트 감싸기(Text Wrap) 5mm

③ 1급-7.jpg, 1급-8.jpg, 1급-9.jpg, 1급-12.jpg : 응용 및 배치

④ 도형 : 다각형(60×60mm, M10Y10), 원(70×70mm, C10Y10, C10M10), 삼각버튼(7×7mm, M70Y90)

⑤ 마스터 페이지 설정 : 페이지 번호 설정, 짝수 페이지 삼각버튼 배치

⑥ 상호작용(Interactive) 설정 : 하이퍼링크(license.kpc.or.kr로 페이지 이동, 새 창으로), 이전과 다음 페이지로 이동(삼각버튼)

3. 문자 효과

① license.kpc.or.kr, '페이지 번호'(Arial, Bold, 12pt, C50M100Y90)

② 문경 전통 축제(궁서, 24pt, 자간 -80, C50M20Y40K20)

③ 01. 축제개요, 02. 찻사발의 역사, 03. 찻사발의 종류(돋움, 16pt, M70Y90, K100)

④ 1급-13.txt : 단락 스타일 설정
- 소제목(돋움, 11pt, 행간 15pt, M70Y90, 첫줄 들여쓰기 4mm)
- 본문1(돋움, 9pt, 행간 15pt, 자간 -25, K100, 첫줄 들여쓰기 4mm)
- 본문2(바탕, 9pt, 행간 15pt, 자간 -50, C100M80)

출력형태

▶합격 강의

다음의 《조건》에 따라 아래의 《출력형태》와 같이 작업하시오.

조건

첨부파일		GTQ₩Image₩1급-14.ai, 1급-15.jpg, 1급-16.psd, 1급-17.psd, 1급-18.jpg, 1급-19.psd, 1급-20.txt
파일저장규칙	크기 동일	210×280mm
	indd 파일명	GTQ₩수험번호-성명-3.indd

1. 기본 설정
① 2쪽(Pages), 3단(Columns), 단 간격(Gutter) 6mm, 여백(Margins) : 상하 20mm, 좌우 10mm, 도련(Bleed) 3mm

2. 작업 방법
① 1급-14.ai, 1급-16.psd, 1급-17.psd : 효과(Effects) - 그림자(Drop Shadow)
② 1급-15.jpg : 불투명도(Opacity) 30%, 1급-18.jpg : 텍스트 감싸기(Text Wrap) 5mm, 모퉁이 둥글게(Rounded) 4mm
③ 1급-19.psd : 클리핑 패스(Clipping Path) - Detect Edges(가장자리 감지), 텍스트 감싸기(Text Wrap) 4mm
④ 도형 : 다각형(130×130mm, M10Y40, 불투명도(Opacity) 50%), 원(55×55mm, C10M60Y90) 효과 - 그라디언트 페더(Gradient Feather)
⑤ 마스터 페이지 설정 : B-Master Page 추가, 페이지 번호 설정, 면주 설정(1 페이지 "Jeongseon", 원(15×15mm, C20), 2 페이지 "Arirang")

3. 문자 효과
① JEONGSEON ARIRANG FESTIVAL / Since 1976(Arial, Bold, 12pt, K100)
② '페이지 번호'(Times New Roman, Bold, 13pt, M50Y100)
③ '면주'(Times New Roman, 14pt, C50M100Y50)
④ 1급-20.txt : 단락 스타일 설정
  • 중제목(돋움, 17pt, 자간 -30, K100)
  • 소제목(돋움, 10pt, 행간 16pt, 자간 -25, C50M100Y50, 첫줄 들여쓰기 4mm)
  • 본문1(굴림, 11pt, 행간 18pt, 자간 -40, K100, 좌우 들여쓰기 2mm, 단락 시작표시문자 2줄)
  • 본문2(바탕, 10pt, 행간 16pt, 자간 -40, K100, 첫줄 들여쓰기 4mm)

출력형태

기출 유형 문제 05회 / 해설

문제 1 **[기능평가] 신문 제작**

> **작업과정** 새 문서 만들기 및 임시 파일 저장하기 ▶ 이미지 프레임 효과 및 클리핑 패스 적용 ▶ 선과 도형 편집 ▶ 문자 효과 적용 ▶ 단락 스타일 설정 ▶ PDF 내보내기와 답안 파일 저장
>
> **완성이미지** 수험번호-성명-1.INDD, 수험번호-성명-1.pdf
> 1급-101.jpg

🜼 새 문서 만들기 및 임시 파일 저장하기

01 [File(파일)]-[New(새로 만들기)]-[Document(문서)]([Ctrl]+[N])를 선택하고 [New Document(새문서)] 대화상자에서 'Width(폭) : 323mm, Height(높이) : 470mm', 'Pages(페이지) : 1, Columns(열) : 3, Column Gutter(열 간격) : 6mm', Margins(여백)의 'Top(위쪽) : 30mm, Bottom(아래쪽) : 15mm, Inside(안쪽) : 15mm, Outside(바깥쪽) : 15mm', Bleed and Slug(도련 및 슬러그)의 Bleed(도련)을 3mm로 설정하여 새 문서를 만듭니다.

02 자주 사용하는 패널 영역을 [Window(창)]-[Workspace(작업 영역)]-[Typography(입력 체계)]로 설정하여 답안 작성 시간을 절약합니다.

03 [View(보기)]-[Grids & Guides(격자 및 안내선)]-[Show Guides(안내선 표시)]([Ctrl]+[;])를 선택하여 안내선을 표시합니다.

04 [File(파일)]-[Save(저장하기)]([Ctrl]+[S])를 선택하고 '저장 위치 : 내 PC₩문서₩GTQ, 파일 이름 : 수험번호-성명-1, 파일 형식 : InDesign "CC" 또는 "2021" document (*.indd)'로 설정한 후 저장합니다. INDD 답안 파일을 수시로 저장([Ctrl]+[S])하는 습관이 중요합니다.

⑩ 이미지 프레임 효과 및 클리핑 패스 적용

01 내 PC₩문서₩GTQ₩Output 폴더의 1급-101.jpg와 문제지의 《출력형태》에서 이미지 프레임의 레이아웃과 레이어 순서를 확인합니다.

02 [File(파일)]-[Place(가져오기)]($\boxed{Ctrl}$+$\boxed{D}$)를 클릭하여 내 PC₩문서₩GTQ₩Image 폴더에서 1급-1.ai를 가져옵니다. 프레임에서 마우스 오른쪽 버튼을 클릭하여 [Effects(효과)]-[Drop Shadow(그림자)] 또는 [Object(개체)]-[Effects(효과)]-[Drop Shadow(그림자)]($\boxed{Ctrl}$+$\boxed{Alt}$+$\boxed{M}$)를 선택합니다.

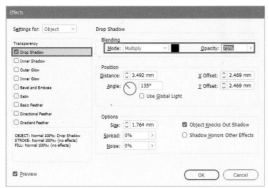 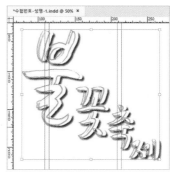

03 [File(파일)]-[Place(가져오기)]($\boxed{Ctrl}$+$\boxed{D}$)를 클릭하여 1급-2.jpg를 가져옵니다. 프레임에서 마우스 오른쪽 버튼을 클릭하여 [Object(개체)]-[Effects(효과)]-[Directional Feather(방향 페더)]를 선택합니다.

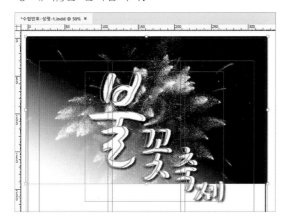

기적의 TIP

문제지에 불투명도값이나, 각도값이 지시되지 않는 경우도 있으니 《출력형태》와 Output 파일을 참고하여 설정합니다.

04 Rectengle Frame Tool(사각형 프레임 도구)(F)을 선택한 후 작업창을 클릭하여 [Rectengle(사각형)] 대화상자에서 'Width(폭) : 56mm, Height(높이) : 56mm'를 입력합니다. 컨트롤 패널에서 'Rotation Angle(회전 각도) : −45° 또는 45°'로 설정하여 마름모 프레임을 만듭니다.

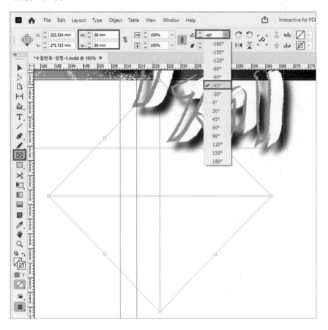

05 마름모 프레임에 [File(파일)]−[Place(가져오기)](Ctrl+D)를 클릭하여 1급−3.jpg를 가져옵니다. 프레임에서 [Window(창)]−[Text Wrap(텍스트 감싸기)](Ctrl+Alt+W)을 선택합니다. Text Wrap(텍스트 감싸기) 패널에서 Wrap around object shape(개체 모양 감싸기)을 선택하여 'Offset(오프셋) : 5mm'로 설정합니다. [Object(개체)]−[Arrange(배치)]−[Send to Back(맨 뒤로 보내기)](Ctrl+Shift+[)을 선택합니다.

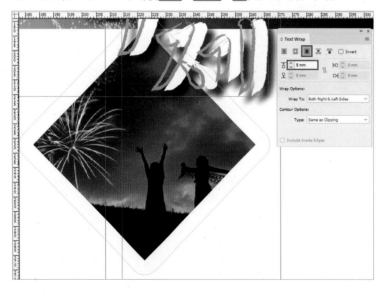

06 1급-3.jpg 프레임을 Alt 를 누른 상태에서 《출력형태》와 같이 복사한 후 더블 클릭하거나 Direct Selection Tool(직접 선택 도구)(A)을 클릭하여 프레임 내 이미지의 위치나 크기를 변경합니다.

07 [File(파일)]-[Place(가져오기)](Ctrl+D)를 클릭하여 1급-4.psd를 가져옵니다. 프레임을 더블 클릭하거나 Direct Selection Tool(직접 선택 도구)(A)을 클릭하여 프레임 내 이미지의 위치나 크기를 변경합니다. [Object(개체)]-[Arrange(배치)]-[Send Backward(뒤로 보내기)](Ctrl+[)를 선택합니다.

⑬ 선과 도형 편집

01 Line Tool(선 도구)(Ｗ)을 클릭하여 Shift를 누른 상태에서 'Length(길이) : 329mm'로 가로 직선을 만듭니다. [Window(창)]−[Stroke(획)](F10)을 선택하고 Stroke(획) 패널에서 'Weight(두께) : 10pt, Type(유형) : White Diamond(흰 다이아몬드)'로 설정하고 [Window(창)]−[Color(색상)]−[Color(색상)](F6)를 선택하고 Color(색상) 패널에서 Stroke(획)을 선택한 후 CMYK 모드의 'M10Y100'으로 설정하여 배치합니다.

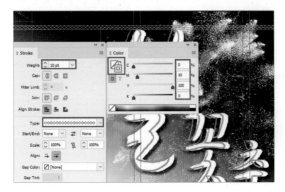

02 Ellipse Tool(타원 도구)(Ｌ)을 선택한 후 작업창을 클릭하여 [Ellipse(타원)] 대화상자에서 'Width(폭) : 80mm, Height(높이) : 80mm'를 입력합니다. [Window(창)]−[Color(색상)]− [Color(색상)](F6) 패널에서 CMYK 모드의 'M60Y100'으로 설정합니다. 프레임에서 마우스 오른쪽 버튼을 클릭하여 [Object(개체)]−[Effects(효과)]−[Gradient Feather(그레이디언트 페더)]를 선택합니다.

04 문자 효과 적용

01 [Type(문자)]–[Character(문자)]([Ctrl]+[T])를 선택하여 Character(문자) 패널에서 'Font (글꼴) : Arial, Font Style(글꼴 스타일) : Regular, Font Size(글꼴 크기) : 20pt, Color (색상) : M10Y100'으로 설정한 후 'Seoul Internation Fireworks Festival'을 입력한 후 배치합니다.

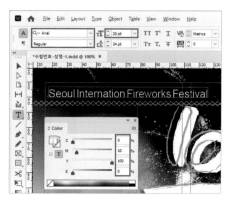

02 [Type(문자)]–[Character(문자)]([Ctrl]+[T])를 선택하여 Character(문자) 패널에서 'Font (글꼴) : Gungsuh(궁서), Font Size(글꼴 크기) : 36pt, Color(색상) : C0M0Y0K0'으로 설 정한 후 '서울세계'를 입력한 후 배치합니다. 프레임에서 마우스 오른쪽 버튼을 클릭하여 [Effects(효과)]–[Outer Glow(외부 광선)]를 선택합니다.

03 문제지의 《출력형태》와 같이 Pen Tool(펜 도구)(P)을 클릭하여 '서울세계불꽃축제로 오세요~'의 Path(패스) 형태를 작성한 후 Type on a Path Tool(패스에 입력 도구)(Shift+T)을 클릭하고 작성된 Path(패스)를 선택합니다.

04 [Type(문자)]-[Character(문자)](Ctrl+T)를 선택하여 Character(문자) 패널에서 'Font(글꼴) : Gungsuh(궁서), Font Size(글꼴 크기) : 26pt, Color(색상) : C100'으로 설정한 후 '서울세계불꽃축제로 오세요~'를 입력한 후 배치합니다.

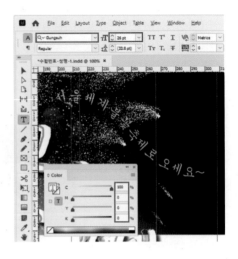

05 단락 스타일 설정

01 [Window(창)]-[Color(색상)]-[Swatches(색상 견본)](F5)를 선택하고 Swatches(색상 견본) 패널에서 New Color Swatch(새 색상 견본) 메뉴를 선택하여 단락 스타일 '본문1'의 색상 'M100Y100', '본문2'의 색상 'C100M70', '캡션'의 색상 'K100'을 각각 추가합니다.

02 [File(파일)]-[Place(가져오기)](Ctrl+D)를 선택하고 내 PC₩문서₩GTQ₩Image 폴더에서 1급-5.txt를 선택하여 '본문1' 텍스트 프레임을 만들고, 문제지의 《조건》으로 지시된 단락 스타일 '본문1' 내용만 남깁니다. [New Paragraph Style(새 단락 스타일)] 대화상자에서 Preview(미리보기)를 체크하고 Basic Character Formats(기본 문자 서식) 탭에서 'Style Name(스타일 이름) : 본문1', 'Font(글꼴) : Dotum(돋움), Size(크기) : 16pt, Leading(행간) : 24pt, Tracking(자간) : -25', Drop Caps and Nested Styles(단락 시작표시문자) 탭에서 'Lines(줄 수) : 2, Characters(문자 수) : 2', Character Color(문자 색상) 탭에서 색상 견본 'M100Y100'으로 설정합니다.

03 [File(파일)]−[Place(가져오기)]([Ctrl]+[D])를 선택하고 1급−5.txt를 선택하여 '본문2' 텍스트 프레임을 만들고, 문제지의 《조건》으로 지시된 단락 스타일 '본문2' 내용만 남깁니다. 단락 서식 컨트롤 패널에서 'Columns(열 수) : 2, Gutter(단 간격) : 6mm'로 설정합니다. [New Paragraph Style(새 단락 스타일)] 대화상자에서 Preview(미리보기)를 체크하고 Basic Character Formats(기본 문자 서식) 탭에서 'Style Name(스타일 이름) : 본문2', 'Font(글꼴) : Batang(바탕), Size(크기) : 13pt, Leading(행간) : 24pt, Tracking(자간) : −50', Character Color(문자 색상) 탭에서 색상 견본 'C100M70'으로 설정합니다.

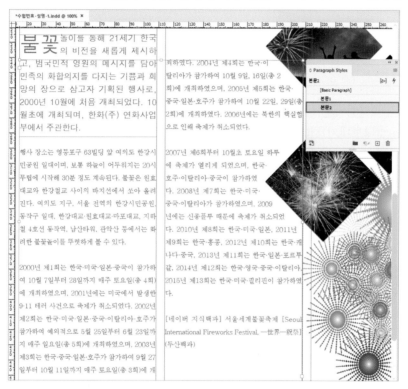

04 [File(파일)]−[Place(가져오기)]([Ctrl]+[D])를 선택하고 1급−5.txt를 선택하여 '캡션' 텍스트 프레임을 만듭니다. [New Paragraph Style(새 단락 스타일)] 대화상자에서 Preview(미리보기)를 체크하고 Basic Character Formats(기본 문자 서식) 탭에서 'Style Name(스타일 이름) : 캡션', 'Font(글꼴) : Dotum(돋움), Size(크기) : 15pt, Leading(행간) : 25pt', Character Color(문자 색상) 탭에서 색상 견본 'K100'으로 설정합니다.

06 PDF 내보내기와 답안 파일 저장

01 [File(파일)]−[Export(내보내기)]([Ctrl]+[E])를 선택하고 '저장 위치 : 내 PC₩문서₩GTQ'로 설정한 후 '파일 이름 : 수험번호−성명−1'을 입력하고 '파일 형식 : Adobe PDF (Print) (*.pdf)'로 설정한 후 저장합니다.

02 [Export Adobe PDF(Adobe PDF 내보내기)] 대화상자에서 [General(일반)] 탭에서 'Adobe PDF Preset(사전 설정) : High Quality Print(고품질 인쇄)'를 선택하고 [Marks and Bleeds(표시 및 도련)]에서 [All Printer's Marks(모든 프린터 표시)]로 설정하고 문제지의 《출력형태》를 참고하여 'Use Document Bleed Settings(문서에 도련 설정 사용)' 표시로 설정한 후 Export(내보내기)를 선택합니다.

03 완성된 INDD 답안 파일을 문제지의 《조건》과 《출력형태》를 기준으로 최종 점검하여 [File(파일)]−[Save(저장하기)]([Ctrl]+[S])로 저장합니다. 최종 저장된 INDD 답안 파일을 기준으로 [File(파일)]−[Export(내보내기)]([Ctrl]+[E])를 선택하고 '파일 형식 : Adobe PDF (Print) (*.pdf)'로 설정한 후 마지막으로 저장합니다.

04 답안 파일 저장이 완료되면 [File(파일)]−[Close(닫기)]([Ctrl]+[W])를 선택하고 수험자 답안 전송 프로그램의 [답안 전송]을 클릭하여 최종 INDD와 PDF 파일을 감독관 컴퓨터로 제출합니다.

문제 2	**[실무응용] 전자책/브랜드북**

작업과정	새 문서 만들기 및 임시 파일 저장하기 ▶ 마스터 페이지 설정 ▶ 이미지 프레임 효과 및 클리핑 패스 적용 ▶ 도형 편집 및 상호작용 설정 ▶ 문자 효과 적용 ▶ 단락 스타일 설정 ▶ EPUB 내보내기 및 답안 파일 저장
완성이미지	수험번호−성명−2.indd, 수험번호−성명−2.epub 1급−201.jpg, 1급−202.jpg, 1급−203.jpg, 1급−204.jpg, 1급−205.jpg, 1급−206.jpg

01 새 문서 만들기 및 임시 파일 저장하기

01 [File(파일)]−[New(새로 만들기)]−[Document(문서)]([Ctrl]+[N])를 선택하고 [New Document(새문서)] 대화상자에서 'Width(폭) : 160mm, Height(높이) : 195mm', 'Pages(페이지) : 6, Columns(열) : 2, Column Gutter(열 간격) : 6mm', Margins(여백)의 'Top(위쪽) : 20mm, Bottom(아래쪽) : 24mm, Inside(안쪽) : 20mm, Outside(바깥쪽) : 20mm', Bleed and Slug(도련 및 슬러그)의 Bleed(도련)을 3mm로 설정하여 새 문서를 만듭니다.

02 Pages(페이지)(**F12**) 패널의 6페이지 Thumbnail(썸네일)에서 마우스 오른쪽 버튼을 클릭하여 'Allow Document Pages to Shuffle(문서 페이지 재편성 허용)' 체크를 해제합니다. 6페이지 Thumbnail(썸네일)을 마우스 왼쪽 버튼을 누른 상태에서 1페이지 Thumbnail(썸네일) 왼쪽으로 드래그하고 마우스 포인터가 'ㄷ'자 모양으로 바뀌면, 드롭하여 마주보는 페이지의 펼침면으로 배치합니다.

03 자주 사용하는 패널 영역을 [Window(창)]-[Workspace(작업 영역)]-[Typography(입력 체계)]로 설정하여 답안 작성 시간을 절약합니다.

04 [View(보기)]-[Grids & Guides(격자 및 안내선)]-[Show Guides(안내선 표시)](**Ctrl**+**;**)를 선택하여 안내선을 표시합니다.

05 [File(파일)]-[Save(저장하기)](**Ctrl**+**S**)를 선택하고 '저장 위치 : 내 PCW문서WGTQ, 파일 이름 : 수험번호-성명-2, 파일 형식 : InDesign "CC" 또는 "2021" document (*.indd)'로 설정한 후 저장합니다. INDD 답안 파일을 수시로 저장(**Ctrl**+**S**)하는 습관이 중요합니다.

02 마스터 페이지 설정

01 A-Master 페이지를 더블 클릭하여 페이지의 왼쪽 아래 페이지 번호 영역에 Type Tool(문자 도구)(**T**)을 클릭하고 [Type(문자)]-[Insert Special Character(특수 문자 삽입)]-[Markers(표시자)]-[Current Page Number(현재 페이지 번호)](**Ctrl**+**Alt**+**Shift**+**N**)를 선택합니다.

02 A-Master 페이지 번호 프레임을 선택하고 문제지의 '페이지 번호' 문자효과 《조건》과 같이 Type Tool(문자 도구)(**T**)을 클릭하여 'Font(글꼴) : Arial, Font Style(글꼴 스타일) : Bold, Font Size(글꼴 크기) : 12pt, Color(색상) : C50M100Y90'으로 설정한 후 《출력형태》와 같이 배치합니다.

03 문제지의 《출력형태》를 참고하여 페이지 번호 영역에 복사하여 펼침면의 오른쪽 아래에 배치합니다.

⑬ 이미지 프레임 효과 및 클리핑 패스 적용

01 내 PCW문서WGTQWOutput 폴더의 1급-201.jpg, 1급-202.jpg, 1급-203.jpg, 1급-204.jpg, 1급-205.jpg, 1급-206.jpg와 문제지의 《출력형태》에서 이미지 프레임의 레이아웃과 레이어 순서를 확인합니다.

02 [File(파일)]-[Place(가져오기)](Ctrl+D)를 클릭하여 내 PCW문서WGTQWImage 폴더에서 1급-6.ai를 가져옵니다. 프레임에서 마우스 오른쪽 버튼을 클릭하여 [Effects(효과)]-[Drop Shadow(그림자)]를 선택합니다.

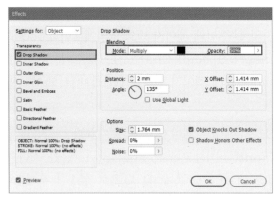

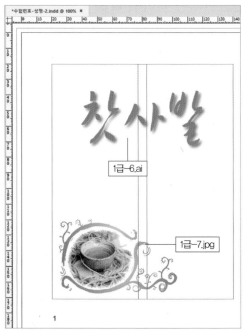

03 [File(파일)]-[Place(가져오기)]([Ctrl]+[D])를 클릭하여 1급-7.
jpg, 1급-8.jpg를 가져옵니다. 1급-7.jpg는 1페이지에, 1급-8.
jpg는 4페이지에 배치하고 프레임을 더블 클릭하거나 Direct
Selection Tool(직접 선택 도구)([A])을 클릭하여 프레임 내 이
미지의 위치나 크기를 변경합니다. Page(페이지) 패널의 수정할
페이지 Thumbnail(썸네일)에서 마우스 오른쪽 버튼을 클릭하여
[Override All Master Page Items(모든 마스터 페이지 재징
의)]([Ctrl]+[Alt]+[Shift]+[L])를 선택하고 1급-8.jpg 프레임을
[Object(개체)]-[Arrange(배치)]-[Send to Back(맨 뒤로 보
내기)]([Ctrl]+[Shift]+[[])을 선택하여 고정된 마스터 페이지의 페
이지 번호를 표시합니다.

04 [File(파일)]-[Place(가져오기)]([Ctrl]+[D])를 클릭하여 1급-11.jpg를 5페이지에 가져옵니다.
[Object(개체)]-[Corner Options(모퉁이 옵션)]를 선택하고 Corner Options(모퉁이 옵션)
대화상자에서 Corner Size and Shape(모퉁이 크기와 모양)을 《출력형태》와 같이 'Bevel(경
사), 20mm'로 설정합니다.

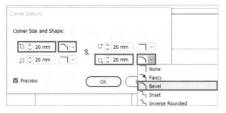

05 5페이지의 Page(페이지) 패널의 수정할 페이지 Thumbnail(썸네일)에서 마우스 오른쪽 버튼을 클릭하여 [Override All Master Page Items(모든 마스터 페이지 재정의)]([Ctrl]+[Alt]+[Shift]+[L])를 선택하고 1급-11.jpg 프레임을 [Object(개체)]-[Arrange(배치)]-[Send to Back(맨 뒤로 보내기)]([Ctrl]+[Shift]+[[])을 선택하여 고정된 마스터 페이지의 페이지 번호를 표시합니다.

06 [File(파일)]-[Place(가져오기)]([Ctrl]+[D])를 클릭하여 1급-10.png를 2페이지에 가져옵니다. 프레임을 선택하고 [Object(개체)]-[Clipping Path(클리핑 패스)]-[Options(옵션)]([Ctrl]+[Alt]+[Shift]+[K])를 선택하여 [Clipping Path(클리핑 패스)] 대화상자에서 'Type(유형) : Alpha Channel(알파 채널)'을 선택합니다. [Window(창)]-[Text Wrap(텍스트 감싸기)]([Ctrl]+[Alt]+[W])을 선택하여 Text Wrap(텍스트 감싸기) 패널에서 Wrap around object shape(개체 모양 감싸기)을 선택하여 'Offset(오프셋) : 5mm'로 설정합니다.

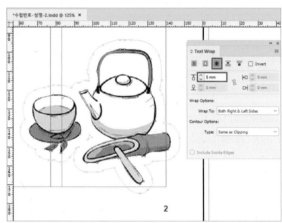

07 [File(파일)]-[Place(가져오기)]([Ctrl]+[D])를 클릭하여 1급-9.jpg, 1급-12.jpg를 가져옵니다. 1급-9.jpg는 6페이지에, 1급-12.jpg는 3페이지에 배치하고 프레임을 더블 클릭하거나 Direct Selection Tool(직접 선택 도구)([A])을 클릭하여 프레임 내 이미지의 위치나 크기를 변경합니다.

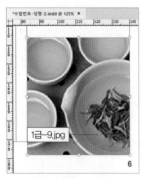

⓪④ 도형 편집 및 상호작용 설정

01 Polygon Tool(다각형 도구)을 선택한 후 작업창을 클릭하여 [Polygon(다각형)] 대화상자에서 'Width(폭) : 60mm, Height(높이) : 60mm, Number of Sides(면 수) : 5, Star Inset(별모양 인세트) : 0%'를 입력합니다. [Window(창)]-[Color(색상)]-[Color(색상)]([F6])를 선택하고 Color(색상) 패널에서 Fill(칠)을 선택하여 CMYK 모드의 'M10Y10'으로 설정한 후 컨트롤 패널에서 'Rotation Angle(회전 각도) : -30°'로 배치합니다. [Object(개체)]-[Arrange(배치)]-[Send to Back(맨 뒤로 보내기)]([Ctrl]+[Shift]+[[])을 선택합니다.

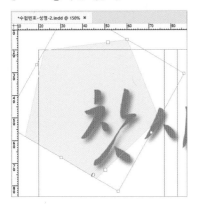

02 Ellipse Tool(타원 도구)([L])을 선택한 후 작업창을 클릭하여 [Ellipse(타원)] 대화상자에서 'Width(폭) : 70mm, Height(높이) : 70mm'를 입력합니다. [Window(창)]-[Color(색상)]-[Color(색상)]([F6])를 선택하고 Color(색상) 패널에서 Fill(칠)을 선택하여 CMYK 모드의 'C10Y10'으로 설정합니다. 원을 6페이지에 복사한 후 Color(색상) 패널에서 Fill(칠)을 선택하여 CMYK 모드의 'C10M10'으로 수정합니다.

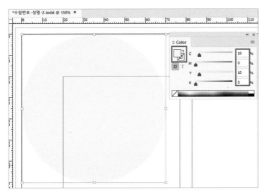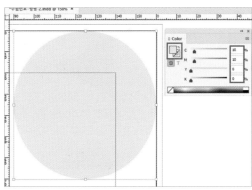

03 Pages(페이지)(F12) 패널에서 마스터 페이지로 더블 클릭하여 이동합니다. [Polygon(다각형)] 대화상자에서 'Width(폭) : 7mm, Height(높이) : 7mm, Number of Sides(면 수) : 3'으로 삼각버튼 도형을 만들고 Color(색상) 패널에서 'M70Y90'을 입력하고 컨트롤 패널에서 Rotate 90° Anticlockwise(시계 반대 방향으로 90° 회전)를 클릭합니다. [Alt]+[Shift]를 누른 상태에서 복사한 후 컨트롤 패널에서 'Flip Horizontal(가로로 뒤집기)'을 선택하여 배치합니다. 메인 페이지로 더블 클릭하여 돌아옵니다.

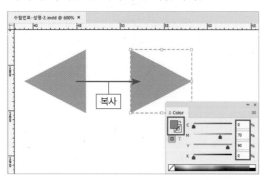

🅱 기적의 TIP

마스터 페이지 설정(페이지 번호, 삼각버튼, 면주 등)은 문제지의 지시조건을 확인하며 그 외 내용은 메인 페이지에 작성합니다.

04 Pages(페이지)(F12) 패널의 마스터 페이지를 선택한 후 Buttons and Forms(단추) 패널에서 Action(동작) '+'를 선택하여 왼쪽 삼각버튼은 'Go To Previous Page(이전 페이지로 이동)' 버튼을, 오른쪽 삼각버튼을 선택하고 Buttons and Forms(단추) 패널에서 Action(동작) '+'를 선택하여 'Go To Next Page(다음 페이지로 이동)' 버튼을 설정합니다.

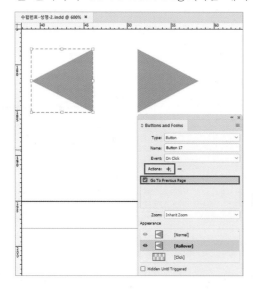

🅱 기적의 TIP

상호작용 설정에 자주 사용하는 패널 영역을[Window(창)]–[Workspace(작업 영역)]–[Interactive for PDF(대화형 PDF)]로 설정합니다.

05 페이지에 [Type(문자)]-[Character(문자)]($\boxed{\text{Ctrl}}$+$\boxed{\text{T}}$)를 선택하여 Character(문자) 패널에서 'Font(글꼴) : Arial, Font Style(글꼴 스타일) : Bold, Font Size(글꼴 크기) : 9pt, 'Color(색상) : C50M100Y90'으로 설정한 후 'license.kpc.or.kr'을 입력하고 가운데 정렬($\boxed{\text{Ctrl}}$+$\boxed{\text{Shift}}$+$\boxed{\text{C}}$)을 합니다.

06 입력한 'license.kpc.or.kr'을 블록지정하고 [Window(창)]-[Interactive(대화형)]-[Hyperlink(하이퍼링크)]를 선택하고 Hyperlinks(하이퍼링크) 패널에서 'URL : https://license.kpc.or.kr'을 입력하여 하이퍼링크를 설정합니다.

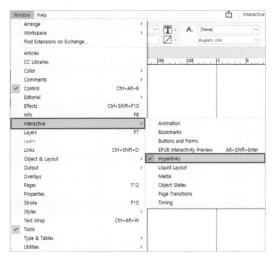

05 문자 효과 적용

01 [Type(문자)]-[Character(문자)]($\boxed{\text{Ctrl}}$+$\boxed{\text{T}}$)를 선택하여 Character(문자) 패널에서 'Font(글꼴) : Gungsuh(궁서), Font Size(글꼴 크기) : 24pt, Tracking(자간) : -80, Color(색상) : C50M20Y40K20'으로 설정한 후 '문경 전통 축제'를 입력한 후 배치합니다.

02 [Type(문자)]-[Character(문자)]([Ctrl]+[T])를 선택하여 Character(문자) 패널에서 'Font(글꼴) : Dotum(돋움), Font Size(글꼴 크기) : 16pt, Color(색상) : K100'으로 설정한 후 '01. 축제개요 02. 찻사발의 역사 03. 찻사발의 종류'를 입력한 후 배치합니다. '01. 02. 03.' 숫자만 선택하여 'Color(색상) : M70Y90'으로 수정합니다.

06 단락 스타일 설정

01 [Window(창)]-[Color(색상)]-[Swatches(색상 견본)]([F5])를 선택하고 Swatches(색상 견본) 패널에서 New Color Swatch(새 색상 견본) 메뉴를 선택하여 단락 스타일 '본문1'의 색상 'K100', '본문2'의 색상 'C100M80', '소제목'의 색상 'C100M50K50'을 각각 추가합니다.

02 [File(파일)]-[Place(가져오기)]([Ctrl]+[D])를 선택하고 내 PC\문서\GTQ\Image 폴더에서 1급-13.txt를 선택하여 '본문1' 텍스트 프레임을 2페이지에 만들고, 문제지의 《조건》으로 지시된 단락 스타일 '본문1' 내용만 남깁니다. [New Paragraph Style(새 단락 스타일)] 대화상자에서 Preview(미리보기)를 체크하고 Basic Character Formats(기본 문자 서식) 탭에서 'Style Name(스타일 이름) : 본문1', 'Font(글꼴) : Dotum(돋움), Size(크기) : 9pt, Leading(행간) : 15pt, Tracking(자간) : −25', Indents and Spacing(들여쓰기 및 간격) 탭에서 'First Line Indent(첫 줄 들여쓰기) : 4mm', Character Color(문자 색상) 탭에서 Swatches(색상 견본) 'K100'으로 설정합니다.

03 [File(파일)]−[Place(가져오기)]([Ctrl]+[D])를 선택하고 1급−13.txt를 선택하여 '본문1' 텍스트 프레임을 3, 4페이지에 각각 만듭니다. 3페이지는 'Columns(열 수) : 2, Gutter(단 간격) : 6mm'로 설정한 후 '본문1' 단락 스타일을 설정합니다.

04 2, 3페이지 '본문1' 프레임에서 '소제목' 부분을 블록 지정한 후 '소제목' 단락 스타일을 만듭니다. [New Paragraph Style(새 단락 스타일)] 대화상자에서 Preview(미리보기)를 체크하고 Basic Character Formats(기본 문자 서식) 탭에서 'Style Name(스타일 이름) : 소제목', 'Font(글꼴) : Dotum(돋움), Size(크기) : 11pt, Leading(행간) : 15pt', Indents and Spacing(들여쓰기 및 간격) 탭에서 'First Line Indent(첫 줄 들여쓰기) : 4mm', Character Color(문자 색상) 탭에서 Swatches(색상 견본) 'M70Y90'으로 설정합니다.

05 [File(파일)]−[Place(가져오기)]([Ctrl]+[D])를 선택하고 1급−13.txt를 선택하여 '본문2' 텍스트 프레임을 6페이지에 만듭니다. 단락 서식 컨트롤 패널에서 'Columns(열 수) : 2, Gutter(단 간격) : 6mm'로 설정합니다. [New Paragraph Style(새 단락 스타일)] 대화상자에서 Preview(미리보기)를 체크하고 Basic Character Formats(기본 문자 서식) 탭에서 'Style Name(스타일 이름) : 본문2', 'Font(글꼴) : Batang(바탕), Size(크기) : 9pt, Leading(행 간) : 15pt, Tracking(자간) : −50', Character Color(문자 색상) 탭에서 Swatches(색상 견본) 'C100M80'으로 설정합니다. 6페이지 '본문2' 프레임에서 '소제목' 부분을 블록 지정한 후 '소제목' 단락 스타일을 설정합니다.

07 EPUB 내보내기와 답안 파일 저장

01 [File(파일)]−[Export(내보내기)]([Ctrl]+[E])를 선택하고 '저장 위치 : 내 PC\문서\GTQ, 파일 이름 : 수험번호−성명−2, 파일 형식 : EPUB (Fixed Layout) (*.epub)'으로 설정한 후 저장합니다.

02 [EPUB Export Option(EPUB 내보내기)] 대화상자의 [General(일반)] 탭에서 'Cover(표지) : Rasterize First Page(첫 페이지 레스터화)'로 설정한 후 [OK]를 선택합니다.

03 완성된 INDD 답안 파일을 문제지의 《조건》과 《출력형태》를 기준으로 최종 점검하여 [File(파일)]−[Save(저장하기)]([Ctrl]+[S])로 저장합니다. 최종 저장된 INDD 답안 파일을 기준으로 [File(파일)]−[Export(내보내기)]([Ctrl]+[E])를 선택하고 '파일 형식 : EPUB (Fixed Layout) (*.epub)'으로 설정한 후 마지막으로 저장합니다.

04 답안 파일 저장이 완료되면 [File(파일)]−[Close(닫기)]([Ctrl]+[W])를 선택하고 수험자 답안 전송 프로그램의 [답안 전송]을 클릭하여 최종 INDD와 EPUB 파일을 감독관 컴퓨터로 제출합니다.

[실무응용] 단행본/매거진

새 문서 만들기 및 임시 파일 저장하기 ▶ 마스터 페이지 설정 ▶ 이미지 프레임 효과 및 클리핑 패스 적용 ▶ 도형 편집 및 문자 효과 적용 ▶ 단락 스타일 설정 ▶ 답안 파일 저장

완성이미지 수험번호–성명–3.indd
1급–301.jpg, 1급–302.jpg

01 새 문서 만들기 및 임시 파일 저장하기

01 [File(파일)]–[New(새로 만들기)]–[Document(문서)]([Ctrl]+[N])를 선택하고 [New Document(새문서)] 대화상자에서 'Width(폭) : 210mm, Height(높이) : 280mm', 'Pages(페이지) : 2, Facing Pages(페이지 마주보기) 옵션선택, Columns(열) : 3, Column Gutter(열 간격) : 6mm', Margins(여백)의 'Top(위쪽) : 20mm, Bottom(아래쪽) : 20mm, Inside(안쪽) : 10mm, Outside(바깥쪽) : 10mm', Bleed and Slug(도련 및 슬러그)의 Bleed(도련)을 3mm로 설정하여 새 문서를 만듭니다.

02 Pages(페이지) 패널의 2페이지 Thumbnail(썸네일)에서 마우스 오른쪽 버튼을 클릭하여 'Allow Document Pages to Shuffle(문서 페이지 재편성 허용)' 체크를 해제합니다. 2페이지 Thumbnail(썸네일)을 마우스 왼쪽 버튼을 누른 상태에서 1페이지 Thumbnail(썸네일) 왼쪽으로 드래그하고 마우스 포인터가 'ㄷ'자 모양으로 바뀌면, 드롭하여 마주보는 페이지의 펼침면으로 배치합니다.

03 자주 사용하는 패널 영역을 [Window(창)]–[Workspace(작업 영역)]–[Typography(입력 체계)]로 설정하여 답안 작성 시간을 절약합니다.

04 [View(보기)]–[Grids & Guides(격자 및 안내선)]–[Show Guides(안내선 표시)]([Ctrl]+[;])를 선택하여 안내선을 표시합니다.

05 [File(파일)]–[Save(저장하기)]([Ctrl]+[S])를 선택하고 '저장 위치 : 내 PC₩문서₩GTQ, 파일 이름 : 수험번호–성명–3, 파일 형식 : InDesign "CC" 또는 "2021" document (*.indd)'로 설정한 후 저장합니다. INDD 답안 파일을 수시로 저장([Ctrl]+[S])하는 습관이 중요합니다.

02 마스터 페이지 설정

01 Page(페이지) 패널에서 New Master(새 마스터) 메뉴를 선택하고 [New Master(새 마스터)] 대화상자에서 'Prefix(접두어) : B, Name(이름) : Master(마스터), Number of Pages(페이지 수) : 2, Page Size(페이지 크기)–Width(폭) : 210mm, Height(높이) : 280mm'로 설정합니다.

02 B-Master 페이지의 Thumbnail(썸네일)을 1~2페이지 영역으로 드래그 앤 드롭하여 "B-Master" applied("B-마스터" 적용됨)로 설정합니다.

03 B-Master 페이지를 더블 클릭하여 왼쪽(홀수) 페이지 번호 영역에 Type Tool(문자 도구)(T)을 클릭하고 [Type(문자)]−[Insert Special Character(특수 문자 삽입)]−[Markers(표시자)]−[Current Page Number(현재 페이지 번호)]([Ctrl]+[Alt]+[Shift]+[N])를 선택합니다.

04 B-Master 페이지 번호 프레임을 선택하고 문제지의 '페이지 번호' 문자효과 《조건》과 같이 Type Tool(문자 도구)(T)을 클릭하여 'Font(글꼴) : Times New Roman, Font Style(글꼴 스타일) : Bold, Font Size(글꼴 크기) : 13pt, Color(색상) : M50Y100'으로 설정한 후 완성된 왼쪽(홀수) 페이지 번호의 프레임을 [Alt]를 누른 상태에서 오른쪽(짝수) 페이지 번호 영역에 복사하여 문제지의 《출력형태》와 같이 배치합니다.

05 B-Master 페이지의 왼쪽(홀수) 페이지에서 문제지의 '면주' 문자효과 《조건》과 같이 Type Tool(문자 도구)(T)을 클릭하여 'Jeongseon'을 입력하고 'Font(글꼴) : Times New Roman, Font Size(글꼴 크기) : 14pt, Color(색상) : C50M100Y50'으로 설정한 후 《출력형태》와 같이 배치합니다. Ellipse Tool(타원 도구)(L)을 더블 클릭하여 [Ellipse(타원)] 대화상자에서 'Width(폭) : 15mm, Height(높이) : 15mm'를 입력합니다. [Window(창)]−[Color(색상)]−[Color(색상)](F6)를 선택하고 Color(색상) 패널에서 Fill(칠)을 선택하여 CMYK 모드의 'C20'으로 설정합니다.

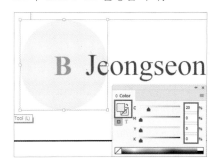

06 B-Master 페이지 왼쪽(홀수) 페이지의 면주 텍스트 프레임을 선택하여 오른쪽(짝수) 페이지로 복사하고 'Arirang'를 입력한 후 《출력형태》와 같이 배치합니다.

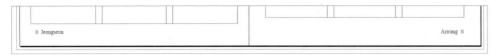

03 이미지 프레임 효과 및 클리핑 패스 적용

01 내 PC₩문서₩GTQ₩Output 폴더의 1급-301.jpg, 1급-302.jpg와 문제지의 《출력형태》에서 이미지 프레임의 레이아웃을 확인합니다.

02 [File(파일)]-[Place(가져오기)]([Ctrl]+[D])를 클릭하여 내 PC₩문서₩GTQ₩Image 폴더에서 1급-14.ai, 1급-16.psd, 1급-17.psd를 가져옵니다. 각 프레임에서 마우스 오른쪽 버튼을 클릭하여 [Effects(효과)]-[Drop Shadow(그림자)]를 선택합니다. 프레임을 더블 클릭하거나 Direct Selection Tool(직접 선택 도구)([A])을 클릭하여 프레임 내 이미지의 위치나 크기를 변경합니다.

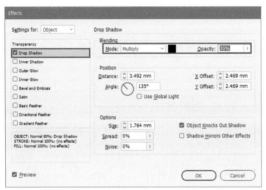

03 [File(파일)]-[Place(가져오기)]([Ctrl]+[D])를 클릭하여 1급-15.jpg를 가져옵니다. 컨트롤 패널에서 'Opacity(불투명도) : 30%'로 설정합니다. 프레임을 더블 클릭하거나 Direct Selection Tool(직접 선택 도구)([A])을 클릭하여 프레임 내 이미지의 위치나 크기를 변경합니다. Page(페이지) 패널의 수정할 페이지 Thumbnail(썸네일)에서 마우스 오른쪽 버튼을 클릭하여 [Override All Master Page Items(모든 마스터 페이지 재정의)]([Ctrl]+[Alt]+[Shift]+[L])를 선택하고 1급-15.jpg 프레임을 [Object(개체)]-[Arrange(배치)]-[Send to Back(맨 뒤로 보내기)]([Ctrl]+[Shift]+[[])을 선택하여 고정된 마스터 페이지의 페이지 번호를 표시합니다.

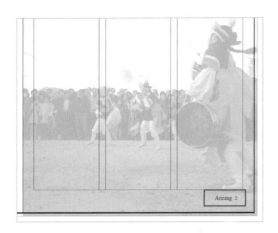

04 [File(파일)]−[Place(가져오기)]([Ctrl]+[D])를 클릭하여 1급−18.jpg를 가져옵니다. 프레임에서 [Window(창)]−[Text Wrap(텍스트 감싸기)]([Ctrl]+[Alt]+[W])을 선택합니다. Text Wrap (텍스트 감싸기) 패널에서 Wrap around bounding box(테두리 상자 감싸기)를 선택하여 'Make all setting the same(모든 설정 동일하게 만들기), Top Offset(위쪽 오프셋) : 5mm'로 설정합니다. [Object(개체)]−[Corner Options(모퉁이 옵션)]를 선택하고 Corner Options(모퉁이 옵션) 패널에서 Corner Size and Shape(모퉁이 크기와 모양)을 'Rounded (모퉁이 둥글게), 4mm'로 설정합니다. 1급−18.jpg 프레임을 [Alt]를 누른 상태에서 《출력형태》와 같이 복사한 후 더블 클릭하거나 Direct Selection Tool(직접 선택 도구)([A])을 클릭하여 프레임 내 이미지의 위치나 크기를 변경합니다.

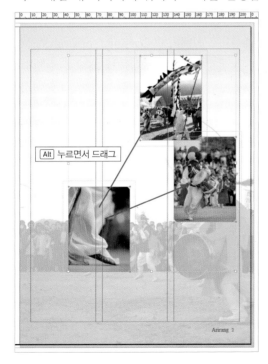

05 [File(파일)]-[Place(가져오기)]($\boxed{Ctrl}$+$\boxed{D}$)를 클릭하여 1급-19.psd를 가져옵니다. 프레임을
선택하고 [Object(개체)]-[Clipping Path(클리핑 패스)]-[Options(옵션)]($\boxed{Ctrl}$+$\boxed{Alt}$+
$\boxed{Shift}$+$\boxed{K}$)를 선택하여 [Clipping Path(클리핑 패스)] 대화상자에서 'Type(유형) : Detect
Edge(가장자리 감지)'를 선택합니다. [Window(창)]-[Text Wrap(텍스트 감싸기)]($\boxed{Ctrl}$+
$\boxed{Alt}$+$\boxed{W}$)을 선택합니다. Text Wrap(텍스트 감싸기) 패널에서 Wrap around object shape
(개체 모양 감싸기)를 선택하여 'Offset(오프셋) : 4mm'로 설정합니다.

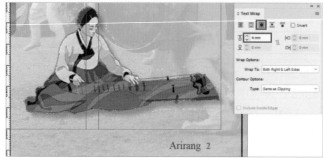

04 도형 편집 및 문자 효과 적용

01 Rectangle Tool(사각형 도구)($\boxed{M}$)을 선택한 후 작업창을 클릭하여 [Rectangle(사각형)] 대
화상자에서 'Width(폭) : 130mm, Height(높이) : 130mm'를 입력합니다. [Window(창)]-
[Color(색상)]($\boxed{F6}$)를 선택하고 Color(색상) 패널에서 Fill(칠)을 선택하여 CMYK 모드의
'M10Y40'으로 설정하고, 컨트롤 패널에서 'Opacity(불투명도) : 50%'로 설정합니다. 도형에
서 [Object(개체)]-[Corner Options(모퉁이 옵션)]를 선택하고 Corner Options(모퉁이 옵
션) 패널에서 'Make all settings the same(모든 설정 동일하게 만들기)' 해제 후 《출력형태》
와 같이 일부만 Corner Size and Shape(모퉁이 크기와 모양)을 'Bevel(경사), 15mm'로 설
정합니다.

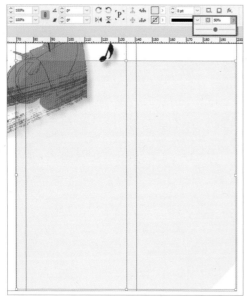
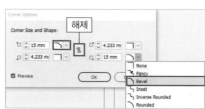

02 Ellipse Frame Tool(타원 프레임 도구)을 선택한 후 작업창을 클릭하여 [Ellipse(타원)] 대화 상자에서 'Width(폭) : 55mm, Height(높이) : 55mm'를 입력합니다. [Window(창)]−[Color(색상)]−[Color(색상)](F6)를 선택하고 Color(색상) 패널에서 Fill(칠)을 선택한 후 CMYK 모드의 'C10M60Y90'으로 설정합니다. 프레임에서 마우스 오른쪽 버튼을 클릭하여 [Object(개체)]−[Effects(효과)]−[Gradient Feather(그레이디언트 페더)]를 선택합니다.

 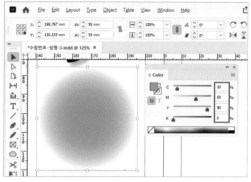

🅑 **기적의 TIP**

문제지에 불투명도값이나, 각도값이 지시되지 않는 경우도 있으니 《출력형태》와 Output 파일을 참고하여 설정합니다.

---

03 [Type(문자)]−[Character(문자)](Ctrl+T)를 선택하고 Character(문자) 패널에서 'Font (글꼴) : Arial, Font Style(글꼴 스타일) : Bold, Font Size(글꼴 크기) : 12pt, Color(색 상) : K100'으로 설정한 후 'JEONGSEON ARIRANG FESTIVAL / Since 1976'을 입력합니다.

05 단락 스타일 설정

01 [Window(창)]-[Color(색상)]-[Swatches(색상 견본)]([F5])를 선택하고 Swatches(색상 견본) 패널에서 New Color Swatch(새 색상 견본) 메뉴를 선택하여 단락 스타일 '소제목'의 색상 'C50M100Y50', '본문1'과 '본문2', '중제목'의 색상 'K100'을 추가합니다.

02 [File(파일)]-[Place(가져오기)]([Ctrl]+[D])를 선택하고 내 PC₩문서₩GTQ₩Image 폴더에서 1급-20.txt를 선택하여 '본문1' 텍스트 프레임을 만들고, 문제지의《조건》으로 지시된 단락 스타일 '본문1' 내용만 남깁니다. [New Paragraph Style(새 단락 스타일)] 대화상자에서 Preview(미리보기)를 체크하고 Basic Character Formats(기본 문자 서식) 탭에서 'Style Name(스타일 이름) : 본문1', 'Font(글꼴) : Gulim(굴림), Size(크기) : 11pt, Leading(행간) : 18pt, Tracking(자간) : −40', Indents and Spacing(들여쓰기 및 간격) 탭에서 'Left Indent(왼쪽 들여쓰기) : 2mm', 'Right Indent(오른쪽 들여쓰기) : 2mm', Drop Caps and Nested Styles(단락 시작표시문자) 탭에서 'Lines(줄 수) : 2, Characters(문자 수) : 1', Character Color(문자 색상) 탭에서 Swatches(색상 견본) 'K100'으로 설정합니다.

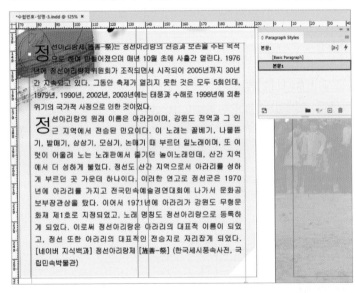

03 [File(파일)]−[Place(가져오기)]([Ctrl]+[D])를 선택하고 1급−20.txt를 선택하여 '중제목' 텍스트 프레임을 만듭니다. [New Paragraph Style(새 단락 스타일)] 대화상자에서 Preview(미리보기)를 체크하고 Basic Character Formats(기본 문자 서식) 탭에서 'Style Name(스타일 이름) : 중제목', 'Font(글꼴) : Dotum(돋움), Size(크기) : 17pt, Leading(행간) : 16pt, Tracking(자간) : −30', Character Color(문자 색상) 탭에서 Swatches(색상 견본) 'K100'으로 설정합니다.

기적의 TIP

텍스트 파일을 메모장 열기하여 단락 스타일에 적용할 내용만 복사하여 텍스트 프레임을 만들어도 됩니다.

04 [File(파일)]−[Place(가져오기)]([Ctrl]+[D])를 선택하고 1급−20.txt를 선택하여 '본문2' 텍스트 프레임을 만들고, 문제지의 《조건》으로 지시된 단락 스타일 '본문2' 내용만 남깁니다. 단락 서식 컨트롤 패널에서 'Columns(열 수) : 3, Gutter(단 간격) : 6mm'로 설정합니다. [New Paragraph Style(새 단락 스타일)] 대화상자에서 Preview(미리보기)를 체크하고 Basic Character Formats(기본 문자 서식) 탭에서 'Style Name(스타일 이름) : 본문2', 'Font(글꼴) : Batang(바탕), Size(크기) : 10pt, Leading(행간) : 16pt, Tracking(자간) : −40', Indents and Spacing(들여쓰기 및 간격) 탭에서 'First Line Indent(첫 줄 들여쓰기) : 4mm', Character Color(문자 색상) 탭에서 Swatches(색상 견본) 'K100'으로 설정합니다.

05 '본문2' 프레임에서 '소제목' 부분을 블록 지정한 후 '소제목' 단락 스타일을 만듭니다. [New Paragraph Style(새 단락 스타일)] 대화상자에서 Preview(미리보기)를 체크하고 Basic Character Formats Font(기본 문자 서식) 탭에서 'Style Name(스타일 이름) : 소제목', 'Font(글꼴) : Dotum(돋움), Size(크기) : 10pt, Leading(행간) : 16pt, Tracking(자간) : −25', Indents and Spacing(들여쓰기 및 간격) 탭에서 'First Line Indent(첫 줄 들여쓰기) : 4mm', Character Color(문자 색상) 탭에서 Swatches(색상 견본) 'C50M100Y50'으로 설정합니다. 문제지의 《출력형태》를 참고하여 '소제목' 단락 스타일을 적용합니다.

06 답안 파일 저장

01 완성된 INDD 답안 파일을 문제지의 《조건》과 《출력형태》를 기준으로 최종 점검하여 [File(파일)]−[Save(저장하기)]([Ctrl]+[S])로 저장합니다.

02 답안 파일 저장이 완료되면 [File(파일)]−[Close(닫기)]([Ctrl]+[W])를 선택하고 수험자 답안 전송 프로그램의 [답안 전송]을 클릭하여 최종 INDD 파일을 감독관 컴퓨터로 제출합니다.

➕ 더 알기 TIP

GTQid 1급 시험은 문항마다 제출할 답안 파일의 형식과 개수가 다릅니다. 1급의 1번 문항은 INDD와 PDF 파일을, 2번 문항은 INDD와 EPUB 파일을, 3번 문항은 INDD 파일로 총 5개의 답안 파일이 저장되어야 합니다.

06 기출 유형 문제 06회

급수	문제유형	시험시간	수험번호	성명
1급	A	90분	G320250006	

수 험 자 유 의 사 항

- 수험자는 문제지를 받는 즉시 응시하고자 하는 <u>과목 및 급수가 맞는지 확인</u>한 후 수험번호와 성명을 작성합니다.
- 파일명은 본인의 수험번호–성명–문제번호로 공백 없이 정확히 입력하고 답안 폴더(내 PC₩문서₩GTQ)에 파일저장규칙으로 저장해야 하며, '다른 파일 형식과 버전으로 저장하였을 경우', '패키지로 저장할 경우' 0점 처리됩니다. 답안문서 파일명이 수험번호–성명–문제번호와 일치하지 않거나, 답안 파일을 전송하지 않아 미제출로 처리될 경우 불합격 처리됩니다.
- 수험자 정보와 저장한 파일명, 저장 위치가 다를 경우 전송이 되지 않으므로, 주의하시기 바랍니다.
- 답안 작성 중에도 <u>주기적으로 '저장'과 '답안 전송'</u>을 이용하여 감독위원 PC로 답안을 전송하셔야 합니다.(※ 작성한 내용을 <u>저장하지 않고 전송할 경우</u> 이전의 저장내용이 전송되오니 이 점 반드시 유념하시기 바랍니다.)
- 답안문서는 지정된 경로 외의 다른 보조기억장치에 저장하는 행위, 지정된 시험 시간 외에 작성된 파일을 활용한 행위, 기타 통신수단(이메일, 메신저, 네트워크 등)을 이용하여 타인에게 전달 또는 외부 반출하는 행위는 부정행위로 간주되어 자격기본법 제32조에 의거 본 시험 및 국가공인 자격시험을 2년간 응시할 수 없습니다.
- 시험 중 부주의 또는 고의로 시스템을 파손한 경우와 〈수험자 유의사항〉에 기재된 방법대로 이행하지 않아 생기는 불이익은 수험자의 책임임을 알려 드립니다.
- 시험을 완료한 수험자는 최종적으로 저장한 답안 파일이 전송되었는지 확인한 후 감독위원의 지시에 따라 문제지를 제출하고 퇴실합니다.

답 안 작 성 요 령

- **온라인 답안 작성 절차**
  수험자 등록 ⇒ 시험 시작 ⇒ 답안 파일 저장 ⇒ 답안 전송 ⇒ 시험 종료
- 내 PC₩문서₩GTQ₩Image 폴더의 첨부파일을 사용하여 답안을 작성하시고 최종답안을 답안 폴더(내 PC₩문서₩GTQ)에 저장하여 답안을 전송하시고, 이미지의 크기가 다른 경우 감점 처리됩니다.
- 배점은 총 100점으로 이루어지며, 점수는 각 문제별로 차등 배분됩니다.
- 각 문제의 기본 단위는 'mm(밀리미터)'이며 지시조건에 맞게 답안을 작성하셔야 합니다.
- 그 외 지시되지 않는 조건(레이아웃, 색상, 문자, 규격 등)은 《결과파일》, 《출력형태》를 참고하여 첨부파일을 활용하여 작성하십시오. 위 언급한 내용을 충족하지 못했을 경우에는 0점 또는 감점 처리됩니다.(※ 《결과파일》은 내 PC₩문서₩GTQ₩Output 폴더에서 확인)
- 문제 조건에 서체의 지정이 없을 경우 한글은 굴림, 돋움, 영문은 Arial로 작성하십시오. 임의 서체로 작성할 경우 감점될 수 있으니 유의하시기 바랍니다.
- 문제 조건에 형태(크기, 색상, 선 굵기 등)에 대한 지정이 없을 경우 《결과파일》, 《출력형태》를 참고하여 작업해 주시기 바랍니다.
- Color Mode(색상 모드)는 별도의 처리조건이 없을 경우에는 CMYK로 작성하십시오.
- 조건에서 제시한 기능의 속성을 해지할 경우 해당 요소는 0점 처리됩니다.

한 국 생 산 성 본 부

다음의 《조건》에 따라 아래의 《출력형태》와 같이 작업하시오.

조건

첨부파일		GTQ\Image\1급-1.ai, 1급-2.jpg, 1급-3.jpg, 1급-4.psd, 1급-5.txt
파일저장규칙	크기 동일	323×470mm
	indd　파일명	GTQ\수험번호-성명-1.indd
	pdf　파일명	GTQ\수험번호-성명-1.pdf

1. 기본 설정
① 1쪽(Pages), 2단(Columns), 단 간격(Gutter) 10mm, 여백(Margins) : 상하 20mm, 좌우 25mm, 도련(Bleed) 5mm
② PDF 내보내기 : 모든 프린터 표시(All Printer's Marks)

2. 작업 방법
① 1급-1.ai : 효과(Effects) – 그림자(Drop Shadow)
② 1급-2.jpg : 효과(Effects) – 방향 페더(Directional Feather)
③ 1급-3.jpg : 응용 및 배치
④ 1급-4.psd : 클리핑 패스(Clipping Path) – 포토샵 패스(Photoshop Path), 텍스트 감싸기(Text Wrap) 6mm
⑤ 획 : 273mm, 굵은 선-굵은 선(Thick-Thick), 8pt, M100Y100K30
⑥ 도형 : 원(30×30mm, C80M40Y100)

3. 문자 효과
① Korea Wine Festival(Arial, Bold, 15pt, M100Y100K30)
② 제8회(궁서, 30pt, C0M0Y0K0), 와인의 고장 영동, 와인 축제(돋움, 20pt, C70M80Y30)
③ 1급-5.txt : 단락 스타일 설정
 • 본문1(돋움, 12pt, 행간 22pt, 자간 -25, C70M80Y30, 단락시작표시문자 2줄)
 • 본문2(돋움, 11pt, 행간 20pt, 자간 -25, K100, 첫줄 들여쓰기 4mm, 왼쪽 균등 배치)
 • 캡션(돋움, 15pt, 행간 24pt, M100Y100K30)

출력형태

▶ 합격 강의

다음의 《조건》에 따라 아래의 《출력형태》와 같이 작업하시오.

조건

첨부파일		GTQ\Image\1급—6.ai, 1급—7.jpg, 1급—8.jpg, 1급—9.jpg, 1급—10.jpg, 1급—11.jpg, 1급—12.jpg, 1급—13.txt
파일저장규칙	크기 동일	160×195mm
	indd　파일명	GTQ\수험번호—성명—2.indd
	epub　파일명	GTQ\수험번호—성명—2.epub

1. 기본 설정
① 6쪽(Pages), 2단(Columns), 단 간격(Gutter) 5mm, 여백(Margins) : 상하좌우 20mm, 도련(Bleed) 3mm
② EPUB 고정 레이아웃(Fixed Layout) 내보내기 : 첫 페이지 래스터화(Rasterize First Page)

2. 작업 방법
① 1급—6.ai, 1급—8.jpg : 효과(Effects) — 그림자(Drop Shadow), 방향 페더(Directional Feather)
② 1급—9.jpg : 모퉁이 거꾸로 둥글게(Inverse Rounded) 5mm
③ 1급—10.jpg : 클리핑 패스(Clipping Path) — 가장자리 감지(Detect Edge), 텍스트 감싸기(Text Wrap) 5mm
④ 1급—7.jpg, 1급—11.jpg, 1급—12.jpg : 응용 및 배치
⑤ 도형 : 원1(110×110mm, C20, 불투명도(Opacity) 30%), 원2(30×30mm, C40Y20, M30Y80), 사각형(326×18mm, C50M50, C100M80), 삼각버튼(7×7mm, C100M80)
⑥ 마스터 페이지 설정 : 페이지 번호 설정, 짝수 페이지 삼각버튼 배치
⑦ 상호작용(Interactive) 설정 : 하이퍼링크(license.kpc.or.kr로 페이지 이동, 새 창으로), 이전과 다음 페이지로 이동(삼각버튼)

3. 문자 효과
① license.kpc.or.kr, '페이지 번호'(Arial, Bold, 9pt, C50M100Y50)
② Tongyeong HANSAN BATTLE FESTIVAL (Arial, Regular, 14pt, M50Y80K20)
③ 01. 개최배경, 02. Joy Festival, 03. 한산대첩 이야기(돋움, 11pt, 행간 18pt, M100Y100K10, K100)
④ 1급—13.txt : 단락 스타일 설정
  • 소제목(돋움, 9pt, 행간 16pt, 자간 —20, C100M80)
  • 본문1(돋움, 10pt, 행간 16pt, 자간 —30, C100M80)
  • 본문2(바탕, 9pt, 행간 15pt, 자간 —40, K100)

출력형태

문제 3 [실무응용] 단행본/매거진 40점

▶ 합격 강의

다음의 《조건》에 따라 아래의 《출력형태》와 같이 작업하시오.

조건

첨부파일		GTQ\Image\1급-14.ai, 1급-15.jpg, 1급-16.jpg, 1급-17.psd, 1급-18.psd, 1급-19.psd, 1급-20.txt
파일저장규칙	크기 동일	210×280mm
	indd 파일명	GTQ\수험번호-성명-3.indd

1. 기본 설정
① 2쪽(Pages), 3단(Columns), 단 간격(Gutter) 6mm, 여백(Margins) : 상하20mm, 좌우 15mm, 도련(Bleed) 3mm

2. 작업 방법
① 1급-14.ai : 효과(Effects) – 그림자(Drop Shadow), 새틴(Satin)
② 1급-15.jpg, 1급-16.jpg : 효과(Effects) – 방향 페더(Directional Feather), 그라디언트 페더(Gradient Feather)
③ 1급-18.psd : 클리핑 패스(Clipping Path) – 포토샵 패스(Photoshop Path), 텍스트 감싸기(Text Wrap) 4mm
④ 1급-17.psd : 실선(Solid), 3pt, M30Y100, 1급-19.psd : 불투명도(Opacity) 50%
⑤ 도형 : 사각형(180×12mm, 그레이디언트(Gradient) C0M0Y0K0 → C80Y30)
⑥ 마스터 페이지 설정 : B-Master Page 추가, 페이지 번호 설정.
   면주 설정(1페이지 "Gyeongbokgung Palace ", 2페이지 "Seoul")

3. 문자 효과
① 한양의 중심이었던 조선 왕조 제일의 법궁(돋움, 14pt, C100M80)
② '페이지 번호'(Arial, Bold, 12pt, C50K50)
③ '면주'(Arial, Regular, 10pt, M100Y100)
④ 1급-20.txt : 단락 스타일 설정
   • 중제목(돋움, 24pt, 자간 100, C100M80)
   • 소제목(돋움, 12pt, 행간 18pt, 자간 -25, M100Y100, 단락 시작표시 문자 3줄)
   • 본문1(돋움, 10pt, 행간 18pt, 자간 -30, C100M80)
   • 본문2(바탕, 10pt, 행간 18pt, 자간 -40, K100)

출력형태

기출 유형 문제 06회 / 해설

문제 1 **[기능평가] 신문 제작**

작업과정 새 문서 만들기 및 임시 파일 저장하기 ▶ 이미지 프레임 효과 및 클리핑 패스 적용 ▶ 선과 도형 편집 ▶ 문자 효과 적용 ▶ 단락 스타일 설정 ▶ PDF 내보내기와 답안 파일 저장

완성이미지 수험번호-성명-1.INDD, 수험번호-성명-1.pdf
1급-101.jpg

01 새 문서 만들기 및 임시 파일 저장하기

01 [File(파일)]-[New(새로 만들기)]-[Document(문서)]([Ctrl]+[N])를 선택하고 [New Document(새문서)] 대화상자에서 'Width(폭) : 323mm, Height(높이) : 470mm', 'Pages(페이지) : 1, Columns(열) : 2, Column Gutter(열 간격) : 10mm', Margins(여백)의 'Top(위쪽) : 20mm, Bottom(아래쪽) : 20mm, Inside(안쪽) : 25mm, Outside(바깥쪽) : 25mm', Bleed and Slug(도련 및 슬러그)의 Bleed(도련)을 5mm로 설정하여 새 문서를 만듭니다.

02 자주 사용하는 패널 영역을 [Window(창)]-[Workspace(작업 영역)]-[Typography(입력 체계)]로 설정하여 답안 작성 시간을 절약합니다.

03 [View(보기)]-[Grids & Guides(격자 및 안내선)]-[Show Guides(안내선 표시)]([Ctrl]+[;])를 선택하여 안내선을 표시합니다.

04 [File(파일)]-[Save(저장하기)]([Ctrl]+[S])를 선택하고 '저장 위치 : 내 PC₩문서₩GTQ, 파일이름 : 수험번호-성명-1, 파일 형식 : InDesign "CC" 또는 "2021" document (*.indd)'로 설정한 후 저장합니다. INDD 답안 파일을 수시로 저장([Ctrl]+[S])하는 습관이 중요합니다.

02 이미지 프레임 효과 및 클리핑 패스 적용

01 내 PC₩문서₩GTQ₩Output 폴더의 1급-101.jpg와 문제지의 《출력형태》에서 이미지 프레임의 레이아웃과 레이어 순서를 확인합니다.

02 [File(파일)]-[Place(가져오기)]([Ctrl]+[D])를 클릭하여 내 PCW문서WGTQWImage 폴더에서 1급-1.ai를 가져옵니다. 《출력형태》와 같이 배치한 후 프레임에서 마우스 오른쪽 버튼을 클릭하여 [Effects(효과)]-[Drop Shadow(그림자)]([Ctrl]+[Alt]+[M])를 선택합니다.

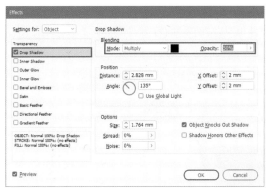 

03 [File(파일)]-[Place(가져오기)]([Ctrl]+[D])를 클릭하여 1급-2.jpg를 가져옵니다. 《출력형태》와 같이 배치한 후 프레임에서 마우스 오른쪽 버튼을 클릭하여 [Object(개체)]-[Effects(효과)]-[Directional Feather(방향 페더)]를 선택합니다. 프레임을 더블 클릭하거나 Direct Selection Tool(직접 선택 도구)([A])을 클릭하여 프레임 내 이미지의 위치나 크기를 변경합니다.

04 [File(파일)]-[Place(가져오기)]([Ctrl]+[D])를 클릭하여 1급-3.jpg를 가져옵니다. 프레임을 《출력형태》와 같이 복사한 후 더블 클릭하거나 Direct Selection Tool(직접 선택 도구)([A])을 클릭하여 프레임 내 이미지의 위치나 크기를 변경합니다.

05 [File(파일)]−[Place(가져오기)]([Ctrl]+[D])를 클릭하여 1급−4.psd를 가져옵니다. 프레임을 선택하고 [Object(개체)]−[Clipping Path(클리핑 패스)]−[Options(옵션)]([Ctrl]+[Alt]+[Shift]+[K])를 선택하여 [Clipping Path(클리핑 패스)] 대화상자에서 'Type(유형) : Photo-shop Path(패스), Path(패스) : Path1'을 선택합니다. [Window(창)]−[Text Wrap(텍스트 감싸기)]([Ctrl]+[Alt]+[W])을 선택합니다. Text Wrap(텍스트 감싸기) 패널에서 Wrap around object shape(개체 모양 감싸기)을 선택하여 'Offset(오프셋) : 6mm'로 설정합니다.

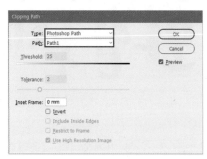

③ 선과 도형 편집

01 Line Tool(선 도구)([W])을 클릭하여 [Shift]를 누른 상태에서 'Length(길이) : 273mm'로 가로 직선을 만듭니다. [Window(창)]−[Stroke(획)]([F10])을 선택하고 Stroke(획) 패널에서 'Weight(두께) : 8pt, Type(유형) : Thick−Thick(굵은 선−굵은 선)'으로 설정하고 [Window(창)]−[Color(색상)]−[Color(색상)]([F6])를 선택하고 Color(색상) 패널에서 Stroke(획)을 선택한 후 CMYK 모드의 'M100Y100K30'으로 설정한 후《출력형태》와 같이 배치합니다.

02 Ellipse Tool(타원 도구)(L)을 선택한 후 작업창을 클릭하여 [Ellipse(타원)] 대화상자에서 'Width(폭) : 30mm, Height(높이) : 30mm'를 입력합니다. [Window(창)]-[Color(색상)]-[Color(색상)](F6)를 선택하고 Color(색상) 패널에서 Fill(칠)을 선택한 후 CMYK 모드의 'C80M40Y100'으로 설정한 후《출력형태》와 같이 배치합니다.

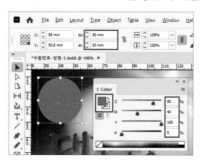

04 문자 효과 적용

01 [Type(문자)]-[Character(문자)](Ctrl+T)를 선택하여 Character(문자) 패널에서 'Font (글꼴) : Arial, Font Style(글꼴 스타일) : Bold, Font Size(글꼴 크기) : 15pt, Color(색상) : M100Y100K30'을 선택하여 'Korea Wine Festival'을 입력한 후《출력형태》와 같이 배치합니다.

02 [Type(문자)]-[Character(문자)](Ctrl+T)를 선택하여 Character(문자) 패널에서 'Font (글꼴) : Gungsuh(궁서), Font Size(글꼴 크기) : 30pt, Color(색상) : C0M0Y0K0'으로 설정한 후 '제8회'를 입력한 후《출력형태》와 같이 배치합니다.

03 [Type(문자)]-[Character(문자)]((Ctrl)+(T))를 선택하여 Character(문자) 패널에서 'Font (글꼴) : Dotum(돋움), Font Size(글꼴 크기) : 20pt, Leading(행간) : 20pt, Color(색상) : C70M80Y30'으로 설정한 후 '와인의 고장 영동, 와인축제'를 입력한 후 《출력형태》와 같이 배치합니다.

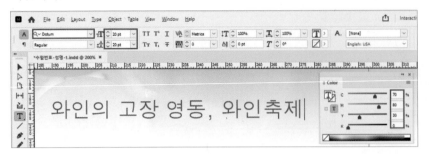

05 단락 스타일 설정

01 [Window(창)]-[Color(색상)]-[Swatches(색상 견본)]((F5))를 선택하고 Swatches(색상 견본) 패널에서 New Color Swatch(새 색상 견본) 메뉴를 선택하여 단락 스타일 '본문1'의 색상 'C70M80Y30', '본문2'의 색상 'K100', '캡션'의 색상 'M100Y100K30'을 각각 추가합니다.

02 [File(파일)]-[Place(가져오기)]((Ctrl)+(D))를 선택하고 내 PC₩문서₩GTQ₩Image 폴더에서 1급-5.txt를 선택하여 '본문1' 텍스트 프레임을 만들고, 문제지의 《조건》으로 지시된 단락스타일 '본문1' 내용만 남깁니다. [New Paragraph Style(새 단락 스타일)] 대화상자에서 Preview(미리보기)를 체크하고 Basic Character Formats(기본 문자 서식) 탭에서 'Style Name(스타일 이름) : 본문1', 'Font(글꼴) : Dotum(돋움), Size(크기) : 12pt, Leading(행간) : 22pt, Tracking(자간) : -25', Drop Caps and Nested Styles(단락 시작표시문자) 탭에서 'Lines(줄 수) : 2, Characters(문자 수) : 1', Character Color(문자 색상) 탭에서 색상 견본 'C70M80Y30'으로 설정합니다.

03 [File(파일)]−[Place(가져오기)]([Ctrl]+[D])를 선택하고 1급−5.txt를 선택하여 '본문2' 텍스트 프레임을 만들고, 문제지의 《조건》으로 지시된 단락 스타일 '본문2' 내용만 남깁니다. [New Paragraph Style(새 단락 스타일)] 대화상자에서 Preview(미리보기)를 체크하고 Basic Character Formats(기본 문자 서식) 탭에서 'Style Name(스타일 이름) : 본문2', 'Font (글꼴) : Dotum(돋움), Size(크기) : 11pt, Leading(행간) : 20pt, Tracking(자간) : −25', Indents and Spacing(들여쓰기 및 간격) 탭에서 'Alignment(정렬) : Left Justify(왼쪽 균등 배치)', 'First Line Indent(첫 줄 들여쓰기) : 4mm', Character Color(문자 색상) 탭에서 색상 견본 'K100'으로 설정합니다. 단락 서식 컨트롤 패널에서 'Columns(열 수) : 2, Gutter(단 간격) : 10mm'로 설정합니다.

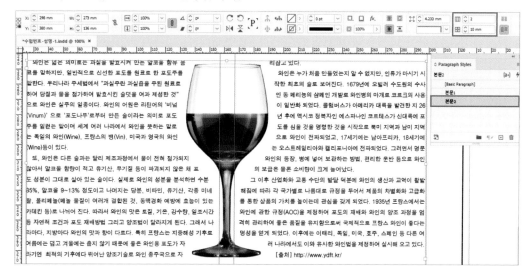

04 [File(파일)]−[Place(가져오기)]([Ctrl]+[D])를 선택하고 1급−5.txt를 선택하여 '캡션' 텍스트 프레임을 만듭니다. [New Paragraph Style(새 단락 스타일)] 대화상자에서 Preview(미리보기)를 체크하고 Basic Character Formats(기본 문자 서식) 탭에서 'Style Name(스타일 이름) : 캡션', 'Font(글꼴) : Dotum(돋움), Size(크기) : 15pt, Leading(행간) : 24pt, Tracking(자간) : −30', Character Color(문자 색상) 탭에서 색상 견본 'M100Y100K30'으로 설정합니다.

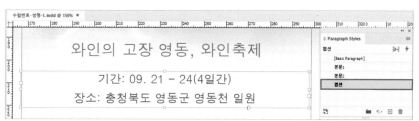

🅑 **기적의 TIP**

텍스트 파일을 메모장 열기하여 단락 스타일에 적용할 내용만 복사하여 텍스트 프레임을 만들어도 됩니다.

06 PDF 내보내기와 답안 파일 저장

01 [File(파일)]-[Export(내보내기)]([Ctrl]+[E])를 선택하고 '저장 위치 : 내 PC₩문서₩GTQ'로 설정한 후 '파일 이름 : 수험번호-성명-1'을 입력하고 '파일 형식 : Adobe PDF (Print) (*.pdf)'로 설정한 후 저장합니다.

02 [Export Adobe PDF(Adobe PDF 내보내기)] 대화상자에서 [General(일반)] 탭에서 'Adobe PDF Preset(사전 설정) : High Quality Print(고품질 인쇄)'를 선택하고 [Marks and Bleeds(표시 및 도련)]에서 [All Printer's Marks(모든 프린터 표시)] 로 설정하고 문제지의 《출력형태》를 참고하여 'Use Document Bleed Settings(문서에 도련 설정 사용)' 표시로 설정한 후 Export(내보내기)를 선택합니다.

03 완성된 INDD 답안 파일을 문제지의 《조건》과 《출력형태》를 기준으로 최종 점검하여 [File(파일)]-[Save(저장하기)]([Ctrl]+[S])로 저장합니다.

04 답안 파일 저장이 완료되면 [File(파일)]-[Close(닫기)]([Ctrl]+[W])를 선택하고 수험자 답안 전송 프로그램의 [답안 전송]을 클릭하여 최종 INDD와 PDF 파일을 감독관 컴퓨터로 제출합니다.

문제 2 [실무응용] 전자책/브랜드북

작업과정	새 문서 만들기 및 임시 파일 저장하기 ▶ 마스터 페이지 설정 ▶ 이미지 프레임 효과 및 클리핑 패스 적용 ▶ 도형 편집 및 상호작용 설정 ▶ 문자 효과 적용 ▶ 단락 스타일 설정 ▶ EPUB 내보내기와 답안 파일 저장
완성이미지	수험번호-성명-2.indd, 수험번호-성명-2.epub 1급-201.jpg, 1급-202.jpg, 1급-203.jpg, 1급-204.jpg, 1급-205.jpg, 1급-206.jpg

---

01 새 문서 만들기 및 임시 파일 저장하기

01 [File(파일)]-[New(새로 만들기)]-[Document(문서)]([Ctrl]+[N])를 선택하고 [New Document(새문서)] 대화상자에서 'Width(폭) : 160mm, Height(높이) : 195mm', 'Pages(페이지) : 6, Columns(열) : 2, Column Gutter(열 간격) : 5mm', Margins(여백)의 'Top(위쪽) : 20mm, Bottom(아래쪽) : 22mm, Inside(안쪽) : 20mm, Outside(바깥쪽) : 20mm', Bleed and Slug(도련 및 슬러그)의 Bleed(도련)을 3mm로 설정하여 새 문서를 만듭니다.

02 Pages(페이지)(F12) 패널의 6페이지 Thumbnail(썸네일)에서 마우스 오른쪽 버튼을 클릭하여 'Allow Document Pages to Shuffle(문서 페이지 재편성 허용-)' 체크를 해제합니다. 6페이지 Thumbnail(썸네일)을 마우스 왼쪽 버튼을 누른 상태에서 1페이지 Thumbnail(썸네일) 왼쪽으로 드래그하고 마우스 포인터가 'ㄷ'자 모양으로 바뀌면, 드롭하여 마주보는 페이지의 펼침면으로 배치합니다.

03 자주 사용하는 패널 영역을 [Window(창)]–[Workspace(작업 영역)]–[Typography(입력 체계)]로 설정하여 답안 작성 시간을 절약합니다.

04 [View(보기)]–[Grids & Guides(격자 및 안내선)]–[Show Guides(안내선 표시)](Ctrl+;)를 선택하여 안내선을 표시합니다.

05 [File(파일)]–[Save(저장하기)](Ctrl+S)를 선택하고 '저장 위치 : 내 PCW문서WGTQ, 파일 이름 : 수험번호-성명-2, 파일 형식 : InDesign "CC" 또는 "2021" document (*.indd)'로 설정한 후 저장합니다. INDD 답안 파일을 수시로 저장(Ctrl+S)하는 습관이 중요합니다.

02 마스터 페이지 설정

01 A-Master 페이지를 더블 클릭하여 페이지의 왼쪽 아래 페이지 번호 영역에 Type Tool(문자 도구)(T)을 클릭하고 [Type(문자)]–[Insert Special Character(특수 문자 삽입)]– [Markers(표시자)]–[Current Page Number(현재 페이지 번호)](Ctrl+Alt+Shift+N)를 선택합니다.

02 A-Master 페이지 번호 프레임을 선택하고 문제지의 '페이지 번호' 문자효과《조건》과 같이 Type Tool(문자 도구)(T)을 클릭하여 'Font(글꼴) : Arial, Font Style(글꼴 스타일) : Bold, Font Size(글꼴 크기) : 9pt, Color(색상) : C50M100Y50'으로 설정한 후《출력형태》 와 같이 배치합니다.

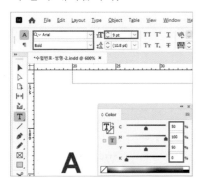

03 문제지의《출력형태》를 참고하여 페이지 번호 영역에 복사하여 펼침면의 오른쪽 아래에 배치 합니다.

03 이미지 프레임 효과 및 클리핑 패스 적용

01 내 PC₩문서₩GTQ₩Output 폴더의 1급-201.jpg, 1급-202.jpg, 1급-203.jpg, 1급-204.jpg, 1급-205.jpg, 1급-206.jpg와 문제지의 《출력형태》에서 이미지 프레임의 레이아웃과 레이어 순서를 확인합니다.

02 [File(파일)]-[Place(가져오기)]([Ctrl]+[D])를 클릭하여 내 PC₩문서₩GTQ₩Image 폴더에서 1급-6.ai, 1급-8.jpg를 가져옵니다. 1급-6.ai는 1페이지에, 1급-8.jpg는 3페이지에 배치하여 1급-6.ai 프레임에서 마우스 오른쪽 버튼을 클릭하여 [Effects(효과)]-[Drop Shadow(그림자)]를 선택하고, 1급-8.jpg 프레임은 [Effects(효과)]-[Directional Feather(방향 페더)]를 선택한 후 Top(위쪽), Bottom(아래쪽) 둘 다 적용해줍니다.

그림자

위/아래쪽 방향 페더

03 [File(파일)]-[Place(가져오기)]([Ctrl]+[D])를 클릭하여 1급-9.jpg를 가져옵니다. 1급-9.jpg 프레임을 3페이지에 배치하여 [Object(개체)]-[Corner Options(모퉁이 옵션)]를 선택하고 Corner Options(모퉁이 옵션) 패널에서 Corner Size and Shape(모퉁이 크기와 모양)을 'Inverse Rounded(모퉁이 거꾸로 둥글게), 5mm'로 설정합니다. 1급-9.jpg 프레임을 4페이지에 복사한 후 더블 클릭하거나 Direct Selection Tool(직접 선택 도구)([A])을 클릭하여 프레임 내 이미지의 위치나 크기를 변경하여 《출력형태》와 같이 배치합니다.

04 [File(파일)]-[Place(가져오기)]([Ctrl]+[D])를 클릭하여 1급-10.jpg를 5페이지에 가져옵니다. 프레임을 선택하고 [Object(개체)]-[Clipping Path(클리핑 패스)]-[Options(옵션)]([Ctrl]+[Alt]+[Shift]+[K])를 선택하여 [Clipping Path(클리핑 패스)] 대화상자에서 'Type(유형) : Detect Edge(가장자리 감지)'를 선택합니다. [Window(창)]-[Text Wrap(텍스트 감싸기)]([Ctrl]+[Alt]+[W])을 선택하여 Text Wrap(텍스트 감싸기) 패널에서 Wrap around object shape(개체 모양 감싸기)을 선택하여 'Offset(오프셋) : 5mm'로 설정합니다.

05 [File(파일)]-[Place(가져오기)]([Ctrl]+[D])를 클릭하여 1급-7.jpg, 1급-11.jpg, 1급-12.jpg 를 가져옵니다. 1급-7.jpg는 1페이지에, 1급-11.jpg, 1급-12.jpg는 6페이지에 배치하여 더 블 클릭하거나 Direct Selection Tool(직접 선택 도구)([A])을 클릭하여 프레임 내 이미지의 위치나 크기를 변경하여 《출력형태》와 같이 배치합니다.

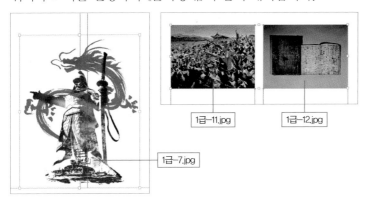

04 도형 편집 및 상호작용 설정

01 Ellipse Tool(타원 도구)([L])을 선택한 후 작업창을 클릭하여 [Ellipse(타원)] 대화상자에서 'Width(폭) : 110mm, Height(높이) : 110mm'를 입력합니다. [Window(창)]-[Color(색상)]-[Color(색상)]([F6])를 선택하고 Color(색상) 패널에서 Fill(칠)을 선택하여 CMYK 모드의 'C20'으로 설정한 후 컨트롤 패널에서 'Opacity(불투명도) : 30%'로 설정합니다.

02 Ellipse Tool(타원 도구)(□)을 선택한 후 작업창을 클릭하여 [Ellipse(타원)] 대화상자에서 'Width(폭) : 30mm, Height(높이) : 30mm'를 입력합니다. [Window(창)]−[Color(색상)]− [Color(색상)](F6)를 선택하고 Color(색상) 패널에서 Fill(칠)을 선택하여 CMYK 모드의 'C40Y20'으로 설정합니다. 원을 복사한 후 Color(색상) 패널에서 Fill(칠)을 선택하여 CMYK 모드의 'M30Y80'으로 수정합니다.

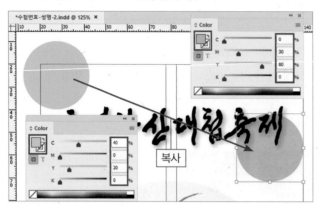

03 Rectangle Tool(사각형 도구)(M)을 선택한 후 작업창을 클릭하여 [Rectangle(사각형)] 대화상자에서 'Width(폭) : 326mm, Height(높이) : 18mm'를 입력합니다. [Window(창)]− [Color(색상)]−[Color(색상)](F6)를 선택하고 Color(색상) 패널에서 Fill(칠)을 선택하여 CMYK 모드의 'C50M50'으로 설정합니다. 사각형을 복사한 후 Color(색상) 패널에서 Fill(칠)을 선택하여 CMYK 모드의 'C100M80'으로 수정합니다.

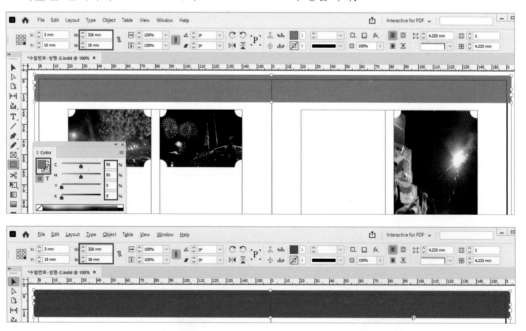

04 Pages(페이지) 패널에서 마스터 페이지로 더블 클릭하여 이동합니다. [Polygon(다각형)] 대화상자에서 'Width(폭) : 7mm, Height(높이) : 7mm, Number of Sides(면 수) : 3'으로 삼각버튼 도형을 만들고 Color(F6)를 선택하여 'Color(색상) : C100M80'을 입력하고 컨트롤 패널에서 Rotate 90° Anticlockwise(시계 반대 방향으로 90° 회전)를 클릭합니다. Alt + Shift 를 누른 상태에서 복사한 후 컨트롤 패널에서 'Flip Horizontal(가로로 뒤집기)'을 선택하여 배치합니다. 메인 페이지로 더블 클릭하여 돌아옵니다.

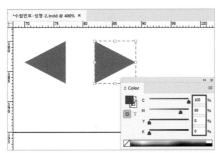

🅑 기적의 TIP

마스터 페이지 설정(페이지 번호, 삼각버튼, 면주 등)은 문제지의 지시조건을 확인하며 그 외 내용은 메인 페이지에 작성합니다.

05 Pages(페이지)(F12) 패널의 마스터 페이지를 선택한 후 Buttons and Forms(단추) 패널에서 Action(동작) '+'를 선택하여 왼쪽 삼각버튼은 'Go To Previous Page(이전 페이지로 이동)' 버튼을, 오른쪽 삼각버튼을 선택하고 Buttons and Forms(단추) 패널에서 Action(동작) '+'를 선택하여 'Go To Next Page(다음 페이지로 이동)' 버튼을 설정합니다.

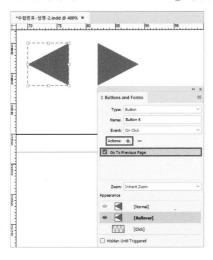

🅑 기적의 TIP

상호작용 설정에 자주 사용하는 패널 영역을[Window(창)]-[Work space(작업 영역)]-[Interactive for PDF(대화형 PDF)]로 설정합니다.

06 페이지에 [Type(문자)]-[Character(문자)](Ctrl + T)를 선택하여 Character(문자) 패널에서 'Font(글꼴) : Arial, Font Style(글꼴 스타일) : Bold, Font Size(글꼴 크기) : 9pt, Color(색상) : C50M100Y50'을 선택하여 'license.kpc.or.kr'을 입력하고 가운데 정렬(Ctrl + Shift + C)을 합니다.

07 입력한 'license.kpc.or.kr'을 블록지정하고 [Window(창)]−[Interactive(대화형)]−[Hyperlink(하이퍼링크)]를 선택하고 Hyperlinks(하이퍼링크) 패널에서 'URL : https://license.kpc.or.kr'을 입력하여 하이퍼링크를 설정합니다.

🄞 문자 효과 적용

01 [Type(문자)]−[Character(문자)]([Ctrl]+[T])를 선택하여 Character(문자) 패널에서 'Font(글꼴) : Arial, Font Style(글꼴 스타일) : Regular, Font Size(글꼴 크기) : 14pt, Color(색상) : M50Y80K20'으로 설정한 후 'Tongyeong HANSAN BATTLE FESTIVAL'을 입력한 후 배치합니다.

02 [Type(문자)]−[Character(문자)]([Ctrl]+[T])를 선택하여 Character(문자) 패널에서 'Font(글꼴) : Dotum(돋움), Font Size(글꼴 크기) : 11pt, Leading(행간) : 18pt, Color(색상) : K100'으로 설정한 후 '01. 개최배경, 02. Joy Festival, 03. 한산대첩 이야기'를 입력한 후 배치합니다. '01., 02., 03.' 숫자만 선택하여 'Color(색상) : M100Y100K10'으로 수정합니다.

06 단락 스타일 설정

01 [Window(창)]−[Color(색상)]−[Swatches(색상 견본)](F5)를 선택하고 Swatches(색상 견본) 패널에서 New Color Swatch(새 색상 견본) 메뉴를 선택하여 단락 스타일 '본문1'과 '소제목'의 색상 'C100M80', '본문2'의 색상 'K100'을 각각 추가합니다.

02 [File(파일)]−[Place(가져오기)](Ctrl+D)를 선택하고 내 PC₩문서₩GTQ₩Image 폴더에서 1급−13.txt를 선택하여 2페이지에 본문1' 텍스트 프레임을 만들고, 문제지의 《조건》으로 지시된 단락 스타일 '본문1' 내용만 남깁니다. 단락 서식 컨트롤 패널에서 'Columns(열 수) : 2, Gutter(단 간격) : 5mm'로 설정합니다. [New Paragraph Style(새 단락 스타일)] 대화상자에서 Preview(미리보기)를 체크하고 Basic Character Formats(기본 문자 서식) 탭에서 'Style Name(스타일 이름) : 본문1', 'Font(글꼴) : Dotum(돋움), Size(크기) : 10pt, Leading(행간) : 16pt, Tracking(자간) : −30', Character Color(문자 색상) 탭에서 Swatches(색상 견본) 'C100M80'으로 설정합니다.

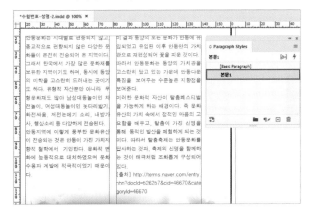

03 [File(파일)]-[Place(가져오기)]([Ctrl]+[D])를 선택하고 1급-13.txt를 선택하여 3, 4페이지와 5, 6페이지에 각각 텍스트 프레임을 만듭니다. 3, 5, 6페이지는 'Columns(열 수) : 2, Gutter (단 간격) : 5mm'로 설정합니다. [New Paragraph Style(새 단락 스타일)] 대화상자에서 Preview(미리보기)를 체크하고 Basic Character Formats(기본 문자 서식) 탭에서 'Style Name(스타일 이름) : 본문2', 'Font(글꼴) : Batang(바탕), Size(크기) : 9pt, Leading(행간) : 15pt, Tracking(자간) : -40, Character Color(문자 색상) 탭에서 Swatches(색상 견본) 'K100'으로 설정합니다.

기적의 TIP

텍스트 파일을 메모장 열기하여 단락 스타일에 적용할 내용만 복사하여 텍스트 프레임을 만들어도 됩니다.

04 4, 6페이지 '본문2' 프레임에서 '소제목' 부분을 블록 지정한 후 '소제목' 단락 스타일을 만듭니다. [New Paragraph Style(새 단락 스타일)] 대화상자에서 Preview(미리보기)를 체크하고 Basic Character Formats(기본 문자 서식) 탭에서 'Style Name(스타일 이름) : 소제목', 'Font(글꼴) : Dotum(돋움), Size(크기) : 9pt, Leading(행간) : 16pt, Tracking(자간) : -20', Character Color(문자 색상) 탭에서 Swatches(색상 견본) 'C100M80'으로 설정합니다.

07 EPUB 내보내기와 답안 파일 저장

01 [File(파일)]-[Export(내보내기)]([Ctrl]+[E])를 선택하고 '저장 위치 : 내 PC₩문서₩GTQ, 파일 이름 : 수험번호-성명-2, 파일 형식 : EPUB (Fixed Layout) (*.epub)'으로 설정한 후 저장합니다.

> **기적의 TIP**
>
> CC 버전으로 응시할 경우 EPUB 내보내기 파일 형식을 'EPUB Fixed Layout (고정 레이아웃)'으로 설정한 후 저장합니다.

02 [EPUB Export Option(EPUB 내보내기] 대화상자의 [General(일반)] 탭에서 'Cover(표지) : Rasterize First Page(첫 페이지 레스터화)'로 설정한 후 [OK]를 선택합니다.

03 완성된 INDD 답안 파일을 문제지의 《조건》과 《출력형태》를 기준으로 최종 점검하여 [File(파일)]-[Save(저장하기)]([Ctrl]+[S])로 저장합니다. 최종 저장된 INDD 답안 파일을 기준으로 [File(파일)]-[Export(내보내기)]([Ctrl]+[E])를 선택하고 '파일 형식 : EPUB (Fixed Layout) (*.epub)'으로 설정한 후 마지막으로 저장합니다.

04 답안 파일 저장이 완료되면 [File(파일)]-[Close(닫기)]([Ctrl]+[W])를 선택하고 수험자 답안 전송 프로그램의 [답안 전송]을 클릭하여 최종 INDD와 EPUB 파일을 감독관 컴퓨터로 제출합니다.

작업과정 새 문서 만들기 및 임시 파일 저장하기 ▶ 마스터 페이지 설정 ▶ 이미지 프레임 효과 및 클리핑 패스 적용 ▶ 도형 편집 및 문자 효과 적용 ▶ 단락 스타일 설정 ▶ 답안 파일 저장

완성이미지 수험번호-성명-3.indd
1급-301.jpg, 1급-302.jpg

01 새 문서 만들기 및 임시 파일 저장하기

01 [File(파일)]-[New(새로 만들기)]-[Document(문서)]([Ctrl]+[N])를 선택하고 [New Document(새문서)] 대화상자에서 'Width(폭) : 210mm, Height(높이) : 280mm', 'Pages(페이지) : 2, Facing Pages(페이지 마주보기) 옵션선택, Columns(열) : 3, Column Gutter(열 간격) : 6mm', Margins(여백)의 'Top(위쪽) : 20mm, Bottom(아래쪽) : 20mm, Inside(안쪽) : 15mm, Outside(바깥쪽) : 15mm', Bleed and Slug(도련 및 슬러그)의 Bleed(도련)을 3mm로 설정하여 새 문서를 만듭니다.

02 Pages(페이지) 패널의 2페이지 Thumbnail(썸네일)에서 마우스 오른쪽 버튼을 클릭하여 'Allow Document Pages to Shuffle(문서 페이지 재편성 허용)' 체크를 해제합니다. 2페이지 Thumbnail(썸네일)을 마우스 왼쪽 버튼을 누른 상태에서 1페이지 Thumbnail(썸네일) 왼쪽으로 드래그하고 마우스 포인터가 'ㄷ'자 모양으로 바뀌면, 드롭하여 마주보는 페이지의 펼침면으로 배치합니다.

03 자주 사용하는 패널 영역을 [Window(창)]-[Workspace(작업 영역)]-[Typography(입력 체계)]로 설정하여 답안 작성 시간을 절약합니다.

04 [View(보기)]-[Grids & Guides(격자 및 안내선)]-[Show Guides(안내선 표시)]([Ctrl]+[;])를 선택하여 안내선을 표시합니다.

05 [File(파일)]-[Save(저장하기)]([Ctrl]+[S])를 선택하고 '저장 위치 : 내 PC\문서\GTQ, 파일 이름 : 수험번호-성명-3, 파일 형식 : InDesign "CC" 또는 "2021" document (*.indd)'로 설정한 후 저장합니다. INDD 답안 파일을 수시로 저장([Ctrl]+[S])하는 습관이 중요합니다.

02 마스터 페이지 설정

01 Page(페이지)([F12]) 패널에서 New Master(새 마스터) 메뉴를 선택하고 [New Master(새 마스터)] 대화상자에서 'Prefix(접두어) : B, Name(이름) : Master(마스터), Number of Pages(페이지 수) : 2, Page Size(페이지 크기)-Width(폭) : 210mm, Height(높이) : 280mm'로 설정합니다.

02 B-Master 페이지의 Thumbnail(썸네일)을 1~2페이지 영역으로 드래그 앤 드롭하여 "B-Master" applied("B-마스터" 적용됨)로 설정합니다.

03 B-Master 페이지를 더블 클릭하여 왼쪽(홀수) 페이지 번호 영역에 Type Tool(문자 도구)(T)을 클릭하고 [Type(문자)]-[Insert Special Character(특수 문자 삽입)]-[Markers(표시자)]-[Current Page Number(현재 페이지 번호)](Ctrl+Alt+Shift+N)를 선택합니다.

04 B-Master 페이지 번호 프레임을 선택하고 문제지의 '페이지 번호' 문자효과 《조건》과 같이 Type Tool(문자 도구)(T)을 클릭하여 'Font(글꼴) : Arial, Font Style(글꼴 스타일) : Bold, Font Size(글꼴 크기) : 12pt, Color(색상) : C50K50'으로 설정한 후 완성된 왼쪽(홀수) 페이지 번호의 프레임을 Alt를 누른 상태에서 오른쪽(짝수) 페이지 번호 영역에 복사하여 문제지의 《출력형태》와 같이 배치합니다.

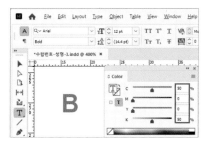

05 B-Master 페이지의 왼쪽(홀수) 페이지에서 문제지의 '면주' 문자효과 《조건》과 같이 Type Tool(문자 도구)(T)을 클릭하여 'Gyeongbokgung Palace'를 입력하고 'Font(글꼴) : Arial, Font Style(글꼴 스타일) : Regular, Font Size(글꼴 크기) : 10pt, Color(색상) : M100Y100'으로 설정한 후 《출력형태》와 같이 배치합니다.

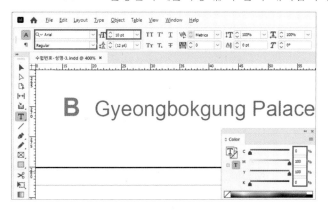

06 B-Master 페이지 왼쪽(홀수) 페이지의 면주 텍스트 프레임을 선택하여 오른쪽(짝수) 페이지로 복사하고 'Seoul'를 입력한 후 《출력형태》와 같이 배치합니다.

03 이미지 프레임 효과 및 클리핑 패스 적용

01 내 PCW문서WGTQWOutput 폴더의 1급-301.jpg, 1급-302.jpg와 문제지의 《출력형태》에서 이미지 프레임의 레이아웃을 확인합니다.

02 [File(파일)]-[Place(가져오기)]([Ctrl]+[D])를 클릭하여 내 PCW문서WGTQWImage 폴더에서 1급-14.ai를 가져옵니다. 프레임에서 마우스 오른쪽 버튼을 클릭하여 [Effects(효과)]-[Drop Shadow(그림자)] 또는 [Object(개체)]-[Effects(효과)]-[Drop Shadow(그림자)]([Ctrl]+[Alt]+[M])와 [Satin(새틴)]을 동시에 선택합니다.

03 [File(파일)]-[Place(가져오기)]([Ctrl]+[D])를 클릭하여 1급-15.jpg를 가져옵니다. 프레임에서 마우스 오른쪽 버튼을 클릭하여 [Object(개체)]-[Effects(효과)]-[Directional Feather(방향 페더)]를 선택합니다.

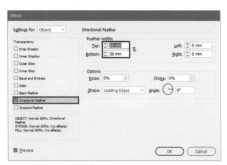 

04 [File(파일)]-[Place(가져오기)]([Ctrl]+[D])를 클릭하여 1급-16.jpg를 가져옵니다. 프레임에서 마우스 오른쪽 버튼을 클릭하여 [Object(개체)]-[Effects(효과)]-[Gradient Feather(그레이디언트 페더)]를 선택합니다.

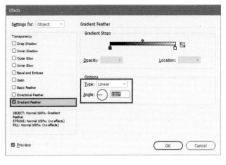
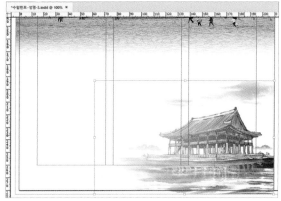

05 [File(파일)]-[Place(가져오기)]([Ctrl]+[D])를 클릭하여 1급-18.psd를 가져옵니다. 프레임을 선택하고 [Object(개체)]-[Clipping Path(클리핑 패스)]-[Options(옵션)]([Ctrl]+[Alt]+[Shift]+[K])를 선택하여 [Clipping Path(클리핑 패스)] 대화상자에서 'Type(유형) : Photo-shop Path(패스), Path(패스) : Path1'을 선택합니다. [Window(창)]-[Text Wrap(텍스트 감싸기)]([Ctrl]+[Alt]+[W])을 선택하여 Text Wrap(텍스트 감싸기) 패널에서 Wrap around object shape(개체 모양 감싸기)를 선택하여 'Offset(오프셋) : 4mm'로 설정합니다.

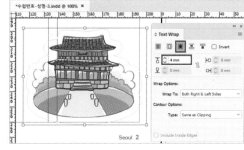

06 File(파일)]-[Place(가져오기)]([Ctrl]+[D])를 클릭하여 1급-17.psd를 가져옵니다. 프레임을 선택하고 [Window(창)]-[Stroke(획)]([F10])을 선택하고 Stroke(획) 패널에서 'Weight(두께) : 3pt, Type(유형) : Solid(실선)'로 설정하고 [Window(창)]-[Color(색상)]-[Color(색상)] ([F6])를 선택하고 Color(색상) 패널에서 Stroke(획)을 선택한 후 CMYK 모드의 'M30Y100' 으로 설정한 후 배치합니다. 프레임을 복사하여 더블 클릭하거나 Direct Selection Tool(직접 선택 도구)([A])을 클릭하여 프레임 내 이미지의 위치나 크기를 변경합니다.

07 [File(파일)]–[Place(가져오기)]([Ctrl]+[D])를 클릭하여 1급-19.psd를 가져옵니다. 컨트롤 패널에서 'Opacity(불투명도) : 50%'로 설정합니다. [Object(개체)]–[Arrange(배치)]–[Send to Back(맨 뒤로 보내기)]([Ctrl]+[Shift]+[[ ])을 선택합니다.

④ **도형 편집 및 문자 효과 적용**

01 Rectangle Tool(사각형 도구)([M])을 선택한 후 작업창을 클릭하여 [Rectangle(사각형)] 대화상자에서 'Width(폭) : 180mm, Height(높이) : 12mm'를 입력합니다. [Window(창)]–[Color(색상)]–[Gradient(그레이디언트)]를 클릭하여 Gradient(그레이디언트) 패널에서 'Type(유형) : Linear(선형)'을 선택하여 CMYK 모드의 시작 'C0M0Y0K0', 끝 'C80Y30'으로 설정합니다.

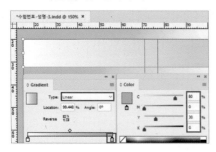

02 문제지의 《출력형태》와 같이 Pen Tool(펜 도구)([P])을 클릭하여 '한양의 중심이었던 조선 왕조 제일의 법궁'의 Path(패스) 형태를 작성한 후, Color(색상) 패널에서 Fill(칠)과 Stroke(획)를 둘 다 없음으로 설정합니다. Type on a Path Tool(패스에 입력 도구)([Shift]+[T])을 클릭하고 작성된 Path(패스)를 선택합니다.

03 [Type(문자)]–[Character(문자)]([Ctrl]+[T])를 선택하고 Character(문자) 패널에서 'Font (글꼴) : Dotum(돋움), Font Size(글꼴 크기) : 14pt, Color(색상) : C100M80'으로 설정한 후 '한양의 중심이었던 조선 왕조 제일의 법궁'을 입력합니다.

05 단락 스타일 설정

01 [Window(창)]–[Color(색상)]–[Swatches(색상 견본)]([F5])를 선택하고 Swatches(색상 견본) 패널에서 New Color Swatch(새 색상 견본) 메뉴를 선택하여 단락 스타일 '중제목'과 '본문1'의 색상 'C100M80', '소제목'의 색상 'M100Y100', '본문2'의 색상 'K100'을 추가합니다.

02 [File(파일)]–[Place(가져오기)]([Ctrl]+[D])를 선택하고 내 PCW문서WGTQWImage 폴더에서 1급-20.txt를 선택하여 '본문1' 텍스트 프레임을 만들고, 문제지의 《조건》으로 지시된 단락 스타일 '본문1' 내용만 남깁니다. [New Paragraph Style(새 단락 스타일)] 대화상자에서 Preview(미리보기)를 체크하고 Basic Character Formats(기본 문자 서식) 탭에서 'Style Name(스타일 이름) : 본문1', 'Font(글꼴) : Dotum(돋움), Size(크기) : 10pt, Leading(행간) : 18pt, Tracking(자간) : −30', Character Color(문자 색상) 탭에서 Swatches(색상 견본) 'C100M80'으로 설정합니다.

03 [File(파일)]−[Place(가져오기)](Ctrl+D)를 선택하고 1급-20.txt를 선택하여 '본문2' 텍스트 프레임을 만들고, 문제지의《조건》으로 지시된 단락 스타일 '본문2' 내용만 남깁니다. 단락 서식 컨트롤 패널에서 'Columns(열 수) : 3, Gutter(단 간격) : 6mm'로 설정합니다. [New Paragraph Style(새 단락 스타일)] 대화상자에서 Preview(미리보기)를 체크하고 Basic Character Formats(기본 문자 서식) 탭에서 'Style Name(스타일 이름) : 본문2', 'Font(글꼴) : Batang(바탕), Size(크기) : 10pt, Leading(행간) : 18pt, Tracking(자간) : −40', Character Color(문자 색상) 탭에서 Swatches(색상 견본) 'K100'으로 설정합니다.

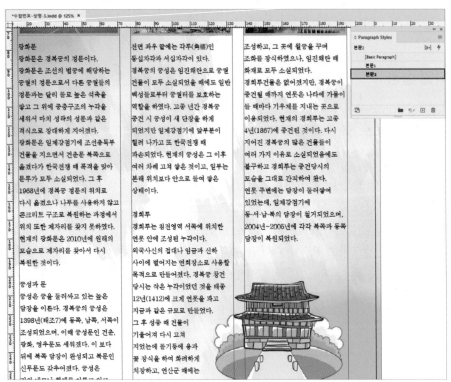

04 '본문2' 프레임에서 '소제목' 부분을 블록 지정한 후 '소제목' 단락 스타일을 만듭니다. [New Paragraph Style(새 단락 스타일)] 대화상자에서 Preview(미리보기)를 체크하고 Basic Character Formats(기본 문자 서식) 탭에서 'Style Name(스타일 이름) : 소제목', 'Font (글꼴) : Dotum(돋움), Size(크기) : 12pt, Leading(행간) : 18pt, Tracking(자간) : −25', Drop Caps and Nested Styles(단락 시작표시문자) 탭에서 'Lines(줄 수) : 3, Characters(문자 수) : 1', Character Color(문자 색상) 탭에서 Swatches(색상 견본) 'M100Y100'으로 설정합니다.

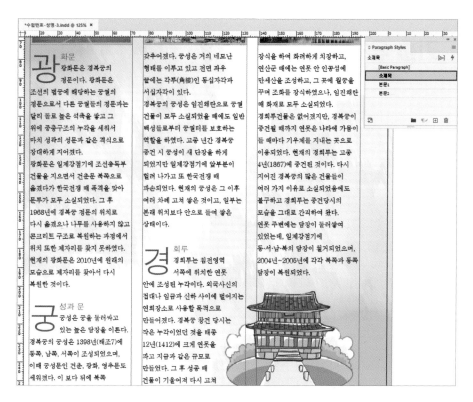

05 [File(파일)]−[Place(가져오기)]([Ctrl]+[D])를 선택하고 1급−20.txt를 선택하여 '중제목' 텍스트 프레임을 만듭니다. [New Paragraph Style(새 단락 스타일)] 대화상자에서 Preview(미리보기)를 체크하고 Basic Character Formats(기본 문자 서식) 탭에서 'Style Name(스타일 이름) : 중제목', 'Font(글꼴) : Dotum(돋움), Size(크기) : 24pt, Tracking(자간) : 100', Character Color(문자 색상) 탭에서 Swatches(색상 견본) 'C100M80'으로 설정합니다.

⑥ 답안 파일 저장

01 완성된 INDD 답안 파일을 문제지의 《조건》과 《출력형태》를 기준으로 최종 점검하여 [File(파일)]−[Save(저장하기)]([Ctrl]+[S])로 저장합니다.

02 답안 파일 저장이 완료되면 [File(파일)]−[Close(닫기)]([Ctrl]+[W])를 선택하고 수험자 답안 전송 프로그램의 [답안 전송]을 클릭하여 최종 INDD 파일을 감독관 컴퓨터로 제출합니다.

➕ **더 알기 TIP**

GTQid 1급 시험은 문항마다 제출할 답안 파일의 형식과 개수가 다릅니다. 1급의 1번 문항은 INDD와 PDF 파일을, 2번 문항은 INDD와 EPUB 파일을, 3번 문항은 INDD 파일로 총 5개의 답안 파일이 저장되어야 합니다.

07

기출 유형 문제 07회

급수	문제유형	시험시간	수험번호	성명
1급	A	90분	G320250007	

수 험 자 유 의 사 항

- 수험자는 문제지를 받는 즉시 응시하고자 하는 **과목 및 급수가 맞는지 확인**한 후 수험번호와 성명을 작성합니다.
- 파일명은 본인의 수험번호―성명―문제번호로 공백 없이 정확히 입력하고 답안 폴더(내 PC₩문서₩GTQ)에 파일저장규칙으로 저장해야 하며, '다른 파일 형식과 버전으로 저장하였을 경우', '패키지로 저장할 경우' 0점 처리됩니다. 답안문서 파일명이 수험번호―성명―문제번호와 일치하지 않거나, 답안 파일을 전송하지 않아 미제출로 처리될 경우 불합격 처리됩니다.
- 수험자 정보와 저장한 파일명, 저장 위치가 다를 경우 전송이 되지 않으므로, 주의하시기 바랍니다.
- 답안 작성 중에도 **주기적으로 '저장'과 '답안 전송'**을 이용하여 감독위원 PC로 답안을 전송하셔야 합니다.(※ 작성한 내용을 **저장하지 않고 전송할 경우** 이전의 저장내용이 전송되오니 이 점 반드시 유념하시기 바랍니다.)
- 답안문서는 지정된 경로 외의 다른 보조기억장치에 저장하는 행위, 지정된 시험 시간 외에 작성된 파일을 활용한 행위, 기타 통신수단(이메일, 메신저, 네트워크 등)을 이용하여 타인에게 전달 또는 외부 반출하는 행위는 부정행위로 간주되어 자격기본법 제32조에 의거 본 시험 및 국가공인 자격시험을 2년간 응시할 수 없습니다.
- 시험 중 부주의 또는 고의로 시스템을 파손한 경우와 〈수험자 유의사항〉에 기재된 방법대로 이행하지 않아 생기는 불이익은 수험자의 책임임을 알려 드립니다.
- 시험을 완료한 수험자는 최종적으로 저장한 답안 파일이 전송되었는지 확인한 후 감독위원의 지시에 따라 문제지를 제출하고 퇴실합니다.

답 안 작 성 요 령

- **온라인 답안 작성 절차**
  수험자 등록 ⇒ 시험 시작 ⇒ 답안 파일 저장 ⇒ 답안 전송 ⇒ 시험 종료
- 내 PC₩문서₩GTQ₩Image 폴더의 첨부파일을 사용하여 답안을 작성하고 최종답안을 답안 폴더(내 PC₩문서₩GTQ)에 저장하여 답안을 전송하시고, 이미지의 크기가 다른 경우 감점 처리됩니다.
- 배점은 총 100점으로 이루어지며, 점수는 각 문제별로 차등 배분됩니다.
- 각 문제의 기본 단위는 'mm(밀리미터)'이며 지시조건에 맞게 답안을 작성하셔야 합니다.
- 그 외 지시되지 않는 조건(레이아웃, 색상, 문자, 규격 등)은 《결과파일》, 《출력형태》를 참고하여 첨부파일을 활용하여 작성하십시오. 위 언급한 내용을 충족하지 못했을 경우에는 0점 또는 감점 처리됩니다.(※ 《결과파일》은 내 PC₩문서₩GTQ₩Output 폴더에서 확인)
- 문제 조건에 서체의 지정이 없을 경우 한글은 굴림, 돋움, 영문은 Arial로 작성하십시오. 임의 서체로 작성할 경우 감점될 수 있으니 유의하시기 바랍니다.
- 문제 조건에 형태(크기, 색상, 선 굵기 등)에 대한 지정이 없을 경우 《결과파일》, 《출력형태》를 참고하여 작업해 주시기 바랍니다.
- Color Mode(색상 모드)는 별도의 처리조건이 없을 경우에는 CMYK로 작성하십시오.
- 조건에서 제시한 기능의 속성을 해지할 경우 해당 요소는 0점 처리됩니다.

한 국 생 산 성 본 부

▶합격 강의

다음의 《조건》에 따라 아래의 《출력형태》와 같이 작업하시오.

조건

첨부파일		GTQ₩Image₩1급−1.jpg, 1급−2.ai, 1급−3.psd, 1급−4.jpg, 1급−5.txt
파일저장규칙	크기 동일	323×470mm
	indd 파일명	GTQ₩수험번호−성명−1.indd
	pdf 파일명	GTQ₩수험번호−성명−1.pdf

1. 기본 설정

① 1쪽(Pages), 3단(Columns), 단 간격(Gutter) 6mm, 여백(Margins) : 상 25mm, 하 15mm, 좌우 19mm, 도련(Bleed) 5mm

② PDF 내보내기 : 모든 프린터 표시(All Printer's Marks)

2. 작업 방법

① 1급−1.jpg : 효과(Effects) − 방향 페더(Directional Feather)

② 1급−2.ai : 불투명도(Opacity) 50%

③ 1급−3.psd : 효과(Effects) − 그림자(Drop Shadow), 텍스트 감싸기(Text Wrap) 10mm

④ 1급−4.jpg : 응용 및 배치

⑤ 획 : 285mm, 굵은 선−가는 선(Thick−Thin), 10pt, C50M80

⑥ 도형 : 사각형(285×25mm, M60Y20 → C0M0Y0K0)

3. 문자 효과

① Cherry Blossom Street(Arial, Bold, 18pt, C50M80)

② 서울 벚꽃명소(돋움, 25pt, Y100, 효과(Effects) − 그림자 (Drop Shadow))

③ 대한민국 대표 꽃길(돋움, 20pt, 행간 26pt, C80Y80)

④ 1급−5.txt : 단락 스타일 설정

- 본문1(돋움, 13pt, 행간 23pt, 자간 −25, C100M50 Y30, 단락 시작표시문자 2줄)
- 본문2(돋움, 12pt, 행간 18pt, 자간 −25, K100)
- 캡션(돋움, 20pt, 행간 26pt, K100)

출력형태

다음의 《조건》에 따라 아래의 《출력형태》와 같이 작업하시오.

조건

첨부파일		GTQ\Image\1급-6.ai, 1급-7.jpg, 1급-8.jpg, 1급-9.jpg, 1급-10.jpg, 1급-11.jpg, 1급-12.jpg, 1급-13.txt
파일저장규칙	크기 동일	160×195mm
	indd　파일명	GTQ\수험번호-성명-2.indd
	epub　파일명	GTQ\수험번호-성명-2.epub

1. 기본 설정
① 6쪽(Pages), 2단(Columns), 단 간격(Gutter) 4mm, 여백(Margins) : 상하좌우 20mm, 도련(Bleed) 3mm
② EPUB 고정 레이아웃(Fixed Layout) 내보내기 : 첫 페이지 래스터화(Rasterize First Page)

2. 작업 방법
① 1급-6.ai : 효과(Effects) - 그림자(Drop Shadow),
　1급-9.jpg : 효과(Effects) - 방향 페더(Directional Feather), 텍스트 감싸기(Text Wrap) 4mm
② 1급-10.jpg : 모퉁이 돌림무늬(Fancy) 3mm, 텍스트 감싸기(Text Wrap) 2mm
③ 1급-7.jpg, 1급-8.jpg, 1급-11.jpg, 1급-12.jpg : 응용 및 배치
④ 도형 : 사각형1(25×25mm, C10M40Y100, 불투명도(Opacity) 30%), 사각형2(18×201mm, C30M20Y70, C10M40Y100), 삼각버튼(7×7mm, C10M40Y100)
⑤ 마스터 페이지 설정 : 페이지 번호 설정, 짝수 페이지 삼각버튼 배치
⑥ 상호작용(Interactive) 설정 : 하이퍼링크(license.kpc.or.kr로 페이지 이동, 새 창으로), 이전과 다음 페이지로 이동(삼각버튼)

3. 문자 효과
① license.kpc.or.kr, '페이지 번호'(Arial, Bold, 9pt, M100Y100, C60M100)
② 딸기의 향과 멋이 가득한 논산딸기축제에 여러분을 초대합니다.(궁서, 12pt, 자간 -30, M100Y100)
③ 01. 인사말, 02. 논산 딸기, 03. 딸기수확체험 (돋움, 13pt, 행간 25pt, 자간 -25, M100Y100, K100)
④ 1급-13.txt : 단락 스타일 설정
　• 본문(돋움, 8pt, 행간 12pt, K100)
　• 중제목(돋움, 9pt, 행간 13pt, C100Y100, 단락 시작표시문자 2줄)
　• 소제목(굴림, 12pt, M100Y100)

출력형태

▶합격 강의

다음의 《조건》에 따라 아래의 《출력형태》와 같이 작업하시오.

조건

첨부파일		GTQ₩Image₩1급-14.png, 1급-15.jpg, 1급-16.ai, 1급-17.psd, 1급-18.psd, 1급-19.jpg, 1급-20.txt
파일저장규칙	크기 동일	210×280mm
	indd 파일명	GTQ₩수험번호-성명-3.indd

1. 기본 설정

① 2쪽(Pages), 3단(Columns), 단 간격(Gutter) 5mm, 여백(Margins) : 상 15mm, 하 20mm, 좌우 10mm, 도련(Bleed) 3mm

2. 작업 방법

① 1급-14.png, 1급-19.jpg : 응용 및 배치, 1급-18.psd : 불투명도(Opacity) 50%

② 1급-15.jpg, 1급-16.ai : 효과(Effects) – 방향 페더(Directional Feather), 내부그림자(Inner Shadow)

③ 1급-17.psd : 클리핑 패스(Clipping Path) – Photoshop 패스, 텍스트 감싸기(Text Wrap) 5mm, 효과(Effects) – 그림자(Drop Shadow)

④ 도형 : 사각형(125×20mm, C50Y100K10, 모퉁이 경사(Bevel) 8mm)

⑤ 마스터 페이지 설정 : B-Master Page 추가, 페이지 번호와 면주 설정.
면주 설정(1페이지 "Spring vegetable", 2페이지 "Spring greens")

3. 문자 효과

① 과 함께 찾아온 봄 나물(돋움, 30pt, C30M100Y100, 효과(Effects) – 그림자(Drop Shadow))

② '페이지 번호'(Arial, Bold, 13pt, C100Y100K40)

③ '면주'(Arial, Bold, 12pt, C30M100Y100)

④ 1급-20.txt : 단락 스타일 설정

- 중제목(궁서, 16pt, 행간 24pt, C0M0Y0K0, 효과(Effects) – 그림자(Drop Shadow))
- 소제목(돋움, 10pt, 행간 18pt, 자간 –25, M60Y100, 단락 시작표시문자 2줄)
- 본문(바탕, 9pt, 행간 16pt, 자간 –30, K100, 왼쪽 균등 배치)
- 캡션(굴림, 9pt, 행간 15pt, C50Y100K40, 왼쪽 균등 배치, 첫줄 들여쓰기 4mm)

출력형태

문제 1 **[기능평가] 신문 제작**

작업과정	새 문서 만들기 및 임시 파일 저장하기 ▶ 이미지 프레임 효과 및 클리핑 패스 적용 ▶ 선과 도형 편집 ▶ 문자 효과 적용 ▶ 단락 스타일 설정 ▶ PDF 내보내기와 답안 파일 저장
완성이미지	수험번호-성명-1.INDD, 수험번호-성명-1.pdf 1급-101.jpg

01 새 문서 만들기 및 임시 파일 저장하기

01 [File(파일)]-[New(새로 만들기)]-[Document(문서)]([Ctrl]+[N])를 선택하고 [New Document(새문서)] 대화상자에서 'Width(폭) : 323mm, Height(높이) : 470mm', 'Pages(페이지) : 1, Columns(열) : 3, Column Gutter(열 간격) : 6mm', Margins(여백)의 'Top(위쪽) : 25mm, Bottom(아래쪽) : 15mm, Inside(안쪽) : 19mm, Outside(바깥쪽) : 19mm', Bleed and Slug(도련 및 슬러그)의 Bleed(도련)을 5mm로 설정하여 새 문서를 만듭니다.

02 자주 사용하는 패널 영역을 [Window(창)]-[Workspace(작업 영역)]-[Typography(입력 체계)]로 설정하여 답안 작성 시간을 절약합니다.

03 [View(보기)]-[Grids & Guides(격자 및 안내선)]-[Show Guides(안내선 표시)]([Ctrl]+[;])를 선택하여 안내선을 표시합니다.

04 [File(파일)]-[Save(저장하기)]([Ctrl]+[S])를 선택하고 '저장 위치 : 내 PC₩문서₩GTQ, 파일 이름 : 수험번호-성명-1, 파일 형식 : InDesign "CC" 또는 "2021" document (*.indd)'로 설정한 후 저장합니다. INDD 답안 파일을 수시로 저장([Ctrl]+[S])하는 습관이 중요합니다.

02 이미지 프레임 효과 및 클리핑 패스 적용

01 내 PC₩문서₩GTQ₩Output 폴더의 1급-101.jpg와 문제지의 《출력형태》에서 이미지 프레임의 레이아웃과 레이어 순서를 확인합니다.

02 [File(파일)]-[Place(가져오기)]([Ctrl]+[D])를 클릭하여 내 PC₩문서₩GTQ₩Image 폴더에서 1급-1.jpg를 가져옵니다. 프레임에서 마우스 오른쪽 버튼을 클릭하여 [Object(개체)]-[Effects(효과)]-[Directional Feather(방향 페더)]를 선택합니다.

03 [File(파일)]−[Place(가져오기)]([Ctrl]+[D])를 클릭하여 1급−2.ai를 가져옵니다. 《출력형태》와 같이 배치한 후 컨트롤 패널에서 'Opacity(불투명도) : 50%'로 설정합니다.

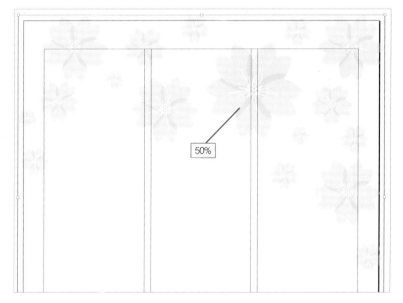

50%

04 [File(파일)]−[Place(가져오기)]([Ctrl]+[D])를 클릭하여 1급−3.psd를 가져옵니다. 프레임에서 마우스 오른쪽 버튼을 클릭하여 [Effects(효과)]−[Drop Shadow(그림자)]([Ctrl]+[Alt]+[M])를 선택합니다. [Window(창)]−[Text Wrap(텍스트 감싸기)]([Ctrl]+[Alt]+[W])을 선택합니다. Text Wrap(텍스트 감싸기) 패널에서 Wrap around object shape(개체 모양 감싸기)을 선택하여 'Offset(오프셋) : 10mm'로 설정합니다.

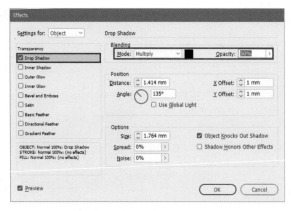

05 [File(파일)]–[Place(가져오기)]([Ctrl]+[D])를 클릭하여 1급-4.jpg를 가져옵니다. 프레임에서 마우스 오른쪽 버튼을 클릭하여 Fitting(맞춤)–Fill Frame Proportionally(비율에 맞게 프레임 채우기)([Ctrl]+[Alt]+[Shift]+[C])를 선택한 후 문제지의 《출력형태》와 같이 이미지 프레임 크기를 조절합니다. [Alt]를 누른 상태에서 프레임을 《출력형태》와 같이 복사한 후 프레임을 더블 클릭하거나 Direct Selection Tool(직접 선택 도구)([A])을 클릭하여 프레임 내 이미지의 위치나 크기를 변경합니다.

03 선과 도형 편집

01 Line Tool(선 도구)([W])을 클릭하여 [Shift]를 누른 상태에서 'Length(길이) : 285mm'로 가로 직선을 만듭니다. [Window(창)]–[Stroke(획)]([F10])을 선택하고 Stroke(획) 패널에서 'Weight(두께) : 10pt, Type(유형) : Thick-Thin(굵은 선-가는 선)'으로 설정하고 [Window(창)]–[Color(색상)]–[Color(색상)]([F6])를 선택하고 Color(색상) 패널에서 Stroke(획)을 선택한 후 CMYK 모드의 'C50M80'으로 설정한 후 《출력형태》와 같이 배치합니다.

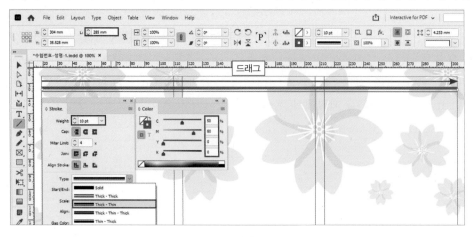

02 Rectangle Tool(사각형 도구)(M)을 선택한 후 작업창을 클릭하여 [Rectangle(사각형)] 대화상자에서 'Width(폭) : 285mm, Height(높이) : 25mm'를 입력합니다. [Window(창)]-[Color(색상)]-Gradient(그레이디언트) 패널에서 'Type(유형) : Linear(선형)'를 선택하여 CMYK 모드의 시작 'M60Y20', 끝 'C0M0Y0K0'으로 설정합니다.

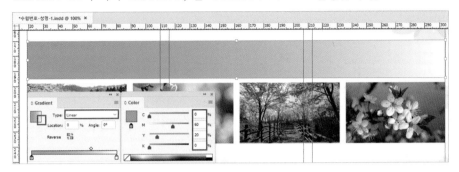

④ 문자 효과 적용

01 [Type(문자)]-[Character(문자)](Ctrl+T)를 선택하여 Character(문자) 패널에서 'Font(글꼴) : Arial, Font Style(글꼴 스타일) : Bold, Font Size(글꼴 크기) : 18pt, Color(색상) : C50M80'을 선택하여 'Cherry Blossom Street'를 입력한 후 《출력형태》와 같이 배치합니다.

02 [Type(문자)]-[Character(문자)](Ctrl+T)를 선택하여 Character(문자) 패널에서 'Font(글꼴) : Dotum(돋움), Font Size(글꼴 크기) : 25pt, Color(색상) : Y100'으로 설정한 후 '서울 벚꽃명소'를 입력한 후 《출력형태》와 같이 배치합니다. 프레임에서 마우스 오른쪽 버튼을 클릭하여 [Effects(효과)]-[Drop Shadow(그림자)] 또는 [Object(개체)]-[Effects(효과)]-[Drop Shadow(그림자)](Ctrl+Alt+M)를 선택합니다.

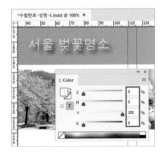

03 문제지의 《출력형태》와 같이 Pen Tool(펜 도구)(P)을 클릭하여 '대한민국 대표 꽃길'의 Path (패스) 형태를 작성한 후, Color(색상) 패널에서 Fill(칠)과 Stroke(획)를 둘 다 없음으로 설정합니다. Type on a Path Tool(패스에 입력 도구)(Shift+T)을 클릭하고 작성된 Path(패스)를 선택합니다. [Type(문자)]-[Character(문자)](Ctrl+T)를 선택하여 Character(문자) 패널에서 'Font(글꼴) : Dotum(돋움), Font Size(글꼴 크기) : 20pt, Leading(행간) : 26pt, Color(색상) : C80Y80'으로 설정한 후 '대한민국 대표 꽃길'을 입력한 후 《출력형태》와 같이 배치합니다.

⑤ 단락 스타일 설정

01 [Window(창)]-[Color(색상)]-[Swatches(색상 견본)](F5)를 선택하고 Swatches(색상 견본) 패널에서 New Color Swatch(새 색상 견본) 메뉴를 선택하여 단락 스타일 '본문1'의 색상 'C100M50Y30', '본문2'와 '캡션'의 색상 'K100'을 각각 추가합니다.

02 [File(파일)]-[Place(가져오기)](Ctrl+D)를 선택하고 내 PC₩문서₩GTQ₩Image 폴더에서 1급-5.txt를 선택하여 '본문1' 텍스트 프레임을 만들고, 문제지의 《조건》으로 지시된 단락 스타일 '본문1' 내용만 남깁니다. [New Paragraph Style(새 단락 스타일)] 대화상자에서 Preview(미리보기)를 체크하고 Basic Character Formats(기본 문자 서식) 탭에서 'Style Name(스타일 이름) : 본문1', 'Font(글꼴) : Dotum(돋움), Size(크기) : 13pt, Leading(행간) : 23pt, Tracking(자간) : -25', Drop Caps and Nested Styles(단락 시작표시문자) 탭에서 'Lines(줄 수) : 2, Characters(문자 수) : 1', Character Color(문자 색상) 탭에서 색상 견본 'C100M50Y30'으로 설정합니다.

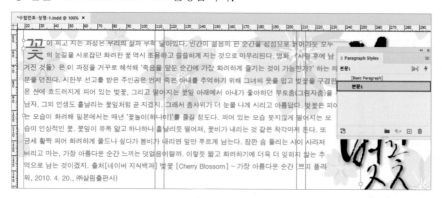

03 [File(파일)]−[Place(가져오기)]([Ctrl]+[D])를 선택하고 1급−5.txt를 선택하여 '본문2' 텍스트 프레임을 만들고, 문제지의 《조건》으로 지시된 단락 스타일 '본문2' 내용만 남깁니다. 단락 서식 컨트롤 패널에서 'Columns(열 수) : 3, Gutter(단 간격) : 6mm'로 설정합니다. [New Paragraph Style(새 단락 스타일)] 대화상자에서 Preview(미리보기)를 체크하고 Basic Character Formats(기본 문자 서식) 탭에서 'Style Name(스타일 이름) : 본문2', 'Font(글꼴) : Dotum(돋움), Size(크기) : 12pt, Leading(행간) : 18pt, Tracking(자간) : −25', Character Color(문자 색상) 탭에서 색상 견본 'K100'으로 설정합니다.

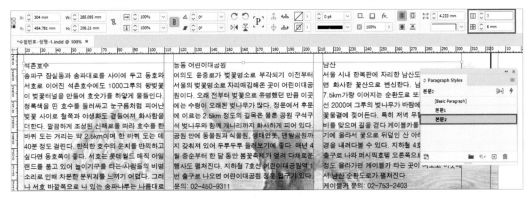

04 [File(파일)]−[Place(가져오기)]([Ctrl]+[D])를 선택하고 1급−5.txt를 선택하여 '캡션' 텍스트 프레임을 만듭니다. [New Paragraph Style(새 단락 스타일)] 대화상자에서 Preview(미리보기)를 체크하고 Basic Character Formats(기본 문자 서식) 탭에서 'Style Name(스타일 이름) : 캡션', 'Font(글꼴) : Dotum(돋움), Size(크기) : 20pt, Leading(행간) : 26pt, Tracking(자간) : −25', Character Color(문자 색상) 탭에서 색상 견본 'K100'으로 설정합니다.

06 PDF 내보내기와 답안 파일 저장

01 [File(파일)]−[Export(내보내기)]([Ctrl]+[E])를 선택하고 '저장 위치 : 내 PCW문서WGTQ'로 설정한 후 '파일 이름 : 수험번호−성명−1'을 입력하고 '파일 형식 : Adobe PDF (Print) (*.pdf)'로 설정한 후 저장합니다.

02 [Export Adobe PDF(Adobe PDF 내보내기)] 대화상자에서 [General(일반)] 탭에서 'Adobe PDF Preset(사전 설정) : High Quality Print(고품질 인쇄)'를 선택하고 [Marks and Bleeds(표시 및 도련)]에서 [All Printer's Marks(모든 프린터 표시)]로 설정하고 문제지의 《출력형태》를 참고하여 'Use Document Bleed Settings(문서에 도련 설정 사용)' 표시로 설정한 후 Export(내보내기)를 선택합니다.

03 완성된 INDD 답안 파일을 문제지의 《조건》과 《출력형태》를 기준으로 최종 점검하여 [File(파일)]−[Save(저장하기)]([Ctrl]+[S])로 저장합니다. 최종 저장된 INDD 답안 파일을 기준으로 [File(파일)]−[Export(내보내기)]([Ctrl]+[E])를 선택하고 '파일 형식 : Adobe PDF (Print) (*.pdf)'로 설정한 후 마지막으로 저장합니다.

04 답안 파일 저장이 완료되면 [File(파일)]−[Close(닫기)]([Ctrl]+[W])를 선택하고 수험자 답안 전송 프로그램의 [답안 전송]을 클릭하여 최종 INDD와 PDF 파일을 감독관 컴퓨터로 제출합니다.

문제 2 [실무응용] 전자책/브랜드북

작업과정 새 문서 만들기 및 임시 파일 저장하기 ▶ 마스터 페이지 설정 ▶ 이미지 프레임 효과 및 클리핑 패스 적용 ▶ 도형 편집 및 상호작용 설정 ▶ 문자 효과 적용 ▶ 단락 스타일 설정 ▶ EPUB 내보내기와 답안 파일 저장

완성이미지 수험번호−성명−2.indd, 수험번호−성명−2.epub
1급−201.jpg, 1급−202.jpg, 1급−203.jpg, 1급−204.jpg, 1급−205.jpg, 1급−206.jpg

01 새 문서 만들기 및 임시 파일 저장하기

01 [File(파일)]−[New(새로 만들기)]−[Document(문서)]([Ctrl]+[N])를 선택하고 [New Document(새문서)] 대화상자에서 'Width(폭) : 160mm, Height(높이) : 195mm', 'Pages(페이지) : 6, Columns(열) : 2, Column Gutter(열 간격) : 4mm', Margins(여백)의 'Top(위쪽) : 20mm, Bottom(아래쪽) : 20mm, Inside(안쪽) : 20mm, Outside(바깥쪽) : 20mm', Bleed and Slug(도련 및 슬러그)의 Bleed(도련)을 3mm로 설정하여 새 문서를 만듭니다.

02 Pages(페이지)(F12) 패널의 6페이지 Thumbnail(썸네일)에서 마우스 오른쪽 버튼을 클릭하여 'Allow Document Pages to Shuffle(문서 페이지 재편성 허용)' 체크를 해제합니다. 6페이지 Thumbnail(썸네일)을 마우스 왼쪽 버튼을 누른 상태에서 1페이지 Thumbnail(썸네일) 왼쪽으로 드래그하고 마우스 포인터가 'ㄷ'자 모양으로 바뀌면, 드롭하여 마주보는 페이지의 펼침면으로 배치합니다.

03 자주 사용하는 패널 영역을 [Window(창)]–[Workspace(작업 영역)]–[Typography(입력 체계)]로 설정하여 답안 작성 시간을 절약합니다.

04 [View(보기)]–[Grids & Guides(격자 및 안내선)]–[Show Guides(안내선 표시)](Ctrl+;)를 선택하여 안내선을 표시합니다.

05 [File(파일)]–[Save(저장하기)](Ctrl+S)를 선택하고 '저장 위치 : 내 PC₩문서₩GTQ, 파일 이름 : 수험번호–성명–2, 파일 형식 : InDesign "CC" 또는 "2021" document (*.indd)'로 설정한 후 저장합니다. INDD 답안 파일을 수시로 저장(Ctrl+S)하는 습관이 중요합니다.

02 마스터 페이지 설정

01 A–Master 페이지를 더블 클릭하여 페이지의 왼쪽 아래 페이지 번호 영역에 Type Tool(문자 도구)(T)을 클릭하고 [Type(문자)]–[Insert Special Character(특수 문자 삽입)]–[Markers(표시자)]–[Current Page Number(현재 페이지 번호)](Ctrl+Alt+Shift+N)를 선택합니다.

02 A–Master 페이지 번호 프레임을 선택하고 문제지의 '페이지 번호' 문자효과 《조건》과 같이 Type Tool(문자 도구)(T)을 클릭하여 'Font(글꼴) : Arial, Font Style(글꼴 스타일) : Bold, Font Size(글꼴 크기) : 9pt, Color(색상) : C60M100'으로 설정한 후 《출력형태》와 같이 배치합니다.

03 문제지의 《출력형태》를 참고하여 페이지 번호 영역에 복사하여 펼침면의 오른쪽 아래에 배치합니다.

③ 이미지 프레임 효과 및 클리핑 패스 적용

01 내 PCW문서WGTQWOutput 폴더의 1급-201.jpg, 1급-202.jpg, 1급-203.jpg, 1급-204.jpg, 1급-205.jpg, 1급-206.jpg와 문제지의 《출력형태》에서 이미지 프레임의 레이아웃과 레이어 순서를 확인합니다.

02 [File(파일)]-[Place(가져오기)]([Ctrl]+[D])를 클릭하여 내 PCW문서WGTQWImage 폴더에서 1급-6.ai를 가져옵니다. 프레임에서 마우스 오른쪽 버튼을 클릭하여 [Effects(효과)]-[Drop Shadow(그림자)] 또는 [Object(개체)]-[Effects(효과)]-[Drop Shadow(그림자)] ([Ctrl]+[Alt]+[M])를 선택합니다.

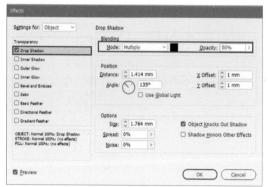

03 [File(파일)]-[Place(가져오기)]([Ctrl]+[D])를 클릭하여 1급-9.jpg를 가져옵니다. 프레임에서 마우스 오른쪽 버튼을 클릭하여 [Object(개체)]-[Effects(효과)]-[Directional Feather(방향 페더)]를 선택합니다. [Window(창)]-[Text Wrap(텍스트 감싸기)]([Ctrl]+[Alt]+[W])을 선택합니다. Text Wrap(텍스트 감싸기) 패널에서 Wrap around object shape(개체 모양 감싸기)을 선택하여 'Offset(오프셋) : 4mm'로 설정합니다. 1급-9.jpg 프레임을 4페이지에 복사한 후 더블 클릭하거나 Direct Selection Tool(직접 선택 도구)([A])을 클릭하여 프레임 내이미지의 위치나 크기를 변경하여 《출력형태》와 같이 배치합니다.

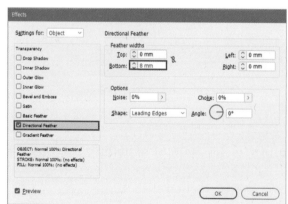
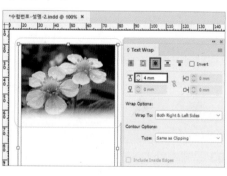

04 [File(파일)]-[Place(가져오기)]([Ctrl]+[D])를 클릭하여 1급-10.jpg를 가져옵니다. [Obect(개체)]-[Corner Options(모퉁이 옵션)]를 선택하고 Corner Options(모퉁이 옵션) 패널에서 Corner Size and Shape(모퉁이 크기와 모양)을 'Fancy(돌림무늬), 3mm'로 설정합니다. [Window(창)]-[Text Wrap(텍스트 감싸기)]([Ctrl]+[Alt]+[W])을 선택합니다. Text Wrap(텍스트 감싸기) 패널에서 Wrap around object shape(개체 모양 감싸기)을 선택하여 'Offset(오프셋) : 2mm'로 설정합니다. 복사하여 《출력형태》와 같이 배치한 후 더블 클릭하거나 Direct Selection Tool(직접 선택 도구)([A])을 클릭하여 프레임 내 이미지의 위치나 크기를 변경합니다.

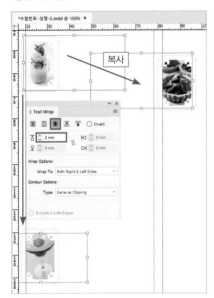

05 [File(파일)]-[Place(가져오기)]([Ctrl]+[D])를 클릭하여 1급-7.jpg, 1급-8.jpg, 1급-11.jpg, 1급-12.jpg를 가져옵니다. Direct Selection Tool(직접 선택 도구)([A])을 클릭하여 프레임 내 이미지의 위치나 크기를 변경하여 《출력형태》와 같이 배치합니다.

04 도형 편집 및 상호작용 설정

01 Rectangle Tool(사각형 도구)(**M**)을 선택한 후 작업창을 클릭하여 [Rectangle(사각형)] 대화상자에서 'Width(폭) : 25mm, Height(높이) : 25mm'를 입력합니다. [Window(창)]–[Color(색상)]–[Color(색상)](**F6**)를 선택하고 Color(색상) 패널에서 Fill(칠)을 선택하여 CMYK 모드의 'C10M40Y100'으로 설정한 후 컨트롤 패널에서 'Rotation Angle(회전 각도) : −45°로 배치합니다. 컨트롤 패널에서 'Opacity(불투명도) : 30%'로 설정합니다. 사각형을 복사하여 더블 클릭하거나 Direct Selection Tool(직접 선택 도구)(**A**)을 클릭하여 《출력형태》와 같이 배치합니다.

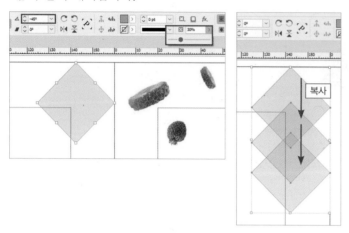

02 Rectangle Tool(사각형 도구)(**M**)을 선택한 후 작업창을 클릭하여 [Rectangle(사각형)] 대화상자에서 'Width(폭) : 18mm, Height(높이) : 201mm'를 입력합니다. [Window(창)]–[Color(색상)]–[Color(색상)](**F6**)를 선택하고 Color(색상) 패널에서 Fill(칠)을 선택하여 CMYK 모드의 'C30M20Y70'으로 설정합니다. 사각형을 복사한 후 [Window(창)]–[Color(색상)](**F6**)를 선택하고 Color(색상) 패널에서 Fill(칠)을 선택하여 CMYK 모드의 'C10M40Y100'으로 수정합니다.

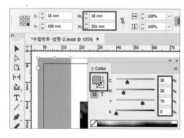
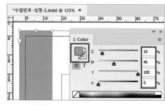

03 Pages(페이지)(F12) 패널에서 마스터 페이지로 더블 클릭하여 이동합니다. [Polygon(다각형)] 대화상자에서 'Width(폭) : 7mm, Height(높이) : 7mm, Number of Sides(면 수) : 3'으로 삼각버튼 도형을 만들고 Color(F6)를 선택하여 'Color(색상) : C10M40Y100'을 입력하고 컨트롤 패널에서 Rotate 90° Anticlockwise(시계 반대 방향으로 90° 회전)를 클릭합니다. Alt + Shift 를 누른 상태에서 복사한 후 컨트롤 패널에서 'Flip Horizontal(가로로 뒤집기)'을 선택하여 배치합니다. 메인 페이지로 더블 클릭하여 돌아옵니다.

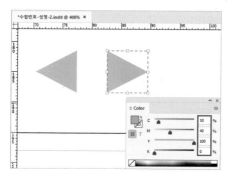

ⓑ 기적의 TIP

마스터 페이지 설정(페이지 번호, 삼각버튼, 면주 등)은 문제지의 지시조건을 확인하며 그 외 내용은 메인 페이지에 작성합니다.

04 Pages(페이지)(F12) 패널의 마스터 페이지를 선택한 후 Buttons and Forms(단추) 패널에서 Action(동작) '+'를 선택하여 왼쪽 삼각버튼은 'Go To Previous Page(이전 페이지로 이동)' 버튼을, 오른쪽 삼각버튼을 선택하고 Buttons and Forms(단추) 패널에서 Action(동작) '+' 를 선택하여 'Go To Next Page(다음 페이지로 이동)' 버튼을 설정합니다.

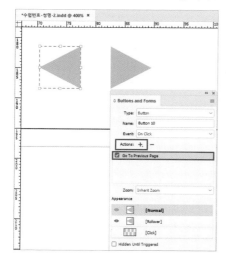

ⓑ 기적의 TIP

상호작용 설정에 자주 사용하는 패널 영역을 [Window(창)]–[Workspace(작업 영역)]–[Interactive for PDF(대화형 PDF)]로 설정합니다.

05 페이지에 [Type(문자)]-[Character(문자)]([Ctrl]+[T])를 선택하여 Character(문자) 패널에서 'Font(글꼴) : Arial, Font Style(글꼴 스타일) : Bold, Font Size(글꼴 크기) : 9pt, Color(색상) : M100Y100'을 선택하여 'license.kpc.or.kr'을 입력하고 가운데 정렬([Ctrl]+[Shift]+[C])을 합니다.

06 입력한 'license.kpc.or.kr'을 블록지정하고 [Window(창)]-[Interactive(대화형)]-[Hyperlink(하이퍼링크)]를 선택하고 Hyperlinks(하이퍼링크) 패널에서 'URL : https://license.kpc.or.kr'을 입력하여 하이퍼링크를 설정합니다.

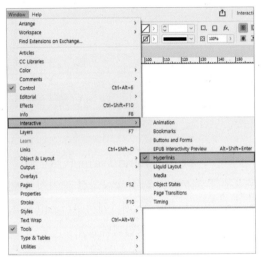 

05 문자 효과 적용

01 [Type(문자)]-[Character(문자)]([Ctrl]+[T])를 선택하여 Character(문자) 패널에서 'Font(글꼴) : Gungsuh(궁서), Font Size(글꼴 크기) : 12pt, Tracking(자간) : -30, Color(색상) : M100Y100'으로 설정한 후 '딸기의 향과 멋이 가득한 논산딸기축제에 여러분을 초대합니다.'를 입력한 후 배치합니다.

02 [Type(문자)]-[Character(문자)]([Ctrl]+[T])를 선택하여 Character(문자) 패널에서 'Font(글꼴) : Dotum(돋움), Font Size(글꼴 크기) : 13pt, Leading(행간) : 25pt, Tracking(자간) : -25, Color(색상) : K100'으로 설정한 후 '01. 인사말, 02. 논산 딸기, 03. 딸기수확체험'을 입력한 후 배치합니다. '01., 02., 03.' 숫자만 선택하여 'Color(색상) : M100Y100'으로 수정합니다.

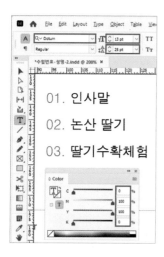

06 단락 스타일 설정

01 [Window(창)]–[Color(색상)]–[Swatches(색상 견본)]([F5])를 선택하고 Swatches(색상 견본) 패널에서 New Color Swatch(새 색상 견본) 메뉴를 선택하여 단락 스타일 '본문'의 색상 'K100', '중제목'의 색상 'C100Y100', '소제목'의 색상 'M100Y100'을 각각 추가합니다.

02 [File(파일)]–[Place(가져오기)]([Ctrl]+[D])를 선택하고 내 PC₩문서₩GTQ₩Image 폴더에서 1급–13.txt를 선택하여 2, 3, 4페이지와 5, 6페이지에 '본문' 텍스트 프레임을 만듭니다. 3, 4페이지는 'Columns(열 수) : 2, Gutter(단 간격) : 4mm'로 설정한 후 '본문' 단락 스타일을 설정합니다. [New Paragraph Style(새 단락 스타일)] 대화상자에서 Preview(미리보기)를 체크하고 Basic Character Formats(기본 문자 서식) 탭에서 'Style Name(스타일 이름) : 본문', 'Font(글꼴) : Dotum(돋움), Size(크기) : 8pt, Leading(행간) : 12pt', Character Color(문자 색상) 탭에서 Swatches(색상 견본) 'K100'으로 설정합니다.

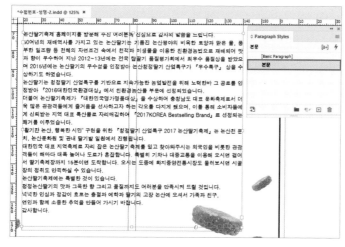

03 3, 4페이지 '본문' 프레임에서 '중제목' 부분을 블록 지정한 후 '중제목' 단락 스타일을 만듭니다. [New Paragraph Style(새 단락 스타일)] 대화상자에서 Preview(미리보기)를 체크하고 Basic Character Formats(기본 문자 서식) 탭에서 'Style Name(스타일 이름) : 중제목', 'Font(글꼴) : Dotum(돋움), Size(크기) : 9pt, Leading(행간) : 13pt', Drop Caps and Nested Styles(단락 시작표시문자) 탭에서 'Lines(줄 수) : 2, Characters(문자 수) : 1', Character Color(문자 색상) 탭에서 Swatches(색상 견본) 'C100Y100'으로 설정합니다.

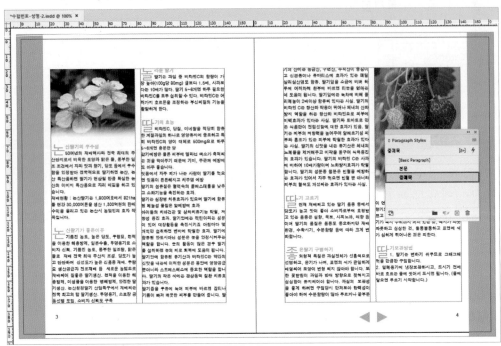

04 5, 6페이지 '본문' 프레임에서 '소제목' 부분을 블록 지정한 후 '소제목' 단락 스타일을 만듭니다. [New Paragraph Style(새 단락 스타일)] 대화상자에서 Preview(미리보기)를 체크하고 Basic Character Formats(기본 문자 서식) 탭에서 'Style Name(스타일 이름) : 소제목', 'Font(글꼴) : Gulim(굴림), Size(크기) : 12pt', Character Color(문자 색상) 탭에서 Swatches(색상 견본) 'M100Y100'으로 설정합니다.

07 EPUB 내보내기와 답안 파일 저장

01 [File(파일)]-[Export(내보내기)]([Ctrl]+[E])를 선택하고 '저장 위치 : 내 PC₩문서₩GTQ, 파일 이름 : 수험번호-성명-2, 파일 형식 : EPUB (Fixed Layout) (*.epub)'으로 설정한 후 저장합니다.

02 [EPUB Export Option(EPUB 내보내기] 대화상자의 [General(일반)] 탭에서 'Cover(표지) : Rasterize First Page(첫 페이지 레스터화)'로 설정한 후 [OK]를 선택합니다.

03 완성된 INDD 답안 파일을 문제지의 《조건》과 《출력형태》를 기준으로 최종 점검하여 [File(파일)]−[Save(저장하기)]([Ctrl]+[S])로 저장합니다. 최종 저장된 INDD 답안 파일을 기준으로 [File(파일)]−[Export(내보내기)]([Ctrl]+[E])를 선택하고 '파일 형식 : EPUB (Fixed Layout) (*.epub)'으로 설정한 후 저장합니다.

04 답안 파일 저장이 완료되면 [File(파일)]−[Close(닫기)]([Ctrl]+[W])를 선택하고 수험자 답안 전송 프로그램의 [답안 전송]을 클릭하여 최종 INDD와 EPUB 파일을 감독관 컴퓨터로 제출합니다.

문제 3 **[실무응용] 단행본/매거진**

작업과정 새 문서 만들기 및 임시 파일 저장하기 ▶ 마스터 페이지 설정 ▶ 이미지 프레임 효과 및 클리핑 패스 적용 ▶ 도형 편집 및 문자 효과 적용 ▶ 단락 스타일 설정 ▶ 답안 파일 저장

완성이미지 수험번호−성명−3.indd
1급−301.jpg, 1급−302.jpg

① 새 문서 만들기 및 임시 파일 저장하기

01 [File(파일)]−[New(새로 만들기)]−[Document(문서)]([Ctrl]+[N])를 선택하고 [New Document(새문서)] 대화상자에서 'Width(폭) : 210mm, Height(높이) : 280mm', 'Pages(페이지) : 2, Facing Pages(페이지 마주보기) 옵션선택, Columns(열) : 3, Column Gutter(열 간격) : 5mm', Margins(여백)의 'Top(위쪽) : 15mm, Bottom(아래쪽) : 20mm, Inside(안쪽) : 10mm, Outside(바깥쪽) : 10mm', Bleed and Slug(도련 및 슬러그)의 Bleed(도련)을 3mm로 설정하여 새 문서를 만듭니다.

02 Pages(페이지) 패널의 2페이지 Thumbnail(썸네일)에서 마우스 오른쪽 버튼을 클릭하여 'Allow Document Pages to Shuffle(문서 페이지 재편성 허용)' 체크를 해제합니다. 2페이지 Thumbnail(썸네일)을 마우스 왼쪽 버튼을 누른 상태에서 1페이지 Thumbnail(썸네일) 왼쪽으로 드래그하고 마우스 포인터가 'ㄷ'자 모양으로 바뀌면, 드롭하여 마주보는 페이지의 펼침면으로 배치합니다.

03 자주 사용하는 패널 영역을 [Window(창)]−[Workspace(작업 영역)]−[Typography(입력 체계)]로 설정하여 답안 작성 시간을 절약합니다.

04 [View(보기)]−[Grids & Guides(격자 및 안내선)]−[Show Guides(안내선 표시)]([Ctrl]+[;]) 를 선택하여 안내선을 표시합니다.

05 [File(파일)]−[Save(저장하기)]([Ctrl]+[S])를 선택하고 '저장 위치 : 내 PC\문서\GTQ, 파일 이름 : 수험번호−성명−3, 파일 형식 : InDesign "CC" 또는 "2021" document (*.indd)'로 설정한 후 저장합니다. INDD 답안 파일을 수시로 저장([Ctrl]+[S])하는 습관이 중요합니다.

🔵 02 마스터 페이지 설정

01 Page(페이지) 패널에서 New Master(새 마스터) 메뉴를 선택하고 [New Master(새 마스터)] 대화상자에서 'Prefix(접두어) : B, Name(이름) : Master(마스터), Number of Pages(페이지 수) : 2, Page Size(페이지 크기)-Width(폭) : 210mm, Height(높이) : 280mm'로 설정합니다.

02 B-Master 페이지의 Thumbnail(썸네일)을 1~2페이지 영역으로 드래그 앤 드롭하여 "B-Master" applied("B-마스터" 적용됨)로 설정합니다.

03 B-Master 페이지를 더블 클릭하여 왼쪽(홀수) 페이지 번호 영역에 Type Tool(문자 도구) (T)을 클릭하고 [Type(문자)]-[Insert Special Character(특수 문자 삽입)]-[Markers(표시자)]-[Current Page Number(현재 페이지 번호)](Ctrl+Alt+Shift+N)를 선택합니다.

04 B-Master 페이지 번호 프레임을 선택하고 문제지의 '페이지 번호' 문자효과 《조건》과 같이 Type Tool(문자 도구)(T)을 클릭하여 'Font(글꼴) : Arial, Font Style(글꼴 스타일) : Bold, Font Size(글꼴 크기) : 13pt, Color(색상) : C100Y100K40'으로 설정한 후 완성된 왼쪽(홀수) 페이지 번호의 프레임을 Alt를 누른 상태에서 오른쪽(짝수) 페이지 번호 영역에 복사하여 문제지의 《출력형태》와 같이 배치합니다.

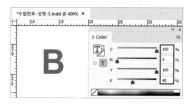

05 B-Master 페이지의 왼쪽(홀수) 페이지에서 문제지의 '면주' 문자효과 《조건》과 같이 Type Tool(문자 도구)(T)을 클릭하여 'Spring vegetable'를 입력하고 'Font(글꼴) : Arial, Font Style(글꼴 스타일) : Bold, Font Size(글꼴 크기) : 12pt, Color(색상) : C30M100Y100'으로 설정한 후 《출력형태》와 같이 배치합니다.

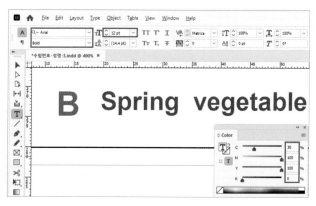

06 B-Master 페이지 왼쪽(홀수) 페이지의 면주 텍스트 프레임을 선택하여 오른쪽(짝수) 페이지로 복사하고 'Spring greens'를 입력한 후 《출력형태》와 같이 배치합니다.

03 이미지 프레임 효과 및 클리핑 패스 적용

01 내 PC\문서\GTQ\Output 폴더의 1급-301.jpg, 1급-302.jpg와 문제지의 《출력형태》에서 이미지 프레임의 레이아웃을 확인합니다.

02 [File(파일)]-[Place(가져오기)]([Ctrl]+[D])를 클릭하여 내 PC\문서\GTQ\Image 폴더에서 1급-15.jpg를 가져옵니다. 프레임에서 마우스 오른쪽 버튼을 클릭하여 [Object(개체)]-[Effects(효과)]-[Directional Feather(방향 페더)]를 선택합니다.

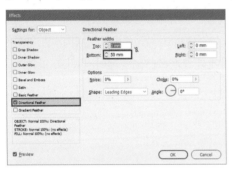
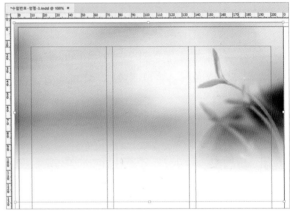

03 [File(파일)]-[Place(가져오기)]([Ctrl]+[D])를 클릭하여 1급-16.ai를 가져옵니다. 프레임에서 마우스 오른쪽 버튼을 클릭하여 [Effects(효과)]-[Inner Shadow(내부 그림자)]를 선택합니다.

04 [File(파일)]-[Place(가져오기)]([Ctrl]+[D])를 클릭하여 1급-14.png를 가져옵니다. 프레임을 더블 클릭하거나 Direct Selection Tool(직접 선택 도구)([A])을 클릭하여 프레임 내 이미지의 위치나 크기를 변경합니다.

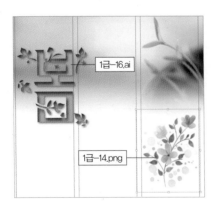

05 [File(파일)]-[Place(가져오기)]([Ctrl]+[D])를 클릭하여 1급-17.psd를 가져옵니다. 프레임을 선택하고 [Object(개체)]-[Clipping Path(클리핑 패스)]-[Options(옵션)]([Ctrl]+[Alt]+[Shift]+[K])를 선택합니다. [Clipping Path(클리핑 패스)] 대화상자에서 'Type(유형) : Photoshop Path(패스), Path(패스) : Path1'을 선택합니다. [Window(창)]-[Text Wrap(텍스트 감싸기)]([Ctrl]+[Alt]+[W])을 선택하여 Text Wrap(텍스트 감싸기) 패널에서 Wrap around object shape(개체 모양 감싸기)를 선택하여 'Offset(오프셋) : 5mm'로 설정합니다. 프레임에서 마우스 오른쪽 버튼을 클릭하여 [Effects(효과)]-[Drop Shadow(그림자)]를 선택합니다.

06 File(파일)]-[Place(가져오기)]([Ctrl]+[D])를 클릭하여 1급-18.psd, 1급-19.jpg를 가져옵니다. 1급-18.psd 프레임을 선택하고 컨트롤 패널에서 'Opacity(불투명도) : 50%'로 설정합니다. [Obect(개체)]-[Arrange(배치)]-[Send to Back(맨 뒤로 보내기)]([Ctrl]+[Shift]+[[])을 선택합니다. 1급-19.jpg 프레임은 복사한 후 더블 클릭하거나 Direct Selection Tool(직접 선택 도구)([A])을 클릭하여 프레임 내 이미지의 위치나 크기를 변경합니다.

 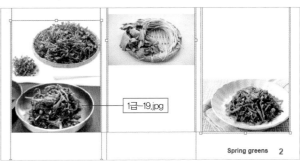

04 도형 편집 및 문자 효과 적용

01 Rectangle Tool(사각형 도구)(M)을 선택한 후 작업창을 클릭하여 [Rectangle(사각형)] 대화상자에서 'Width(폭) : 125mm, Height(높이) : 20mm'를 입력합니다. [Window(창)]-[Color(색상)]-[Color(색상)](F6)를 선택하고 Color(색상) 패널에서 Fill(칠)을 선택하여 CMYK 모드의 'C50Y100K10'으로 설정합니다.

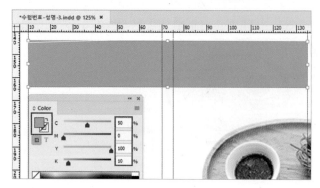

02 [Obect(개체)]-[Corner Options(모퉁이 옵션)]를 선택하고 Corner Options(모퉁이 옵션) 패널에서 'Make all settings the same(모든 설정 동일하게 만들기)' 해제 후 《출력형태》와 같이 일부만 Corner Size and Shape(모퉁이 크기와 모양)을 'Bevel(경사), 8mm'로 설정합니다.

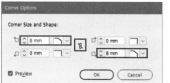

03 [Type(문자)]-[Character(문자)](Ctrl+T)를 선택하고 Character(문자) 패널에서 'Font(글꼴) : Dotum(돋움), Font Size(글꼴 크기) : 30pt, Color(색상) : C30M100Y100'으로 설정한 후 '과 함께 찾아온 봄 나물'을 입력합니다. 프레임에서 마우스 오른쪽 버튼을 클릭하여 [Effects(효과)]-[Drop Shadow(그림자)](Ctrl+Alt+M)를 선택합니다.

05 단락 스타일 설정

01 [Window(창)]−[Color(색상)]−[Swatches(색상 견본)]([F5])를 선택하고 Swatches(색상 견본) 패널에서 New Color Swatch(새 색상 견본) 메뉴를 선택하여 단락 스타일 '본문'의 색상 'K100', '중제목'의 색상 'C0M0Y0K0', '소제목'의 'M60Y100', '캡션'의 색상 'C50Y100K40'을 추가합니다.

기적의 TIP

이미 Swatches(색상 견본)에 'K100', 'C0M0Y0K0'이 추가되었다면 생략합니다.

02 [File(파일)]−[Place(가져오기)]([Ctrl]+[D])를 선택하고 내 PC₩문서₩GTQ₩Image 폴더에서 1급−20.txt를 선택하여 '본문' 텍스트 프레임을 만들고, 문제지의 《조건》으로 지시된 단락 스타일 '본문1' 내용만 남깁니다. 단락 서식 컨트롤 패널에서 'Columns(열 수) : 3, Gutter(단 간격) : 5mm'로 설정합니다. [New Paragraph Style(새 단락 스타일)] 대화상자에서 Preview(미리보기)를 체크하고 Basic Character Formats(기본 문자 서식) 탭에서 'Style Name(스타일 이름) : 본문', 'Font(글꼴) : Batang(바탕), Size(크기) : 9pt, Leading(행간) : 16pt, Tracking(자간) : −30', Indents and Spacing(들여쓰기 및 간격) 탭에서 'Alignment(정렬) : Left Justify(왼쪽 균등 배치)', Character Color(문자 색상) 탭에서 Swatches(색상 견본) 'K100'으로 설정합니다.

03 '본문' 프레임에서 '소제목' 부분을 블록 지정한 후 '소제목' 단락 스타일을 만듭니다. [New Paragraph Style(새 단락 스타일)] 대화상자에서 Preview(미리보기)를 체크하고 Basic Character Formats Font(기본 문자 서식) 탭에서 'Style Name(스타일 이름) : 소제목', 'Font(글꼴) : Dotum(돋움), Size(크기) : 10pt, Leading(행간) : 18pt, Tracking(자간) : −25', Drop Caps and Nested Styles(단락 시작표시문자) 탭에서 'Lines(줄 수) : 2, Characters(문자 수) : 1', Character Color(문자 색상) 탭에서 Swatches(색상 견본) 'M60Y100'으로 설정합니다.

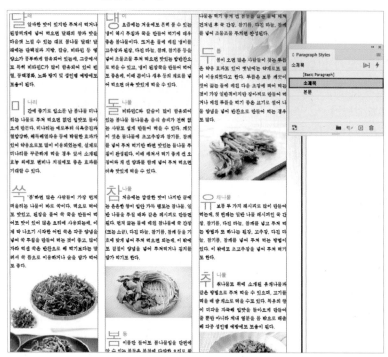

04 [File(파일)]-[Place(가져오기)]([Ctrl]+[D])를 선택하고 1급-20.txt를 선택하여 '중제목' 텍스트 프레임을 만듭니다. [New Paragraph Style(새 단락 스타일)] 대화상자에서 Preview(미리보기)를 체크하고 Basic Character Formats(기본 문자 서식) 탭에서 'Style Name(스타일 이름) : 중제목', 'Font(글꼴) : Gungsuh(궁서), Size(크기) : 16pt, Leading(행간) : 24pt', Character Color(문자 색상) 탭에서 Swatches(색상 견본) 'C0M0Y0K0'으로 설정합니다. 프레임의 마우스 오른쪽 버튼을 클릭하여 [Effects(효과)]-[Drop Shadow(그림자)] 또는 [Object(개체)]-[Effects(효과)]-[Drop Shadow(그림자)]를 선택합니다.

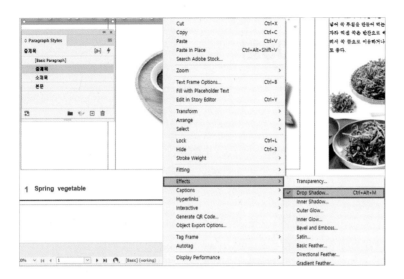

05 [File(파일)]-[Place(가져오기)]([Ctrl]+[D])를 선택하고 1급-20.txt를 선택하여 '캡션' 텍스트 프레임을 만들고, 문제지의 《조건》으로 지시된 단락 스타일 '캡션' 내용만 남깁니다. [New Paragraph Style(새 단락 스타일)] 대화상자에서 Preview(미리보기)를 체크하고 Basic Character Formats(기본 문자 서식) 탭에서 'Style Name(스타일 이름) : 캡션', 'Font(글꼴) : Gulim(굴림), Size(크기) : 9pt, Leading(행간) : 15pt', Indents and Spacing(들여쓰기 및 간격) 탭에서 'Alignment(정렬) : Left Justify(왼쪽 균등 배치)', 'First Line Indent(첫 줄 들여쓰기) : 4mm', Character Color(문자 색상) 탭에서 Swatches(색상 견본) 'C50Y100K40'으로 설정합니다.

> **B 기적의 TIP**
>
> 텍스트 파일을 메모장 열기하여 단락 스타일에 적용할 내용만 복사하여 텍스트 프레임을 만들어도 됩니다.

06 답안 파일 저장

01 완성된 INDD 답안 파일을 문제지의 《조건》과 《출력형태》를 기준으로 최종 점검하여 [File(파일)]-[Save(저장하기)]([Ctrl]+[S])로 저장합니다.

02 답안 파일 저장이 완료되면 [File(파일)]-[Close(닫기)]([Ctrl]+[W])를 선택하고 수험자 답안 전송 프로그램의 [답안 전송]을 클릭하여 최종 INDD 파일을 감독관 컴퓨터로 제출합니다.

> **+ 더 알기 TIP**
>
> GTQid 1급 시험은 문항마다 제출할 답안 파일의 형식과 개수가 다릅니다. 1급의 1번 문항은 INDD와 PDF 파일을, 2번 문항은 INDD와 EPUB 파일을, 3번 문항은 INDD 파일로 총 5개의 답안 파일이 저장되어야 합니다.

08

기출 유형 문제 08회

급수	문제유형	시험시간	수험번호	성명
1급	A	90분	G320250008	

수 험 자 유 의 사 항

- 수험자는 문제지를 받는 즉시 응시하고자 하는 **과목 및 급수가 맞는지 확인**한 후 수험번호와 성명을 작성합니다.
- 파일명은 본인의 수험번호–성명–문제번호로 공백 없이 정확히 입력하고 답안 폴더(내 PC\문서\GTQ)에 파일저장규칙으로 저장해야 하며, '다른 파일 형식과 버전으로 저장하였을 경우', '패키지로 저장할 경우' 0점 처리됩니다. 답안문서 파일명이 수험번호–성명–문제번호와 일치하지 않거나, 답안 파일을 전송하지 않아 미제출로 처리될 경우 불합격 처리됩니다.
- 수험자 정보와 저장한 파일명, 저장 위치가 다를 경우 전송이 되지 않으므로, 주의하시기 바랍니다.
- 답안 작성 중에도 **주기적으로 '저장'과 '답안 전송'**을 이용하여 감독위원 PC로 답안을 전송하셔야 합니다.(※ 작성한 내용을 **저장하지 않고 전송할 경우** 이전의 저장내용이 전송되오니 이 점 반드시 유념하시기 바랍니다.)
- 답안문서는 지정된 경로 외의 다른 보조기억장치에 저장하는 행위, 지정된 시험 시간 외에 작성된 파일을 활용한 행위, 기타 통신수단(이메일, 메신저, 네트워크 등)을 이용하여 타인에게 전달 또는 외부 반출하는 행위는 부정행위로 간주되어 자격기본법 제32조에 의거 본 시험 및 국가공인 자격시험을 2년간 응시할 수 없습니다.
- 시험 중 부주의 또는 고의로 시스템을 파손한 경우와 〈수험자 유의사항〉에 기재된 방법대로 이행하지 않아 생기는 불이익은 수험자의 책임임을 알려 드립니다.
- 시험을 완료한 수험자는 최종적으로 저장한 답안 파일이 전송되었는지 확인한 후 감독위원의 지시에 따라 문제지를 제출하고 퇴실합니다.

답 안 작 성 요 령

- **온라인 답안 작성 절차**
  수험자 등록 ⇒ 시험 시작 ⇒ 답안 파일 저장 ⇒ 답안 전송 ⇒ 시험 종료
- 내 PC\문서\GTQ\Image 폴더의 첨부파일을 사용하여 답안을 작성하고 최종답안을 답안 폴더(내 PC\문서\GTQ)에 저장하여 답안을 전송하시고, 이미지의 크기가 다른 경우 감점 처리됩니다.
- 배점은 총 100점으로 이루어지며, 점수는 각 문제별로 차등 배분됩니다.
- 각 문제의 기본 단위는 'mm(밀리미터)'이며 지시조건에 맞게 답안을 작성하셔야 합니다.
- 그 외 지시되지 않는 조건(레이아웃, 색상, 문자, 규격 등)은 《결과파일》, 《출력형태》를 참고하여 첨부파일을 활용하여 작성하십시오. 위 언급한 내용을 충족하지 못했을 경우에는 0점 또는 감점 처리됩니다.(※ 《결과파일》은 내 PC\문서\GTQ\Output 폴더에서 확인)
- 문제 조건에 서체의 지정이 없을 경우 한글은 굴림, 돋움, 영문은 Arial로 작성하십시오. 임의 서체로 작성할 경우 감점될 수 있으니 유의하시기 바랍니다.
- 문제 조건에 형태(크기, 색상, 선 굵기 등)에 대한 지정이 없을 경우 《결과파일》, 《출력형태》를 참고하여 작업해 주시기 바랍니다.
- Color Mode(색상 모드)는 별도의 처리조건이 없을 경우에는 CMYK로 작성하십시오.
- 조건에서 제시한 기능의 속성을 해지할 경우 해당 요소는 0점 처리됩니다.

한 국 생 산 성 본 부

다음의 《조건》에 따라 아래의 《출력형태》와 같이 작업하시오.

조건

첨부파일		GTQ\Image\1급-1.ai, 1급-2.jpg, 1급-3.psd, 1급-4.jpg, 1급-5.txt	
파일저장규칙	크기 동일	323×470mm	
	indd	파일명	GTQ\수험번호-성명-1.indd
	pdf	파일명	GTQ\수험번호-성명-1.pdf

1. 기본 설정
① 1쪽(Pages), 3단(Columns), 단 간격(Gutter) 6mm, 여백(Margins) : 상 25mm, 하좌우 20mm, 도련(Bleed) 5mm
② PDF 내보내기 : 모든 프린터 표시(All Printer's Marks)

2. 작업 방법
① 1급-1.ai : 효과(Effects) – 그림자(Drop Shadow)
② 1급-2.jpg : 텍스트 감싸기(Text Wrap) 5mm
③ 1급-3.psd : 응용 및 배치
④ 1급-4.jpg : 효과(Effects) – 그라디언트 페더(Gradient Feather), 불투명도(Opacity) 50%
⑤ 획 : 285mm, 흰 다이아몬드(White Diamond), 10pt, C70M100Y100
⑥ 도형 : 사각형(100×70mm, C20Y20 → C0M0Y0K0)

3. 문자 효과
① Succulent Plant(Arial, Bold, 18pt, C70M100Y100)
② 일상에 활기를 주는 반려식물
  (돋움 20pt, C100Y100K30)
③ 우리집 다육식물 키우기(돋움, 20pt, M100K30)
④ 1급-5.txt : 단락 스타일 설정
  • 본문1(돋움, 17pt, 행간 25pt, 자간 –25, M100Y100,
   단락 시작표시문자 2줄)
  • 본문2(돋움, 12pt, 행간 18pt, K100)
  • 캡션(바탕, 15pt, 행간 25pt, 자간 –30, C100Y100K30)

출력형태

다음의 《조건》에 따라 아래의 《출력형태》와 같이 작업하시오.

조건

첨부파일		GTQ\Image\1급-6.ai, 1급-7.jpg, 1급-8.jpg, 1급-9.jpg, 1급-10.jpg, 1급-11.jpg, 1급-12.png, 1급-13.txt
파일저장규칙	크기 동일	160×195mm
	indd 파일명	GTQ\수험번호-성명-2.indd
	epub 파일명	GTQ\수험번호-성명-2.epub

1. 기본 설정

① 6쪽(Pages), 2단(Columns), 단 간격(Gutter) 4mm, 여백(Margins) : 상우 15mm, 하좌 20mm, 도련(Bleed) 3mm

② EPUB 고정 레이아웃(Fixed Layout) 내보내기 : 첫 페이지 래스터화(Rasterize First Page)

2. 작업 방법

① 1급-6.ai : 효과(Effects) − 그림자(Drop Shadow), 1급-7.jpg, 1급-8.jpg : 기본 페더(Basic Feather)

② 1급-9.jpg, 1급-10.jpg : 모퉁이 둥글게(Rounded) 8mm

③ 1급-11.jpg, 1급-12.png : 응용 및 배치

④ 도형 : 원(18×18mm, C50M100Y90, 불투명도(Opacity) 50%), 삼각형(40×201mm, C100K20), 삼각버튼(7×7mm, C100M50)

⑤ 마스터 페이지 설정 : 페이지 번호 설정, 짝수 페이지 삼각버튼 배치

⑥ 상호작용(Interactive) 설정 : 하이퍼링크(license.kpc.or.kr로 페이지 이동, 새 창으로), 이전과 다음 페이지로 이동(삼각버튼)

3. 문자 효과

① license.kpc.or.kr(Arial, Bold, 9pt, C100K20), '페이지 번호'(Arial, Bold, 9pt, C50M100Y90)

② 우리나라의 보물(돋움, 18pt, 자간 −100, C100K20)

③ 1. 제주 지형, 2. 제주 기후, 3. 제주 산업, 4. 다양한 관광 자원(돋움, 14pt, 행간 18pt, C100, K100)

④ 1급-13.txt : 단락 스타일 설정

- 중제목(굴림, 12pt, 행간 14pt, 자간 −40, C50M100Y90)
- 소제목(돋움, 10pt, C100)
- 본문(돋움, 8pt, 행간 14pt, 자간 −40, K100)

출력형태

문제 3 [실무응용] 단행본/매거진 40점

▶ 합격 강의

다음의 《조건》에 따라 아래의 《출력형태》와 같이 작업하시오.

조건

첨부파일		GTQ\Image\1급-14.ai, 1급-15.jpg, 1급-16.ai, 1급-17.psd, 1급-18.jpg, 1급-19.jpg, 1급-20.txt
파일저장규칙	크기 동일	210×280mm
	indd 파일명	GTQ\수험번호-성명-3.indd

1. 기본 설정
① 2쪽(Pages), 3단(Columns), 단 간격(Gutter) 5mm, 여백(Margins) : 상좌우 10mm, 하 20mm, 도련(Bleed) 3mm

2. 작업 방법
① 1급-14.ai, 1급-15.jpg : 효과(Effects) – 그림자(Drop Shadow), 방향 페더(Directional Feather)
② 1급-16.ai : 텍스트 감싸기(Text Wrap) 3mm
③ 1급-17.psd, 1급-18.jpg, 1급-19.jpg : 응용 및 배치
④ 도형 : 사각형(190×10mm, M10Y40, 모퉁이 둥글게(Rounded) 5mm)
⑤ 마스터 페이지 설정 : B-Master Page 추가, 페이지 번호 설정,
　면주 설정(1페이지 "Korea village", 2페이지 "Jeonju")

3. 문자 효과
① 대한민국 구석구석 행복여행(굴림, 15pt, K100, 효과(Effects) – 그림자(Drop Shadow))
② '페이지 번호'(Arial, Bold, 12pt, C20M100Y60K10)
③ '면주'(Arial, Bold, 12pt, C20M100Y60K10)
④ 1급-20.txt : 단락 스타일 설정
- 중제목(돋움, 13pt, 자간 -25, C60M60)
- 소제목(돋움, 10pt, 행간 18pt, 자간 -25, C100Y100K40, 단락 시작표시문자 2줄)
- 본문(굴림, 9pt, 행간 16pt, 자간 -30, K100)
- 캡션(바탕, 11pt, 행간 22pt, 자간 -50, C20M100Y60K10, 왼쪽 균등 배치)

출력형태

문제 1 [기능평가] 신문 제작

작업과정	새 문서 만들기 및 임시 파일 저장하기 ▶ 이미지 프레임 효과 및 클리핑 패스 적용 ▶ 선과 도형 편집 ▶ 문자 효과 적용 ▶ 단락 스타일 설정 ▶ PDF 내보내기와 답안 파일 저장
완성이미지	수험번호–성명–1.INDD, 수험번호–성명–1.pdf 1급–101.jpg

01 새 문서 만들기 및 임시 파일 저장하기

01 [File(파일)]–[New(새로 만들기)]–[Document(문서)]([Ctrl]+[N])를 선택하고 [New Document(새문서)] 대화상자에서 'Width(폭) : 323mm, Height(높이) : 470mm', 'Pages(페이지) : 1, Columns(열) : 3, Column Gutter(열 간격) : 6mm', Margins(여백)의 'Top(위쪽) : 25mm, Bottom(아래쪽) : 25mm, Inside(안쪽) : 25mm, Outside(바깥쪽) : 20mm', Bleed and Slug(도련 및 슬러그)의 Bleed(도련)을 5mm로 설정하여 새 문서를 만듭니다.

02 자주 사용하는 패널 영역을 [Window(창)]–[Workspace(작업 영역)]–[Typography(입력 체계)]로 설정하여 답안 작성 시간을 절약합니다.

03 [View(보기)]–[Grids & Guides(격자 및 안내선)]–[Show Guides(안내선 표시)]([Ctrl]+[;])를 선택하여 안내선을 표시합니다.

04 [File(파일)]–[Save(저장하기)]([Ctrl]+[S])를 선택하고 '저장 위치 : 내 PC₩문서₩GTQ, 파일 이름 : 수험번호–성명–1, 파일 형식 : InDesign "CC" 또는 "2021" document (*.indd)'로 설정한 후 저장합니다. INDD 답안 파일을 수시로 저장([Ctrl]+[S])하는 습관이 중요합니다.

02 이미지 프레임 효과 및 클리핑 패스 적용

01 내 PC₩문서₩GTQ₩Output 폴더의 1급–101.jpg와 문제지의 《출력형태》에서 이미지 프레임의 레이아웃과 레이어 순서를 확인합니다. –

02 [File(파일)]–[Place(가져오기)]([Ctrl]+[D])를 클릭하여 내 PC₩문서₩GTQ₩Image 폴더에서 1급–1.ai를 가져옵니다. 프레임에서 마우스 오른쪽 버튼을 클릭하여 [Effects(효과)]–[Drop Shadow(그림자)] 또는 [Object(개체)]–[Effects(효과)]–[Drop Shadow(그림자)]([Ctrl]+[Alt]+[M])를 선택합니다.

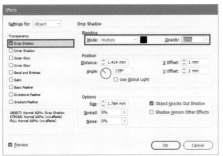
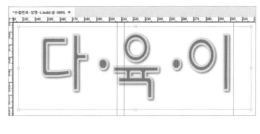

03 [File(파일)]-[Place(가져오기)]([Ctrl]+[D])를 클릭하여 1급-2.jpg를 가져옵니다. 《출력형태》와 같이 배치한 후 컨트롤 패널에서 'Opacity(불투명도) : 50%'로 설정합니다. [Window(창)]-[Text Wrap(텍스트 감싸기)]([Ctrl]+[Alt]+[W])을 선택합니다. Text Wrap(텍스트 감싸기) 패널에서 Wrap around object shape(개체 모양 감싸기)을 선택하여 'Offset(오프셋) : 5mm'로 설정합니다. [Alt]를 누른 상태에서 프레임을 《출력형태》와 같이 복사한 후 더블 클릭하거나 Direct Selection Tool(직접 선택 도구)([A])을 클릭하여 프레임 내 이미지의 위치나 크기를 변경합니다.

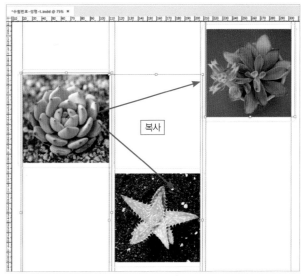

복사

04 [File(파일)]-[Place(가져오기)]([Ctrl]+[D])를 클릭하여 1급-3.psd를 가져옵니다. 프레임을 《출력형태》와 같이 더블 클릭하거나 Direct Selection Tool(직접 선택 도구)([A])을 클릭하여 프레임 내 이미지의 위치나 크기를 변경합니다.

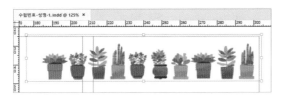

05 [File(파일)]-[Place(가져오기)]([Ctrl]+[D])를 클릭하여 1급-4.jpg를 가져옵니다. 프레임에서 마우스 오른쪽 버튼을 클릭하여 [Object(개체)]-[Effects(효과)]-[Gradient Feather(그레이디언트 페더)]를 선택합니다. 컨트롤 패널에서 'Opacity(불투명도) : 50%'로 설정합니다. [Obect(개체)]-[Arrange(배치)]-[Send to Back(맨 뒤로 보내기)]([Ctrl]+[Shift]+[[ ])을 선택합니다.

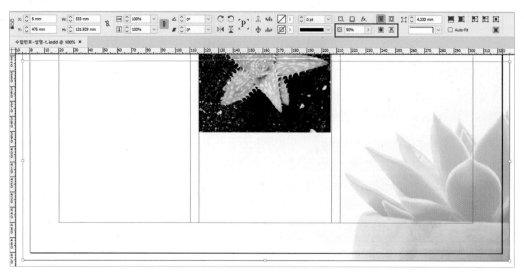

③ 선과 도형 편집

01 Line Tool(선 도구)([₩])을 클릭하여 [Shift]를 누른 상태에서 'Length(길이) : 285mm'로 가로 직선을 만듭니다. [Window(창)]-[Stroke(획)]([F10])를 선택하고 Stroke(획) 패널에서 'Weight(두께) : 10pt, Type(유형) : White Diamond(흰 다이아몬드)'로 설정하고 [Window(창)]-[Color(색상)]([F6])을 선택하고 Color(색상) 패널에서 Stroke(획)을 선택한 후 CMYK 모드의 'C70M100Y100'으로 설정한 후 《출력형태》와 같이 배치합니다.

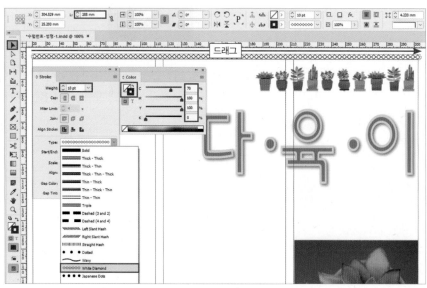

02 Rectangle Tool(사각형 도구)(M)을 선택한 후 작업창을 클릭하여 [Rectangle(사각형)] 대화 상자에서 'Width(폭) : 100mm, Height(높이) : 70mm'를 입력합니다. [Window(창)]-[Color(색상)]-[Gradient(그레이디언트)] 패널에서 'Type(유형) : Linear(선형)'를 선택하여 CMYK 모드의 시작 'C20Y20', 끝 'C0M0Y0K0'으로 설정합니다.

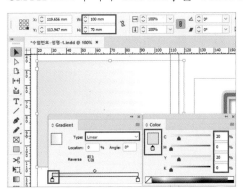

04 문자 효과 적용

01 [Type(문자)]-[Character(문자)](Ctrl+T)를 선택하여 Character(문자) 패널에서 'Font (글꼴) : Arial, Font Style(글꼴 스타일) : Bold, Font Size(글꼴 크기) : 18pt, Color(색상) : C70M100Y100'을 선택하여 'Succulent Plant'를 입력한 후《출력형태》와 같이 배치합니다.

02 문제지의《출력형태》와 같이 Pen Tool(펜 도구)(P)을 클릭하여 '일상에 활기를 주는 반려식물'의 Path(패스) 형태를 작성한 후, Color(색상) 패널에서 Fill(칠)과 Stroke(획)를 둘 다 없음으로 설정합니다. Type on a Path Tool(패스에 입력 도구)(Shift+T)을 클릭하고 작성된 Path(패스)를 선택합니다. [Type(문자)]-[Character(문자)](Ctrl+T)를 선택하여 Character(문자) 패널에서 'Font(글꼴) : Dotum(돋움), Font Size(글꼴 크기) : 20pt, Color(색상) : C100Y100K30'으로 설정한 후 '일상에 활기를 주는 반려식물'을 입력한 후《출력형태》와 같이 배치합니다.

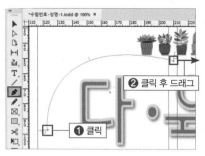

03 [Type(문자)]−[Character(문자)]([Ctrl]+[T])를 선택하여 Character 패널(문자)에서 'Font(글꼴) : Dotum(돋움), Font Size(글꼴 크기) : 20pt, Color(색상) : M100K30'으로 설정한 후 '우리집 다육식물 키우기'를 입력한 후《출력형태》와 같이 배치합니다.

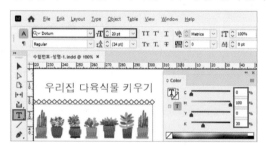

05 단락 스타일 설정

01 [Window(창)]−[Color(색상)]−[Swatches(색상 견본)]([F5])를 선택하고 Swatches(색상 견본) 패널에서 New Color Swatch(새 색상 견본) 메뉴를 선택하여 단락 스타일 '본문1'의 색상 'M100Y100', '본문2'의 색상 'K100', '캡션'의 색상 'C100Y100K30'을 각각 추가합니다.

02 [File(파일)]−[Place(가져오기)]([Ctrl]+[D])를 선택하고 내 PC₩문서₩GTQ₩Image 폴더에서 1급-5.txt를 선택하여 '본문1' 텍스트 프레임을 만들고, 문제지의《조건》으로 지시된 단락 스타일 '본문1' 내용만 남깁니다. [New Paragraph Style(새 단락 스타일)] 대화상자에서 Preview(미리보기)를 체크하고 Basic Character Formats(기본 문자 서식) 탭에서 'Style Name(스타일 이름) : 본문1', 'Font(글꼴) : Dotum(돋움), Size(크기) : 17pt, Leading(행간) : 25pt, Tracking(자간) : −25', Drop Caps and Nested Styles(단락 시작표시문자) 탭에서 'Lines(줄 수) : 2, Characters(문자 수) : 1', Character Color(문자 색상) 탭에서 색상 견본 'M100Y100'으로 설정합니다.

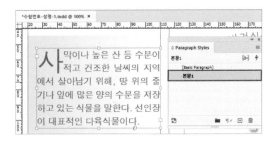

03 [File(파일)]-[Place(가져오기)]([Ctrl]+[D])를 선택하고 1급-5.txt를 선택하여 '본문2' 텍스트 프레임을 만들고, 문제지의 《조건》으로 지시된 단락 스타일 '본문2' 내용만 남깁니다. 단락 서식 컨트롤 패널에서 'Columns(열 수) : 3, Gutter(단 간격) : 6mm'로 설정합니다. [New Paragraph Style(새 단락 스타일)] 대화상자에서 Preview(미리보기)를 체크하고 Basic Character Formats(기본 문자 서식) 탭에서 'Style Name(스타일 이름) : 본문2', 'Font(글꼴) : Dotum(돋움), Size(크기) : 12pt, Leading(행간) : 18pt', Character Color(문자 색상) 탭에서 색상 견본 'K100'으로 설정합니다.

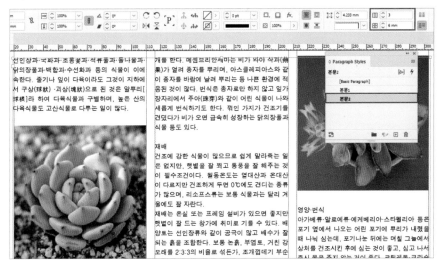

04 [File(파일)]-[Place(가져오기)]([Ctrl]+[D])를 선택하고 1급-5.txt를 선택하여 '캡션' 텍스트 프레임을 만듭니다. [New Paragraph Style(새 단락 스타일)] 대화상자에서 Preview(미리보기)를 체크하고 Basic Character Formats(기본 문자 서식) 탭에서 'Style Name(스타일 이름) : 캡션', 'Font(글꼴) : Batang(바탕), Size(크기) : 15pt, Leading(행간) : 25pt, Tracking(자간) : −30', Character Color(문자 색상) 탭에서 색상 견본 'C100Y100K30'으로 설정합니다.

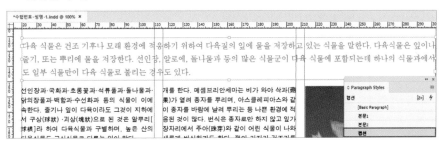

06 PDF 내보내기와 답안 파일 저장

01 [File(파일)]−[Export(내보내기)]([Ctrl]+[E])를 선택하고 '저장 위치 : 내 PC₩문서₩GTQ'로 설정한 후 '파일 이름 : 수험번호−성명−1'을 입력하고 '파일 형식 : Adobe PDF (Print) (*.pdf)'로 설정한 후 저장합니다.

02 [Export Adobe PDF(Adobe PDF 내보내기)] 대화상자에서 [General(일반)] 탭에서 'Adobe PDF Preset(사전 설정) : High Quality Print(고품질 인쇄)'를 선택하고 [Marks and Bleeds(표시 및 도련)]에서 [All Printer's Marks(모든 프린터 표시)]로 설정하고 문제지의 《출력형태》를 참고하여 'Use Document Bleed Settings(문서에 도련 설정 사용)' 표시로 설정한 후 Export(내보내기)를 선택합니다.

03 완성된 INDD 답안 파일을 문제지의 《조건》과 《출력형태》를 기준으로 최종 점검하여 [File(파일)]−[Save(저장하기)]([Ctrl]+[S])로 저장합니다. 최종 저장된 INDD 답안 파일을 기준으로 [File(파일)]−[Export(내보내기)]([Ctrl]+[E])를 선택하고 '파일 형식 : Adobe PDF (Print) (*.pdf)'로 설정한 후 마지막으로 저장합니다.

04 답안 파일 저장이 완료되면 [File(파일)]−[Close(닫기)]([Ctrl]+[W])를 선택하고 수험자 답안 전송 프로그램의 [답안 전송]을 클릭하여 최종 INDD와 PDF 파일을 감독관 컴퓨터로 제출합니다.

> **문제 2** **[실무응용] 전자책/브랜드북**
>
> **작업과정** 새 문서 만들기 및 임시 파일 저장하기 ▶ 마스터 페이지 설정 ▶ 이미지 프레임 효과 및 클리핑 패스 적용 ▶ 도형 편집 및 상호작용 설정 ▶ 문자 효과 적용 ▶ 단락 스타일 설정 ▶ EPUB 내보내기와 답안 파일 저장
>
> **완성이미지** 수험번호−성명−2.indd, 수험번호−성명−2.epub
> 1급−201.jpg, 1급−202.jpg, 1급−203.jpg, 1급−204.jpg, 1급−205.jpg, 1급−206.jpg

---

01 새 문서 만들기 및 임시 파일 저장하기

01 [File(파일)]−[New(새로 만들기)]−[Document(문서)]([Ctrl]+[N])를 선택하고 [New Document(새문서)] 대화상자에서 'Width(폭) : 160mm, Height(높이) : 195mm', 'Pages(페이지) : 6, Columns(열) : 2, Column Gutter(열 간격) : 4mm', Margins(여백)의 'Top(위쪽) : 15mm, Bottom(아래쪽) : 20mm, Inside(안쪽) : 20mm, Outside(바깥쪽) : 15mm', Bleed and Slug(도련 및 슬러그)의 Bleed(도련)을 3mm로 설정하여 새 문서를 만듭니다.

02 Pages(페이지)(F12) 패널의 6페이지 Thumbnail(썸네일)에서 마우스 오른쪽 버튼을 클릭하여 'Allow Document Pages to Shuffle(문서 페이지 재편성 허용)' 체크를 해제합니다. 6페이지 Thumbnail(썸네일)을 마우스 왼쪽 버튼을 누른 상태에서 1페이지 Thumbnail(썸네일) 왼쪽으로 드래그하고 마우스 포인터가 'ㄷ'자 모양으로 바뀌면, 드롭하여 마주보는 페이지의 펼침면으로 배치합니다.

03 자주 사용하는 패널 영역을 [Window(창)]-[Workspace(작업 영역)]-[Typography(입력 체계)]로 설정하여 답안 작성 시간을 절약합니다.

04 [View(보기)]-[Grids & Guides(격자 및 안내선)]-[Show Guides(안내선 표시)](Ctrl+;)를 선택하여 안내선을 표시합니다.

05 [File(파일)]-[Save(저장하기)](Ctrl+S)를 선택하고 '저장 위치 : 내 PC₩문서₩GTQ, 파일 이름 : 수험번호-성명-2, 파일 형식 : InDesign "CC" 또는 "2021" document (*.indd)'로 설정한 후 저장합니다. INDD 답안 파일을 수시로 저장(Ctrl+S)하는 습관이 중요합니다.

02 마스터 페이지 설정

01 A-Master 페이지를 더블 클릭하여 페이지의 왼쪽 아래 페이지 번호 영역에 Type Tool(문자 도구)(T)을 클릭하고 [Type(문자)]-[Insert Special Character(특수 문자 삽입)]-[Markers(표시자)]-[Current Page Number(현재 페이지 번호)](Ctrl+Alt+Shift+N)를 선택합니다.

02 A-Master 페이지 번호 프레임을 선택하고 문제지의 '페이지 번호' 문자효과 《조건》과 같이 Type Tool(문자 도구)(T)을 클릭하여 'Font(글꼴) : Arial, Font Style(글꼴 스타일) : Bold, Font Size(글꼴 크기) : 9pt, Color(색상) : C50M100Y90'으로 설정한 후 《출력형태》와 같이 배치합니다.

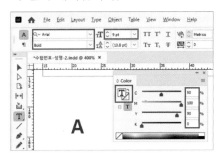

03 문제지의 《출력형태》를 참고하여 페이지 번호 영역에 복사하여 펼침면의 오른쪽 아래에 배치합니다.

03 이미지 프레임 효과 및 클리핑 패스 적용

01 내 PC\문서\GTQ\Output 폴더의 1급-201.jpg, 1급-202.jpg, 1급-203.jpg, 1급-204.jpg, 1급-205.jpg, 1급-206.jpg와 문제지의 《출력형태》에서 이미지 프레임의 레이아웃과 레이어 순서를 확인합니다.

02 [File(파일)]-[Place(가져오기)]([Ctrl]+[D])를 클릭하여 내 PCW문서WGTQWImage 폴더에서 1급-6.ai를 가져옵니다. 프레임에서 마우스 오른쪽 버튼을 클릭하여 [Effects(효과)]-[Drop Shadow(그림자)]([Ctrl]+[Alt]+[M])를 선택합니다.

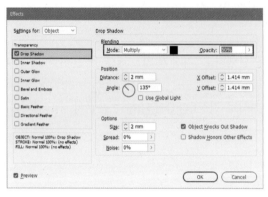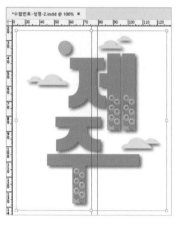

03 [File(파일)]-[Place(가져오기)]([Ctrl]+[D])를 클릭하여 1급-7.jpg, 1급-8.jpg를 가져옵니다. 1급-7.jpg는 2페이지에, 1급-8.jpg는 3페이지에 배치하고 프레임에서 마우스 오른쪽 버튼을 클릭하여 [Effects(효과)]-[Basic Feather(기본 페더)]를 선택하고 'Feather Width(페더 폭) : 20mm'로 설정합니다.

04 [File(파일)]−[Place(가져오기)]([Ctrl]+[D])를 클릭하여 1급−9.jpg, 1급−10.jpg를 가져옵니다. 1급−9.jpg는 4페이지에, 1급−10.jpg는 5페이지에 배치하고 [Object(개체)]−[Corner Options(모퉁이 옵션)]를 선택합니다. Corner Options(모퉁이 옵션) 패널에서 Corner Size and Shape(모퉁이 크기와 모양)을 'Rounded(둥글게), 8mm'로 설정합니다. 프레임을 더블 클릭하거나 Direct Selection Tool(직접 선택 도구)([A])을 클릭하여 프레임 내 이미지의 위치나 크기를 변경하여 《출력형태》와 같이 배치합니다.

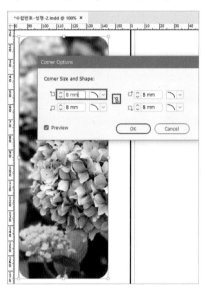

05 [File(파일)]−[Place(가져오기)]([Ctrl]+[D])를 클릭하여 1급−11.png, 1급−12.jpg를 가져옵니다. Direct Selection Tool(직접 선택 도구)([A])을 클릭하여 프레임 내 이미지의 위치나 크기를 변경하여 《출력형태》와 같이 배치합니다.

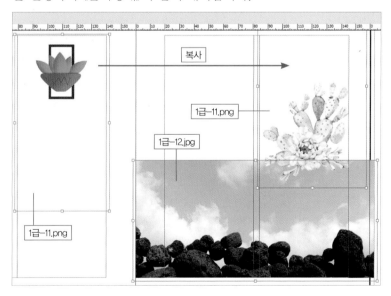

⑭ 도형 편집 및 상호작용 설정

01 Ellipse Tool(타원 도구)(ⓛ)을 선택한 후 작업창을 클릭하여 [Ellipse(타원)] 대화상자에서 'Width(폭) : 18mm, Height(높이) : 18mm'를 입력합니다. [Window(창)]-[Color(색상)]-[Color(색상)](F6)를 선택하고 Color(색상) 패널에서 Fill(칠)을 선택하여 CMYK 모드의 'C50M100Y90'으로 설정합니다. 컨트롤 패널에서 'Opacity(불투명도) : 50%'로 설정합니다. Alt+Shift를 누른 상태에서 복사하여 《출력형태》와 같이 배치합니다.

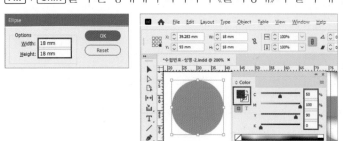

02 Rectangle Tool(사각형 도구)(M)을 선택한 후 작업창을 클릭하여 [Rectangle(사각형)] 대화상자에서 'Width(폭) : 40mm, Height(높이) : 201mm'를 입력합니다. [Window(창)]-[Color(색상)]-[Color(색상)](F6)를 선택하고 Color(색상) 패널에서 Fill(칠)을 선택하여 CMYK 모드의 'C100K20'으로 설정합니다. Pen Tool(펜 도구)(P)을 클릭하고 사각형의 아래 왼쪽 모퉁이점(고정점) 위에 마우스 포인터를 가져간 후 모퉁이점을 삭제하여 문제지의 《출력형태》와 같이 삼각형을 만듭니다. [Object(개체)]-[Arrange(배치)]-[Send to Back(맨 뒤로 보내기)](Ctrl+Shift+[)을 선택합니다.

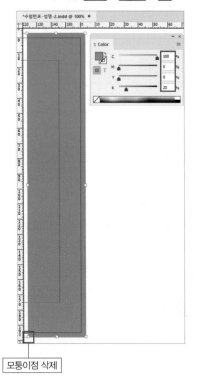

모퉁이점 삭제

03 삼각형을 5페이지에 복사한 후 컨트롤 패널에서 'Flip Horizon tal(가로로 뒤집기)'을 선택하여 배치합니다. [Object(개체)]-[Arrange(배치)]-[Send to Back(맨 뒤로 보내기)]([Ctrl]+[Shift]+[[])을 선택합니다.

04 Pages(페이지)([F12]) 패널에서 마스터 페이지로 더블 클릭하여 이동합니다. [Polygon(다각형)] 대화상자에서 'Width(폭) : 7mm, Height(높이) : 7mm, Number of Sides(면 수) : 3'으로 삼각버튼 도형을 만들고 Color([F6])를 선택하여 'Color(색상) : C100M50'을 입력하고 컨트롤 패널에서 Rotate 90° Anticlockwise(시계 반대 방향으로 90° 회전)를 클릭합니다. [Alt]+[Shift]를 누른 상태에서 복사한 후 컨트롤 패널에서 'Flip Horizontal(가로로 뒤집기)'을 선택하여 배치합니다. 메인 페이지로 더블 클릭하여 돌아옵니다.

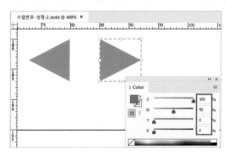

[B] 기적의 TIP

마스터 페이지 설정(페이지 번호, 삼각버튼, 면주 등)은 문제지의 지시조건을 확인하며 그 외 내용은 메인 페이지에 작성합니다.

05 Pages(페이지) 패널의 마스터 페이지를 선택한 후 Buttons and Forms(단추) 패널에서 Action(동작) '+'를 선택하여 왼쪽 삼각버튼은 'Go To Previous Page(이전 페이지로 이동)' 버튼을, 오른쪽 삼각버튼을 선택하고 Buttons and Forms(단추) 패널에서 Action(동작) '+'를 선택하여 'Go To Next Page(다음 페이지로 이동)' 버튼을 설정합니다.

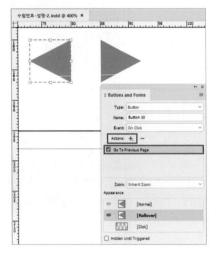

🄑 기적의 TIP

상호작용 설정에 자주 사용하는 패널 영역을[Window(창)]–[Work space(작업 영역)]–[Interactive for PDF(대화형 PDF)]로 설정합니다.

06 페이지에 [Type(문자)]–[Character(문자)]([Ctrl]+[T])를 선택하여 Character(문자) 패널에서 'Font(글꼴) : Arial, Font Style(글꼴 스타일) : Bold, Font Size(글꼴 크기) : 9pt, Color(색상) : C100K20'을 선택하여 'license.kpc.or.kr'을 입력하고 가운데 정렬([Ctrl]+[Shift]+[C])을 합니다.

07 입력한 'license.kpc.or.kr'을 블록지정하고 [Window(창)]–[Interactive(대화형)]–[Hyperlink(하이퍼링크)]를 선택하고 Hyperlinks(하이퍼링크) 패널에서 'URL : https://license.kpc.or.kr'을 입력하여 하이퍼링크를 설정합니다.

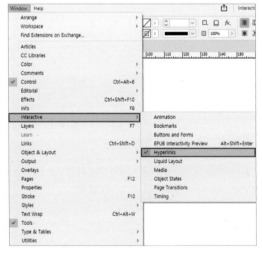

05 문자 효과 적용

01 [Type(문자)]−[Character(문자)]([Ctrl]+[T])를 선택하여 Character(문자) 패널에서 'Font(글꼴) : Dotum(돋움), Font Size(글꼴 크기) : 18pt, Tracking(자간) : −100, Color(색상) : C100K20'으로 설정한 후 '우리나라의 보물'을 입력한 후 배치합니다.

02 [Type(문자)]−[Character(문자)]([Ctrl]+[T])를 선택하여 Character(문자) 패널에서 'Font(글꼴) : Dotum(돋움), Font Size(글꼴 크기) : 14pt, Leading(행간) : 18pt, Color(색상) : K100'으로 설정한 후 '1. 제주 지형, 2. 제주 기후, 3. 제주 산업, 4. 다양한 관광 자원'을 입력한 후 배치합니다. 그리고 '1., 2., 3., 4.' 숫자만 선택하여 'Color(색상) : C100'으로 수정합니다.

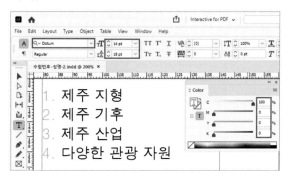

06 단락 스타일 설정

01 [Window(창)]-[Color(색상)]-[Swatches(색상 견본)]([F5])를 선택하고 Swatches(색상 견본) 패널에서 New Color Swatch(새 색상 견본) 메뉴를 선택하여 단락 스타일 '본문'의 색상 'K100', '중제목'의 색상 'C50M100Y90', '소제목'의 색상 'C100'을 각각 추가합니다.

02 [File(파일)]-[Place(가져오기)]([Ctrl]+[D])를 선택하고 내 PC\문서\GTQ\Image 폴더에서 1급-13.txt를 선택하여 2, 3, 4페이지와 5, 6페이지에 '본문' 텍스트 프레임을 만듭니다. 3페이지는 'Columns(열 수) : 2, Gutter(단 간격) : 4mm'로 설정한 후 '본문' 단락 스타일을 설정합니다. [New Paragraph Style(새 단락 스타일)] 대화상자에서 Preview(미리보기)를 체크하고 Basic Character Formats(기본 문자 서식) 탭에서 'Style Name(스타일 이름) : 본문', 'Font(글꼴) : Dotum(돋움), Size(크기) : 8pt, Leading(행간) : 14pt, Tracking(자간) : −40', Character Color(문자 색상) 탭에서 Swatches(색상 견본) 'K100'으로 설정합니다.

03 '본문' 프레임에서 '중제목' 부분을 블록 지정한 후 '중제목' 단락 스타일을 만듭니다. [New Paragraph Style(새 단락 스타일)] 대화상자에서 Preview(미리보기)를 체크하고 Basic Character Formats Font(기본 문자 서식) 탭에서 'Style Name(스타일 이름) : 중제목', 'Font(글꼴) : Gulim(굴림), Size(크기) : 12pt, Leading(행간) : 14pt, Tracking(자간) : −40', Character Color(문자 색상) 탭에서 Swatches(색상 견본) 'C50M100Y90'으로 설정합니다.

04 '본문' 프레임에서 '소제목' 부분을 블록 지정한 후 '소제목' 단락 스타일을 만듭니다. [New Paragraph Style(새 단락 스타일)] 대화상자에서 Preview(미리보기)를 체크하고 Basic Character Formats(기본 문자 서식) 탭에서 'Style Name(스타일 이름) : 소제목', 'Font(글꼴) : Dotum(돋움), Size(크기) : 10pt', Character Color(문자 색상) 탭에서 Swatches(색상 견본) 'C100'으로 설정합니다.

07 EPUB 내보내기와 답안 파일 저장

01 [File(파일)]–[Export(내보내기)]([Ctrl]+[E])를 선택하고 '저장 위치 : 내 PCW문서WGTQ, 파일 이름 : 수험번호–성명–2, 파일 형식 : EPUB (Fixed Layout) (*.epub)'으로 설정한 후 저장합니다.

B 기적의 TIP

EPUB 내보내기 파일 형식을 'EPUB Fixed Layout (고정 레이아웃)'으로 설정한 후 저장합니다.

02 [EPUB Export Option(EPUB 내보내기] 대화상자의 [General(일반)] 탭에서 'Cover(표지) : Rasterize·First Page(첫 페이지 레스터화)'로 설정한 후 [OK]를 선택합니다.

03 완성된 INDD 답안 파일을 문제지의 《조건》과 《출력형태》를 기준으로 최종 점검하여 [File(파일)]–[Save(저장하기)]([Ctrl]+[S])로 저장합니다. 최종 저장된 INDD 답안 파일을 기준으로 [File(파일)]–[Export(내보내기)]([Ctrl]+[E])를 선택하고 '파일 형식 : EPUB (Fixed Layout) (*.epub)'으로 설정한 후 마지막으로 저장합니다.

04 답안 파일 저장이 완료되면 [File(파일)]–[Close(닫기)]([Ctrl]+[W])를 선택하고 수험자 답안 전송 프로그램의 [답안 전송]을 클릭하여 최종 INDD와 EPUB 파일을 감독관 컴퓨터로 제출합니다.

문제 3 **[실무응용] 단행본/매거진**

작업과정 | 새 문서 만들기 및 임시 파일 저장하기 ▶ 마스터 페이지 설정 ▶ 이미지 프레임 효과 및 클리핑 패스 적용 ▶ 도형 편집 및 문자 효과 적용 ▶ 단락 스타일 설정 ▶ 답안 파일 저장

완성이미지 | 수험번호–성명–3.indd
1급–301.jpg, 1급–302.jpg

---

01 새 문서 만들기 및 임시 파일 저장하기

01 [File(파일)]–[New(새로 만들기)]–[Document(문서)]([Ctrl]+[N])를 선택하고 [New Document(새문서)] 대화상자에서 'Width(폭) : 210mm, Height(높이) : 280mm', 'Pages(페이지) : 2, Facing Pages(페이지 마주보기) 옵션선택, Columns(열) : 3, Column Gutter(열 간격) : 5mm', Margins(여백)의 'Top(위쪽) : 10mm, Bottom(아래쪽) : 20mm, Inside(안쪽) : 10mm, Outside(바깥쪽) : 10mm', Bleed and Slug(도련 및 슬러그)의 Bleed(도련)을 3mm로 설정하여 새 문서를 만듭니다.

02 Pages(페이지) 패널의 2페이지 Thumbnail(썸네일)에서 마우스 오른쪽 버튼을 클릭하여 'Allow Document Pages to Shuffle(문서 페이지 재편성 허용)' 체크를 해제합니다. 2페이지 Thumbnail(썸네일)을 마우스 왼쪽 버튼을 누른 상태에서 1페이지 Thumbnail(썸네일) 왼쪽으로 드래그하고 마우스 포인터가 'ㄷ'자 모양으로 바뀌면, 드롭하여 마주보는 페이지의 펼침면으로 배치합니다.

03 자주 사용하는 패널 영역을 [Window(창)]–[Workspace(작업 영역)]–[Typography(입력 체계)]로 설정하여 답안 작성 시간을 절약합니다.

04 [View(보기)]–[Grids & Guides(격자 및 안내선)]–[Show Guides(안내선 표시)](Ctrl+;)를 선택하여 안내선을 표시합니다.

05 [File(파일)]–[Save(저장하기)](Ctrl+S)를 선택하고 '저장 위치 : 내 PC\문서\GTQ, 파일 이름 : 수험번호–성명–3, 파일 형식 : InDesign "CC" 또는 "2021" document (*.indd)'로 설정한 후 저장합니다. INDD 답안 파일을 수시로 저장(Ctrl+S)하는 습관이 중요합니다.

02 마스터 페이지 설정

01 Page 패널에서 New Master(새 마스터) 메뉴를 선택하고 [New Master(새 마스터)] 대화 상자에서 'Prefix(접두어) : B, Name(이름) : Master(마스터), Number of Pages(페이지 수) : 2, Page Size(페이지 크기)–Width(폭) : 210mm, Height(높이) : 280mm'로 설정합 니다.

02 BMaster 페이지의 Thumbnail(썸네일)을 1~2페이지 영역으로 드래그 앤 드롭하여 "B–Master" applied("B–마스터" 적용됨)으로 설정합니다.

03 B–Master 페이지를 더블 클릭하여 왼쪽(홀수) 페이지 번호 영역에 Type Tool(문자 도구)(T)을 클릭하고 [Type(문자)]–[Insert Special Character(특수 문자 삽입)]–[Markers(표시자)]–[Current Page Number(현재 페이지 번호)](Ctrl+Alt+Shift+N)를 선택합니다.

04 B–Master 페이지 번호 프레임을 선택하고 문제지의 '페이지 번호' 문자효과 《조건》과 같이 Type Tool(문자 도구)(T)을 클릭하여 'Font(글꼴) : Arial, Font Style(글꼴 스타일) : Bold, Font Size(글꼴 크기) : 12pt, Color(색상) : C20M100Y60K10'으로 설정한 후 완성 된 왼쪽(홀수) 페이지 번호의 프레임을 Alt를 누른 상태에서 오른쪽(짝수) 페이지 번호 영역에 복사하여 문제지의 《출력형태》와 같이 배치합니다.

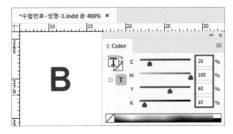

05 B-Master 페이지의 왼쪽(홀수) 페이지에서 문제지의 '면주' 문자효과 《조건》과 같이 Type Tool(문자 도구)(□T□)을 클릭하여 'Korea village'를 입력하고 'Font(글꼴) : Arial, Font Style(글꼴 스타일) : Bold, Font Size(글꼴 크기) : 12pt, Color(색상) : C20M100Y60K10'으로 설정한 후 《출력형태》와 같이 배치합니다.

06 B-Master 페이지 왼쪽(홀수) 페이지의 면주 텍스트 프레임을 선택하여 오른쪽(짝수) 페이지로 복사하고 'Jeonju'를 입력한 후 《출력형태》와 같이 배치합니다.

03 이미지 프레임 효과 및 클리핑 패스 적용

01 내 PC₩문서₩GTQ₩Output 폴더의 1급-301.jpg, 1급-302.jpg와 문제지의 《출력형태》에서 이미지 프레임의 레이아웃을 확인합니다.

02 [File(파일)]-[Place(가져오기)]([Ctrl]+[D])를 클릭하여 내 PC₩문서₩GTQ₩Image 폴더에서 1급-14.ai를 가져옵니다. 프레임에서 마우스 오른쪽 버튼을 클릭하여 [Effects(효과)]-[Drop Shadow(그림자)]를 선택합니다.

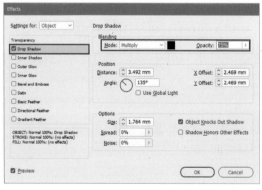

03 [File(파일)]-[Place(가져오기)]([Ctrl]+[D])를 클릭하여 1급-15.jpg를 가져옵니다. 프레임에서 마우스 오른쪽 버튼을 클릭하여 [Object(개체)]-[Effects(효과)]-[Directional Feather(방향 페더)]를 선택합니다. [Object(개체)]-[Arrange(배치)]-[Send to Back(맨 뒤로 보내기)]([Ctrl]+[Shift]+[[])을 선택합니다.

04 [File(파일)]-[Place(가져오기)]([Ctrl]+[D])를 클릭하여 1급-16.ai를 가져옵니다. [Window(창)]-[Text Wrap(텍스트 감싸기)]([Ctrl]+[Alt]+[W])을 선택합니다. Text Wrap(텍스트 감싸기) 패널에서 Wrap around bounding box(테두리 상자 감싸기)를 선택하여 'Make all setting the same(모든 설정 동일하게 만들기), Top Offset(위쪽 오프셋) : 3mm'로 설정합니다. [Alt]를 누른 상태에서 프레임을 《출력형태》와 같이 복사한 후 더블 클릭하거나 Direct Selection Tool(직접 선택 도구)([A])을 클릭하여 프레임 내 이미지의 위치나 크기를 변경합니다.

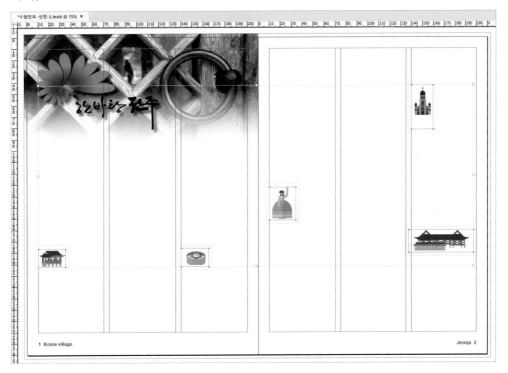

05 [File(파일)]-[Place(가져오기)]([Ctrl]+[D])를 클릭하여 1급-17.psd, 1급-18.jpg, 1급-19.jpg를 가져옵니다. 프레임을 《출력형태》와 같이 복사한 후 더블 클릭하거나 DirectSelection Tool(직접 선택 도구)([A])을 클릭하여 프레임 내 이미지의 위치나 크기를 변경합니다.

04 도형 편집 및 문자 효과 적용

01 Rectangle Tool(사각형 도구)([M])을 선택한 후 작업창을 클릭하여 [Rectangle(사각형)] 대화상자에서 'Width(폭) : 190mm, Height(높이) : 10mm'를 입력합니다. [Window(창)]-[Color(색상)]([F6])를 선택하고 Color(색상) 패널에서 Fill(칠)을 선택하여 CMYK 모드의 'M10Y40'으로 설정합니다. [Object(개체)]-[Corner Options(모퉁이 옵션)]를 선택하고 Corner Options(모퉁이 옵션) 대화상자에서 Corner Size and Shape(모퉁이 크기와 모양)을 'Rounded(둥글게), 5mm'로 설정합니다.

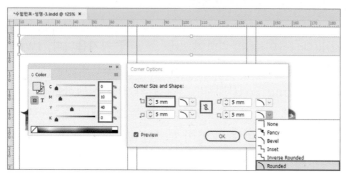

02 [Type(문자)]-[Character(문자)]([Ctrl]+[T])를 선택하고 Character(문자) 패널에서 'Font (글꼴) : 굴림, Font Size(글꼴 크기) : 15pt, Color(색상) : K100'으로 설정한 후 '대한민국 구석구석 행복여행'을 입력합니다. 프레임에서 마우스 오른쪽 버튼을 클릭하여 [Effects(효과)]-[Drop Shadow(그림자)]([Ctrl]+[Alt]+[M])를 선택합니다.

05 단락 스타일 설정

01 [Window(창)]-[Color(색상)]-[Swatches(색상 견본)]([F5])를 선택하고 Swatches(색상 견본) 패널에서 New Color Swatch(새 색상 견본) 메뉴를 선택하여 단락 스타일 '본문'의 색상 'K100', '중제목'의 색상 'C60M60', '소제목'의 'C100Y100K40', '캡션'의 색상 'C20M100, Y60K10'을 추가합니다.

02 [File(파일)]-[Place(가져오기)]([Ctrl]+[D])를 선택하고 내 PC₩문서₩GTQ₩Image 폴더에서 1급-20.txt를 선택하여 '본문' 텍스트 프레임을 만들고, 문제지의 《조건》으로 지시된 단락 스타일 '본문' 내용만 남깁니다. 단락 서식 컨트롤 패널에서 'Columns(열 수) : 3, Gutter(단 간격) : 5mm'로 설정합니다. [New Paragraph Style(새 단락 스타일)] 대화상자에서 Preview(미리보기)를 체크하고 Basic Character Formats(기본 문자 서식) 탭에서 'Style Name(스타일 이름) : 본문', 'Font(글꼴) : Gulim(굴림), Size(크기) : 9pt, Leading(행간) : 16pt, Tracking(자간) : -30', Indents and Spacing(들여쓰기 및 간격) 탭에서 'Alignment(정렬) : Left Justify(왼쪽 균등 배치)', Character Color(문자 색상) 탭에서 Swatches(색상 견본) 'K100'으로 설정합니다.

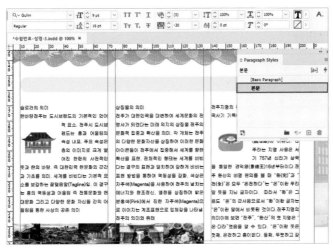

03 '본문' 프레임에서 '소제목' 부분을 블록 지정한 후 '소제목' 단락 스타일을 만듭니다. [New Paragraph Style(새 단락 스타일)] 대화상자에서 Preview(미리보기)를 체크하고 Basic Character Formats(기본 문자 서식) 탭에서 'Style Name(스타일 이름) : 소제목', 'Font (글꼴) : Dotum(돋움), Size(크기) : 10pt, Leading(행간) : 18pt, Tracking(자간) : −25', Drop Caps and Nested Styles(단락 시작표시문자) 탭에서 'Lines(줄 수) : 2, Characters(문자 수) : 1', Character Color(문자 색상) 탭에서 Swatches(색상 견본) 'C100Y100K40'으로 설정합니다.

04 [File(파일)]−[Place(가져오기)]([Ctrl]+[D])를 선택하고 1급−20.txt를 선택하여 '중제목' 텍스트 프레임을 만듭니다. [New Paragraph Style(새 단락 스타일)] 대화상자에서 Preview(미리보기)를 체크하고 Basic Character Formats(기본 문자 서식) 탭에서 'Style Name(스타일 이름) : 중제목', 'Font(글꼴) : Dotum(돋움), Size(크기) : 13pt, Tracking(자간) : −25', Character Color(문자 색상) 탭에서 Swatches(색상 견본) 'C60M60'으로 설정합니다.

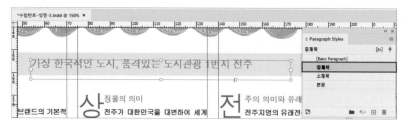

⒝ 기적의 TIP

텍스트 파일을 메모장으로 열어 단락 스타일에 적용할 내용만 복사하여 텍스트 프레임을 만들어도 됩니다.

---

05 [File(파일)]-[Place(가져오기)]($\boxed{\text{Ctrl}}$+$\boxed{\text{D}}$)를 선택하고 1급-20.txt를 선택하여 '캡션' 텍스트 프레임을 만들고, 문제지의 《조건》으로 지시된 단락 스타일 '캡션' 내용만 남깁니다. [New Paragraph Style(새 단락 스타일)] 대화상자에서 Preview(미리보기)를 체크하고 Basic Character Formats(기본 문자 서식) 탭에서 'Style Name(스타일 이름) : 캡션', 'Font(글 꼴) : Batang(바탕), Size(크기) : 11pt, Leading(행간) : 22pt, Tracking(자간) : -50', Indents and Spacing(들여쓰기 및 간격) 탭에서 'Alignment(정렬) : Left Justify(왼쪽 균 등 배치)', Character Color(문자 색상) 탭에서 Swatches(색상 견본) 'C20M100Y60K10'으 로 설정합니다.

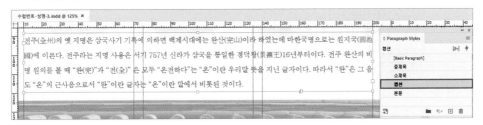

06 답안 파일 저장

01 완성된 INDD 답안 파일을 문제지의 《조건》과 《출력형태》를 기준으로 최종 점검하여 [File(파 일)]-[Save(저장하기)]($\boxed{\text{Ctrl}}$+$\boxed{\text{S}}$)로 저장합니다.

02 답안 파일 저장이 완료되면 [File(파일)]-[Close(닫기)]($\boxed{\text{Ctrl}}$+$\boxed{\text{W}}$)를 선택하고 수험자 답안 전 송 프로그램의 [답안 전송]을 클릭하여 최종 INDD 파일을 감독관 컴퓨터로 제출합니다.

➕ 더 알기 TIP

GTQid 1급 시험은 문항마다 제출할 답안 파일의 형식과 개수가 다릅니다. 1급의 1번 문항은 INDD와 PDF 파일을, 2번 문항 은 INDD와 EPUB 파일을, 3번 문항은 INDD 파일로 총 5개의 답안 파일이 저장되어야 합니다.

급수	문제유형	시험시간	수험번호	성명
1급	A	90분	G320250009	

수 험 자 유 의 사 항

- 수험자는 문제지를 받는 즉시 응시하고자 하는 <u>과목 및 급수가 맞는지 확인</u>한 후 수험번호와 성명을 작성합니다.
- 파일명은 본인의 수험번호–성명–문제번호로 공백 없이 정확히 입력하고 답안 폴더(내 PC₩문서₩GTQ)에 파일저장규칙으로 저장해야 하며, '다른 파일 형식과 버전으로 저장하였을 경우', '패키지로 저장할 경우' 0점 처리됩니다. 답안문서 파일명이 수험번호–성명–문제번호와 일치하지 않거나, 답안 파일을 전송하지 않아 미제출로 처리될 경우 불합격 처리됩니다.
- 수험자 정보와 저장한 파일명, 저장 위치가 다를 경우 전송이 되지 않으므로, 주의하시기 바랍니다.
- 답안 작성 중에도 <u>주기적으로 '저장'과 '답안 전송'</u>을 이용하여 감독위원 PC로 답안을 전송하셔야 합니다.(※ 작성한 내용을 <u>저장하지 않고 전송할 경우</u> 이전의 저장내용이 전송되오니 이 점 반드시 유념하시기 바랍니다.)
- 답안문서는 지정된 경로 외의 다른 보조기억장치에 저장하는 행위, 지정된 시험 시간 외에 작성된 파일을 활용한 행위, 기타 통신수단(이메일, 메신저, 네트워크 등)을 이용하여 타인에게 전달 또는 외부 반출하는 행위는 부정행위로 간주되어 자격기본법 제32조에 의거 본 시험 및 국가공인 자격시험을 2년간 응시할 수 없습니다.
- 시험 중 부주의 또는 고의로 시스템을 파손한 경우와 〈수험자 유의사항〉에 기재된 방법대로 이행하지 않아 생기는 불이익은 수험자의 책임임을 알려 드립니다.
- 시험을 완료한 수험자는 최종적으로 저장한 답안 파일이 전송되었는지 확인한 후 감독위원의 지시에 따라 문제지를 제출하고 퇴실합니다.

답 안 작 성 요 령

- **온라인 답안 작성 절차**
  수험자 등록 ⇒ 시험 시작 ⇒ 답안 파일 저장 ⇒ 답안 전송 ⇒ 시험 종료
- 내 PC₩문서₩GTQ₩Image 폴더의 첨부파일을 사용하여 답안을 작성하시고 최종답안을 답안 폴더(내 PC₩문서₩GTQ)에 저장하여 답안을 전송하시고, 이미지의 크기가 다른 경우 감점 처리됩니다.
- 배점은 총 100점으로 이루어지며, 점수는 각 문제별로 차등 배분됩니다.
- 각 문제의 기본 단위는 'mm(밀리미터)'이며 지시조건에 맞게 답안을 작성하셔야 합니다.
- 그 외 지시되지 않는 조건(레이아웃, 색상, 문자, 규격 등)은 《결과파일》, 《출력형태》를 참고하여 첨부파일을 활용하여 작성하십시오. 위 언급한 내용을 충족하지 못했을 경우에는 0점 또는 감점 처리됩니다.(※ 《결과파일》은 내 PC₩문서₩GTQ₩Output 폴더에서 확인)
- 문제 조건에 서체의 지정이 없을 경우 한글은 굴림, 돋움, 영문은 Arial로 작성하십시오. 임의 서체로 작성할 경우 감점될 수 있으니 유의하시기 바랍니다.
- 문제 조건에 형태(크기, 색상, 선 굵기 등)에 대한 지정이 없을 경우 《결과파일》, 《출력형태》를 참고하여 작업해 주시기 바랍니다.
- Color Mode(색상 모드)는 별도의 처리조건이 없을 경우에는 CMYK로 작성하십시오.
- 조건에서 제시한 기능의 속성을 해지할 경우 해당 요소는 0점 처리됩니다.

한 국 생 산 성 본 부

다음의 《조건》에 따라 아래의 《출력형태》와 같이 작업하시오.

조건

첨부파일		GTQ₩Image₩1급−1.jpg, 1급−2.jpg, 1급−3.psd, 1급−4.ai, 1급−5.txt
파일저장규칙	크기 동일	323×470mm
	indd 파일명	GTQ₩수험번호−성명−1.indd
	pdf 파일명	GTQ₩수험번호−성명−1.pdf

1. 기본 설정
① 1쪽(Pages), 3단(Columns), 단 간격(Gutter) 10mm, 여백(Margins) : 상 25mm, 하좌우 19mm, 도련(Bleed) 5mm
② PDF 내보내기 : 모든 프린터 표시(All Printer's Marks)

2. 작업 방법
① 1급−1.jpg : 효과(Effects) − 그레이디언트 페더(Gradient Feather)
② 1급−2.jpg : 응용 및 배치
③ 1급−3.psd : 클리핑 패스(Clipping Path) − 포토샵 패스(Photoshop Path), 텍스트 감싸기(Text Wrap) 6mm
④ 1급−4.ai : 효과(Effects) − 그림자(Drop Shadow)
⑤ 획 : 285mm, 물결(Wavy), 20pt, C40Y50
⑥ 도형 : 사각형(285×210mm, C50K50 → C0M0Y0K0), 불투명도(Opacity) 50%

3. 문자 효과
① World Heritage(Arial, Bold, 18pt, C100K50)
② 옛 선비의 기품 그대로 우리나라 목조 건축물
   (굴림, 24pt, C50Y50, 효과(Effects) − 내부 그림자(Inner Shadow))
③ 선비의 고고한 정신이 깃든 곳, 병산서원! 지금 출발!
   (궁서, 23pt, C0M0Y0K0)
④ 1급−5.txt : 단락 스타일 설정
  • 본문1(돋움, 13pt, 행간 24pt, C90M50, 단락 시작표시 문자 2줄)
  • 본문2(바탕, 11pt, 행간 20pt, 자간 −45, K100)
  • 캡션(돋움, 13pt, 행간 17pt, C90M50)

출력형태

다음의 《조건》에 따라 아래의 《출력형태》와 같이 작업하시오.

조건

첨부파일		GTQ\Image\1급-6.ai, 1급-7.jpg, 1급-8.jpg, 1급-9.jpg, 1급-10.jpg, 1급-11.jpg, 1급-12.jpg, 1급-13.txt
파일저장규칙	크기 동일	160×195mm
	indd 파일명	GTQ\수험번호-성명-2.indd
	epub 파일명	GTQ\수험번호-성명-2.epub

1. 기본 설정
① 6쪽(Pages), 2단(Columns), 단 간격(Gutter) 4mm, 여백(Margins) : 상하좌우 20mm, 도련(Bleed) 3mm
② EPUB 고정 레이아웃(Fixed Layout) 내보내기 : 첫 페이지 래스터화(Rasterize First Page)

2. 작업 방법
① 1급-6.ai : 효과(Effects) - 그림자(Drop Shadow)
② 1급-7.jpg, 1급-8.jpg, 1급-9.jpg, 1급-10.jpg, 1급-11.jpg : 응용 및 배치
③ 1급-12.jpg : 모퉁이 둥글게(Rounded) 5mm
④ 도형 : 다각형(140×45mm, C0M0Y0K0, 불투명도(Opacity) 70%), 사각형(18×201mm, M50Y70K40, 불투명도(Opacity) 20%), 원(40×40mm, C70Y100, 불투명도(Opacity) 30%), 삼각버튼(7×7mm, C50Y70)
⑤ 마스터 페이지 설정 : 페이지 번호 설정, 짝수 페이지 삼각버튼 배치
⑥ 상호작용(Interactive) 설정 : 하이퍼링크(license.kpc.or.kr로 페이지 이동, 새 창으로), 이전과 다음 페이지로 이동(삼각버튼)

3. 문자 효과
① license.kpc.or.kr, '페이지 번호'(Arial, Bold, 9pt, C0M0Y0K0, C70M50)
② SUPER FOOD(Times New Roman, Regular, 23pt, M60Y70)
③ 01. 귀리, 02. 블루베리, 03. 녹차, 04. 마늘, 05. 토마토, 06. 브로콜리, 07. 아몬드(돋움, 13pt, 행간 20pt, 자간 -25, M50Y70K40, K70)
④ 1급-13.txt : 단락 스타일 설정
  • 중제목(돋움, 13pt, C70M30)
  • 소제목(돋움, 12pt, 행간 20pt, M50Y70K40)
  • 본문(바탕, 8.5pt, 행간 14pt, K100, 단락 시 작표시문자 2줄)

출력형태

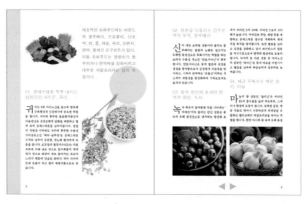

다음의 《조건》에 따라 아래의 《출력형태》와 같이 작업하시오.

조건

첨부파일	GTQ₩Image₩1급-14.jpg, 1급-15.jpg, 1급-16.psd, 1급-17.psd, 1급-18.psd, 1급-19.ai, 1급-20.txt	
파일저장규칙	크기 동일	210×280mm
	indd 　파일명	GTQ₩수험번호-성명-3.indd

1. 기본 설정
① 2쪽(Pages), 3단(Columns), 단 간격(Gutter) 5mm, 여백(Margins) : 상하좌우 10mm, 도련(Bleed) 3mm

2. 작업 방법
① 1급-14.jpg, 1급-15.jpg, 1급-16.psd : 응용 및 배치
② 1급-17.psd, 1급-18.psd : 클리핑 패스(Clipping Path) - 포토샵 패스(Photoshop Path), 텍스트 감싸기(Text Wrap) 5mm, 효과(Effects) - 새틴(Satin)
③ 1급-19.ai : 효과(Effects) - 그림자(Drop Shadow)
④ 도형 : 사각형(125×11mm, C40M70Y100, 모퉁이 둥글게(Rounded) 5mm)
⑤ 마스터 페이지 설정 : B-Master Page 추가, 페이지 번호 설정,
　면주 설정(1페이지 "The efficacy of coffee", 2페이지 "Kind of coffee")

3. 문자 효과
① 삼성서울병원 건강상식(궁서, 16pt, C0M0Y0K0)
② '면주'(Arial, Bold, 12pt, M100K30)
③ '페이지 번호'(Arial, Bold, 40pt, C70Y100, 불투명도(Opacity) 50%)
④ 1급-20.txt : 단락 스타일 설정
　• 중제목(돋움, 13pt, 자간 -25, C0M0Y0K0)
　• 소제목(돋움, 10pt, 행간 18pt, 자간 -25, M100K30, 단락 시작표시문자 2줄)
　• 본문(바탕, 9pt, 행간 18pt, 자간 -25, K100, 왼쪽 균등 배치, 첫 줄 들여쓰기 4mm)
　• 캡션(돋움, 8pt, 행간 12pt, 자간 -25, C70Y100)

출력형태

문제 1 [기능평가] 신문 제작

작업과정 새 문서 만들기 및 임시 파일 저장하기 ▶ 이미지 프레임 효과 및 클리핑 패스 적용 ▶ 선과 도형 편집 ▶ 문자 효과 적용 ▶ 단락 스타일 설정 ▶ PDF 내보내기와 답안 파일 저장

완성이미지 수험번호-성명-1.INDD, 수험번호-성명-1.pdf
1급-101.jpg

01 새 문서 만들기 및 임시 파일 저장하기

01 [File(파일)]-[New(새로 만들기)]-[Document(문서)]([Ctrl]+[N])를 선택하고 [New Document(새 문서)] 대화상자에서 'Number of Pages(페이지 수) : 1, Width(폭) : 323mm, Height(높이) : 470mm', Columns(열)의 'Number(개수) : 3, Column Gutter(열 간격) : 10mm', Margins(여백)의 'Top(위쪽) : 25mm, Bottom(아래쪽) : 19mm, Inside(안쪽) : 19mm, Outside(바깥쪽) : 19mm', Bleed and Slug(도련 및 슬러그)의 Bleed(도련)을 5mm로 설정하여 새 문서를 만듭니다.

02 자주 사용하는 패널 영역을 [Window(창)]-[Workspace(작업 영역)]-[Typography(입력 체계)]로 설정하여 답안 작성 시간을 절약합니다.

03 [View(보기)]-[Grids & Guides(격자 및 안내선)]-[Show Guides(안내선 표시)]([Ctrl]+[;])를 선택하여 안내선을 표시합니다.

04 [File(파일)]-[Save(저장하기)]([Ctrl]+[S])를 선택하고 '저장 위치 : 내 PC₩문서₩GTQ, 파일 이름 : 수험번호-성명-1, 파일 형식 : InDesign "CC" 또는 "2021" document (*.indd)'로 설정한 후 저장합니다. INDD 답안 파일을 수시로 저장([Ctrl]+[S])하는 습관이 중요합니다.

02 이미지 프레임 효과 및 클리핑 패스 적용

01 내 PC₩문서₩GTQ₩Output 폴더의 1급-101.jpg와 문제지의 《출력형태》에서 이미지 프레임의 레이아웃과 레이어 순서를 확인합니다.

02 [File(파일)]—[Place(가져오기)]([Ctrl]+[D])를 클릭하여 내 PCW문서WGTQWImage 폴더에서 1급-1.jpg를 가져옵니다. 프레임에서 마우스 오른쪽 버튼을 클릭하여 [Object(개체)]—[Effects(효과)]—[Gradient Feather(그레이디언트 페더)]를 선택합니다.

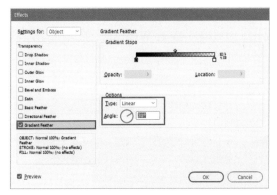

03 [File(파일)]—[Place(가져오기)]([Ctrl]+[D])를 클릭하여 1급-2.jpg를 가져옵니다. 프레임을 더블 클릭하거나 Direct Selection Tool(직접 선택 도구)([A])을 클릭하여 프레임 내 이미지의 위치나 크기를 변경합니다. 프레임에서 마우스 오른쪽 버튼을 클릭하여 Fitting(맞춤)—Fill Frame Proportionally(비율에 맞게 프레임 채우기)([Ctrl]+[Alt]+[Shift]+[C])를 선택한 후 문제지의 《출력형태》와 같이 이미지 프레임 크기를 조절합니다. [Alt]를 누른 상태에서 프레임을 《출력형태》와 같이 복사한 후 프레임을 더블 클릭하거나 Direct Selection Tool(직접 선택 도구)([A])을 클릭하여 프레임 내 이미지의 위치나 크기를 변경합니다.

04 [File(파일)]-[Place(가져오기)]([Ctrl]+[D])를 클릭하여 1급-3.psd를 가져옵니다. 프레임을 선택하고 [Object(개체)]-[Clipping Path(클리핑 패스)]-[Options(옵션)]([Ctrl]+[Alt]+[Shift]+[K])를 선택합니다. [Clipping Path(클리핑 패스)] 대화상자에서 'Type(유형) : Photoshop Path(패스), Path(패스) : Path 1'을 선택합니다. 프레임을 선택하고 [Window(창)]-[Text Wrap(텍스트 감싸기)]([Ctrl]+[Alt]+[W])을 선택하여 Text Wrap(텍스트 감싸기) 패널에서 Wrap around object shape(개체 모양 감싸기)을 선택하여 'Offset(오프셋) : 6mm'로 설정합니다.

05 [File(파일)]-[Place(가져오기)]([Ctrl]+[D])를 클릭하여 1급-4.ai를 가져옵니다. 프레임에서 마우스 오른쪽 버튼을 클릭하여 [Effects(효과)]-[Drop Shadow(그림자)]([Ctrl]+[Alt]+[M])를 선택합니다.

🔘 선과 도형 편집

01 Line Tool(선 도구)([W])을 클릭하여 [Shift]를 누른 상태에서 'Length(길이) : 285mm'로 가로 직선을 만듭니다. [Window(창)]-[Stroke(획)]([F10])을 선택하고 Stroke(획) 패널에서 'Weight(두께) : 20pt, Type(유형) : Wavy(물결)'로 설정하고 [Window(창)]-[Color(색상)]-[Color(색상)]([F6])를 선택하고 Color(색상) 패널에서 Stroke(획)을 선택한 후 CMYK 모드의 'C40Y50'으로 설정한 후《출력형태》와 같이 배치합니다.

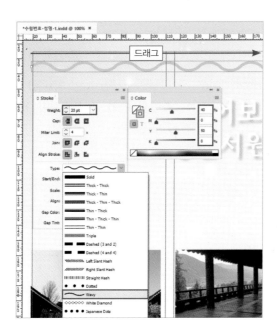

02 Rectangle Tool(사각형 도구)(M)을 선택한 후 작업창을 클릭하여 [Rectangle(사각형)] 대화상자에서 'Width(폭) : 285mm, Height(높이) : 210mm'를 입력합니다. [Window(창)]-[Color(색상)]-[Gradient(그레이디언트)] 패널에서 'Type(유형) : Linear(선형)'를 선택하여 CMYK 모드의 시작 'C50K50', 끝 'C0M0Y0K0'으로 설정합니다. 컨트롤 패널에서 'Opacity(불투명도) : 50%'로 설정합니다.

04 문자 효과 적용

01 [Type(문자)]-[Character(문자)]([Ctrl]+[T])를 선택하여 Character(문자) 패널에서 'Font (글꼴) : Arial, Font Style(글꼴 스타일) : Bold, Font Size(글꼴 크기) : 18pt, Color(색 상) : C100K50'을 선택하여 'World Heritage'를 입력한 후 《출력형태》와 같이 배치합니다.

02 [Type(문자)]-[Character(문자)]([Ctrl]+[T])를 선택하여 Character(문자) 패널에서 'Font (글꼴) : Gulim(굴림), Font Size(글꼴 크기) : 24pt, Color(색상) : C50Y50'으로 설정한 후 '옛 선비의 기품 그대로 우리나라 목조 건축물'을 입력한 후 《출력형태》와 같이 배치합니다. 프 레임에서 마우스 오른쪽 버튼을 클릭하여 [Effects(효과)]-[Inner Shadow(내부 그림자)] ([Ctrl]+[Alt]+[M])를 선택합니다.

03 문제지의 《출력형태》와 같이 Pen Tool(펜 도구)([P])을 클릭하여 '선비의 고고한 정신이 깃든 곳, 병산서원! 지금 출발!'의 Path(패스) 형태를 작성한 후, Color(색상) 패널에서 Fill(칠)과 Stroke(획)를 둘 다 없음으로 설정합니다. Type on a Path Tool(패스에 입력 도구)([Shift]+ [T])을 클릭하고 작성된 Path(패스)를 선택합니다. [Type(문자)]-[Character(문자)]([Ctrl]+ [T])를 선택하여 Character(문자) 패널에서 'Font(글꼴) : Gungsuh(궁서), Font Size(글꼴 크기) : 23pt, Color(색상) : C0M0Y0K0'으로 설정한 후 '선비의 고고한 정신이 깃든 곳, 병 산서원! 지금 출발!'을 입력한 후 《출력형태》와 같이 배치합니다.

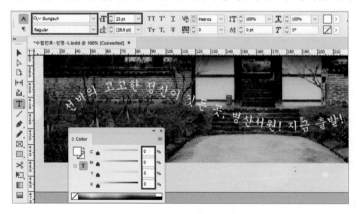

🄳 단락 스타일 설정

01 [Window(창)]–[Color(색상)]–[Swatches(색상 견본)]([F5])를 선택하고 Swatches(색상 견본) 패널에서 New Color Swatch(새 색상 견본) 메뉴를 선택하여 단락 스타일 '본문1'과 '캡션'의 색상 'C90M50', '본문2'의 색상 'K100'을 각각 추가합니다.

02 [File(파일)]–[Place(가져오기)]([Ctrl]+[D])를 선택하고 내 PC₩문서₩GTQ₩Image 폴더에서 1급-5.txt를 선택하여 '본문1' 텍스트 프레임을 만들고, 문제지의 《조건》으로 지시된 단락 스타일 '본문1' 내용만 남깁니다. [New Paragraph Style(새 단락 스타일)] 대화상자에서 Preview(미리보기)를 체크하고 Basic Character Formats(기본 문자 서식) 탭에서 'Style Name(스타일 이름) : 본문1', 'Font(글꼴) : Dotum(돋움), Size(크기) : 13pt, Leading(행간) : 24pt', Drop Caps and Nested Styles(단락 시작표시문자) 탭에서 'Lines(줄 수) : 2, Characters(문자 수) : 1', Character Color(문자 색상) 탭에서 색상 견본 'C90M50'으로 설정합니다.

🄑 **기적의 TIP**

텍스트 파일을 메모장으로 열어 단락 스타일에 적용할 내용만 복사하여 텍스트 프레임을 만들어도 됩니다.

03 [File(파일)]–[Place(가져오기)]([Ctrl]+[D])를 선택하고 1급-5.txt를 선택하여 '본문2' 텍스트 프레임을 만들고, 문제지의 《조건》으로 지시된 단락 스타일 '본문2' 내용만 남깁니다. 단락 서식 컨트롤 패널에서 'Columns(열 수) : 3, Gutter(단 간격) : 10mm'로 설정한 후 '본문2' 단락 스타일을 설정합니다. [New Paragraph Style(새 단락 스타일)] 대화상자에서 Preview(미리보기)를 체크하고 Basic Character Formats(기본 문자 서식) 탭에서 'Style Name(스타일 이름) : 본문2', 'Font(글꼴) : Batang(바탕), Size(크기) : 11pt, Leading(행간) : 20pt, Tracking(자간) : –45', Character Color(문자 색상) 탭에서 색상 견본 'K100'으로 설정합니다.

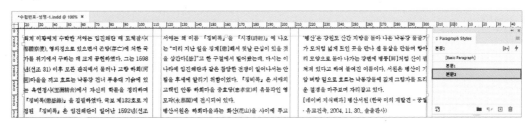

04 [File(파일)]-[Place(가져오기)]([Ctrl]+[D])를 선택하고 1급-5.txt를 선택하여 '캡션' 텍스트 프레임을 만들고, 문제지의 《조건》으로 지시된 단락 스타일 '캡션' 내용만 남깁니다. [New Paragraph Style(새 단락 스타일)] 대화상자에서 Preview(미리보기)를 체크하고 Basic Character Formats(기본 문자 서식) 탭에서 'Style Name(스타일 이름) : 캡션', 'Font(글 꼴) : Dotum(돋움), Size(크기) : 13pt, Leading(행간) : 17pt, Indents and Spacing(들여 쓰기 및 간격) 탭에서 'Alignment(정렬) : Center(중앙 정렬)', Character Color(문자 색상) 탭에서 색상 견본 'C90M50'으로 설정합니다.

06 PDF 내보내기와 답안 파일 저장

01 [File(파일)]-[Export(내보내기)]([Ctrl]+[E])를 선택하고 '저장 위치 : 내 PC₩문서₩GTQ'로 설정한 후 '파일 이름 : 수험번호-성명-1'을 입력하고 '파일 형식 : Adobe PDF (Print) (*.pdf)'로 설정한 후 저장합니다.

02 [Export Adobe PDF(Adobe PDF 내보내기)] 대화상자에서 [General(일반)] 탭에서 'Adobe PDF Preset(사전 설정) : High Quality Print(고품질 인쇄)'를 선택하고 [Marks and Bleeds(표시 및 도련)]에서 [All Printer's Marks(모든 프린터 표시)]로 설정하고 문제지의 《출력형태》를 참고하여 'Use Document Bleed Settings(문서에 도련 설정 사용)' 표시로 설정한 후 Export(내보내기)를 선택합니다.

03 완성된 INDD 답안 파일을 문제지의 《조건》과 《출력형태》를 기준으로 최종 점검하여 [File(파일)]-[Save(저장하기)]([Ctrl]+[S])로 저장합니다. 최종 저장된 INDD 답안 파일을 기준으로 [File(파일)]-[Export(내보내기)]([Ctrl]+[E])를 선택하고 '파일 형식 : Adobe PDF (Print) (*.pdf)'로 설정한 후 마지막으로 저장합니다.

04 답안 파일 저장이 완료되면 [File(파일)]-[Close(닫기)]([Ctrl]+[W])를 선택하고 수험자 답안 전 송 프로그램의 [답안 전송]을 클릭하여 최종 INDD와 PDF 파일을 감독관 컴퓨터로 제출합 니다.

[실무응용] 전자책/브랜드북

作업과정   새 문서 만들기 및 임시 파일 저장하기 ▶ 마스터 페이지 설정 ▶ 이미지 프레임 효과 및 클리핑 패스 적용 ▶
도형 편집 및 상호작용 설정 ▶ 문자 효과 적용 ▶ 단락 스타일 설정 ▶ EPUB 내보내기와 답안 파일 저장

완성이미지   수험번호-성명-2.indd, 수험번호-성명-2.epub
1급-201.jpg, 1급-202.jpg, 1급-203.jpg, 1급-204.jpg, 1급-205.jpg, 1급-206.jpg

01 새 문서 만들기 및 임시 파일 저장하기

01 [File(파일)]-[New(새로 만들기)]-[Document(문서)]([Ctrl]+[N])를 선택하고 [New Document(새문서)] 대화상자에서 'Width(폭) : 160mm, Height(높이) : 195mm', 'Pages(페이지) : 6, Columns(열) : 2, Column Gutter(열 간격) : 4mm', Margins(여백)의 'Top(위쪽) : 20mm, Bottom(아래쪽) : 20mm, Inside(안쪽) : 20mm, Outside(바깥쪽) : 20mm', Bleed and Slug(도련 및 슬러그)의 Bleed(도련)을 3mm로 설정하여 새 문서를 만듭니다.

02 Pages(페이지)([F12]) 패널의 6페이지 Thumbnail(썸네일)에서 마우스 오른쪽 버튼을 클릭하여 'Allow Document Pages to Shuffle(문서 페이지 재편성 허용-)' 체크를 해제합니다. 6페이지 Thumbnail(썸네일)을 마우스 왼쪽 버튼을 누른 상태에서 1페이지 Thumbnail(썸네일) 왼쪽으로 드래그하고 마우스 포인터가 'ㄷ'자 모양으로 바뀌면, 드롭하여 마주보는 페이지의 펼침면으로 배치합니다.

03 자주 사용하는 패널 영역을 [Window(창)]-[Workspace(작업 영역)]-[Typography(입력 체계)]로 설정하여 답안 작성 시간을 절약합니다.

04 [View(보기)]-[Grids & Guides(격자 및 안내선)]-[Show Guides(안내선 표시)]([Ctrl]+[;])를 선택하여 안내선을 표시합니다.

05 [File(파일)]-[Save(저장하기)]([Ctrl]+[S])를 선택하고 '저장 위치 : 내 PCW문서WGTQ, 파일 이름 : 수험번호-성명-2, 파일 형식 : InDesign "CC" 또는 "2021" document (*.indd)'로 설정한 후 저장합니다. INDD 답안 파일을 수시로 저장([Ctrl]+[S])하는 습관이 중요합니다.

02 마스터 페이지 설정

01 A-Master 페이지를 더블 클릭하여 페이지의 왼쪽 아래 페이지 번호 영역에 Type Tool(문자 도구)([T])을 클릭하고 [Type(문자)]-[Insert Special Character(특수 문자 삽입)]-[Markers(표시자)]-[Current Page Number(현재 페이지 번호)]([Ctrl]+[Alt]+[Shift]+[N])를 선택합니다.

02 A-Master 페이지 번호 프레임을 선택하고 문제지의 '페이지 번호' 문자효과 《조건》과 같이 Type Tool(문자 도구)(T)을 클릭하여 'Font(글꼴) : Arial, Font Style(글꼴 스타일) : Bold, Font Size(글꼴 크기) : 9pt, Color(색상) : C70M50'으로 설정한 후 《출력형태》와 같이 배치합니다.

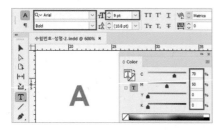

03 문제지의 《출력형태》를 참고하여 페이지 번호 영역에 복사하여 펼침면의 오른쪽 아래에 배치합니다.

기적의 TIP

페이지 영역에서 마스터 페이지 내용(페이지 번호, 삼각버튼 등)을 수정할 경우, 수정할 페이지 Thumbnail(썸네일)의 마우스 오른쪽 버튼을 클릭하여 [Override All Master Page Items(모든 마스터 페이지 재정의)](Ctrl+Alt+Shift+L)를 활용하여 고정된 마스터 페이지 항목을 자유롭게 수정할 수 있습니다.

---

03 이미지 프레임 효과 및 클리핑 패스 적용

01 내 PC₩문서₩GTQ₩Output 폴더의 1급-201.jpg, 1급-202.jpg, 1급-203.jpg, 1급-204.jpg, 1급-205.jpg, 1급-206.jpg와 문제지의 《출력형태》에서 이미지 프레임의 레이아웃과 레이어 순서를 확인합니다.

02 [File(파일)]-[Place(가져오기)](Ctrl+D)를 클릭하여 내 PC₩문서₩GTQ₩Image 폴더에서 1급-6.ai를 가져옵니다. 프레임에서 마우스 오른쪽 버튼을 클릭하여 [Effects(효과)]-[Drop Shadow(그림자)](Ctrl+Alt+M)를 선택합니다.

03 [File(파일)]–[Place(가져오기)]($\boxed{\text{Ctrl}}$+$\boxed{\text{D}}$)를 클릭하여 1급-7.jpg, 1급-8.jpg, 1급-9.jpg를 가져옵니다. 1급-7.jpg, 1급-8.jpg는《출력형태》와 같이 2페이지에, 1급-9.jpg는 1페이지에 프레임 내 이미지의 위치나 크기를 변경하여 배치합니다. Page(페이지)($\boxed{\text{F12}}$) 패널에서 수정할 페이지 Thumbnail(썸네일)에서 마우스 오른쪽 버튼을 클릭하여 [Override All Master Page Items(모든 마스터 페이지 재정의)]($\boxed{\text{Ctrl}}$+$\boxed{\text{Alt}}$+$\boxed{\text{Shift}}$+$\boxed{\text{L}}$)를 선택하고 1급-9.jpg 프레임을 [Object(개체)]–[Arrange(배치)]–[Send to Back(맨 뒤로 보내기)]($\boxed{\text{Ctrl}}$+$\boxed{\text{Shift}}$+$\boxed{\text{[}}$)을 선택하여 고정된 마스터 페이지의 페이지 번호를 표시합니다.

04 [File(파일)]–[Place(가져오기)]($\boxed{\text{Ctrl}}$+$\boxed{\text{D}}$)를 클릭하여 내 PC₩문서₩GTQ₩Image 폴더에서 1급-10.jpg, 1급-11.jpg를 가져옵니다. 1급-10.jpg는 3페이지에, 1급-11.jpg는 4페이지에 이미지의 위치나 크기를 변경하여《출력형태》와 같이 배치합니다.

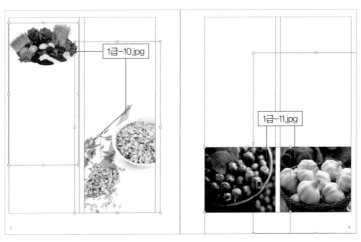

05 [File(파일)]-[Place(가져오기)]([Ctrl]+[D])를 클릭하여 1급-12.jpg를 가져옵니다. [Object(개체)]-[Corner Options(모퉁이 옵션)]를 선택하고 Corner Options(모퉁이 옵션) 대화상자에서 Corner Size and Shape(모퉁이 크기와 모양)을 'Rounded(둥글게), 5mm'로 설정합니다. [Alt]를 누른 상태에서 프레임을 《출력형태》와 같이 6페이지에 복사한 후 더블 클릭하거나 Direct Selection Tool(직접 선택 도구)([A])을 클릭하여 프레임 내 이미지의 위치나 크기를 변경합니다.

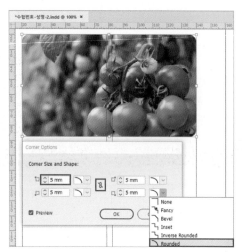

04 도형 편집 및 상호작용 설정

01 Polygon Tool(다각형 도구)을 선택한 후 작업창을 클릭하여 [Polygon(다각형)] 대화상자에서 'Width(폭) : 140mm, Height(높이) : 45mm, Number of Sides(면 수) : 8, Star Inset(별모양 인세트) : 30%'를 입력합니다. [Window(창)]-[Color(색상)]([F6])를 선택하고 Color(색상) 패널에서 Fill(칠)을 선택하여 CMYK 모드의 'C0M0Y0K0'으로 설정합니다.

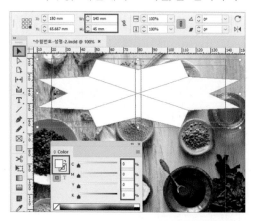

02 다각형을 선택하고 컨트롤 패널에서 'Opacity(불투명도) : 70%'로 설정합니다. [Object(개체)]-[Arrange(배치)]-[Send Backward(뒤로 보내기)](Ctrl+[)를 선택하여 《출력형태》와 같이 배치합니다.

03 Rectangle Tool(사각형 도구)(M)을 선택한 후 작업창을 클릭하여 [Rectangle(사각형)] 대화상자에서 'Width(폭) : 18mm, Height(높이) : 201mm'를 입력합니다. Window(창)]-[Color(색상)]-[Color(색상)](F6)를 선택하고 Color(색상) 패널에서 Fill(칠)을 선택하여 CMYK 모드의 'M50Y70K40'으로 설정합니다. 컨트롤 패널에서 'Opacity(불투명도) : 20%'로 설정합니다. 《출력형태》와 같이 5페이지에도 복사합니다.

 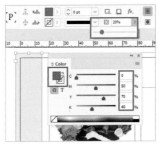

04 Ellipse Tool(타원 도구)(L)을 선택한 후 작업창을 클릭하여 [Ellipse(타원)] 대화상자에서 'Width(폭) : 40mm, Height(높이) : 40mm'를 입력합니다. [Window(창)]-[Color(색상)]-[Color(색상)](F6)를 선택하고 Color(색상) 패널에서 Fill(칠)을 선택하여 CMYK 모드의 'C70Y100'으로 설정합니다. 컨트롤 패널에서 'Opacity(불투명도) : 30%'로 설정합니다. 《출력형태》와 같이 5페이지에도 복사합니다.

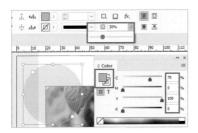

05 Pages(페이지) 패널에서 마스터 페이지로 더블 클릭하여 이동합니다. [Polygon(다각형)] 대화상자에서 'Width(폭) : 7mm, Height(높이) : 7mm, Number of Sides(면 수) : 3'으로 삼각버튼 도형을 만들고 Color(F6)를 선택하여 'Color(색상) : C50Y70'을 입력하고 컨트롤 패널에서 Rotate 90° Anticlockwise(시계 반대 방향으로 90° 회전)를 클릭합니다. Alt+Shift를 누른 상태에서 복사한 후 컨트롤 패널에서 'Flip Horizontal(가로로 뒤집기)'를 선택하여 배치합니다. 메인 페이지로 더블 클릭하여 돌아옵니다.

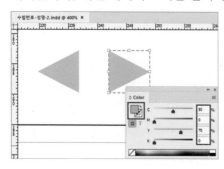

> **기적의 TIP**
>
> 마스터 페이지 설정(페이지 번호, 삼각버튼, 면주 등)은 문제지의 지시조건을 확인하며 그 외 내용은 메인 페이지에 작성합니다.

06 Pages(페이지) 패널의 마스터 페이지를 선택한 후 Buttons and Forms(단추) 패널에서 Action(동작) '+'를 선택하여 왼쪽 삼각버튼은 'Go To Previous Page(이전 페이지로 이동)' 버튼을, 오른쪽 삼각버튼을 선택하고 Buttons and Forms(단추) 패널에서 Action(동작) '+'를 선택하여 'Go To Next Page(다음 페이지로 이동)' 버튼을 설정합니다.

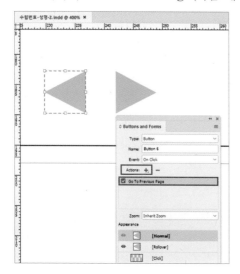

> **기적의 TIP**
>
> 상호작용 설정에 자주 사용하는 패널 영역을[Window(창)]-[Workspace(작업 영역)]-[Interactive for PDF(대화형 PDF)]로 설정합니다.

07 페이지에 [Type(문자)]–[Character(문자)]([Ctrl]+[T])를 선택하여 Character(문자) 패널에서 'Font(글꼴) : Arial, Font Style(글꼴 스타일) : Bold, Font Size(글꼴 크기) : 9pt, Color(색상) C0M0Y0K0'을 선택하여 'license.kpc.or.kr'을 입력하고 가운데 정렬([Ctrl]+[Shift]+[C])을 합니다.

08 입력한 'license.kpc.or.kr'을 블록지정하고 [Window(창)]–[Interactive(대화형)]–[Hyperlink(하이퍼링크)]를 선택하고 Hyperlinks(하이퍼링크) 패널에서 'URL : https://license.kpc.or.kr'을 입력하여 하이퍼링크를 설정합니다.

05 문자 효과 적용

01 [Type(문자)]–[Character(문자)]([Ctrl]+[T])를 선택하여 Character(문자) 패널에서 'Font(글꼴) : Times New Roman, Font Style(글꼴 스타일) : Regular, Font Size(글꼴 크기) : 23pt, Color(색상) : M60Y70'을 선택하여 'SUPER FOOD'를 입력한 후 《출력형태》와 같이 배치합니다.

02 [Type(문자)]-[Character(문자)]([Ctrl]+[T])를 선택하여 Character(문자) 패널에서 'Font(글꼴) : Dotum(돋움), Font Size(글꼴 크기) : 13pt, Leading(행간) : 20pt, Tracking(자간) : -25, Color(색상) : K70'으로 설정한 후 '01. 귀리, 02. 블루베리, 03. 녹차, 04. 마늘, 05. 토마토, 06. 브로콜리, 07. 아몬드'를 입력한 후 배치합니다. '01., 02., 03., 04., 05., 06., 07.' 숫자만 선택하여 'Color(색상) : M50Y70K40'으로 수정합니다.

06 단락 스타일 설정

01 [Window(창)]-[Color(색상)]-[Swatches(색상 견본)]([F5])를 선택하고 Swatches(색상 견본) 패널에서 New Color Swatch(새 색상 견본) 메뉴를 선택하여 단락 스타일 '본문'의 색상 'K100', '중제목'의 색상 'C70M30', '소제목'의 색상 'M50Y70K40'을 각각 추가합니다.

02 [File(파일)]-[Place(가져오기)]([Ctrl]+[D])를 선택하고 내 PC₩문서₩GTQ₩Image 폴더에서 1급-13.txt를 선택하여 3, 4페이지와 5, 6페이지에 '중제목' 텍스트 프레임을 만들고, 문제지의 《조건》으로 지시된 단락 스타일 '중제목'과 '본문' 내용만 남깁니다. [New Paragraph Style(새 단락 스타일)] 대화상자에서 Preview(미리보기)를 체크하고 Basic Character Formats(기본 문자 서식) 탭에서 'Style Name(스타일 이름) : 중제목', 'Font(글꼴) : Dotum(돋움), Size(크기) : 13pt', Character Color(문자 색상) 탭에서 Swatches(색상 견본) 'C70M30'으로 설정합니다.

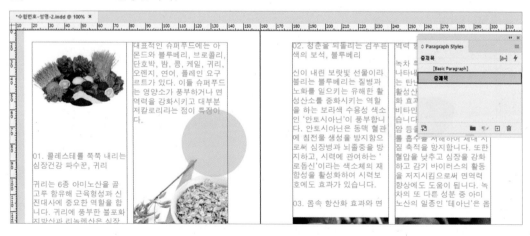

03 '중제목' 프레임에서 '본문' 부분을 블록 지정한 후 '본문' 단락 스타일을 만듭니다. [New Paragraph Style(새 단락 스타일)] 대화상자에서 Preview(미리보기)를 체크하고 Basic Character Formats(기본 문자 서식) 탭에서 'Style Name(스타일 이름) : 본문', 'Font(글꼴) : Batang(바탕), Size(크기) : 8.5pt, Leading(행간) : 14pt, Tracking(자간) : 0', Drop Caps and Nested Styles(단락 시작표시문자) 탭에서 'Lines(줄 수) : 2, Characters(문자 수) : 1', Character Color(문자 색상) 탭에서 Swatches(색상 견본) 'K100'으로 설정합니다.

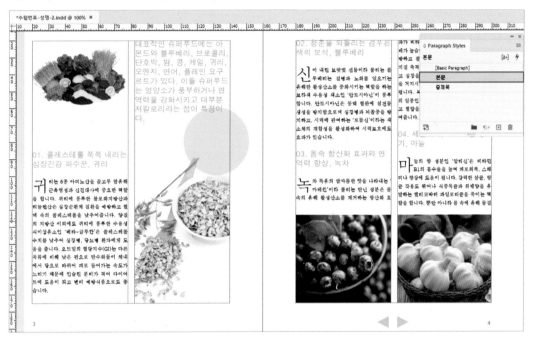

04 '본문' 프레임에서 '소제목' 부분을 블록 지정한 후 '소제목' 단락 스타일을 만듭니다. [New Paragraph Style(새 단락 스타일)] 대화상자에서 Preview(미리보기)를 체크하고 Basic Character Formats(기본 문자 서식) 탭에서 'Style Name(스타일 이름) : 소제목', 'Font(글꼴) : Dotum(돋움), Size(크기) : 12pt, Leading(행간) : 20pt', Character Color(문자 색상) 탭에서 Swatches(색상 견본) 'M50Y70K40'으로 설정합니다.

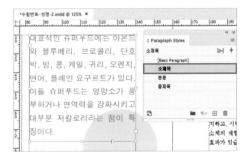

07 EPUB 내보내기와 답안 파일 저장

01 [File(파일)]–[Export(내보내기)]([Ctrl]+[E])를 선택하고 '저장 위치 : 내 PC₩문서₩GTQ, 파일 이름 : 수험번호–성명–2, 파일 형식 : EPUB (Fixed Layout) (*.epub)'으로 설정한 후 저장합니다.

02 [EPUB Export Option(EPUB 내보내기] 대화상자의 [General(일반)] 탭에서 'Cover(표지) : Rasterize First Page(첫 페이지 레스터화)'로 설정한 후 [OK]를 선택합니다.

03 완성된 INDD 답안 파일을 문제지의 《조건》과 《출력형태》를 기준으로 최종 점검하여 [File(파일)]–[Save(저장하기)]([Ctrl]+[S])로 저장합니다. 최종 저장된 INDD 답안 파일을 기준으로 [File(파일)]–[Export(내보내기)]([Ctrl]+[E])를 선택하고 '파일 형식 : EPUB (Fixed Layout) (*.epub)'으로 설정한 후 마지막으로 저장합니다.

04 답안 파일 저장이 완료되면 [File(파일)]–[Close(닫기)]([Ctrl]+[W])를 선택하고 수험자 답안 전송 프로그램의 [답안 전송]을 클릭하여 최종 INDD와 EPUB 파일을 감독관 컴퓨터로 제출합니다.

작업과정   새 문서 만들기 및 임시 파일 저장하기 ▶ 마스터 페이지 설정 ▶ 이미지 프레임 효과 및 클리핑 패스 적용 ▶
도형 편집 및 문자 효과 적용 ▶ 단락 스타일 설정 ▶ 답안 파일 저장

완성이미지   수험번호-성명-3.indd
1급-301.jpg, 1급-302.jpg

01 새 문서 만들기 및 임시 파일 저장하기

01 [File(파일)]-[New(새로 만들기)]-[Document(문서)]([Ctrl]+[N])를 선택하고 [New Document(새문서)] 대화상자에서 'Width(폭) : 210mm, Height(높이) : 280mm', 'Pages(페이지) : 2, Facing Pages(페이지 마주보기) 옵션선택, Columns(열) : 3, Column Gutter(열간격) : 5mm', Margins(여백)의 'Top(위쪽) : 10mm, Bottom(아래쪽) : 10mm, Inside(안쪽) : 10mm, Outside(바깥쪽) : 10mm', Bleed and Slug(도련 및 슬러그)의 Bleed(도련)을 3mm로 설정하여 새 문서를 만듭니다.

02 Pages(페이지) 패널의 2페이지 Thumbnail(썸네일)에서 마우스 오른쪽 버튼을 클릭하여 'Allow Document Pages to Shuffle(문서 페이지 재편성 허용)' 체크를 해제합니다. 2페이지 Thumbnail(썸네일)을 마우스 왼쪽 버튼을 누른 상태에서 1페이지 Thumbnail(썸네일) 왼쪽으로 드래그하고 마우스 포인터가 'ㄷ'자 모양으로 바뀌면, 드롭하여 마주보는 페이지의 펼침면으로 배치합니다.

03 자주 사용하는 패널 영역을 [Window(창)]-[Workspace(작업 영역)]-[Typography(입력 체계)]로 설정하여 답안 작성 시간을 절약합니다.

04 [View(보기)]-[Grids & Guides(격자 및 안내선)]-[Show Guides(안내선 표시)]([Ctrl]+[;])를 선택하여 안내선을 표시합니다.

05 [File(파일)]-[Save(저장하기)]([Ctrl]+[S])를 선택하고 '저장 위치 : 내 PC₩문서₩GTQ, 파일 이름 : 수험번호-성명-3, 파일 형식 : InDesign "CC" 또는 "2021" document (*.indd)'로 설정한 후 저장합니다. INDD 답안 파일을 수시로 저장([Ctrl]+[S])하는 습관이 중요합니다.

02 마스터 페이지 설정

01 Page(페이지)([F12]) 패널에서 New Master(새 마스터) 메뉴를 선택하고 [New Master(새 마스터)] 대화상자에서 'Prefix(접두어) : B, Name(이름) : Master(마스터), Number of Pages(페이지 수) : 2, Page Size(페이지 크기)-Width(폭) : 210mm, Height(높이) : 280mm'로 설정합니다.

02 B-Master 페이지의 Thumbnail(썸네일)을 1~2페이지 영역으로 드래그 앤 드롭하여 "B-Maste" applied("B-마스터" 적용됨)로 설정합니다.

03 B-Master 페이지를 더블 클릭하여 왼쪽(홀수) 페이지 번호 영역에 Type Tool(문자 도구)(⒯)을 클릭하고 [Type(문자)]-[Insert Special Character(특수 문자 삽입)]-[Markers(표시자)]-[Current Page Number(현재 페이지 번호)](Ctrl+Alt+Shift+N)를 선택합니다.

04 B-Master 페이지 번호 프레임을 선택하고 문제지의 '페이지 번호' 문자효과 《조건》과 같이 Type Tool(문자 도구)(⒯)을 클릭하여 'Font(글꼴) : Arial, Font Style(글꼴 스타일) : Bold, Font Size(글꼴 크기) : 40pt, Color(색상) : C70Y100'으로 설정한 후 컨트롤 패널에서 'Opacity(불투명도) : 50%'로 설정합니다. 완성된 왼쪽(홀수) 페이지 번호의 프레임을 Alt 를 누른 상태에서 오른쪽(짝수) 페이지 번호 영역에 복사하여 문제지의 《출력형태》와 같이 배치합니다.

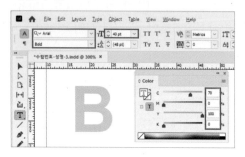

05 B-Master 페이지의 왼쪽(홀수) 페이지에서 문제지의 '면주' 문자효과 《조건》과 같이 Type Tool(문자 도구)(⒯)을 클릭하여 'The efficacy of coffee'를 입력하고 'Font(글꼴) : Arial, Font Style(글꼴 스타일) : Bold, Font Size(글꼴 크기) : 12pt, Color(색상) : M100K30'으로 설정한 후 《출력형태》와 같이 배치합니다.

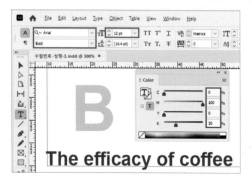

06 B-Master 페이지 왼쪽(홀수) 페이지의 면주 텍스트 프레임을 선택하여 오른쪽(짝수) 페이지로 복사하고 'Kind of coffee'를 입력한 후《출력형태》와 같이 배치합니다.

03 이미지 프레임 효과 및 클리핑 패스 적용

01 내 PC₩문서₩GTQ₩Output 폴더의 1급-301.jpg, 1급-302.jpg와 문제지의《출력형태》에서 이미지 프레임의 레이아웃을 확인합니다.

02 [File(파일)]-[Place(가져오기)](Ctrl + D)를 클릭하여 내 PC₩문서₩GTQ₩Image 폴더에서 1급-14.jpg, 1급-15.jpg, 1급-16.psd를 가져옵니다. 1급-14.jpg, 1급-15.jpg는《출력형태》와 같이 1페이지에 1급-16.psd 2페이지에 프레임 내 이미지의 위치나 크기를 변경하여 배치합니다.

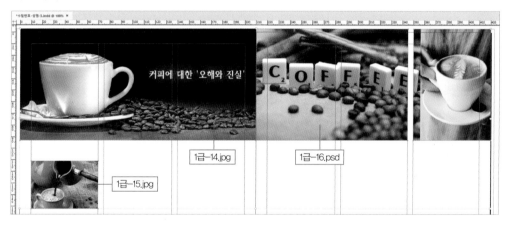

03 [File(파일)]-[Place(가져오기)](Ctrl + D)를 클릭하여 1급-17.psd, 1급-18.psd를 가져옵니다. 프레임을 선택하고 [Object(개체)]-[Clipping Path(클리핑 패스)]-[Options(옵션)](Ctrl + Alt + Shift + K)을 선택하여 [Clipping Path(클리핑 패스)] 대화상자에서 'Type(유형) : Photoshop Path(패스), Path(패스) : Path 1'을 선택합니다.

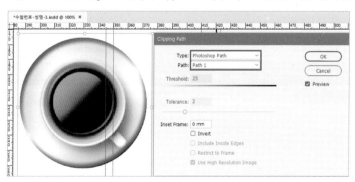

04 1급-17.psd, 1급-18.psd프레임에서 [Window(창)]-[Text Wrap(텍스트 감싸기)]([Ctrl]+ [Alt]+[W])을 선택합니다. Text Wrap(텍스트 감싸기) 패널에서 Wrap around object shape(개체 모양 감싸기)을 선택하여 'Offset(오프셋) : 5mm'로 설정합니다. 프레임에서 마우스 오른쪽 버튼을 클릭하여 [Effects(효과)]-[Satin(새틴)]을 선택합니다.

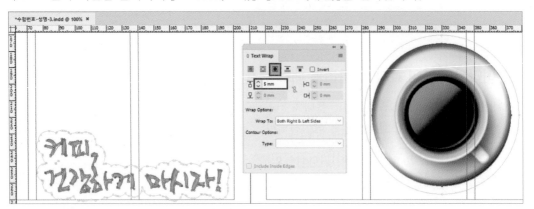

05 [File(파일)]-[Place(가져오기)]([Ctrl]+[D])를 클릭하여 1급-19.ai를 가져옵니다. 프레임에서 마우스 오른쪽 버튼을 클릭하여 [Effects(효과)]-[Drop Shadow(그림자)]([Ctrl]+[Alt]+[M])를 선택합니다.

04 도형 편집 및 문자 효과 적용

01 Rectangle Tool(사각형 도구)([M])을 선택한 후 작업창을 클릭하여 [Rectangle(사각형)] 대화상자에서 'Width(폭) : 125mm, Height(높이) : 11mm'를 입력합니다. [Window(창)]-[Color(색상)]([F6])를 선택하고 Color(색상) 패널에서 Fill(칠)을 선택하여 CMYK 모드의 'C40M70Y100'으로 설정합니다. [Object(개체)]-[Corner Options(모퉁이 옵션)]를 선택하고 Corner Options(모퉁이 옵션) 패널에서 Corner Size and Shape(모퉁이 크기와 모양)을 'Rounded(둥글게), 5mm'로 설정한 후 《출력형태》와 같이 복사하여 배치합니다.

복사

02 [Type(문자)]-[Character(문자)]([Ctrl]+[T])를 선택하고 Character(문자) 패널에서 'Font (글꼴) : Gungsuh(궁서), Font Size(글꼴 크기) : 16pt, Color(색상) : C0M0Y0K0'으로 설정한 후 '삼성서울병원 건강상식'을 입력합니다.

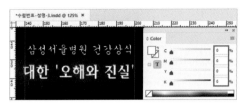

05 단락 스타일 설정

01 [Window(창)]-[Color(색상)]-[Swatches(색상 견본)]([F5])를 선택하고 Swatches(색상 견본) 패널에서 New Color Swatch(새 색상 견본) 메뉴를 선택하여 단락 스타일 '본문'의 색상 'K100', '중제목'의 색상 'C0M0Y0K0', '소제목'의 'M100K30', '캡션'의 색상 'C70Y100'을 추가합니다.

02 [File(파일)]-[Place(가져오기)]([Ctrl]+[D])를 선택하고 내 PC₩문서₩GTQ₩Image 폴더에서 1급-20.txt를 선택하여 '중제목' 텍스트 프레임을 만듭니다. [New Paragraph Style(새 단락 스타일)] 대화상자에서 Preview(미리보기)를 체크하고 Basic Character Formats(기본 문자 서식) 탭에서 'Style Name(스타일 이름) : 중제목', 'Font(글꼴) : Dotum(돋움), Size(크기) : 13pt, Tracking(자간) : −25', Character Color(문자 색상) 탭에서 Swatches(색상 견본) 'C0M0Y0K0'으로 설정합니다.

🎬 기적의 TIP

텍스트 파일을 메모장으로 열어 단락 스타일에 적용할 내용만 복사하여 텍스트 프레임을 만들어도 됩니다.

03 [File(파일)]−[Place(가져오기)]([Ctrl]+[D])를 선택하고 1급−20.txt를 선택하여 '본문' 텍스트 프레임을 만들고, 문제지의 《조건》으로 지시된 단락 스타일 '본문' 내용만 남깁니다. 단락 서식 컨트롤 패널에서 'Columns(열 수) : 3, Gutter(단 간격) : 5mm'로 설정한 후 '본문' 단락 스타일을 설정합니다. [New Paragraph Style(새 단락 스타일)] 대화상자에서 Preview(미리보기)를 체크하고 Basic Character Formats(기본 문자 서식) 탭에서 'Style Name(스타일 이름) : 본문', 'Font(글꼴) : Batang(바탕), Size(크기) : 9pt, Leading(행간) : 18pt, Tracking(자간) : −25', Indents and Spacing(들여쓰기 및 간격) 탭에서 'Alignment(정렬) : Left Justify(왼쪽 균등 배치)', 'First Line Indent(첫 줄 들여쓰기) : 4mm', Character Color(문자 색상) 탭에서 Swatches(색상 견본) 'K100'으로 설정합니다.

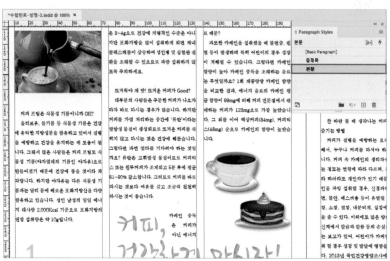

04 '본문' 프레임에서 '소제목' 부분을 블록 지정한 후 '소제목' 단락 스타일을 만듭니다. [New Paragraph Style(새 단락 스타일)] 대화상자에서 Preview(미리보기)를 체크하고 Basic Character Formats(기본 문자 서식) 탭에서 'Style Name(스타일 이름) : 소제목', 'Font(글꼴) : Dotum(돋움), Size(크기) : 10pt, Leading(행간) : 18pt, Tracking(자간) : −25', Drop Caps and Nested Styles(단락 시작표시문자) 탭에서 'Lines(줄 수) : 2, Characters(문자 수) : 1', Character Color(문자 색상) 탭에서 Swatches(색상 견본) 'M100K30'으로 설정합니다.

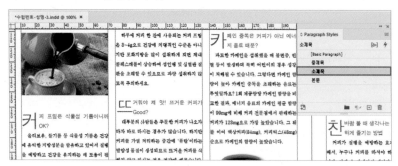

05 '본문' 프레임에서 '캡션' 부분을 블록 지정한 후 '캡션' 단락 스타일을 만듭니다. [New Para-graph Style(새 단락 스타일)] 대화상자에서 Preview(미리보기)를 체크하고 Basic Character Formats(기본 문자 서식) 탭에서 'Style Name(스타일 이름) : 캡션', 'Font(글꼴) : Dotum(돋움), Size(크기) : 8pt, Leading(행간) : 12pt, Tracking(자간) : −25', Character Color(문자 색상) 탭에서 Swatches(색상 견본) 'C70Y100'으로 설정합니다.

06 답안 파일 저장

01 완성된 INDD 답안 파일을 문제지의 《조건》과 《출력형태》를 기준으로 최종 점검하여 [File(파일)]-[Save(저장하기)](Ctrl+S)로 저장합니다.

02 답안 파일 저장이 완료되면 [File(파일)]-[Close(닫기)](Ctrl+W)를 선택하고 수험자 답안 전송 프로그램의 [답안 전송]을 클릭하여 최종 INDD 파일을 감독관 컴퓨터로 제출합니다.

➕ 더 알기 TIP

GTQid 1급 시험은 문항마다 제출할 답안 파일의 형식과 개수가 다릅니다. 1급의 1번 문항은 INDD와 PDF 파일을, 2번 문항은 INDD와 EPUB 파일을, 3번 문항은 INDD 파일로 총 5개의 답안 파일이 저장되어야 합니다.

급수	문제유형	시험시간	수험번호	성명
1급	A	90분	G320250010	

수 험 자 유 의 사 항

- 수험자는 문제지를 받는 즉시 응시하고자 하는 **과목 및 급수가 맞는지 확인**한 후 수험번호와 성명을 작성합니다.
- 파일명은 본인의 수험번호–성명–문제번호로 공백 없이 정확히 입력하고 답안 폴더(내 PC₩문서₩GTQ)에 파일저장규칙으로 저장해야 하며, '다른 파일 형식과 버전으로 저장하였을 경우', '패키지로 저장할 경우' 0점 처리됩니다. 답안문서 파일명이 수험번호–성명–문제번호와 일치하지 않거나, 답안 파일을 전송하지 않아 미제출로 처리될 경우 불합격 처리됩니다.
- 수험자 정보와 저장한 파일명, 저장 위치가 다를 경우 전송이 되지 않으므로, 주의하시기 바랍니다.
- 답안 작성 중에도 **주기적으로 '저장'과 '답안 전송'**을 이용하여 감독위원 PC로 답안을 전송하셔야 합니다.(※ 작성한 내용을 **저장하지 않고 전송할 경우** 이전의 저장내용이 전송되오니 이 점 반드시 유념하시기 바랍니다.)
- 답안문서는 지정된 경로 외의 다른 보조기억장치에 저장하는 행위, 지정된 시험 시간 외에 작성된 파일을 활용한 행위, 기타 통신수단(이메일, 메신저, 네트워크 등)을 이용하여 타인에게 전달 또는 외부 반출하는 행위는 부정행위로 간주되어 자격기본법 제32조에 의거 본 시험 및 국가공인 자격시험을 2년간 응시할 수 없습니다.
- 시험 중 부주의 또는 고의로 시스템을 파손한 경우와 〈수험자 유의사항〉에 기재된 방법대로 이행하지 않아 생기는 불이익은 수험자의 책임임을 알려 드립니다.
- 시험을 완료한 수험자는 최종적으로 저장한 답안 파일이 전송되었는지 확인한 후 감독위원의 지시에 따라 문제지를 제출하고 퇴실합니다.

답 안 작 성 요 령

- **온라인 답안 작성 절차**
  수험자 등록 ⇒ 시험 시작 ⇒ 답안 파일 저장 ⇒ 답안 전송 ⇒ 시험 종료
- 내 PC₩문서₩GTQ₩Image 폴더의 첨부파일을 사용하여 답안을 작성하시고 최종답안을 답안 폴더(내 PC₩문서₩GTQ)에 저장하여 답안을 전송하시고, 이미지의 크기가 다른 경우 감점 처리됩니다.
- 배점은 총 100점으로 이루어지며, 점수는 각 문제별로 차등 배분됩니다.
- 각 문제의 기본 단위는 'mm(밀리미터)'이며 지시조건에 맞게 답안을 작성하셔야 합니다.
- 그 외 지시되지 않는 조건(레이아웃, 색상, 문자, 규격 등)은 《결과파일》, 《출력형태》를 참고하여 첨부파일을 활용하여 작성하십시오. 위 언급한 내용을 충족하지 못했을 경우에는 0점 또는 감점 처리됩니다.(※《결과파일》은 내 PC₩문서₩GTQ₩Output 폴더에서 확인)
- 문제 조건에 서체의 지정이 없을 경우 한글은 굴림, 돋움, 영문은 Arial로 작성하십시오. 임의 서체로 작성할 경우 감점될 수 있으니 유의하시기 바랍니다.
- 문제 조건에 형태(크기, 색상, 선 굵기 등)에 대한 지정이 없을 경우 《결과파일》, 《출력형태》를 참고하여 작업해 주시기 바랍니다.
- Color Mode(색상 모드)는 별도의 처리조건이 없을 경우에는 CMYK로 작성하십시오.
- 조건에서 제시한 기능의 속성을 해지할 경우 해당 요소는 0점 처리됩니다.

한 국 생 산 성 본 부

문제 1   [기능평가] 신문 제작   25점

다음의 《조건》에 따라 아래의 《출력형태》와 같이 작업하시오.

조건

첨부파일		GTQ₩Image₩1급-1.jpg, 1급-2.jpg, 1급-3.psd, 1급-4.ai, 1급-5.txt	
파일저장규칙	크기 동일	323×470mm	
	indd	파일명	GTQ₩수험번호-성명-1.indd
	pdf	파일명	GTQ₩수험번호-성명-1.pdf

1. 기본 설정

① 1쪽(Pages), 4단(Columns), 단 간격(Gutter) 5mm, 여백(Margins) : 상 25mm, 하좌우 20mm, 도련(Bleed) 5mm
② PDF 내보내기 : 모든 프린터 표시(All Printer's Marks)

2. 작업 방법

① 1급-1.jpg : 효과(Effects) – 그레이디언트 페더(Gradient Feather)
② 1급-2.jpg : 응용 및 배치
③ 1급-3.psd : 클리핑 패스(Clipping Path) – 포토샵 패스(Photoshop Path), 텍스트 감싸기(Text Wrap) 4mm, 효과
   (Effects) –기본 페더(Basic Feather)
④ 1급-4.ai : 클리핑 패스(Clipping Path) – 가장자리 감지(Detect Edge), 효과(Effects) – 외부 광선(Outer Glow)
⑤ 획 : 283mm, 파선(3:2)(Dashed 3 and 2), 7pt, C20M70Y100
⑥ 도형 : 사각형(164×15mm, M40Y100 → C0M0Y0K0)

3. 문자 효과

① KORAIL과 함께하는 행복여행(돋움, 24pt, M80Y100K30,
   효과(Effects) – 그림자(Drop Shadow))
② 'Happy 700'이라는 말을 들어보셨나요?(돋움, 24pt,
   C100M100, 효과(Effects) – 외부 광선(Outer Glow))
③ 대관령 삼양목장 찾아가기 》 (돋움, 18pt, M100, 선(2pt,
   Y50))
④ 1급-5.txt : 단락 스타일 설정
   • 본문1(돋움, 16t, 행간 22pt, C90M50Y30, 단락 시작
     표시문자 2줄)
   • 본문2(돋움, 12pt, 행간 17pt, K100)

출력형태

다음의 《조건》에 따라 아래의 《출력형태》와 같이 작업하시오.

조건

첨부파일		GTQ\Image\1급-6.ai, 1급-7.jpg, 1급-8.jpg, 1급-9.jpg, 1급-10.jpg, 1급-11.jpg, 1급-12.jpg, 1급-13.txt
파일저장규칙	크기 동일	160×195mm
	indd 파일명	GTQ\수험번호-성명-2.indd
	epub 파일명	GTQ\수험번호-성명-2.epub

1. 기본 설정

① 6쪽(Pages), 3단(Columns), 단 간격(Gutter) 4mm, 여백(Margins) : 상하좌우 20mm, 도련 (Bleed) 3mm

② EPUB 고정 레이아웃(Fixed Layout) 내보내기 : 첫 페이지 래스터화(Rasterize First Page)

2. 작업 방법

① 1급-6.ai, 1급-7.jpg : 효과(Effects) – 새틴 (Satin), 그레이디언트 페더(Gradient Feather)

② 1급-8.jpg, 1급-10.jpg, 1급-11.jpg : 응용 및 배치

③ 1급-9.jpg, 1급-12.jpg : 모퉁이 둥글게 (Rounded) 5mm, 텍스트 감싸기(Text Wrap) 3mm

④ 도형 : 사각형(326×20mm, C100M30Y40), 삼각버튼(7×7mm, M60Y70), 원(30×30mm, 20×20mm, C0M0Y0K0, 불투명도(Opacity) 30%)

⑤ 마스터 페이지 설정 : 페이지 번호 설정, 짝수 페이지 삼각버튼 배치

⑥ 상호작용(Interactive) 설정 : 하이퍼링크(license.kpc.or.kr로 페이지 이동, 새 창으로), 이전과 다음 페이지로 이동(삼각버튼)

3. 문자 효과

① license.kpc.or.kr, '페이지 번호'(Arial, Bold, 9pt, C70M50)

② 자연과 조화 이룬 한국적인 궁궐(궁서, 12pt, 행간 12pt, K100)

③ 01. 창덕궁 후원, 02. 창덕궁 야경, 03. 창덕궁 사계(굴림, 14pt, 행간 24pt, C100M30Y40, C0M0Y0K0)

④ 1급-13.txt : 단락 스타일 설정
- 본문(돋움, 9pt, 행간 12pt, C60M100Y90K30, 단락시작 표시문자 2줄)
- 캡션(돋움, 8pt, K100)

출력형태

문제 3 [실무응용] 단행본/매거진   40점

다음의 《조건》에 따라 아래의 《출력형태》와 같이 작업하시오.

조건

첨부파일		GTQ\Image\1급-14.jpg, 1급-15.jpg, 1급-16.psd, 1급-17.psd, 1급-18.psd, 1급-19.ai, 1급-20.txt
파일저장규칙	크기 동일	210×280mm
	indd / 파일명	GTQ\수험번호-성명-3.indd

1. 기본 설정
① 2쪽(Pages), 3단(Columns), 단 간격(Gutter) 5mm, 여백(Margins) : 상하좌우 10mm, 도련(Bleed) 3mm

2. 작업 방법
① 1급-14.jpg, 1급-16.psd : 효과(Effects) – 그레이디언트 페더(Gradient Feather)
② 1급-15.jpg, 1급-18.psd : 모퉁이 둥글게(Rounded) 10mm, 클리핑 패스(Clipping Path) – 포토샵 패스(Photoshop Path), 텍스트 감싸기(Text Wrap) 3mm
③ 1급-17.psd, 1급-19.ai : 응용 및 배치
④ 도형 : 사각형(130×12mm, C20M20, 모퉁이 거꾸로 둥글게(Inverse Rounded) 6mm, 효과(Effects) – 그레이디언트 페더(Gradient Feather))
⑤ 마스터 페이지 설정 : B-Master Page 추가, 페이지 번호 설정, 면주(홀수("Healing") / 짝수("Romantic"))

3. 문자 효과
① 도심을 숨 쉬게 하는 서울의 상징 드라마 속 주인공처럼 고백하세요!(굴림, 20pt, M80Y100)
② '면주'(Arial, Regular, 20pt, M100K30)
③ '페이지 번호'(Times New Roman, Bold, 24pt, C30Y80K20)
④ 1급-20.txt : 단락 스타일 설정
  • 단락제목(굴림, 14pt, 행간 15pt, C80M100, 밑줄(Underline) M80Y100)
  • 본문(굴림, 12pt, 행간 15pt, 자간 –10, K100, 첫 줄 들여쓰기 2mm)
  • 출처(돋움, 11pt, C30K10)

출력형태

문제 1 [기능평가] 신문 제작

작업과정 새 문서 만들기 및 임시 파일 저장하기 ▶ 이미지 프레임 효과 및 클리핑 패스 적용 ▶ 선과 도형 편집 ▶ 문자 효과 적용 ▶ 단락 스타일 설정 ▶ PDF 내보내기와 답안 파일 저장

완성이미지 수험번호-성명-1.INDD, 수험번호-성명-1.pdf
1급-101.jpg

01 새 문서 만들기 및 임시 파일 저장하기

01 [File(파일)]-[New(새로 만들기)]-[Document(문서)]([Ctrl]+[N])를 선택하고 [New Document(새문서)] 대화상자에서 'Width(폭) : 323mm, Height(높이) : 470mm', 'Pages(페이지) : 1, Columns(열) : 4, Column Gutter(열 간격) : 5mm', Margins(여백)의 'Top(위쪽) : 25mm, Bottom(아래쪽) : 20mm, Inside(안쪽) : 20mm, Outside(바깥쪽) : 20mm', Bleed and Slug(도련 및 슬러그)의 Bleed(도련)을 5mm로 설정하여 새 문서를 만듭니다.

02 자주 사용하는 패널 영역을 [Window(창)]-[Workspace(작업 영역)]-[Typography(입력 체계)]로 설정하여 답안 작성 시간을 절약합니다.

03 [View(보기)]-[Grids & Guides(격자 및 안내선)]-[Show Guides(안내선 표시)]([Ctrl]+[;])를 선택하여 안내선을 표시합니다.

04 [File(파일)]-[Save(저장하기)]([Ctrl]+[S])를 선택하고 '저장 위치 : 내 PC₩문서₩GTQ, 파일 이름 : 수험번호-성명-1, 파일 형식 : InDesign "CC" 또는 "2021" document (*.indd)'로 설정한 후 저장합니다. INDD 답안 파일을 수시로 저장([Ctrl]+[S])하는 습관이 중요합니다.

02 이미지 프레임 효과 및 클리핑 패스 적용

01 내 PC₩문서₩GTQ₩Output 폴더의 1급-101.jpg와 문제지의 《출력형태》에서 이미지 프레임의 레이아웃과 레이어 순서를 확인합니다.

02 [File(파일)]-[Place(가져오기)]([Ctrl]+[D])를 클릭하여 내 PC₩문서₩GTQ₩Image 폴더에서 1급-1.jpg를 가져옵니다. 프레임에서 마우스 오른쪽 버튼을 클릭하여 [Object(개체)]-[Effects(효과)]-[Gradient Feather(그레이디언트 페더)]를 선택합니다.

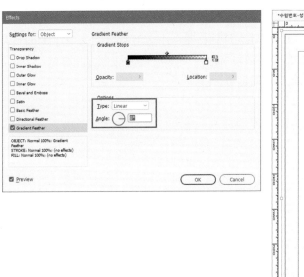

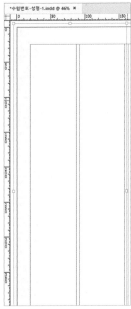

03 [File(파일)]-[Place(가져오기)]([Ctrl]+[D])를 클릭하여 1급-2.jpg를 가져옵니다. 《출력형태》
와 같이 프레임을 복사한 후 더블 클릭하거나 Direct Selection Tool(직접 선택 도구)([A])을
클릭하여 프레임 내 이미지의 위치나 크기를 변경합니다.

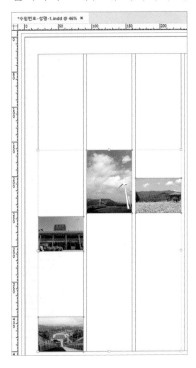

04 [File(파일)]–[Place(가져오기)]([Ctrl]+[D])를 클릭하여 1급-3.psd를 가져옵니다. 프레임을 선택하고 [Object(개체)]–[Clipping Path(클리핑 패스)]–[Options(옵션)]([Ctrl]+[Alt]+[Shift]+[K])를 선택하여 [Clipping Path(클리핑 패스)] 대화상자에서 'Type(유형) : Photoshop Path(패스), Path(패스) : Path1'을 선택합니다.

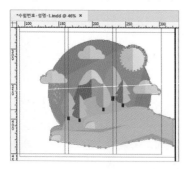

05 1급-3.psd 프레임에서 [Window(창)]–[Text Wrap(텍스트 감싸기)]([Ctrl]+[Alt]+[W])을 선택합니다. Text Wrap(텍스트 감싸기) 패널에서 Wrap around object shape(개체 모양 감싸기)을 선택하여 'Offset(오프셋) : 4mm'로 설정합니다. 프레임에서 마우스 오른쪽 버튼을 클릭하여 [Effects(효과)]–[Basic Feather(기본 페더)]를 선택합니다.

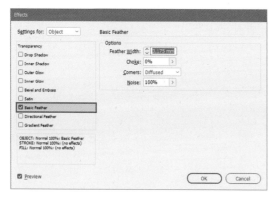 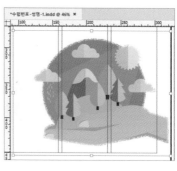

06 [File(파일)]–[Place(가져오기)]([Ctrl]+[D])를 클릭하여 1급-4.ai를 가져옵니다. 프레임을 선택하고 [Object(개체)]–[Clipping Path(클리핑 패스)]–[Options(옵션)]([Ctrl]+[Alt]+[Shift]+[K])를 선택하여 [Clipping Path(클리핑 패스)] 대화상자에서 'Type(유형) : Detect Edge(가장자리 감지)'를 선택합니다. 프레임에서 마우스 오른쪽 버튼을 클릭하여 [Effects(효과)]–[Outer Glow(외부 광선)]를 선택합니다. Effect Color(효과 색상)를 선택하여 CMYK 모드의 'Y100'으로 설정합니다.

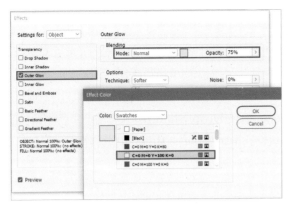

03 선과 도형 편집

01 Line Tool(선 도구)(⊞)을 클릭하여 [Shift]를 누른 상태에서 'Length(길이) : 285mm'로 가로 직선을 만듭니다. [Window(창)]–[Stroke(획)](F10)을 선택하고 Stroke(획) 패널에서 'Weight(두께) : 7pt, Type(유형) : Dashed (3 and 2)(파선(3:2))'로 설정하고 [Window (창)]–[Color(색상)]–[Color(색상)](F6)를 선택하고 Color(색상) 패널에서 Stroke(획)을 선택한 후 CMYK 모드의 'C20M70Y100'으로 설정한 후 《출력형태》와 같이 배치합니다.

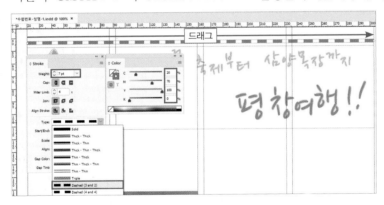

02 Rectangle Tool(사각형 도구)(M)을 선택한 후 작업창을 클릭하여 [Rectangle(사각형)] 대화상자에서 'Width(폭) : 164mm, Height(높이) : 15mm'를 입력합니다. [Window(창)]–[Color(색상)]–[Gradient(그레이디언트)] 패널에서 'Type(유형) : Linear(선형)'을 선택하여 CMYK 모드의 시작 'M40Y100', 끝 'C0M0Y0K0'으로 설정합니다.

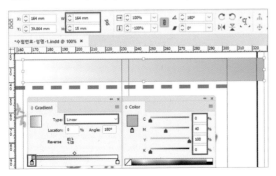

04 문자 효과 적용

01 [Type(문자)]–[Character(문자)]([Ctrl]+[T])를 선택하여 Character(문자) 패널에서 'Font (글꼴) : Dotum(돋움), Font Size(글꼴 크기) : 24pt, Color(색상) : 'M80Y100K30'을 선택하여 'KORAIL과 함께하는 행복여행'을 입력한 후《출력형태》와 같이 배치합니다. 프레임에서 마우스 오른쪽 버튼을 클릭하여 [Effects(효과)]–[Drop Shadow(그림자)] 또는 [Object(개체)]–[Effects(효과)]–[Drop Shadow(그림자)]([Ctrl]+[Alt]+[M])를 선택합니다.

02 [Type(문자)]–[Character(문자)]([Ctrl]+[T])를 선택하여 Character(문자) 패널에서 'Font (글꼴) : Dotum(돋움), Font Size(글꼴 크기) : 24pt, Color(색상) : C100M100'을 선택하여 "Happy 700'이라는 말을 들어보셨나요?'를 입력한 후《출력형태》와 같이 배치합니다. 프레임에서 마우스 오른쪽 버튼을 클릭하여 [Effects(효과)]–[Outer Glow(외부 광선)]를 선택합니다.

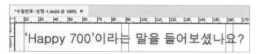

03 문제지의《출력형태》와 같이 Pen Tool(펜 도구)([P])을 클릭하여 '대관령 삼양목장 찾아가기 〉〉'의 Path(패스) 형태를 작성한 후, Color(색상) 패널에서 Fill(칠)과 Stroke(획)를 둘 다 없음으로 설정합니다. Type on a Path Tool(패스에 입력 도구)([Shift]+[T])을 클릭하고 작성된 Path(패스)를 선택합니다. [Type(문자)]–[Character(문자)]([Ctrl]+[T])를 선택하여 Character(문자) 패널에서 'Font(글꼴) : Dotum(돋움), Font Size(글꼴 크기) : 18pt, Color(색상) : M100'으로 설정한 후 '대관령 삼양목장 찾아가기 〉〉'를 입력한 후《출력형태》와 같이 배치합니다. [Window(창)]–[Stroke(획)]([F10])을 선택하고 Stroke(획) 패널에서 'Weight(두께) : 2pt'로 설정하고 [Window(창)]–[Color(색상)]–[Color(색상)]([F6])를 선택하고 Color(색상) 패널에서 Stroke(획)을 선택한 후 CMYK 모드의 'Y50'으로 설정합니다.

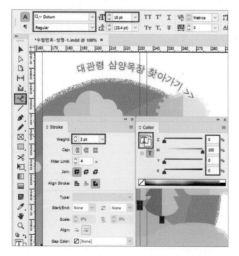

05 단락 스타일 설정

01 [Window(창)]-[Color(색상)]-[Swatches(색상 견본)]((F5))를 선택하고 Swatches(색상 견본) 패널에서 New Color Swatch(새 색상 견본) 메뉴를 선택하여 단락 스타일 '본문1'의 색상 'C90M50Y30', '본문2'와 '캡션'의 색상 'K100'을 각각 추가합니다.

02 [File(파일)]-[Place(가져오기)]((Ctrl)+(D))를 선택하고 내 PC₩문서₩GTQ₩Image 폴더에서 1급-5.txt를 선택하여 '본문1' 텍스트 프레임을 만듭니다. [New Paragraph Style(새 단락 스타일)] 대화상자에서 Preview(미리보기)를 체크하고 Basic Character Formats(기본 문자 서식) 탭에서 'Style Name(스타일 이름) : 본문1', 'Font(글꼴) : Dotum(돋움), Size(크기) : 16pt, Leading(행간) : 22pt', Drop Caps and Nested Styles(단락 시작표시문자) 탭에서 'Lines(줄 수) : 2, Characters(문자 수) : 1', Character Color(문자 색상) 탭에서 색상 견본 'C90M50Y30'으로 설정합니다.

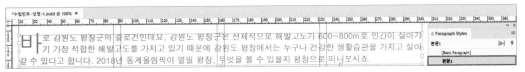

03 [File(파일)]-[Place(가져오기)]((Ctrl)+(D))를 선택하고 1급-5.txt를 선택하여 '본문2' 텍스트 프레임을 만듭니다.. 단락 서식 컨트롤 패널에서 'Columns(열 수) : 4, Gutter(단 간격) : 5mm'로 설정합니다. [New Paragraph Style(새 단락 스타일)] 대화상자에서 Preview(미리보기)를 체크하고 Basic Character Formats(기본 문자 서식) 탭에서 'Style Name(스타일 이름) : 본문2', 'Font(글꼴) : Dotum(돋움), Size(크기) : 12pt, Leading(행간) : 17pt', Character Color(문자 색상) 탭에서 색상 견본 'K100'으로 설정합니다.

06 PDF 내보내기와 답안 파일 저장

01 [File(파일)]-[Export(내보내기)]([Ctrl]+[E])를 선택하고 '저장 위치 : 내 PC\문서\GTQ'로 설정한 후 '파일 이름 : 수험번호-성명-1'을 입력하고 '파일 형식 : Adobe PDF (Print) (*.pdf)'로 설정한 후 저장합니다.

02 [Export Adobe PDF(Adobe PDF 내보내기)] 대화상자에서 [General(일반)] 탭에서 'Adobe PDF Preset(사전 설정) : High Quality Print(고품질 인쇄)'를 선택하고 [Marks and Bleeds(표시 및 도련)]에서 [All Printer's Marks(모든 프린터 표시)]로 설정하고 문제지의 《출력형태》를 참고하여 'Use Document Bleed Settings(문서에 도련 설정 사용)' 표시로 설정한 후 Export(내보내기)를 선택합니다.

03 완성된 INDD 답안 파일을 문제지의 《조건》과 《출력형태》를 기준으로 최종 점검하여 [File(파일)]-[Save(저장하기)]([Ctrl]+[S])로 저장합니다. 최종 저장된 INDD 답안 파일을 기준으로 [File(파일)]-[Export(내보내기)]([Ctrl]+[E])를 선택하고 '파일 형식 : Adobe PDF (Print) (*.pdf)'로 설정한 후 마지막으로 저장합니다.

04 답안 파일 저장이 완료되면 [File(파일)]-[Close(닫기)]([Ctrl]+[W])를 선택하고 수험자 답안 전송 프로그램의 [답안 전송]을 클릭하여 최종 INDD와 PDF 파일을 감독관 컴퓨터로 제출합니다.

문제 2 **[실무응용] 전자책/브랜드북**

작업과정 새 문서 만들기 및 임시 파일 저장하기 ▶ 마스터 페이지 설정 ▶ 이미지 프레임 효과 및 클리핑 패스 적용 ▶ 도형 편집 및 상호작용 설정 ▶ 문자 효과 적용 ▶ 단락 스타일 설정 ▶ EPUB 내보내기와 답안 파일 저장

완성이미지 수험번호-성명-2.indd, 수험번호-성명-2.epub
1급-201.jpg, 1급-202.jpg, 1급-203.jpg, 1급-204.jpg, 1급-205.jpg, 1급-206.jpg

---

01 새 문서 만들기 및 임시 파일 저장하기

01 [File(파일)]-[New(새로 만들기)]-[Document(문서)]([Ctrl]+[N])를 선택하고 [New Document(새문서)] 대화상자에서 'Width(폭) : 160mm, Height(높이) : 195mm', 'Pages(페이지) : 6, Columns(열) : 3, Column Gutter(열 간격) : 4mm', Margins(여백)의 'Top(위쪽) : 20mm, Bottom(아래쪽) : 20mm, Inside(안쪽) : 20mm, Outside(바깥쪽) : 20mm', Bleed and Slug(도련 및 슬러그)의 Bleed(도련)을 3mm로 설정하여 새 문서를 만듭니다.

02 Pages(페이지)([F12]) 패널의 6페이지 Thumbnail(썸네일)에서 마우스 오른쪽 버튼을 클릭하여 'Allow Document Pages to Shuffle(문서 페이지 재편성 허용)' 체크를 해제합니다. 6페이지 Thumbnail(썸네일)을 마우스 왼쪽 버튼을 누른 상태에서 1페이지 Thumbnail(썸네일) 왼쪽으로 드래그하고 마우스 포인터가 'ㄷ'자 모양으로 바뀌면, 드롭하여 마주보는 페이지의 펼침면으로 배치합니다.

03 자주 사용하는 패널 영역을 [Window(창)]-[Workspace(작업 영역)]-[Typography(입력 체계)]로 설정하여 답안 작성 시간을 절약합니다.

04 [View(보기)]-[Grids & Guides(격자 및 안내선)]-[Show Guides(안내선 표시)]([Ctrl]+[;])를 선택하여 안내선을 표시합니다.

05 [File(파일)]-[Save(저장하기)]([Ctrl]+[S])를 선택하고 '저장 위치 : 내 PC₩문서₩GTQ, 파일 이름 : 수험번호-성명-2, 파일 형식 : InDesign "CC" 또는 "2021" document (*.indd)'로 설정한 후 저장합니다. INDD 답안 파일을 수시로 저장([Ctrl]+[S])하는 습관이 중요합니다.

02 마스터 페이지 설정

01 A-Master 페이지를 더블 클릭하여 페이지의 왼쪽 아래 페이지 번호 영역에 Type Tool(문자 도구)([T])을 클릭하고 [Type(문자)]-[Insert Special Character(특수 문자 삽입)]-[Markers(표시자)]-[Current Page Number(현재 페이지 번호)]([Ctrl]+[Alt]+[Shift]+[N])를 선택합니다.

02 A-Master 페이지 번호 프레임을 선택하고 문제지의 '페이지 번호' 문자효과 《조건》과 같이 Type Tool(문자 도구)([T])을 클릭하여 'Font(글꼴) : Arial, Font Style(글꼴 스타일) : Bold, Font Size(글꼴 크기) : 9pt, Color(색상) : C70M50'으로 설정한 후 《출력형태》와 같이 배치합니다.

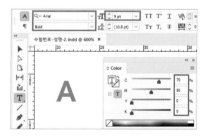

03 문제지의 《출력형태》를 참고하여 페이지 번호 영역에 복사하여 펼침면의 오른쪽 아래에 배치합니다.

03 이미지 프레임 효과 및 클리핑 패스 적용

01 내 PC₩문서₩GTQ₩Output 폴더의 1급-201.jpg, 1급-202.jpg, 1급-203.jpg, 1급-204.jpg, 1급-205.jpg, 1급-206.jpg와 문제지의 《출력형태》의 이미지 프레임의 레이아웃과 레이어 순서를 확인합니다.

02 [File(파일)]−[Place(가져오기)]([Ctrl]+[D])를 클릭하여 내 PC\\문서\\GTQ\\Image 폴더에서 1급−6.ai를 가져옵니다. 프레임에서 마우스 오른쪽 버튼을 클릭하여 [Effects(효과)]−[Satin(새틴)]을 선택하여 'Structure(구조)−Effect Color(효과 색상)'를 선택한 후 CMYK 모드의 'Y100'으로 설정합니다.

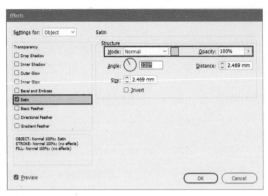 

03 [File(파일)]−[Place(가져오기)]([Ctrl]+[D])를 클릭하여 1급−7.jpg를 가져옵니다. 프레임에서 마우스 오른쪽 버튼을 클릭하여 [Object(개체)]−[Effects(효과)]−[Gradient Feather(그레이디언트 페더)]를 선택합니다. Page(페이지) 패널에서 수정할 페이지 Thumbnail(썸네일)에서 마우스 오른쪽 버튼을 클릭하여 [Override All Master Page Items(모든 마스터 페이지 재정의)]([Ctrl]+[Alt]+[Shift]+[L])'를 선택하고 1급−7.jpg 프레임을 [Object(개체)]−[Arrange(배치)]−[Send to Back(맨 뒤로 보내기)]([Ctrl]+[Shift]+[[])를 선택하여 고정된 마스터 페이지의 페이지 번호를 표시합니다.

04 [File(파일)]−[Place(가져오기)]([Ctrl]+[D])를 클릭하여 1급−8.jpg, 1급−10.jpg, 1급−11.jpg 를 가져옵니다. 1급−8.jpg는 2페이지에, 1급− 10.jpg, 1급−11.jpg는 4페이지에 《출력형태》와 같이 배치하고 프레임을 더블 클릭하거나 Direct Selection Tool(직접 선택 도구)([A])을 클릭 하여 프레임 내 이미지의 위치나 크기를 변경합니다.

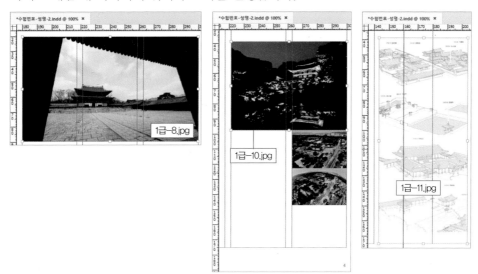

05 [File(파일)]−[Place(가져오기)]([Ctrl]+[D])를 클릭하여 1급−9.jpg, 1급−12.jpg를 가져옵니 다. 1급−9.jpg는 3페이지에, 1급−12.jpg는 5, 6페이지에 배치하고 [Object(개체)]−[Corner Options(모퉁이 옵션)]를 선택하고 Corner Options(모퉁이 옵션) 패널에서 Corner Size and Shape(모퉁이 크기와 모양)을 'Rounded(둥글게), 5mm'로 설정합니다. [Alt]를 누른 상 태에서 프레임을 《출력형태》와 같이 복사한 후 더블 클릭하거나 Direct Selection Tool(직접 선택 도구)([A])을 클릭하여 프레임 내 이미지의 위치나 크기를 변경합니다.

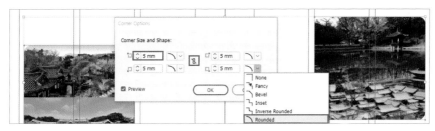

06 1급-9.jpg, 1급-12.jpg 프레임에서 [Window(창)]-[Text Wrap(텍스트 감싸기)]([Ctrl]+[Alt]+
[W])을 선택합니다. Text Wrap(텍스트 감싸기) 패널에서 Wrap around bounding box(테두리
상자 감싸기)를 선택하여 'Make all setting the same(모든 설정 동일하게 만들기), Top
Offset(위쪽 오프셋) : 3mm'로 설정합니다.

04 도형 편집 및 상호작용 설정

01 Rectangle Tool(사각형 도구)([M])을 선택한 후 작업창을 클릭하여 [Rectangle(사각형)] 대
화상자에서 'Width(폭) : 326mm, Height(높이) : 20mm'를 입력합니다. [Window(창)]-
[Color(색상)]([F6])를 선택하고 Color(색상) 패널에서 Fill(칠)을 선택하여 CMYK 모드의
'C100M30Y40'으로 설정한 후 복사하여 《출력형태》와 같이 3, 4페이지와 5, 6페이지에 배치
합니다.

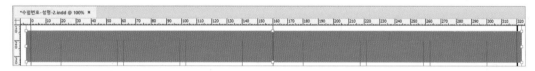

02 Ellipse Tool(타원 도구)([L])을 선택한 후 작업창을 클릭하여 [Ellipse(타원)] 대화상자에서
'Width(폭) : 30mm, Height(높이) : 30mm'를 입력합니다. [Window(창)]-[Color(색상)]-
[Color(색상)]([F6])를 선택하고 Color(색상) 패널에서 Fill(칠)을 선택하여 CMYK 모드의
'C0M0Y0K0'으로 설정합니다. 컨트롤 패널에서 'Opacity(불투명도) : 30%'로 설정합니다.
[Alt]를 누른 상태에서 복사한 후 컨트롤 패널에서 'Width(폭) : 20mm, Height(높이) :
20mm'를 입력합니다. 원을 복사하여 《출력형태》와 같이 4, 5, 6페이지에 배치합니다.

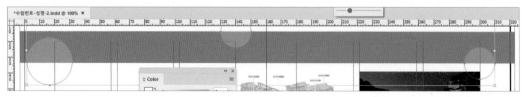

03 Pages(페이지)(F12) 패널에서 마스터 페이지로 더블 클릭하여 이동합니다. [Polygon(다각형)] 대화상자에서 'Width(폭) : 7mm, Height(높이) : 7mm, Number of Sides(면 수) : 3'으로 삼각버튼 도형을 만들고 Color(F6)를 선택하여 'Color(색상) : M60Y70'을 입력하고 컨트롤 패널에서 Rotate 90° Anticlockwise(시계 반대 방향으로 90° 회전)를 클릭합니다. Alt + Shift 를 누른 상태에서 복사한 후 컨트롤 패널에서 'Flip Horizontal(가로로 뒤집기)'을 선택하여 배치합니다. 메인 페이지로 더블 클릭하여 돌아옵니다.

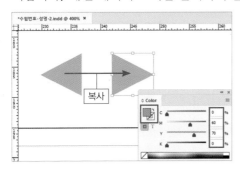

🅱 기적의 TIP

마스터 페이지 설정(페이지 번호, 삼각버튼, 면주 등)은 문제지의 지시조건을 확인하며 그 외 내용은 메인 페이지에 작성합니다.

04 Pages(페이지) 패널의 마스터 페이지를 선택한 후 Buttons and Forms(단추) 패널에서 Action(동작) '+'를 선택하여 왼쪽 삼각버튼은 'Go To Previous Page(이전 페이지로 이동)' 버튼을, 오른쪽 삼각버튼을 선택하고 Buttons and Forms(단추) 패널에서 Action(동작) '+' 를 선택하여 'Go To Next Page(다음 페이지로 이동)' 버튼을 설정합니다.

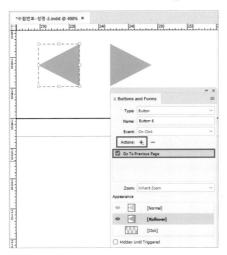

🅱 기적의 TIP

상호작용 설정에 자주 사용하는 패널 영역을[Window(창)]–[Workspace(작업 영역)]–[Interactive for PDF(대화형 PDF)]로 설정합니다.

05 페이지에 [Type(문자)]–[Character(문자)](Ctrl + T)를 선택하여 Character(문자) 패널에서 'Font(글꼴) : Arial, Font Style(글꼴 스타일) : Bold, Font Size(글꼴 크기) : 9pt, Color(색상) : C70M50'을 선택하여 'license.kpc.or.kr'을 입력하고 가운데 정렬(Ctrl + Shift + C)을 합니다.

06 입력한 'license.kpc.or.kr'을 블록지정하고 [Window(창)]−[Interactive(대화형)]−[Hyperlink(하이퍼링크)]를 선택하고 Hyperlinks(하이퍼링크) 패널에서 'URL : https://license.kpc.or.kr'을 입력하여 하이퍼링크를 설정합니다.

05 문자 효과 적용

01 [Type(문자)]−[Character(문자)]($\boxed{\text{Ctrl}}$+$\boxed{\text{T}}$)를 선택하여 Character(문자) 패널에서 'Font (글꼴) : Gungsuh(궁서), Font Size(글꼴 크기) : 12pt, Leading(행간) : 12pt, Color(색상) : K100'으로 설정한 후 '자연과 조화 이룬 한국적인 궁궐'을 입력한 후 배치합니다.

- [쓰기 방향] 메뉴는 한글 버전에만 있고 [문자]–[쓰기방향]–[가로] 또는 [세로]를 선택합니다.
- 영문 버전에서 세로쓰기할 때는 한 글자씩 줄 바꿈 또는 문자 프레임 폭을 조절하여 편집합니다.

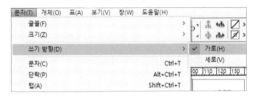

02 [Type(문자)]–[Character(문자)]([Ctrl]+[T])를 선택하여 Character(문자) 패널에서 'Font (글꼴) : Gulim(굴림), Font Size(글꼴 크기) : 14pt, Leading(행간) : 24pt, Color(색상) : C100M30Y40'으로 설정한 후 '01. 창덕궁 후원, 02. 창덕궁 야경, 03. 창덕궁 사계'를 입력한 후 배치합니다. 3, 4, 5페이지에 프레임을 복사한 후 [Window(창)]–[Color(색상)]([F6])를 선택하고 Color(색상) 패널에서 Fill(칠)을 선택하여 CMYK 모드의 'C0M0Y0K0'으로 수정합니다.

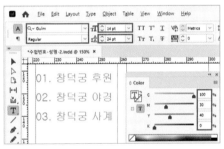

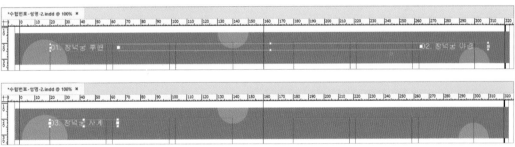

06 단락 스타일 설정

01 [Window(창)]–[Color(색상)]–[Swatches(색상 견본)]([F5])를 선택하고 Swatches(색상 견본) 패널에서 New Color Swatch(새 색상 견본) 메뉴를 선택하여 단락 스타일 '본문'의 색상 'C60M100Y90K30', '캡션'의 색상 'K100'을 각각 추가합니다.

02 [File(파일)]−[Place(가져오기)]([Ctrl]+[D])를 선택하고 내 PC₩문서₩GTQ₩Image 폴더에서 1급−13.txt를 선택하여 3, 4페이지와 5, 6페이지에 '본문' 텍스트 프레임을 만듭니다. 단락 서식 컨트롤 패널에서 'Columns(열 수) : 2 또는 3, Gutter(단 간격) : 5mm'로 설정한 후 '본문' 단락 스타일을 설정합니다. [New Paragraph Style(새 단락 스타일)] 대화상자에서 Preview(미리보기)를 체크하고 Basic Character Formats(기본 문자 서식) 탭에서 'Style Name(스타일 이름) : 본문', 'Font(글꼴) : Dotum(돋움), Size(크기) : 9pt, Leading(행간) : 12pt', Drop Caps and Nested Styles(단락 시작표시문자) 탭에서 'Lines(줄 수) : 2, Characters(문자 수) : 1', Character Color(문자 색상) 탭에서 Swatches(색상 견본) 'C60M100Y90K30'으로 설정합니다.

03 [File(파일)]−[Place(가져오기)]([Ctrl]+[D])를 선택하고 1급−13.txt를 선택하여 3, 4페이지와 5, 6페이지에 '캡션' 텍스트 프레임을 만듭니다. [New Paragraph Style(새 단락 스타일)] 대화상자에서 Preview(미리보기)를 체크하고 Basic Character Formats(기본 문자 서식) 탭에서 'Style Name(스타일 이름) : 캡션', 'Font(글꼴) : Dotum(돋움), Size(크기) : 8pt', Character Color(문자 색상) 탭에서 Swatches(색상 견본) 'K100'으로 설정합니다.

07 EPUB 내보내기와 답안 파일 저장

01 [File(파일)]−[Export(내보내기)](⌃Ctrl+E)를 선택하고 '저장 위치 : 내 PC₩문서₩GTQ, 파일 이름 : 수험번호−성명−2, 파일 형식 : EPUB (Fixed Layout) (*.epub)'으로 설정한 후 저장합니다.

> **⑮ 기적의 TIP**
> EPUB 내보내기 파일 형식을 'EPUB Fixed Layout (고정 레이아웃)'으로 설정한 후 저장합니다.

02 [EPUB Export Option(EPUB 내보내기] 대화상자의 [General(일반)] 탭에서 'Cover(표지) : Rasterize First Page(첫 페이지 레스터화)'로 설정한 후 [OK]를 선택합니다.

03 완성된 INDD 답안 파일을 문제지의 《조건》과 《출력형태》를 기준으로 최종 점검하여 [File(파일)]−[Save(저장하기)](⌃Ctrl+S)로 저장합니다. 최종 저장된 INDD 답안 파일을 기준으로 [File(파일)]−[Export(내보내기)](⌃Ctrl+E)를 선택하고 '파일 형식 : EPUB (Fixed Layout) (*.epub)'으로 설정한 후 마지막으로 저장합니다.

04 답안 파일 저장이 완료되면 [File(파일)]−[Close(닫기)](⌃Ctrl+W)를 선택하고 수험자 답안 전송 프로그램의 [답안 전송]을 클릭하여 최종 INDD와 EPUB 파일을 감독관 컴퓨터로 제출합니다.

[실무응용] 단행본/매거진

작업과정 새 문서 만들기 및 임시 파일 저장하기 ▶ 마스터 페이지 설정 ▶ 이미지 프레임 효과 및 클리핑 패스 적용 ▶
도형 편집 및 문자 효과 적용 ▶ 단락 스타일 설정 ▶ 답안 파일 저장
완성이미지 수험번호-성명-3.indd
1급-301.jpg, 1급-302.jpg

01 새 문서 만들기 및 임시 파일 저장하기

01 [File(파일)]-[New(새로 만들기)]-[Document(문서)]([Ctrl]+[N])를 선택하고 [New Document(새문서)] 대화상자에서 'Width(폭) : 210mm, Height(높이) : 280mm', 'Pages(페이지) : 2, Facing Pages(페이지 마주보기) 옵션선택, Columns(열) : 3, Column Gutter(열 간격) : 5mm', Margins(여백)의 'Top(위쪽) : 10mm, Bottom(아래쪽) : 10mm, Inside(안쪽) : 10mm, Outside(바깥쪽) : 10mm', Bleed and Slug(도련 및 슬러그)의 Bleed(도련)을 3mm로 설정하여 새 문서를 만듭니다.

02 Pages(페이지) 패널의 2페이지 Thumbnail(썸네일)에서 마우스 오른쪽 버튼을 클릭하여 'Allow Document Pages to Shuffle(문서 페이지 재편성 허용)' 체크를 해제합니다. 2페이지 Thumbnail(썸네일)을 마우스 왼쪽 버튼을 누른 상태에서 1페이지 Thumbnail(썸네일) 왼쪽으로 드래그하고 마우스 포인터가 'ㄷ'자 모양으로 바뀌면, 드롭하여 마주보는 페이지의 펼침면으로 배치합니다.

03 자주 사용하는 패널 영역을 [Window(창)]-[Workspace(작업 영역)]-[Typography(입력 체계)]로 설정하여 답안 작성 시간을 절약합니다.

04 [View(보기)]-[Grids & Guides(격자 및 안내선)]-[Show Guides(안내선 표시)]([Ctrl]+[;])를 선택하여 안내선을 표시합니다.

05 [File(파일)]-[Save(저장하기)]([Ctrl]+[S])를 선택하고 '저장 위치 : 내 PC₩문서₩GTQ, 파일 이름 : 수험번호-성명-3, 파일 형식 : InDesign "CC" 또는 "2021" document (*.indd)'로 설정한 후 저장합니다. INDD 답안 파일을 수시로 저장([Ctrl]+[S])하는 습관이 중요합니다.

02 마스터 페이지 설정

01 Page([F12]) 패널에서 New Master(새 마스터) 메뉴를 선택하고 [New Master(새 마스터)] 대화상자에서 'Prefix(접두어) : B, Name(이름) : Master(마스터), Number of Pages(페이지수) : 2, Page Size(페이지 크기)-Width(폭) : 210mm, Height(높이) : 280mm'로 설정합니다.

02 B-Master 페이지의 Thumbnail(썸네일)을 1~2페이지 영역으로 드래그 앤 드롭하여 "B-Master" applied("B-마스터" 적용됨)로 설정합니다.

03 B-Master 페이지를 더블 클릭하여 왼쪽(홀수) 페이지 번호 영역에 Type Tool(문자 도구)(T)을 클릭하고 [Type(문자)]–[Insert Special Character(특수 문자 삽입)]–[Markers(표시자)]–[Current Page Number(현재 페이지 번호)](Ctrl+Alt+Shift+N)를 선택합니다.

04 B-Master 페이지 번호 프레임을 선택하고 문제지의 '페이지 번호' 문자효과 《조건》과 같이 Type Tool(문자 도구)(T)을 클릭하여 'Font(글꼴) : Times New Roman, Font Style(글꼴 스타일) : Bold, Font Size(글꼴 크기) : 24pt, Color(색상) : C30Y80K20'으로 설정한 후 완성된 왼쪽(홀수) 페이지 번호의 프레임을 Alt를 누른 상태에서 오른쪽(짝수) 페이지 번호 영역에 복사하여 문제지의 《출력형태》와 같이 배치합니다.

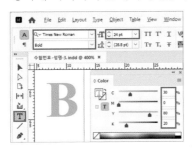

05 B-Master 페이지의 왼쪽(홀수) 페이지에서 문제지의 '면주' 문자효과 《조건》과 같이 Type Tool(문자 도구)(T)을 클릭하여 'Healing'를 입력하고 'Font(글꼴) : Arial, Font Style(글꼴 스타일) : Regular, Font Size(글꼴 크기) : 20pt, Color(색상) : M100K30'으로 설정한 후 컨트롤 패널에서 'Rotation Angle(회전 각도) : −90°'로 배치합니다.

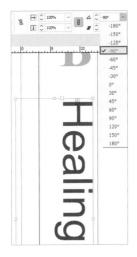

06 B-Master 페이지 왼쪽(홀수) 페이지의 면주 텍스트 프레임을 선택하여 오른쪽(짝수) 페이지로 복사하고 'Romantic'를 입력한 후《출력형태》와 같이 배치합니다.

03 이미지 프레임 효과 및 클리핑 패스 적용

01 내 PC₩문서₩GTQ₩Output 폴더의 1급-301.jpg, 1급-302.jpg와 문제지의《출력형태》에서 이미지 프레임의 레이아웃을 확인합니다.

02 [File(파일)]-[Place(가져오기)]([Ctrl]+[D])를 클릭하여 내 PC₩문서₩GTQ₩Image 폴더에서 1급-14.jpg, 1급-16.jpg를 가져옵니다. 프레임에서 마우스 오른쪽 버튼을 클릭하여 [Object(개체)]-[Effects(효과)]-[Gradient Feather(그레이디언트 페더)]를 선택하여 1급-14.jpg 프레임의 각도는 '0˚', 1급-16.jpg 프레임의 각도는 '180˚'를 설정합니다.

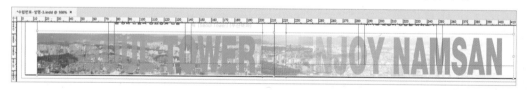

03 [File(파일)]-[Place(가져오기)]([Ctrl]+[D])를 클릭하여 1급-15.jpg를 가져옵니다. [Object(개체)]-[Corner Options(모퉁이 옵션)]를 선택하고 Corner Options(모퉁이 옵션) 패널에서 Corner Size and Shape(모퉁이 크기와 모양)을 'Rounded(모퉁이 둥글게), 10mm'로 설정합니다.

04 1급-15.jpg 프레임에서 [Window(창)]-[Text Wrap(텍스트 감싸기)]([Ctrl]+[Alt]+[W])을 선택합니다. Text Wrap(텍스트 감싸기) 패널에서 Wrap around bounding box(테두리 상자 감싸기)를 선택하여 'Make all setting the same(모든 설정 동일하게 만들기), Top Offset(위쪽 오프셋) : 3mm'로 설정합니다. [Alt]를 누른 상태에서 프레임을《출력형태》와 같이 복사한 후 더블 클릭하거나 Direct Selection Tool(직접 선택 도구)([A])을 클릭하여 프레임 내 이미지의 위치나 크기를 변경합니다.

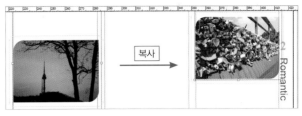

05 [File(파일)]−[Place(가져오기)](**Ctrl**+**D**)를 클릭하여 1급−18.psd를 가져옵니다. 프레임을 선택하고 [Object(개체)]−[Clipping Path(클리핑 패스)]−[Options(옵션)](**Ctrl**+**Alt**+**Shift**+**K**)를 선택하여 [Clipping Path(클리핑 패스)] 대화상자에서 'Type(유형) : Photoshop Path(패스), Path(패스) : Path1'을 선택합니다. [Window(창)]−[Text Wrap(텍스트 감싸기)](**Ctrl**+**Alt**+**W**)을 선택합니다. Text Wrap(텍스트 감싸기) 패널에서 Wrap around object shape(개체 모양 감싸기)을 선택하여 'Offset(오프셋) : 3mm'로 설정합니다.

06 [File(파일)]−[Place(가져오기)](**Ctrl**+**D**)를 클릭하여 1급−17.psd, 1급−19.ai를 가져옵니다. 프레임을 《출력형태》와 같이 복사한 후 더블 클릭하거나 Direct Selection Tool(직접 선택 도구)(**A**)을 클릭하여 프레임 내 이미지의 위치나 크기를 변경합니다.

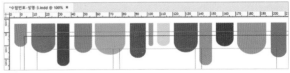
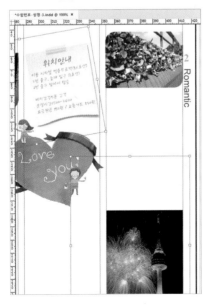

04 도형 편집 및 문자 효과 적용

01 Rectangle Tool(사각형 도구)(M)을 선택한 후 작업창을 클릭하여 [Rectangle(사각형)] 대화상자에서 'Width(폭) : 130mm, Height(높이) : 12mm'를 입력합니다. [Window(창)]-[Color(색상)](F6)를 선택하고 Color(색상) 패널에서 Fill(칠)을 선택하여 CMYK 모드의 'C20M20'으로 설정합니다. [Object(개체)]-[Corner Options(모퉁이 옵션)]를 선택하고 Corner Options(모퉁이 옵션) 패널에서 Corner Size and Shape(모퉁이 크기와 모양)을 'Inverse Rounded(모퉁이 거꾸로 둥글게), 6mm'로 설정합니다. 프레임에서 마우스 오른쪽 버튼을 클릭하여 [Object(개체)]-[Effects(효과)]-[Gradient Feather(그레이디언트 페더)]를 선택한 후 《출력형태》와 같이 Alt + Shift 복사하여 배치합니다.

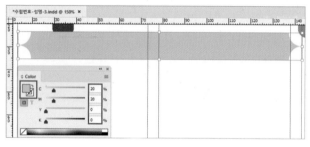

02 [Type(문자)]-[Character(문자)](Ctrl + T)를 선택하고 Character(문자) 패널에서 'Font (글꼴) : 굴림, Font Size(글꼴 크기) : 20pt, Color(색상) : M80Y100'으로 설정한 후 왼쪽 (홀수) 페이지에 '도심을 숨 쉬게 하는 서울의 상징'과 '드라마 속 주인공처럼 고백하세요!'를 입력합니다.

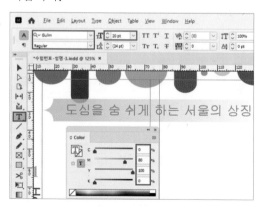

05 단락 스타일 설정

01 [Window(창)]-[Color(색상)]-[Swatches(색상 견본)](F5)를 선택하고 Swatches(색상 견본) 패널에서 New Color Swatch(새 색상 견본) 메뉴를 선택하여 단락 스타일 '단락제목'의 색상 'C80M100', 'M80Y100', '본문'의 색상 'K100', '출처'의 색상 'C30K10'을 추가합니다.

02 [File(파일)]-[Place(가져오기)]([Ctrl]+[D])를 선택하고 내 PC₩문서₩GTQ₩Image 폴더에서 1급-20.txt를 선택하여 '본문' 텍스트 프레임을 만듭니다. 단락 서식 컨트롤 패널에서 'Columns(열 수) : 3, Gutter(단 간격) : 5mm'로 설정합니다. [New Paragraph Style(새 단락 스타일)] 대화상자에서 Preview(미리보기)를 체크하고 Basic Character Formats(기본 문자 서식) 탭에서 'Style Name(스타일 이름) : 본문', 'Font(글꼴) : Gulim(굴림), Size(크기) : 12pt, Leading(행간) : 15pt, Tracking(자간) : -10', Indents and Spacing(들여쓰기 및 간격) 탭에서 'Firtst Line Indent(첫 줄 들여쓰기) : 2mm', 'Alignment(정렬) : Left(왼쪽 정렬)', Character Color(문자 색상) 탭에서 Swatches(색상 견본) 'K100'으로 설정합니다.

03 '본문' 프레임에서 '단락제목' 부분을 블록 지정한 후 '단락제목' 단락 스타일을 만듭니다. [New Paragraph Style(새 단락 스타일)] 대화상자에서 Preview(미리보기)를 체크하고 Basic Character Formats(기본 문자 서식) 탭에서 'Style Name(스타일 이름) : 단락제목', 'Font(글꼴) : Gulim(굴림), Size(크기) : 14pt, Leading(행간) : 15pt', Character Color(문자 색상) 탭에서 Swatches(색상 견본) 'C80M100', Underline Options(밑줄 옵션) 탭에서 'Underline On(밑줄 켬)'을 체크하고 'Weight(두께) : Auto, Offset(오프셋) : Auto', Swatches(색상 견본) 'M80Y100'으로 설정합니다.

04 [File(파일)]−[Place(가져오기)]($\boxed{\text{Ctrl}}$+$\boxed{\text{D}}$)를 선택하고 1급−20.txt를 선택하여 '출처' 텍스트 프레임을 만듭니다. [New Paragraph Style(새 단락 스타일)] 대화상자에서 Preview(미리보기)를 체크하고 Basic Character Formats(기본 문자 서식) 탭에서 'Style Name(스타일 이름) : 출처', 'Font(글꼴) : Dotum(돋움), Size(크기) : 11pt', Character Color(문자 색상) 탭에서 Swatches(색상 견본) 'C30K10'으로 설정합니다.

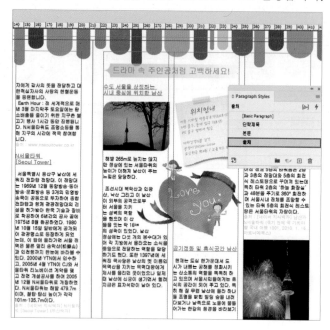

06 답안 파일 저장

01 완성된 INDD 답안 파일을 문제지의 《조건》과 《출력형태》를 기준으로 최종 점검하여 [File(파일)]−[Save(저장하기)]($\boxed{\text{Ctrl}}$+$\boxed{\text{S}}$)로 저장합니다.

02 답안 파일 저장이 완료되면 [File(파일)]−[Close(닫기)]($\boxed{\text{Ctrl}}$+$\boxed{\text{W}}$)를 선택하고 수험자 답안 전송 프로그램의 [답안 전송]을 클릭하여 최종 INDD 파일을 감독관 컴퓨터로 제출합니다.